『장자』곽상주 해제

『장자』 곽상주 해제

김학목 옮김

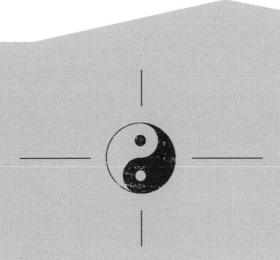

學古房

흔히 노자와 장자를 노장으로 함께 부르는데, 그 이유는 노자나 장자 모두 마음 비움을 강조했기 때문이다. 그런데 노자는 분별력 곧 지적능력을 인위의 출발로 부정하면서 소박함을 강조했고, 장자는 분별력을 사람의 자연스러운 속성으로 일단 인정하지만, 그것을 가지고는 시비를 벗어날 수 없으니 그것을 넘어설 것을 다시 역설한다. 「소요유逍遙遊」에서 붕의 비상에 대해 사람이 도를 통해 날아오르는 것으로 해석하는 경우가 많은데, 그것은 도를 통한 것이 아니라 세상에 태풍이 휘몰아칠 때 지적 능력이 뛰어난 영웅이 세상을 평정하기 위해 나타나는 것에 불과하다. 물론 이럴 때에 숲 속의 작은 새들은 평범한 사람들이다. 붕이 숲속의 작은 새를 하찮게 보고, 작은 새들이 붕을 선망하면서 비아냥거리는 것은 사람들이 모두 유대有待 곧 무엇엔가 의지하고 있는 자신의 한계를 벗어나지 못해 서로 갈등하는 것이다.

붕의 비상을 도를 통한 것으로 오해하는 가장 큰 이유는 사람들이 마음을 비워 도를 통하는 것에 대해 엄청난 능력을 갖는 것으로 착각하기 때문이다. 노장 철학에서 마음을 비워 도를 통하는 것은 모든 것을 버리는 것이고, 또 비록 도를 통해 엄청난 능력을 갖게 될지라도 그렇게 세상이 놀라 주목하게 비상해서는 안 되는 것이다. 사람들이 주목하게 되면 그들도 그렇게 되기 위해 지적능력을 온통 그것에 집중하느라고 절대로 마음을 비울 수 없기 때문이다. 노자나 장자가 계속 강조하는 것으로 마음을 비우면 다스림마저도 드러내지 않기 때문에 무위無爲라고 하는 것이고, 또 마음을 비우면 마음을 비운 것마저도 잊게 되어 그 어느 것에도 의지하는 것이 없으니 무대無待라고 하는 것이다. 이런 점을 분명하게 알지 못하면, 노자와 장자를 읽어도 그 본래의 의미에서 벗어나게 되니 유념하길 바란다.

사십대 초반쯤에 곽상의 『장자주莊子注』「내편內篇」에서 「소요유逍遙遊」와 「제물론齊物論」을 번역해놨다가 오십대 중반쯤에 「내편」의 그 나머지 「양생주養生主」·「인간세人間世」·「덕충부德充符」·「대종사大宗師」·「응제왕應帝王」까지 마저 번역했으니, 『장자』 강의를 하는 곳마다 요청했고, 또 사주명리를 연구하고 우리 고유의 전통수련 선가仙家를 접하면서 『장자』에 대한 확신이 더욱 깊어졌기 때문이다. 동양의 전통수련은 심신을 정화시키는 것으로 그 핵심이 노장철학과 깊은 관련이 있고, 사주명리학 역시 타고난 본성을 아는 것으로 노장철학을 이해하는 데에 큰 도움이 된다. 사주명리에 대한 것은 판미동 출판사에서 나온 『명리명강』이나 『엄마의 명리공부』를, 『노자』에 대한 것은 홍익출판사에서 나온 『노자 도덕경과 왕필의 노자주』를 참고하기 바라고, 전통수련은 주변의 도장에서 익혀보시길 권한다.

곽상의 『장자주』 번역은 『장자』 연구의 초석임에도 아직 시중에 나오지 않은 것으로 알고 있다. 역자는 한국연구재단의 번역과제 신청을 통해 S대 철학과 C교수가 아주 오래 전에 번역을 마쳤다고 들었는데, 과제 제출 기간이 이미 아주 오래전에 끝났음에도 무엇 때문인지 그 번역이 아직 나오지 않고 있다. 하여간 C교수의 번역까지 나오면 곽상의 『장자주』 연구는 훨씬 더 활기를 띠게 될 것으로 본다.

이 책의 출간에는 많은 분들의 응원이 있었다. 「독서당고전교육원」의 윤현정 선생과 해송학당의 최은하 선생은 번역에 공이 컸고, 고려대학교 신창호 교수는 강의와 출판에 음양으로 도움이 많았다. 학고방의 하운근 사장님은 출판계가 불황임에도 그 출간을 망설임 없이 선뜻 승낙해 주셨고, 학고방의 명지현 선생님은 원고 정리에 번거로움이 있었는데도 말없이 도움을 주셨다. 이 모든 분들께 감사를 드린다.

2020 경자년 늦가을
계양산 북녘 기슭 검암에서
해송 김학목

『장자』 곽상주 해제

『장자莊子』의 저자는 사마천司馬遷의 『사기史記』에 따르면, 기원전 4세기 후반의 맹자孟子와 거의 동시대 인물인 장주인데, 현재 이 기록을 신뢰하는 학자는 별로 없다. 일부의 학자들은 「내편內篇」을 장주의 자작으로 보는가 하면, 또 일부의 학자들은 『장자』 전편을 그가 살던 전국중기부터 한초漢初에 『회남자淮南子』가 성립되기 이전 약 200년 동안 이루어진 것으로 보기도 한다. 하여간 『장자』의 내용과 문투를 분석해 볼 때, 동일한 시기의 동일한 인물이 저술한 것이라기보다는 긴 세월 동안 여러 사람의 손을 거치면서 다듬어지고 보태어지면서 이루어진 저작으로 보는 것이 타당하다고 할 수 있다.

『장자』가 현재의 형태로 전해진 데는 다음의 복잡한 과정을 거쳤을 것으로 보인다. 『사기』에서 『장자』는 10만 글자가 넘는다고 하면서 「외잡편外雜篇」의 「도척盜跖」·「어부漁父」·「외루허畏累虛」 등 일부 편명만 나열한다. 이런 점에서 『사기』가 저술될 때에는 아마도 지금의 「내편」이 「소요유逍遙遊」 「제물론齊物論」 등으로 정리되지 않았던 것으로 보인다. 전한 말 유향은 『장자』를 약간 교감하여 『한서예문지漢書藝文志』에 수록된 52편의 체계로 갖추어 놓았다. 후한의 학자 고유高誘의 『여씨춘추呂氏春秋』의 주해에 '『장자』는 52편이다'라고 하는 것으로 봐서 후한 때까지는 52편의 『장자』가 통용된 것으로 추측된다.

위진시대에는 현학의 성행으로 『노자』와 『장자』는 도가의 양대 고전으로 자리 잡았다. 당시의 학자들은 52편의 『장자』를 각기 자신의 취향에 따라 재편성하여 해석하였다. 진晉의 곽상郭象이 『장자』 52편을 33편으로 재편성하여 주석한 전후로, 52편의 사마표주司馬彪注편, 52편의 맹씨주孟氏注, 27편(내편7, 외편20)의 최선주崔譔注, 26편(혹은 27편)의 상수주向秀注, 33편의 이이집해李頤集解본 등이 있었다. 육덕명陸德明의 『경전석문經典釋文』 「장자서록」에 이런 내용이 다소 남아 있는 점으로 볼 때, 당시의 학자들이 『장자』 주석에 얼마나 열심히 심혈을 기울였는지 짐작할 수 있다.

『수서경적지隋書經籍志』와 『당서唐書』에 52편본 장자가 계속 언급되고 있었던 것으로 봐서 당唐대의 어느 시기까지도 52편본이 병용되었을 것으로 여겨진다. 그러나 최종적으로는 곽상의 33편본과 그 주석만이 남았으니, 그 이유는 그것이 다른 어느 것보다 훨씬 뛰어나고 당시 학자들의 구미와 취향에 맞았기 때문일 것이다. 남아 있는 기록을 참고할 때, 곽상은 『산해경』이나 점몽서처럼 기괴한 내용들을 후학들이 함부로 보탠 것으로 보고 없애버림으로써 학자들이 이해하기 쉽게 『장자』를 33편으로 다시 구성했던 것이다. 『경전석문』의 「장자서록」에 곽상이 『장자』를 그렇게 편집한 것에 대한 단서가 남아 있다.

장자는 뛰어난 재주로 세상에 이름을 떨치고 있었다. 문장과 풍취가 아름답고 심오했으며, 정상적인 말인데도 거꾸로 하는 말 같았기 때문에 아무도 그 넓은 뜻에 통달할 수 없었다. 후대의 사람들이 사족을 덧붙여 점차 그의 참뜻을 잃게 만들었기 때문에 곽상은 "한쪽으로 치우친 선비들이 함부로 기묘한 말들을 집어넣었다. 이를테면 「알혁」·「의수」의 앞부문, 「치언」「유부」「자서」 같은 편은 교묘하게 섞인 것이 십 분의 삼이다."라고 하였으니, 『한서예문지』의 장자 52편본 곧 사마표와 맹씨가 주석한 것이 여기에 해당한다. 말이 기묘하고 허황되어 『산해경山海經』 같기도 하고 점몽서 같기도 해서 주석자가 마음대로 넣고 빼기도 했는데, 그 「내편」은 여러 학자들의 견해가 나란히 일치하고, 나머지는 「외편」이 있지만 「잡편」이 없기도 하다. 곽상이 주석한 것만이 특히 『장자』의 뜻에 합치했기 때문에 세상에서 귀하게 여겼다.(莊生宏才命世, 辭趣華深, 正言若反, 故莫能暢其弘致. 後人增足漸失其眞, 故郭子玄云, 一曲之士, 妄竄奇說. 若閼奕意脩之首, 厄言遊鳧子胥之篇, 凡諸巧雜, 十分之三, 漢書藝文志, 莊子五十二篇, 卽司馬彪孟氏所注是也. 言多怪誕, 或似山海經, 或似占夢書, 或注者以意去取, 其內篇衆家並同, 自餘或有外而無雜. 唯子玄所注, 特會莊生之旨, 故爲世所貴.)

「장자서록」의 내용으로 볼 때, 52편의 『장자』에는 『산해경』이나 점몽서처럼 기묘한 내용이 많아 곽상이 그 19편을 삭제하여 33편으로 정리했음을 알 수 있다. 오늘날 통용되는 『장자』는 이렇게 곽상의 공으로 나왔는데 아쉬운 점은 약 3분의 1에 가까운 『장자』의 내용을 사라지게 했다는 것이다. 곽상 이후 지도림支道林과 같은 승려는 「소요유」편에서 큰 붕이 하늘로 날아오른 것에 대해 곽상과 달리 반야공관般若空觀으로 풀었다. 그 후로 당의 도사 성현영成玄英의 『장자소莊子疏』가 있고, 청대의 고증학자들의 연구 성과로는 왕선겸王先謙의 『장자집해莊子集解』나 유월俞樾의 『장자평의莊子評義』, 유문전劉文典의 『장자보정莊子補正』 등이 있다.

「내편內篇」

「소요유逍遙遊」 ················· 15

「소요유逍遙遊」 ················· 15

「제물론齊物論」 ················· 61

「양생주養生主」 ················· 165

「인간세人間世」 ················· 186

「덕충부德充符」 ················· 254

「대종사大宗師」 ················· 309

「응제왕應帝王」 ················· 385

부록

老子의 無爲自然과 莊子의 逍遙 ················· 413

　1. 서문 ················· 413

　2. 老子의 無爲自然 ················· 416

　3. 莊子의 逍遙 ················· 421

　4. 결론 ················· 429

「내편內*篇」

* "육덕명陸德明은 『음의音義』에서 '「내편內篇」의 내內라는 글자는 외外라는 글자
에 상대해서 이름을 붙인 것이다.'라고 했다. 音義曰, 內篇內者, 對外立名." 여기의
주는 대만중화서국臺灣中華書局에서 출간한 『사부비요四部備要』본 '장자莊子
전소'에 있는 내용 곧 곽상의 주 아래 육덕명의 『음의』에 있는 내용이다. 특별
한 설명이 없는 한 이후의 이런 주석은 모두 육덕명의 『음의』를 근거로 했음
을 밝혀둔다.

「소요유_{逍遙遊}」¹⁾

「소요유_{逍遙遊}」¹⁾

夫小大雖殊, 而放於自得之場, 則物任其性, 事稱其能, 各²⁾當其分, 逍遙一也, 豈容勝負於其間哉.　　　　　逍: 거닐 소　遙: 거닐 요

크고 작은 것이 비록 다를지라도 스스로 만족하는 곳에 놔둔다면, 만물은 그 본성을 따르고 일은 그 능력에 알맞으며 제각기 그 분수에 합당하게 되어 '유유자적'逍遙하는 것에서는 하나이니, 어찌 사물 사이에 잘나고 못난 것이 용인되겠는가!

해설

곽상의 이 말은 「소요유」 전체에 대한 개괄이다. 곧 사물은 제각기 형태나 능력이 다를지라도 자신의 영역에서 스스로 거리낌 없이 만족하고 산다면, 그것이 최선의 삶이기에 사물 사이의 우열은 사라지게 된다는 것이다. 이후 곽상의 주에서 계속 언급하겠지만 곽상은 소요 곧 유유자적을 두 가지로 구분한다. 하나는 자신도 모르게 자신의 본성에 따라 살아가는 것이고, 다른 하나는 사물의 본성을 깨달아 사물의 행동이 그럴 수밖에 없다는 것을 알고는 마음을 비우고 모든 것에 관여하지 않으며 살아가는 것이다. 전자는 평범한 사람의 삶으로 다른 사람들과 충돌을 일으킨다. 곧 자신이나 다른 사물의 행동이 본성에 맞추어 어쩔 수

---

1) "…. 「소요유_{逍遙遊}」라는 편명_{篇名}은 한가하고 거리낌이 없어 아무 것에도 구속받지 않고 편안히 다니며 스스로 만족한다는 의미를 취한 것이다. …. 逍遙遊者篇名, 義取閒放不拘怡適自得."

2) '각_各'자가 송대_{宋代}의 조간의_{趙諫議} 본본에는 '명_名'자로 되어 있다. 이럴 경우 "事稱其能, 名當其分" 구절은 "일은 그 능력에 알맞고 명분은 분수에 합당하니"로 해석하면 된다.

「소요유」 **15**

없는 상태에서 나왔다는 것을 모르기 때문에 남의 행동에서 자신과 맞지 않는 것이 생기면 갈등을 일으킨다. 후자는 깨달은 자의 삶으로 다른 사물과 충돌 없이 무한한 자유를 누리며 산다. 곧 사물들이 자신도 모르게 본성에 따라 어쩔 수 없이 행동한다는 것을 이미 깨닫고 있기 때문에 마음을 비우고 관여하지 않음으로써 모든 것을 잊고 산다. 보통 사람은 자신도 모르게 본성에 얽매여 행동하기 때문에 비록 유유자적하며 살아갈지라도 절대적인 자유를 얻은 것은 아니다. 깨달은 사람은 마음을 비워 본성의 얽매임을 벗어나서 살아가기 때문에 비록 다른 사물의 모든 행동을 받아들일 수밖에 없을지라도 무한한 자유를 얻은 것이다.

곽상은 이어서 나오는 붕의 비상에 대해 일반적으로 알고 있는 것처럼 깨달은 자가 일상적인 인식의 굴레를 깨고 무한한 정신적 자유를 얻는 것으로 설명하지 않는다. 곽상이 이렇게 붕의 비상을 설명하는 데는 나름대로 이유가 있으니, 몇 가지만 간략히 지적해 보자. 첫째, 붕이 태풍에 의지해서 날아오른다는 것이다. 장자는 열자가 날아다니는 것에 대해서도 바람에 의지하고 있다는 것을 들어 지극한 경지로 인정해 주지 않는다. 그러니 이에 비교한다면 붕의 비상은 아주 하찮다. 둘째, 붕이 9만 리 높은 하늘에서 날아가는 것에 대해 숲 속의 미물들이 비웃는다는 것이다. 곧 무한한 자유를 획득한 자는 남과의 충돌을 일으키지 않아야 하는데, 붕은 그렇게 하지 못하고 있다. 셋째, 『장자莊子』에서 깨달음의 방식은 목표에 마음을 집중하게 하는 것이 아니라 도리어 비우게 하는 것이다. '무아의 경지에 이른 사람'至人과 '신묘한 사람'神人 및 '거룩한 사람'聖人에 대해 드러낼 그 무엇도 없다고 하는 것은 이런 이유 때문이다. 그런데 붕에 관한 이야기는 의식을 비우게 하는 것이 아니라 도리어 집중하게 하는 서술방식이다. 거대한 붕이 태풍의 힘에 의지해 비상하는 것은 영웅이 급변하는 사회적 분위기 속에서 세간의 이목을 집중시키면서 등장하는 것으로 이해된다. 곧 무아의 경지에 이른 사람과 신묘한 사람 및 거룩한 사람에 대한 기술과 달리 사람들에게 붕의 비상과 같은 출세를 자극한다는 것이다. 이상에서 붕을 깨닫지 못한 자로 인정하는 곽상의 입장을 대변해 간략히 기술해 보았다.

北冥有魚, 其名爲鯤. 鯤之大, 不知其幾千里也. 化而爲鳥, 其名爲鵬.

鯤: 큰 물고기 이름. 幾: 몇 기. 鵬: 상상의 새 붕

북녘의 아득히 깊은 바다에 물고기가 사니, 그 이름은 곤鯤[3]이다. 그런데 곤의 크기가 몇 천리인지 알 수 없다. [그것이] 변해 새가 되니, 그 이름은 붕鵬이다.

鵬鯤之實, 吾所未詳也. 夫莊子之大意, 在乎逍遙遊放, 無爲而自得. 故極小大之致, 以明性分之適. 達觀之士, 宜要其會歸而遺其所寄, 不足事事曲與生說, 自不害其弘旨, 皆可略之.

詳: 자세할 상. 遊: 놀 유. 放: 놓을 유. 遺: 잊을 유. 寄: 부칠 기

붕과 곤의 실상은 우리가 자세하게 알 수 있는 것이 아니다. 장자의 큰 뜻은 유유자적하고 거리낌 없이 노닐며 작위 하지 않고 스스로 만족하는 데 있다. 그러므로 작은 것과 큰 것이 궁구하는 것을 끝까지 다하여 본성과 분수에 따라 사는 것을 밝혔다.[4] 세상의 이치에 달관한 선비는 그 요점을 받아들이고 이야기가 의탁하고 있는 것을 잊어버려야 하니, 일마다 꼼꼼히 따지면서 함께 억지로 설명할 필요가 없고, 본래 큰 취지를 해치지 않는다면 모두 대충 생략해도 괜찮다.

해설

곽상은 장자의 우화에 대해 우리가 어떻게 해석해야 할지를 주석의 첫머리에서 분명히 밝혔다. 곽상이 보기에 장자가 기묘한 이야기를 하는 것은 본성에 맞추어 사는 방법을 일깨우기 위함이다. 그러니 사람들이

---

3) 최선崔譔은 '곤은 고래여야 한다鯤當爲鯨'라고 했는데, 고래의 크기 정도로는 곤의 크기에 비교도 되지 않는다.

4) "極小大之致, 以明性分之適." 구절의 직역은 "작은 것과 큰 것의 도달함을 극대화해서 본성과 분수의 적절함을 밝혔다"라고 해야 한다. 표현을 부드럽게 하기 위해 의역했음을 밝힌다. 이후부터는 이와 같이 의역한 것에 대해서는 더 이상 주로 설명하지 않겠다.

그 요점을 받아들였으면 그 뿐으로 붕이나 곤처럼 기묘한 것들의 실상을 굳이 알려고 천착할 필요가 없다는 것이다.

鵬之背, 不知其幾千里也, 怒而飛, 其翼若垂天之雲. 是鳥也, 海運則將徙於南冥. 南冥者, 天池也. 翼: 날개 익, 垂: 드리울 수, 徙: 옮길 사

붕의 등은 그 넓이가 몇 천리가 되는지 알 수 없고, 힘차게 날아오르면 그 날개가 하늘을 덮은 구름 같다. 이 새는 [계절풍으로] 바닷물이 일렁이면 남녘의 아득히 깊은 바다로 옮겨갈 것이다. 남녘의 아득히 깊은 바다는 천지다. 厝: 둘 조

非冥海, 不足以運其身, 非九萬里, 不足以負其翼, 此其好奇哉. 直以大物必自生於大處, 大處亦必自生此大物, 理固自然, 不患其失. 又何厝心於其間哉.

[붕은] 아득할 정도로 깊은 바다가 아니면 그 몸을 움직일 수 없고, 9만리 정도의 높이가 아니면 날갯짓을 할 수 없으니, 곤과 붕에 관한 이야기가 어찌 기이한 것을 좋아했기 때문이겠는가? 바로 '큰 것'大物이 반드시 '큰 곳'大處에서 저절로 나오고, 큰 곳이 또한 이런 큰 것을 저절로 낳는 것은 이치가 진실로 저절로 그렇게 되어 있는 것이니, 그 이야기가 잘못되었다고 생각하지 않는다. 그렇다고 또 어찌 그런 이야기에 마음을 두겠는가!

해설

곽상이 보기에 장자자 이 구절에서 말하고자 하는 내용은 이치상 큰 곳에서 큰 것이 나온다는 것이니, 그런 이야기가 사실인지 아닌지에 대해서는 괘념치 말라는 것이다.

齊諧者, 志怪者也. 諧之言曰. 鵬之徙於南冥也, 水擊三千里, 搏扶搖而上者九萬里,　　　擊: 칠 격. 搏: 잡을 박. 扶: 떠받칠 부. 搖: 오를 요

『제해』란 괴이한 일을 기록한 것이다. 『제해』에서 다음처럼 말했다. "붕이 남녘의 아득히 깊은 바다로 옮겨갈 적에 [날아오르기 위해] 날개로 물을 치며 달려가는 거리가 3천리이고, 치솟는 바람을 타고 날아오르는 것이 9만 리이니,

翼大則難擧, 故搏扶搖而後能上, 九萬里乃足自5)勝耳. 旣有斯翼, 豈得決然而起, 數仞而下哉. 此皆不得不然, 非樂然也.

仞: 길 인(어른의 키)

날개가 크면 들기 어려우므로 치솟는 바람을 탄 다음에 날아오르는데, 올라간 높이가 9만 리 정도는 되어야 충분히 스스로 감당할 수 있다. 이미 이렇게 큰 날개를 가지고 있으니, 어찌 [작은 새들처럼] 팔짝 뛰어 올라 몇 [십] 미터 정도 가다가 내려올 수 있겠는가? 붕이 이렇게 하는 것은 모두 어쩔 수 없이 그렇게 하는 것이지 좋아서 그렇게 하는 것이 아니다.

해설

이치상 큰 곳에서 큰 것이 나오듯이 큰 새가 높이 올라가 날아가는 것은 당연하다는 말이다. 곽상의 적성설適性說이 서서히 나타나기 시작하는 구절이다. "붕이 이렇게 하는 것은 모두 어쩔 수 없이 그렇게 하는 것이지 좋아서 그렇게 하는 것이 아니다."라는 구절에서 그 단서를 볼 수 있다. 곧 붕이 이렇게 하는 것은 그 본성에 따라 자신도 모르게 그렇게 하는 것이지 억지로 그렇게 하거나 좋아서 그렇게 하는 것이 아니라는 말이다.

---

5) 조간의趙諫議의 본본本에는 '足自'가 '自足'으로 되어 있다. 이럴 경우에도 해석에는 별 차이는 없다.

去以六月息者也.

육 개월 정도 날아가다가 쉰다."

夫大鳥一去半歲, 至天池而息, 小鳥一飛半朝, 搶楡枋而止. 此比所能
則有閒矣, 其於適性一也.　搶: 닿을 창. 楡: 느릅나무 유. 枋: 다목 방. 閒: 사이 간

큰 붕은 한 번에 반년 정도 날면서 천지에 도착하고는 쉬는데, 작은 새는
한 번에 잠깐 날면서 이 나무에서 저 나무 사이로 옮겨 다니는 정도에서
멈춘다. 그러니 큰 붕과 작은 새의 능한 것을 비교한다면 비록 차이가
있을지라도 그것들이 '본성을 따르는 것'適性에서는 똑같다.

해설

붕이 육 개월 정도를 날아가 천지에 도착했으니, 겨우 반나절 정도 이
나무 저 나무 사이를 날아다니는 작은 새와는 현격하게 차이가 있다.
그러나 그것이 자신의 본성에 맞추어 그렇게 했다는 점에서는 그저 숲
속을 날아다니는 작은 새와 전혀 다르지 않다. 곧 '본성을 따르고 있다'
適性는 점에서는 큰 붕이 작은 새와 전혀 다르지 않다는 것이다.
사실 이런 점에서 사주·명리학을 알면 아주 편리하다. 사람들의 다양한
특성과 행동은 사주로 이루어진 그 본성에 따라 나오기 때문이다. 사
주·명리는 태극이 오행으로 오행이 다시 기운과 형질에 따라 10천간과
12지지로 변화하면서 인간을 포함해서 모든 사물을 생장·소멸시키는
것에 대해 다루는 학문이다. 자세한 내용은 판미동에서 출간한 역자의
『명리명강』이나 『엄마의 명리공부』를 참고하기 바란다.

野馬也, 塵埃也, 生物之以息相吹也.　野: 들 야. 埃: 티끌 애. 吹: 불 취

들판의 달리는 말처럼 보이는 기운이 먼지 피어오르듯이 올라오니,
살아 있는 것들이 숨 쉬며 서로 내뿜는 것이다.[6]

此皆鵬之所馮以飛者耳. 野馬者, 游氣也.　　　　　馮: 탈 빙. 游: 뜰 유

이것은 모두 붕이 의지해서 날아가는 것이다. '들판의 달리는 말처럼 보이는 기운'은 '떠돌아다니는 기운'이다.

해설

붕에 대해 이야기하다가 느닷없이 공기에 대해 이야기하니 본문이 다소 생소하게 느껴질 수 있다. 그러나 앞뒤의 이야기를 종합해 보면 갑자기 공기에 대해 이야기하는 것은 나름대로 이유가 있다. 여기서 살아있는 것들이 숨 쉬면서 뿜어내는 공기는 단순한 공기가 아니라 사회적 분위기를 상징하는 것이다. 작은 새처럼 역량이 작은 것은 작은 분위기에 휩싸여 살고, 붕처럼 역량이 큰 것은 태풍처럼 큰 분위기에 휩싸여 산다. 그런데 작은 새나 붕이 그렇게 살아가면서도 자신들이 왜 그러한지를 알지 못하니, 그것은 그것들이 본성적으로 그렇게 만들어졌기 때문이다. 아래의 구절이 이것에 대한 설명이다.

天之蒼蒼, 其正色邪. 其遠而無所至極邪. 其視下也, 亦[7]若是,
則[8]已矣.　　　　　　　　　　　　　　　蒼: 푸를 창. 邪: 그런가 야

---

6) 야마野馬, 곧 들판을 달리는 말에 대해서 사마표는 '봄날 못에서 떠오르는 기운이다.'라고 했고, 최선은 '천지의 한가로운 기운은 들판에 말이 달리는 것 같다'라고 했다. 애애埃埃자는 음이 애哀인데, 최선은 이 글자에 대해 '천지의 한가로운 기운이 먼지가 피어오르는 것처럼 뿌옇다.'라고 했다. 野馬, 司馬云, 春月澤中遊氣也, 崔云, 天地閒氣, 如野馬馳也, 埃音哀, 崔云, 天地閒氣蓊鬱, 似塵埃揚也.

7) 『궐오闕誤』에 따르면 "문여해文如海의 본본에 '역亦'자가 '즉則'자로 되어 있다"고 한다. 이럴 경우 "其視下也, 則若是. 則已矣" 구절은 "붕이 아래를 내려다본다면 이와 같을 것이다. 그렇다면 그뿐이다."로 하면 되니, 의미상의 변화는 없다.

8) 『궐오闕誤』에는 '즉則'자가 '이而'자로 되어 있다. 이럴 경우 "其視下也, 亦若是而已矣" 구절은 "붕이 아래를 내려다보아도 이와 같을 뿐이다."로 하면 되니 의미상의 변화는 없다. 바로 위의 주에서 '역亦'자를 '즉則'자로 본 것까지

하늘의 푸르고 푸름은 과연 바른 색깔인가? 너무 멀어서 끝 간 데가 없기 때문일까? 붕이 아래를 내려다보아도 이와 같으니, 그뿐이다.

今觀天之蒼蒼, 竟未知便是天之正色邪, 天之爲遠而無極邪. 鵬之自上以視地, 亦若人之自此9)視天, 則止而圖南矣10). 言鵬不知道里之遠近, 趣足以自勝而逝. 竟: 다할 경. 圖: 꾀할 도. 趣: 뜻 취. 勝: 이길 승. 逝: 갈 서

이제 하늘의 푸르고 푸름을 보면서도 그것이 하늘의 바른 빛깔 때문인지, 하늘이 멀리 떨어져 있어서 끝이 없기 때문인지는 결국 알 수가 없다. 붕이 위에서 땅을 내려다보는 것도 사람이 여기서 하늘을 쳐다보는 것과 같으니, [더 이상] 따지지 않고 남쪽의 목적지를 향해 간다. 붕이 거리의 멀고 가까움에 대해서는 알지 못하지만 목적을 향해 가는 것은 뜻에 충분히 스스로 감당할 만해서 가는 것이라는 말이다.

해설

곽상의 주로 볼 때 여기서의 하늘은 물리적인 하늘이 아니라 자연 본성을 비유한 것이다. 곧 붕이 태풍을 타고 비상하는 것이나 작은 새가 평범하게 숲 속을 날아다니는 것은 모두 제각기 본성적으로 그렇게 하게끔 만들어졌기 때문에 본성에 따라 자신도 모르게 그렇게 행동한다는 것이다. 곽상은 「제물론」의 "자유가 말했다. '땅울림이라면 여러 구멍의 울림일 뿐이고, ….' 자기가 대답했다. '천연의 울림이란 울려 나오는 것이 전혀 같지 않을지라도 그 자신이 그렇게 하는 것이라네.'"라는 구절의 주에서 "천天으로 말한 것은 저절로 그렇게 된 것임을 밝힌 것이다.

받아들일 경우 "其視下也, 則若是而已矣" 구절은 "붕이 아래를 내려다본다면 이와 같을 뿐이다"로 해석하면 되니, 역시 의미상의 큰 변화는 없다.

9) 『속고일총서續古逸叢書』 본本에는 '차此'자가 '지地'자로 되어 있다. 이럴 경우 의미에는 전혀 변화가 없다.

10) 조간의趙諫議의 본本에는 '의矣'자가 없다. 의미상의 변화는 없다.

어찌 푸르고 푸른 하늘을 말한 것이겠는가?"라고 분명히 말하고 있다. 곽상이 저 아래 본문의 '두 미물'二蟲에 대해 붕과 매미로 보는 까닭이 바로 여기의 원문 "붕이 아래를 내려다보아도 이와 같으니, 그 뿐이다." 라는 구절에 있다. 이 구절로 볼 때, 붕은 달관자로서 비상하는 것이 아니라 단지 작은 새보다 크게 만들어진 하나의 사물로서 자신의 조건과 환경에 맞추어 그렇게 날아가는 것일 뿐이다. 이렇게 장자가 이처럼 분명하게 언급했기 때문에 곽상은 붕을 달관자로 여기지 않는 것이다. 그런데 본문의 의미는 작은 새가 붕이 날아가는 푸르고 푸른 하늘을 모르듯이 붕도 동일하게 작은 새가 사는 것에 대해 이해하지 못한다는 말이다. 다시 말해서 작은 새가 붕의 본성에 대해 모르고 붕 또한 작은 새의 본성에 대해 모른다는 말이다.

且夫水之積也不厚, 則其負大舟也無力. 覆杯水於坳堂之上, 則芥爲之舟, 置杯焉則膠. 水淺而舟大也.

積: 쌓을 적. 覆: 뒤집을 복. 杯: 잔 배

물이 고여 있는 것이 충분하지 않으면 큰 배를 띄우기에 힘이 부친다. 마당의 우묵한 곳에 한잔 정도의 물을 부어놓으면 지푸라기 정도는 띄울 수 있지만, 거기에 잔을 띄우면 바닥에 닿아 버린다. 물은 적은데 띄운 것이 크기 때문이다.

坳: 팬 곳 요. 芥: 지푸라기 개

此皆明鵬之所以高飛者, 翼大故耳. 夫質小者所資不待大, 則質大者所用不得小矣. 故理有至分, 物有定極, 各足稱事, 其濟一也. 若乃失乎忘生之主[11], 而營生於至當之外, 事不任力, 動不稱情, 則雖垂天之翼, 不能無窮, 決起之飛, 不能無困矣.

---

[11] 『경전석문經典釋文』과 세덕당世德堂의 본본本에는 '주主'자가 '생生'자로 되어 있다. 이럴 경우 "若乃失乎忘生之生" 구절은 "만약 삶조차 망각한 채 사는 것에서 벗어나"로 해석하면 된다.

이 구절로 붕이 높이 나는 것은 날개가 크기 때문임을 모두 밝혔다. 바탕이 작은 것은 의지하는 것이 클 필요가 없고, 바탕이 큰 것은 쓰는 것이 작을 수 없다. 그러므로 이치마다 지극한 분수가 있고 사물마다 정해진 한계極가 있어 각기 만족하는 것이 충분히 일에 걸맞고 그 이룸이 한결같다. 만약 잘못되어 삶의 근본을 잊고 지극히 마땅한 영역 밖에서 삶을 영위하다가 일이 힘에 부치고 행동이 실정에 맞지 않는다면, 비록 하늘을 덮는 날개일지라도 다하지 않을 수 없고, 마음먹고 날아가는 것일지라도 곤궁하지 않을 수 없다.

해설

곽상은 앞에서 붕이 9만 리 높이에서 푸르고 푸른 하늘을 날아가는 것에 대해 본성에 맞는 행동의 비유로 보았다. 여기서는 그 반대로 충분하지 않은 물에 배나 잔을 띄우는 것에 대해 본성에 맞지 않는 행동의 비유로 보았다.

風之積也不厚, 則其負大翼也無力. 故九萬里, 則風斯在下矣,
而後乃今培風, 背負靑天而莫之夭閼者, 而後乃今將圖南.

夭: 막을 요 閼: 막을 알

바람이 충분히 쌓여있지 않으면 큰 날개를 감당하기에 힘이 부친다. 그러므로 9만 리 정도는 바람이 아래에 있게 된 다음에야 이제 바람을 타고 오르며, 푸른 하늘을 등지고 전혀 막힘이 없게 된 다음에야 이제 남쪽의 목적지를 향해 갈 수 있다.

夫所以乃今將圖南者, 非其好高而慕遠也, 風不積則夭閼不通故耳.
此大鵬之逍遙也.

이제 [붕이] 남쪽을 향해 가는 것은 높이 날기를 좋아하고 멀리 가기를 원해서가 아니라 바람이 [충분히] 쌓여있지 않으면 막혀서 나아가지 못하기 때문이다. 이것이 큰 붕의 유유자적이다.

[해설]

붕이 9만 리를 날아올라 남쪽을 향해 날아가는 것은 붕의 유유자적 곧
자신의 본성에 맞추어 그렇게 하고 있는 것일 뿐이다. 이 구절의 주는
「소요유」라는 편명의 주와 직결된다. 곧 "크고 작은 것이 비록 다를지라
도 스스로 만족하는 곳에서 해방된다면, 만물은 그 본성을 따르고 일은 그
능력에 알맞아서 제각기 그 분수에 합당하게 되어 제각기 유유자적
하는 것에서는 하나이니, 어찌 사물 사이에 잘나고 못난 것이 용인되겠
는가!"라는 내용이 다시금 이렇게 반복되고 있는 것이다.

**蜩與學鳩笑之曰, 我決起而飛, 槍12)楡枋而止13), 時則不至, 而
控於地而已矣. 奚以之九萬里而南爲.**

蜩: 매미 조, 學鳩(학구): 비둘기, 槍: 이를 창

[붕이 남쪽을 향해 날아가는 것을 보고] 매미와 비둘기가 비웃으며
말하였다. "나는 마음먹고 날아봤자 이 나무에서 저 나무 사이로 옮
겨 다니는 정도에서 멈추고, 때로는 그곳에도 이르지 못하고 땅에
내려앉곤 한다. 그런데 [붕은] 어째서 9만 리를 날아올라 남쪽으로
날아가는가?

**苟足於其性, 則雖大鵬無以自貴於小鳥, 小鳥無羨於天池, 而榮願有
餘矣. 故小大雖殊, 逍遙一也.**

控: 떨어질 공, 羨: 부러워할 선

---

12) 『경전석문經典釋文』에는 '창槍'자가 '창搶'자로 되어 있다. '창槍'을 낮게 나르는
것으로 '창搶'을 날아가면서 부딪히는 것으로 보면 의미상의 차이는 없다.

13) 『궐오闕誤』에서 문여해文如海의 본본과 강남江南 구본舊本을 인용하여 '방枋'
자 아래에 '이지而止' 두 자가 있다고 하였다. 두 글자가 없을 경우 "이 나무
에서 저 나무로 옮겨 다니고"로 해석하면 되니 의미상의 차이는 없다.

진실로 자신의 본성에 만족한다면, 비록 큰 붕이라고 할지라도 작은 새보다 진실로 귀할 것이 없고, 작은 새라고 할지라도 천지를 부러워할 것이 없으니, 지극히 바라는 것에서 넉넉하다. 그러므로 크고 작은 것이 비록 다를지라도 유유자적하는 것에서는 동일하다.

해설

사물들을 겉으로 보면 그것들 사이에 우열이 존재하는 것 같다. 그러나 모두 자신의 본성에 맞추어서 삶을 영위하고 있다는 점에서는 동일하다.

適莽蒼者, 三湌而反, 腹猶果¹⁴⁾然, 適百里者, 宿春糧, 適千里者, 三月聚糧. 莽: 우거질 망. 湌: 밥 손. 果: 배부른 모양 과. 春: 찧을 용. 糧: 양식 양

경치 좋은 근교에 나갈 경우 세 끼니만 먹고 돌아와도 배가 여전히 부르지만, 백 리 길을 갈 경우 밤을 새우면서 [길을 가는 동안 먹을] 양식을 찧어야 하고, 천리 길을 갈 경우 석 달 정도는 양식을 모아야 한다.

所適彌遠, 則聚糧彌多. 故其翼彌大, 則積氣彌厚也.

가는 곳이 멀수록 준비할 양식이 많아진다. 그러므로 날개가 클수록 받쳐주는 바람도 많아야 한다.

해설

곽상은 본문의 내용을 타고난 역량이 클수록 그것에 맞추어 크게 행동하는 것에 대한 비유로 보았다.

---

14) 『궐오闕誤』에서는 문여해文如海의 본본을 인용하여 '과果'자가 '과顆'자로 되어 있다고 한다. 이럴 경우 의미가 잘 통하지 않는다.

之二蟲又何知[15].

그런데 저 [붕과 매미 같은] 미물이 또 어떻게 알겠는가?

二蟲, 謂鵬蜩也. 對大於小, 所以均異趣也. 夫趣之所以異, 豈知異而異哉. 皆不知所以然而自然耳. 自然耳, 不爲也. 此逍遙之大意.

두 미물은 붕과 매미를 말한다. 작은 것에 큰 것을 상대시킨 것은 [서로] 다른 뜻을 균일하게 보기 위함이다. [붕과 매미 두 미물의 행동이 다른 것은] 뜻이 달랐기 때문이지만 어찌 차이가 있음을 알고 달리한 것이겠는가? 모두 그렇게 하는 까닭을 알지 못하고 저절로 그렇게 할 뿐이다. 저절로 그렇게 할 뿐이라면 작위 하는 것이 아니다. 이것이 유유자적의 큰 뜻이다.

해설

흔히들 여기 본문의 미물[二蟲]에 대해 숲 속의 두 미물 곧 매미와 비둘기로 주석하는데, 곽상은 붕과 매미로 주석했다. 이미 앞에서 설명했듯이 곽상이 이렇게 주석한 데는 나름대로의 이유가 있다. 그는 "붕이 아래를 내려다보아도 이와 같으니, 그 뿐이다"라는 본문 구절을 근거로 그렇게 한 것이다. 곧 붕이 9만 리 창공으로 날아올라 남쪽을 향해 가는 것이나 작은 새가 숲 속의 이 나무 저 나무 사이를 날아다니는 것이나 모두 제각기 자신의 본성에 맞추어 자신도 모르게 그렇게 하고 있는 것이기에 그 뿐이라는 것이다. 만약 장자가 붕을 달관자 곧 본성에 대해 깨달아 아는 자로 비유하려고 했다면, "붕이 아래를 내려다보아도 이와 같다"라고 표현하지 않아야 한다. 곧 '붕이 아래를 내려다보는 것도 숲 속의 매미나 비둘기가 위를 쳐다보는 것과 같다.'라고 표현함으로써 붕이 숲 속의 미물들과 같은 경지에 있는 것으로 취급하지는 않았

---

15) 『궐오闕誤』에서는 문여해文如海의 본본을 인용하여 이 구절의 위에는 '피彼'자가, 아래에는 '야也'자가 있다고 한다. 이럴 경우 "彼之二蟲又何知也." 구절은 "그런데 저 두 미물이 또 어떻게 알겠는가?"로 하면 되니 의미상의 변화는 없다.

어야 한다는 말이다. 하여간 곽상이 붕을 달관한 사람의 비유로 보고 있지 않다는 것은 중요한 사실이니, 이에 대해서는 분명히 염두에 두고 있어야 한다.

小知不及大知, 小年不及大年.

작은 지혜는 큰 지혜에 미치지 못하고, 수명이 짧은 것은 수명이 긴 것에 이르지 못한다.

物各有性, 性各有極, 皆如年知, 豈趻尚之所及哉. 自此已下至於列子, 歷擧年知之大小, 各信其一方, 未有足以相傾者也. 然後統以無待之人, 遺彼忘我, 冥此群異, 異方同得而我無功名.

趻: 발돋움할 기. 傾: 다할 경. 統: 한데 묶을 통

사물마다 제각기 천성性이 있고, 천성에 제각기 한계極가 있는 것은 모두 수명이나 지혜의 경우와 같으니, 어찌 애타게 바란다고 해서 미칠 수 있는 것이겠는가? 이 구절부터 아래 구절의 열자列子까지는 수명과 지혜의 크고 작은 [길고 짧은] 것들을 열거했으니, 제각기 자신의 일방적인 입장을 믿어서는 충분히 서로 다하게 할 수 없을 것이다. 그런 다음에 아무것에도 의지하지 않는 경지에 이른 사람이 상대방과 자신을 잊은 것을 가지고 한데 묶어 이 모든 것들의 차이를 구분 없이 하나로 보았으니, 다른 입장일지라도 얻는 것이 같아 자신에게 공명이 없어지는 것이다.

是故統小大者, 無小無大者也. 苟有乎大小, 則雖大鵬之與斥鷃, 宰官之與御風, 同爲累物耳. 齊死生者, 無死無生者也. 苟有乎死生, 則雖大椿之與蟪蛄, 彭祖之與朝菌, 均於短折耳. 故遊於無小無大者, 無窮者也, 冥乎不死不生者, 無極者也. 若夫逍遙而繫於有方, 則雖放之使遊而有所窮矣, 未能無待也.

斥鷃(척안): 작은 메추라기. 宰: 재상 재. 蟪: 쓰르라미 혜. 蛄: 땅강아지 고. 菌: 버섯 균. 繫: 멜 계

이 때문에 크고 작은 것을 한데 묶은 사람은 작은 것도 의식하지 않고 큰 것도 의식하지 않는 자이다. 만약 크고 작은 것을 의식한다면 비록 큰 붕이거나 작은 메추라기이거나, 관직에 오른 신분이거나 바람을 타고 날아다니는 상태이거나 똑같이 사물에 얽매인 것일 뿐이다. 살고 죽는 것을 하나로 여기는 사람은 삶도 의식하지 않고 죽음도 의식하지 않는 자이다. 만약 삶과 죽음을 의식한다면 큰 참죽나무이거나 쓰르라미이거나, 팽조彭祖이거나 저녁에 피었다 아침에 지는 버섯이거나 단명 한다는 것에서는 똑같을 뿐이다. 그러므로 작은 것도 의식하지 않고 큰 것도 의식하지 않는 경지에서 노니는 사람은 '끝이 없는 자'無窮者이고, 죽지도 않고 살지도 않는 경지에서 아무 구분 없이 있는 자는 '한계가 없는 자'無極者이다. 만약 유유자적하면서 어떤 입장에 얽매인다면, 비록 그냥 놔두어 노닐게 할지라도 끝이 있을 것이니, '아무것에도 의지하지 않는 경지'無待일 수 없다.

해설

위의 주는 곽상의 사상을 전체적으로 개괄한 것이다. 본성의 한계를 넘어서지 못하고 자신도 모르게 본성에 얽매여 사는 것이 유대有待 곧 무엇에 의지함이 있는 것이다. 비록 자신의 본성에 따라 유유자적하고 있을지라도 그 한계를 넘어서지 못한다면, 그것은 완전한 자유인 무대無待 곧 어떤 것에도 의지함이 없는 것이 아니다. 작은 새가 숲 속의 여기저기를 날아다니는 것은 자신의 본성에 따라 유유자적하는 것이다. 그러나 자신도 모르게 자신의 본성에 제약을 받고 있기 때문에 무대의 자유가 아니라 유대의 자유이다. 9만 리 푸른 하늘을 날아가는 붕도 자신이 왜 그렇게 행동하고 있는지에 대해 알지 못하는 이상 완전한 자유를 얻은 것이 아니다. 위의 주에서 "만약 유유자적하면서 어떤 입장에 얽매인다면, 비록 자유스럽게 놔두고 노닐게 할지라도 끝이 있을 것이니, '아무것에도 의지하지 않는 경지'無待일 수 없다."라는 말이 이에 대한 표현이다.

무대의 자유는 모든 사물이 본성에 따라 어쩔 수 없이 그렇게 행동하고 있다는 것을 깨달은 다음 아무것도 의식하지 않고 모든 사물을 있는 그대로 받아들일 때 이루어진다. 위의 주에서 "크고 작은 것을 한데 묶은 사람은 작은 것도 의식하지 않고 큰 것도 의식하지 않는 자이다."라는 말과 "그러므로 작은 것도 의식하지 않고 큰 것도 의식하지 않는 경지에서 노니는 사람은 끝이 없는 자이고, 죽지도 않고 살지도 않는 경지에서 아무 구분 없이 있는 자는 한계가 없는 자이다."라는 말이 이에 대한 표현이다. 곽상은 또한 "만약 천지의 바름을 타고 여섯 기운의 변화를 제어함으로써 무궁에 노니는 자라면 그런 사람은 또 무엇에 의지하겠는가!"라는 구절의 주에서 이런 경지에 대해 '최고의 덕을 지닌 사람이 남과 나를 전혀 구분하지 않고 동일하게 여기는 유유자적'至德之人玄同彼我者之逍遙이라고 표현하고 있다.

奚以知其然也. 朝菌不知晦朔, 蟪蛄不知春秋, 此小年也. 楚之南有冥靈者, 以五百歲爲春, 五百歲爲秋, 上古有大椿者, 以八千歲爲春, 八千歲爲秋, 此大年也[16]. 而彭祖乃今以久特聞, 衆人匹之, 不亦悲乎.

奚: 어찌 해, 楚: 초나라 초, 靈: 신령 령, 歲: 해 세, 椿: 참죽나무 춘, 悲: 슬플 비

어떻게 그렇다는 것을 아는가? '저녁에 피었다 아침에 지는 버섯'朝菌은 그믐과 초하루에 대해 알지 못하고, 쓰르라미는 봄과 가을에 대해 알지 못하니, 이런 것들은 수명이 짧은 것들이다. 초나라 남쪽 지방에는 명령冥靈이라는 나무가 있는데 5백 년을 봄으로 삼고 5백 년을 가을로 삼으며, 먼 옛날 큰 참죽나무가 있었는데 8천년을 봄으로 삼고 8천년을 가을로 삼았으니, 이런 것들은 수명이 긴 것들이다. 그런데 [겨우 7백세를 산] 팽조가 이제 오래 산 것으로 아주 유명해 사람들이 그 수명에 짝하려 하니 또한 슬프지 않은가!

夫年知不相及, 若此之懸也, 比於衆人之所悲, 亦可悲矣. 而衆人未

16) 성현영成玄英의 본본本에 의거하여 '此大年也' 구를 보충한 것이다.

嘗悲此者, 以其性各有極也. 苟知其極, 則毫分不可相跂, 天下又何所悲乎哉. 夫物未嘗以大欲小, 而必以小羨大. 故擧小大之殊各有定分. 非羨欲所及, 則羨欲之累可以絶矣. 夫悲生於累, 累絶則悲去. 悲去而性命不安者, 未之有也. 懸: 동떨어질 현. 毫: 가는 털 호. 跂: 발돋움할 기

수명이나 지혜는 [한계가 있어서] 서로에게 미칠 수 없는 것이 이처럼 현격하니, 사람들이 슬퍼하는 것에 비교하면 또한 슬퍼할 만하다. 그러나 사람들이 아직까지 이것을 슬퍼하지 않았던 것은 그들의 본성에 제각기 궁극이 있기 때문이다. 진실로 그 궁극을 안다면 털끝만큼도 서로 바라서는 안 되니, 천하 사람들이 또 어찌 슬퍼할 것이겠는가? 사물 중에 큰 것으로서 작아지기를 바라는 경우는 없고, 반드시 작은 것으로서 커지기를 선망한다. 그러므로 크고 작은 차이에 따라 각기 정해진 분수가 있음을 거론했다. 선망하고 바란다고 해서 미칠 수 있는 것이 아니라면, 선망과 바람으로 생긴 얽매임을 끊어야 한다. 슬픔은 얽매임에서 생겨나니, 얽매임을 끊어 버리면 슬픔이 사라진다. 슬픔이 사라졌는데도 성명이 안정되지 않은 경우는 지금까지 없었다.

해설

곽상은 여기서 유대를 벗어나 무대로 들어가는 길을 제시하고 있다. 그는 자신보다 나은 것에 대해 그것처럼 되기를 원한다고 되는 것이 아니라면 그런 소원을 끊어버리라고 이야기하고 있다. 곧 그는 제각기 타고난 본성대로 살고 더 이상은 바라지 말라고 충고하고 있는 것이다.

湯之問棘也, 是已.

湯: 끓일 탕. 棘: 멧대추나무 극

탕왕湯王이 하극夏棘에게 질문한 것은 옳다.

湯之問棘, 亦云物各有極, 任之則條暢. 故莊子以所問爲是也.

條: 가지 조. 暢: 펼 창

탕왕이 하극에게 질문한 것도 사물마다 제각기 한정된 경계의 범위極가 있으니 그것에 맡겨두면 두루 통하여 번창한다條暢는 것이다. 그러므로 장자는 탕왕의 질문을 옳다고 여겼다.

해설

곽상은 탕왕과 하극이 사물의 본성에 대해 이야기한 것으로 보고 있다. 곧 곽상은 장자가 전설의 이야기를 통해 사물은 그 정해진 본성대로 살아야 한다고 거듭 강조하고 있다는 것이다.

窮髮之北有冥海者, 天池也. 有魚焉, 其廣數千里, 未有知其修者. 其名爲鯤. 有鳥焉, 其名爲鵬, 背若太山[17], 翼若垂天之雲. 搏扶搖羊角而上者九萬里, 絶雲氣, 負靑天, 然後圖南, 且適南冥也. 斥鴳笑之曰, 彼且奚適也. 我騰躍而上, 不過數仞而下, 翺翔蓬蒿之間, 此亦飛之至也, 而彼且奚適也. 此小大之辯也.

蓬: 쑥 봉, 蒿: 쑥 호, 髮: 터럭 발, 修: 길이 수, 騰: 오를 등, 躍: 뛸 약, 翺: 날 고, 翔: 빙빙 돌아날 상

불모의 북녘 땅에 아득히 깊은 바다가 있는데, 천지天池다. 그곳에 물고기가 있는데, 그 넓이만 해도 몇 천리나 되고 그 길이를 아는 자가 없다. 그 이름은 곤鯤이다. 그곳에 새가 있는데 그 이름이 붕으로 등은 태산과 같고 날개는 하늘을 뒤덮은 구름과 같다. 치솟는 바람을 타고 빙빙 돌며 날아오르기를 9만 리, 구름조차 가로지르면서 푸른 하늘을 등진 뒤에야 남쪽의 목적지를 향해 가니, 또한 남녘의 아득히 깊은 바다南冥에 가고자 함이다. 메추라기가 붕을 비웃으며 "저것은 또 어디로 날아가는 걸까? 나는 솟구쳐 날아봤자 몇 [십] 미터도 가지 못하고 내려와 쑥대밭

---

17) '태산太山'이 조간의趙諫議의 본본에는 '대산大山'으로 되어 있고, 세덕당世德堂의 본본에는 '태산泰山'으로 되어 있다. 무엇으로 되어있든 의미에는 아무런 변화가 없다.

사이에서 날갯짓하는 정도이다. 이렇게 하는 것도 더할 수 없이 잘 날아
다니는 것인데, 저것은 또 어디로 날아가는 걸까?"라고 한다. 이것이 크
고 작은 것의 차이이다.

各以得性爲至, 自盡爲極也. 向言二蟲殊翼, 故所至不同, 或翶翔
天池, 或畢志楡枋, 直各稱體而足, 不知所以然也. 今言小大之辯,
各有自然之素, 旣非跂慕之所及, 亦各安其天性, 不悲所以異. 故
再出之.

제각기 본성을 얻은 것으로 지극한 것을 삼고, 스스로 그것을 극진하게
하는 것으로 궁극을 삼는다. 앞에서는 붕과 매미는 날개가 다르기 때
문에 날아서 도달하는 거리도 같지 않아 어떤 것은 천지를 향해 날아
가고, 어떤 것은 뜻을 다해 이 나무에서 저 나무로 날아다니니, 단지
각기 자신의 몸에 맞추어서 흡족하게 할뿐이고 자신이 그렇게 하는
까닭은 알지 못한다고 하였다. 이제는 크고 작은 것의 차이는 각자 저
절로 그렇게 되는 바탕이 있어 이미 노력하고 사모해서 미칠 수 있는
것이 아니니, 또한 각기 자신의 '타고난 본성'天性을 편안하게 여기고,
남과 다르다는 것에 대해 슬퍼하지 않는다고 하였다. 그러므로 재차
언급하였다.

해설
곽상은 장자가 여기까지 크고 작은 것의 차이에 대해 말했다고 하면서
크든 작든 자신의 본성에 만족해야 한다고 거듭 설명하고 있다. 여기서
분명히 알아야 될 것은 곽상이 붕의 비상을 달관자의 통달로 여기지 않
았다는 점이다. 곧 곽상은 숲 속의 미물보다 월등히 형태가 큰 붕이 자
신의 몸에 맞추어 9만 리 창천으로 날아올라 천지를 향해 날아가는 것
으로 보았던 것이다. 9만 리를 날아올라 6개월을 날아가는 것은 일견
대단한 일로 보인다. 그렇지만 붕이 자신의 신체적 특성에 맞추어 그렇
게 하고 있다는 점에서는 미물의 비행과 조금도 다를 것이 없다.

故夫知效一官, 行比一鄉, 德合一君, 而徵一國者, 其自視也, 亦若此矣.

徵: 거둘 징

그러므로 지혜가 한 관직을 담당할 정도이고, 행실이 한 고을을 따르게 할 정도이며, 덕이 한 임금에게 합치할 정도여서 한 나라를 보살필 수 있는 사람들이 스스로 바라볼 때도 이와 같은 것이다.

亦猶鳥之自得於一方也.

그들도 새들이 일방적인 입장에서 스스로 만족하는 것과 같다.

而宋榮子猶然笑之,

송영자가 빙긋이 웃으니,

未能齊, 故有笑.

[자신을 남들과] 동일하게 여길 수 없으므로 웃은 것이다.

且擧世而譽之, 而不加勸, 擧世而非之, 而不加沮.

勸: 권할 권. 沮: 막을 저

온 세상이 칭찬한다고 해서 힘쓰게 할 수 있는 것이 아니고, 온 세상이 비난한다고 해서 그만 두게 할 수 있는 것이 아니다.

審自得也.

審: 살필 심

스스로 만족하는 것을 훤히 안다.

定乎內外之分,

그런데 안과 밖의 분별을 정해놓고,

內我而外物.

자신을 안으로 여기고 사물을 밖으로 여긴다.

辯乎榮辱之境[18]),

영화와 치욕의 경계를 구분하였으니,

榮己而辱人.

자신을 즐겁게 여기고 남을 싫어한다.

斯已矣.

이 정도에서 그쳤을 뿐이다.

亦不能復過此.

그 역시 다시 이 이상의 경지로 나아갈 수 없었다.

彼其於世, 未數數然也.   數: 자주 삭

그는 세상일에 허둥대지는 않았으나,

足於身, 故閒於世也.   閒: 한가할 한

자기 자신에 만족하기 때문에 세상일에 한가로운 것이다.

18) 『경전석문經典釋文』과 세덕당世德堂의 본본本에는 '경境'자가 '경竟'자로 되어 있
   다. 조간의趙諫議의 본본本에는 '경境'자로 되어 있다. 의미상에는 변화가 없다.

雖然, 猶有未樹也.

비록 그렇기는 하지만 여전히 [지극한 덕을] 수립하지는 못하였다.

唯能自是耳, 未能無所不可也.

오직 스스로 옳다고 여길 수 있는 정도뿐이라 불가함이 없을 수 없다.

해설

붕과 작은 새에 대한 것까지는 형태의 크고 작은 차이에 대한 설명이고, 그 이후부터는 덕을 닦은 정도에 대한 설명이다. 최상의 덕은 모든 사물이 각기 본성에 따라 자신도 모르게 행동하고 있다는 것을 깨닫고 모든 것을 구분 없이 바라봄으로써 사물을 있는 그대로 받아들이는 것이다. 앞 구절의 송영자나 이어지는 구절의 열자는 아직 그런 경지에 오르지 못한 사람들이다.

夫列子御風而行, 冷然善也,

열자가 바람을 타고 다니는 것은 시원하고 훌륭해서

冷然, 輕妙之貌.

시원함冷然은 경쾌하고 신묘한 모습이다.

旬有五日而後反.

보름 정도는 지나야 돌아왔다.

苟有待焉, 則雖御風而行, 不能以一時而周也.

진실로 의지하는 것이 있으니 비록 바람을 타고 다닐지라도 동시에 두루 할 수 없는 것이다.

彼於致福者, 未數數然也.

그런데 그는 이런 복을 이루는 데에 급급해하지 않았다.

自然御風行耳, 非數數然求之也.

자연스럽게 바람을 타고 날아다녔을 뿐이고 급급해하며 구한 것이 아니다.

此雖免乎行, 猶有所待者也.

그러나 이렇게 하는 것은 비록 걸어 다니는 것을 면했다고 할지라도 여전히 바람에 의지하고 있는 것이다.

非風則不得行, 斯必有待也. 唯無所不乘者, 無待耳.

바람이 아니면 날아다닐 수 없으니, 이는 틀림없이 무엇에 의지하고 있는 것이다. 오직 무엇이든지 타지 못하는 것이 없는 자만이 아무것에도 의지함이 없는 것이다.

해설

열자에 대한 구절 역시 붕이 달관자가 아니라는 데 대한 좋은 근거이다. 붕처럼 날개도 없는 사람이 바람을 타고 다닌다는 것은 붕의 비상보다 훨씬 더 탁월한 것이다. 그럼에도 장자는 열자의 이런 경지에 대해 무엇엔가 의지하고 있는 경지 곧 유대라고 하고 있다. 그렇다면 붕이 태풍을 타고 9만 리 창공으로 솟아올라 남쪽 바다로 가는 것에 대해 아무 것에도 의지함이 없는 경지 곧 무대라고 평가해서는 안 된다.

부가적으로 지적할 것은 위의 본문 '유소대'有所待와 바로 이어지는 아래의 본문 '오호대재'惡乎待哉를 근거로 곽상이 '유대'有待와 '무대'無待라는 용어를 만들었다는 것이고, 유유자적逍遙에는 두 가지 곧 유대의 유유자적과 무대의 유유자적이 있다는 것이다. 유대의 유유자적은 앞에서 이미 설명했듯이 자신도 모르게 본성에 따라 행위 하는 것이다. 그리고 무대의 유유자적은 미리 설명하자면 사물들이 모두 자신도 모르게 본성에 따라 행동한다는 사실을 깨닫고 마음을 비움으로써 사물을 그대로 받아들이는 것이다. 이런 경지에서는 더 이상 아무것에도 의지함이 없는 절대적인 자유를 얻으니, 그것이 바로 무대의 유유자적 곧 아무것에도 의지함이 없는 유유자적이다. 이어지는 다음 구절이 이에 대한 설명이다.

若夫乘天地之正, 而[19]御六氣之辯, 以遊无窮者, 彼且惡乎待哉.

御: 부릴 어

만약 천지의 바름을 타고 여섯 기운의 변화 그대로 몰아감으로써 무궁에 노니는 자라면 그런 사람은 또 무엇에 의지하는 것이겠는가!

天地者, 萬物之總名也. 天地以萬物爲體, 而萬物必以自然爲正. 自然者, 不爲而自然者也. 故大鵬之能高, 斥鴳之能下, 椿木之能長, 朝菌之能短. 凡此皆自然之所能, 非爲之所能也. 不爲而自能, 所以爲正也.

천지는 만물을 총괄하는 명칭이다. 천지는 만물로 몸을 삼고, 만물은 반드시 저절로 그렇게 되는 것으로 바름을 삼는다. 저절로 그렇게 되는 것은 어떻게 하지 않고 저절로 그렇게 되는 것이다. 그러므로 큰 붕이 높이 날 수 있고 메추라기가 낮게 날 수 있으며, 참죽나무가 장수할 수 있고 저녁에 피었다가 아침에 사라지는 버섯이 단명할 수 있다. 이 모든 것은 모두 저절로 그렇게 되어 할 수 있는 것이지 어떻게 해서 할 수 있는 것이 아니다. 어떻게 하지 않고 저절로 할 수 있으니 바르게 되는 까닭이다.

---

19) 『장자집석莊子集釋』을 교감한 왕효어王孝魚에 따르면 당대唐代의 사본寫本에는 '이而'자가 없다고 한다. '이而'자가 있으면 문맥이 한결 부드럽다.

故乘天地之正者, 卽是順萬物之性也, 御六氣之辯者, 卽是遊變化之
塗也. 如斯以往, 則何往而有窮哉. 所遇斯乘, 又將惡乎待哉. 此乃
至德之人, 玄同彼我者之逍遙也. 苟有待焉, 則雖列子之輕妙, 猶不
能以無風而行. 故必得其所待, 然後逍遙耳. 而況大鵬乎.

그러므로 천지의 바름을 타는 것은 곧 만물의 본성에 순응하는 것이고,
여섯 기운의 변화 그대로 몰아가는 것은 곧 변화의 길을 따라 노니는 것이
다. 이와 같이 길을 간다면 어디에 간들 막히겠는가? 만나는 바를 바로
타니 또 무엇에 의지하겠는가! 이러한 경지야말로 최고의 덕을 지닌 사람
이 남과 나를 전혀 구분하지 않고 동일하게 여기는 유유자적이다. 만약
무엇에 의지한다면, 비록 열자의 경쾌하고 신묘한 비행일지라도 바람 없
이는 날아다닐 수 없는 것과 같다. 그러므로 반드시 자신이 의지하는 것을
얻은 다음에 유유자적할 뿐이다. 그런데 하물며 큰 붕 정도야 말할 것이
있겠는가!

夫唯與物冥而循大變者, 爲能無待而常通, 豈[20]自通而已哉. 又順有
待者, 使不失其所待, 所待不失, 則同於大通矣. 故有待無待, 吾所不
能齊也. 至於各安其性, 天機自張, 受而不知, 則吾所不能殊也. 夫
無待猶不足以殊有待, 況有待者之巨細乎.

오직 다른 사물과 구분 없이 큰 변화를 따르는 사람만이 아무 것에도 의지
함이 없이 '항상 통할 수 있으니'常通, 어찌 '자신에게만 통할뿐'自通이겠
는가! 또 무엇에 의지함이 있는 자를 따라주고 그가 의지하는 것을 잃지
않게 하여 의지하는 바가 잘못되지 않게 하니, '크게 통하는 것'大通과 하
나가 된다. 그러므로 '무엇엔가 의지함이 있는 것'有待과 '아무 것에도 의
지함이 없는 것'無待을 우리가 동일하게 여길 수 없는 것이다. 그렇지만

---

20) 왕숙민王叔岷의 『장자교석莊子校釋』에 따르면 '기豈'자 아래에 '독獨'자를 보충
해야 한다고 한다. 이럴 경우 "豈獨自通而已哉." 구절은 "어찌 유독 자신에게
만 통할뿐이겠는가!"로 하면 된다.

제각기 자신의 본성을 편안히 여기고 '천연의 기틀'天機을 스스로 펼치는 것까지 그것들을 받아들이면서도 [왜 그렇게 하고 있는지를] 모르는 것이 라면 우리가 다르다고 여길 수도 없는 것이다. '아무 것에도 의지함이 없 는 것'無待이 오히려 '무엇엔가 의지함이 있는 것'有待을 전혀 다르게 여기 지 않는데, 하물며 무엇에 의지하고 있는 것들의 크고 작은 차이에 대해서 야 말해 무엇 하겠는가!

해설

곽상은 앞에서 언급했듯이 '유유자적'逍遙에 대해 두 가지 곧 유대의 유유자 적과 무대의 유유자적으로 나눈다. 그런데 곽상은 유대의 유유자적에 대해 서 자통自通으로, 무대의 유유자적에 대해서 상통常通으로 규정한다. 완전 한 깨달음의 경지에 이르지 못한 사물은 자신도 모르는 사이에 자신의 본 성에 따라 행동하면서 다른 사물에 해를 끼칠 수 있다. 곧 유대를 벗어나지 못한 사물은 언제나 다른 사물과 충돌할 수 있기 때문에 다른 사물들과 자 유롭게 통할 수 없다. 곽상은 이것에 대해 '자신에게만 통한다'自通고 했던 것이다. 이에 비해 무대의 유유자적은 다른 사물과 충돌이 없다. 곧 완전한 깨달음의 경지에 도달한 사물은 다른 사물이 자신도 모르게 본성에 따라 행동한다는 것을 깨닫고 모든 것을 그대로 받아들이며 개의치 않는다. 그 러니 자신뿐만 아니라 다른 사물에게서도 충돌 없이 자유롭게 통할 수 있 는 것이다. 곽상은 이것에 대해 '언제나 통한다'常通고 했던 것이다. 무대의 상통은 다른 사물이 자통하는 것을 방해하지 않고 그대로 통하게 하니, 자 신이 통함은 물론 상대방까지 함께 통하게 한다. 그러므로 곽상은 이것에 대해 다시 '크게 통한다'大通고 했던 것이다.

故曰, 至人无己,
그러므로 "무아의 경지에 이른 사람에게는 [내세울] 자신이 없고,

無己, 故順物, 順物而至[21]矣.

[내세울] 자신이 없으므로 사물에 순응하고, 사물에 순응하면 지극해지는 것이다.

해설

여기서부터의 기술은 무대의 경지에서 완전한 자유를 이룬 사람들에 대한 설명이다. 그 명칭이 각기 다르게 나타날지라도 각각의 경우에 따라 무대의 경지에 오른 사람을 명명한 것일 뿐이다. 곧 이 구절에서 '무아의 경지에 이른 사람'至人이란 내세울 자신이 없는 것을 가지고, 아래의 구절에서 '신묘한 사람'神人이란 드러낼 공이 없는 것을 가지고, '거룩한 사람'聖人이란 붙일 이름이 없는 것을 가지고 명명한 것일 뿐이다.

神人无功,

신묘한 사람에게는 [드러낼] 공이 없으며,

夫物未嘗有謝生於自然者, 而必欣賴於針石, 故理至則跡滅矣. 今順而不助, 與至理爲一, 故無功.

謝: 사절할 사. 欣: 기뻐할 흔. 賴: 힘입을 뢰. 跡: 흔적 적. 滅: 멸망할 멸

사물이 저절로 그런 것에서는 죽어 사라지는 것 없이 반드시 흔쾌히 석침에 의지하기 때문에 이치가 지극해지면 흔적이 사라진다. 지금 순응하면서도 조장하지 않고 지극한 이치와 더불어 하나가 되므로 [드러낼] 공이 없다.

해설

아픈 곳이 있으면 그 부분이 언제나 신경이 쓰이지만 낫고 나면 잊어버

---

21) 『경전석문經典釋文』과 세덕당世德堂의 본본에는 '지至'자가 '왕王'자로 되어 있다. 이럴 경우 "順物而王矣" 구절은 "사물에 순응하면 왕 노릇한다."로 하면 된다.

린다. 마찬가지로 신묘한 사람은 세상을 소리 없이 다스리는데, 세상이 평화롭게 되고 나면 사람들은 아무도 왜 그렇게 평화롭게 되었는지 알지 못한다. 무위로 세상을 다스리면 결국 아무도 알지 못해 그 공이 없다는 말이다.

聖人无名.

거룩한 사람에게는 [붙일] 이름이 없다."고 한다.

聖人者, 物得性之名耳, 未足以名其所以得也.

거룩한 사람이란 사물이 본성을 체득한 것에 대한 이름일 뿐이니, 그렇게 된 것에 대해 무엇이라고 이름을 붙일 수가 없다.

堯讓天下於許由曰, 日月出矣, 而爝火不息, 其於光也, 不亦難乎. 時雨降矣, 而猶浸灌, 其於澤也, 不亦勞乎. 夫子立, 而天下治, 而我猶尸之, 吾自視缺然. 請致天下. 許由曰, 子治天下, 天下旣已治也.

讓: 사양할 양. 爝: 횃불 작. 浸: 담글 침. 灌: 물댈 관. 尸: 주관할 시. 缺: 모자랄 결

요堯임금께서 허유許由에게 천하를 물려주려고 이렇게 말했다. "해와 달이 떴는데 횃불을 끄지 않는 것은 빛을 내는 데 괜히 근심하는 것이 아닙니까? 때에 맞춰 비가 내리는데 여전히 물을 대는 것은 땅을 적시는 데 공연히 힘들이는 것이 아닙니까? 선생님이 계셔서 천하가 다스려지는데 여전히 제가 천하를 맡고 있으니, 제 스스로 겸연쩍습니다. 부디 천하를 맡아주셨으면 합니다." 허유가 대답하였다. "임금께서 천하를 다스려 천하가 이미 다스려진 것입니다.

夫能令天下治, 不治天下者也. 故堯以不治治之, 非治之而治者也.

今許由方明旣治, 則無所代之. 而治實由堯, 故有子治之言, 宜忘言
以尋其所況.

尋: 찾을 심

천하가 잘 다스려지게 할 수 있는 것은 천하를 다스리지 않는 것이다.
그러므로 요임금께서는 다스리지 않는 것으로 천하를 다스리셨으니, 천하
를 다스려서 다스린 것이 아니다. 지금 이미 다스려졌으니, 대신할 필요가
없고, 다스려짐이 실로 요임금으로 말미암았음을 허유가 밝혔기 때문에
"임금께서 천하를 다스렸다."는 말을 했으니, 말에 관계없이 그것이 비유
하고 있는 바를 찾아봐야 한다.

而或者遂云, 治之而治者, 堯也, 不治而堯得以治者, 許由也, 斯失之
遠矣. 夫治之由乎不治, 爲之出乎無爲也, 取於堯而足, 豈借之許由
哉. 若謂拱黙乎山林之中, 而後得稱無爲者, 此莊老之談, 所以見棄
於當塗. 當塗22)者, 自必於有爲之域而不反者, 斯之由也.

拱: 두 손 맞잡을 공. 黙: 묵묵할 묵. 棄: 버릴 기. 塗: 길 도

그런데 어떤 자는 마침내 "다스려서 다스려지게 한 사람은 요임금이고,
다스리지 않으면서 요임금이 다스릴 수 있도록 한 사람은 허유다."라고
하니, 이런 말은 매우 잘못된 것이다. 다스리는 것은 다스리지 않는 것
으로 말미암고 무엇인가 하는 것은 아무것도 하지 않는 것에서 나오는
것을 요임금께 취한 것으로 충분한데, 어찌 허유에게서 구할 것인가?
만약 산 속에 팔짱만 끼고 묵묵히 있는 다음에 그것을 아무것도 하지
않는 것에 걸맞은 것이라고 한다면, 이것은 노자와 장자의 이야기가 출

---

22) '당도當塗' 두 글자는 세덕당世德堂의 본본에 의거하여 보충한 것이다. 원래대
로 할 경우 "若謂拱黙乎山林之中, 而後得稱無爲者, 此莊老之談所以見棄於
當塗者. 自必於有爲之域而不反者, 斯之由也" 구절은 "만약 산 속에 팔짱만
끼고 묵묵히 있는 다음에 그것을 아무것도 하지 않는 것에 걸맞은 것이라고
한다면, 이것은 노장의 이야기가 출세하는 길에서 버려지는 까닭이다. '스스로
반드시 작위 하는 영역에 있으면서 [아무것도 하지 않는 것으로] 되돌아가지
못하는 것은 이 때문이다."로 해석하면 하면 의미상의 차이는 없다.

세의 길에서 버려지는 까닭이다. 출세하는 자들이 스스로 반드시 작위하는 영역에 있으면서 [아무것도 하지 않는 것으로] 되돌아가지 못하는 것은 이 때문이다.

해설

이 구절을 이해하기 위해서는 먼저 '요임금은 허유가 있기 때문에 천하가 다스려졌다고 하고, 허유는 요임금이 천하를 다스렸기 때문에 다스려졌다.'고 하는 본문의 말을 "천하가 잘 다스려지게 할 수 있는 것은 천하를 다스리지 않는 것이다."라는 곽상의 주와 연결해서 봐야 한다. 본문에서 '요임금과 허유가 서로 상대방이 있기 때문에 천하가 다스려졌다.'고 한 것에 대해 곽상은 결국 '요임금이 천하를 다스리지 않았기에 다스려졌다.'고 설명했던 것이다. 곽상이 "말에 관계없이 그것이 비유하고 있는 바를 찾아봐야 한다."고 하면서 "다스리는 것은 다스리지 않는 것으로 말미암고 무엇인가 하는 것은 아무것도 하지 않는 것에서 나오는 것을 요임금께 취했으면 충분한데, 어찌 허유에게서 구할 것인가?"라는 말에 이런 내용이 압축적으로 담겨있다.

而我猶代子, 吾將爲名乎. 名者實之賓也, 吾將爲賓乎[23].

賓: 손 빈

그런데 제가 괜히 임금님을 대신한다면 저는 이름이나 구하는 사람이겠지요? 이름이란 실질에 부수적인 것인데, 저더러 그런 부수적인 것

---

23) 유월兪樾에 따르면 "이 부분은 '吾將爲實乎'로 되어야 위에 '吾將爲名乎'와 서로 대구로 문장을 이룬다. '실實'자와 '빈賓'자가 서로 모양이 비슷하고 또 위의 '實之賓也' 구절에 간섭되어 잘못된 것이다."라고 한다. 이럴 경우 "而我猶代子, 吾將爲名乎. 名者實之賓也, 吾將爲實乎" 구절은 "그런데 제가 그대를 대신할 것 같으면 저는 이름이나 구하는 사람이겠지요? 이름이란 실질에 부수적인 것인데, 제가 실질이 될 수 있을까요?"로 해석하면 의미상의 변화는 없다.

이나 구하라는 것인가요?

夫自任者對物, 而順物者與物無對. 故堯無對於天下, 而許由與稷契
爲匹矣. 何以言其然邪. 夫與物冥者, 故群物之所不能離也. 是以無
心玄應, 唯感之從汎乎, 若不繫之舟, 東西之非己也. 故無行而不與
百姓共者, 亦無往而不爲天下之君矣.

자신이 옳다고 믿을 경우에는 사물과 대립하지만 사물을 따를 경우에는
사물과 대립하지 않는다. 그러므로 요임금께서는 천하와 대립하지 않았
고, 허유는 순임금 때의 명신 후직后稷이나 설契과 같은 신하와 짝이 되었
다. 무엇을 근거로 그것이 그렇다고 말하는가? 사물과 전혀 구분이 없게
된 자이므로 뭇 사물들이 떠날 수 없는 것이다. 이 때문에 무심한 가운데
현묘하게 응하면서 오직 느끼는 대로 떠다니는 것이 마치 매여 있지 않는
배와 같으니, 동으로 가든 서로 가든 자신이 뜻한 것이 아니다. 그러므로
무엇을 행하든지 백성들과 함께 하지 않는 경우가 없으니, 또한 어디를
가든지 천하의 임금이 되지 않는 경우가 없다.

以此爲君, 若天之自高, 實君之德也. 若獨亢然立乎高山之頂, 非夫
人有情於自守, 守一家之偏尙, 何得專此. 此故俗中之一物, 而爲堯
之外臣耳. 若以外臣代乎內主, 斯有爲君之名, 而無任君之實也.

이렇게 하는 것으로 임금이 되는 것은 하늘이 저절로 높은 것과 같으니,
실로 임금의 덕이다. 높은 산꼭대기에 홀로 우뚝 서 있는 것과 같은 것은
사람이 자신을 지키는 데 마음을 둔 것이 아니라면 한 학파에서 편협하게
숭상하는 것을 지키는 꼴이니, 어찌 이것을 오로지 할 수 있겠는가! 이
때문에 세속의 한 인물로서 요임금님에게 '허울 좋은 신하'外臣가 될 뿐이
다. 만약 허울 좋은 신하로 '실질적인 임금'內主를 대신한다면, 이것은 바
로 임금이라는 이름만 있고 임금의 직분을 감당할 수 있는 실질이 없는
것이다.

"사물과 전혀 구분이 없게 된 자이므로 뭇 사물들이 떠날 수 없는 것이다."라는 곽상의 주는 의미상 저 앞의 "만약 천지의 바람을 타고 여섯 기운의 변화대로 몰아감으로써 무궁에 노니는 자라면 저가 또 무엇에 의지하겠는가?"라는 장자의 말과 연결되는 내용이다. 그렇다면 "높은 산꼭대기에 홀로 우뚝 서 있는 것과 같은 것은 자신을 지키는 데 마음을 둔 것이 아니라면 한 학파에서 편협하게 숭상하는 것을 지키는 꼴이다."라는 곽상의 주는 붕의 비상과 관련지을 수 있다. 곧 붕은 자통自通의 영역을 벗어나지 못해 자신의 이상을 실현하고자 날아가고 있기 때문이다. 그러니 숲 속의 작은 새가 다음처럼 비웃었던 것이다. "저것은 또 어디로 날아가는 걸까? 나는 솟구쳐 날아봤자 몇 [십] 미터도 가지 못하고 내려와 쑥대밭 사이에서 날갯짓하는 정도이다. 이렇게 하는 것도 더할 수 없이 잘 날아다니는 것이다. 그런데 저것은 또 어디로 날아가는 걸까?"

鷦鷯巢於深林, 不過一枝, 偃鼠飲河, 不過滿腹.

鷦: 뱁새 초, 鷯: 굴뚝새 료, 巢: 집소, 偃鼠(언서): 두더지

뱁새가 깊은 산림에 둥지를 짓는다고 하더라도 나뭇가지 하나를 차지하는 정도이고, 두더지가 황하의 물을 마신다 해도 고작 배를 채우는 정도이겠지요.

性各有極, 苟足其極, 則餘天下之財也.

본성에는 제각기 궁극이 있으니, 진실로 그 궁극에 만족한다면 천하의 재물은 넉넉하게 될 것이다.

歸休乎君, 予无所用天下爲.

歸: 돌아갈 귀, 休: 쉴 휴

돌아가 쉬시지요! 임금께서는. 저에게 천하 다스리는 일이란 아무 소용이 없습니다.

均之無用, 而堯獨有之, 明夫懷豁者無方, 故天下樂推而不厭.

懷: 품을 회, 豁: 뚫린 골 활, 樂: 즐길 락, 厭: 싫을 염

쓸모가 없는 것은 같지만 요임금만이 소유했으니, 마음이 열린 자는 틀에 얽매임이 없기 때문에 천하가 기꺼이 추대하고 싫증내지 않는다는 것을 밝혔다.

庖人雖不治庖, 尸祝不越樽俎而代之矣.

庖: 부엌 포 요리사 포, 祝: 빌 축, 越: 넘을 월, 樽: 술통 준, 俎: 도마 조

요리사가 비록 음식을 제대로 요리하지 못한다고 할지라도 시동尸童이나 축관이 술잔과 도마를 넘어가 대신할 수 없는 것이겠지요."

庖人尸祝, 各安其所司, 鳥獸萬物, 各足於所受, 帝堯許由, 各靜其所遇, 此乃天下之至實也. 各得其實, 又何所爲乎哉. 自得而已矣, 故堯許之行[24]雖異, 其於逍遙一也.

요리사와 시동과 축관은 저마다 자신이 맡은 직분을 편안히 여기고, 새와 짐승과 만물은 제각기 부여받은 것에 만족하며, 요임금과 허유는 제각기 자신이 만난 처지에 마음이 흔들리지 않으니, 이렇게 하는 것이야말로 천하에서 가장 실질적인 것들이다. 각자 자신의 실질을 얻었으니, 또 무엇을 작위 하겠는가? 스스로에게 만족할自得 따름이기 때문에 요임금과 허유의 행위가 비록 다를지라도 그들이 유유자적하는 측면에서는 한 가지이다.

---

24) '지행之行' 두 글자는 조간의趙諫議의 본본에 '지지之地'로 되어 있고, 세덕당世德堂의 본本에는 '천지天地'로 되어 있다. 이럴 경우 "故堯許之地雖異" 구절로 변형되었을 때는 "그러므로 요임금과 허유의 지위가 비록 다를지라도"로 해석하고, "故堯許之天地雖異" 구절로 변형되었을 때는 "그러므로 요임금과 허유의 천지가 비록 다를지라도"로 해석하면 의미상에 큰 변화는 없다.

'요리사가 비록 음식을 제대로 요리하지 못할지라도 다른 사람이 대신할 수 없다.'는 허유의 말은 모든 사람이 자신의 본성 밖을 넘보지 말고 자신의 자리에 편안히 머물러 있으면 세상이 평화롭게 된다는 것이다. 곽상의 주는 이것에 대한 부연 설명이다.

肩吾問於連叔曰, 吾聞言於接輿, 大而無當, 往而不返, 吾驚怖其言. 猶河漢而無極也, 大有逕庭, 不近人情焉. 連叔曰, 其言謂何哉. 曰, 藐25)姑射之山, 有神人居焉, 肌膚若冰雪, 綽26)約若處子.

驚: 놀랄 경. 怖: 두려워할 포. 逕: 소로 경. 庭: 뜰 정. 肌: 살기. 膚: 피부 부. 綽: 맵시 있을 작

견오가 연숙에게 말했다. "내가 접여의 이야기를 들었는데, 대단하면서도 터무니가 없고 늘어놓기는 하면서도 되돌릴 줄 모르니, 나는 그 말에 질렸어요. 황하나 한수처럼 끝이 없으면서 상식에 아주 어긋나 인정에 가깝지 않거든요." 연숙이 "뭐라고 말했는지요?"라고 묻자, 이렇게 대답하였다. "'막고야산에 신묘한 사람이 산다는데, 살갗은 얼음이나 눈처럼 희고, 맵시 있고 단아한 모습은 꼭 처녀 같데요.

此皆寄言耳. 夫神人卽今所謂聖人也. 夫聖人雖在廟堂之上, 然其心無異於山林之中, 世豈識之哉. 徒見其戴黃屋, 佩玉璽, 便謂足以

---

25) "藐자는 음이 막邈이고, 또 묘妙자의 'ㅁ'과 소紹자의 'ㅗ'를 반씩 취한 것으로 모(작을 묘)이기도 하다. 간문에서는 '멀다는 의미이다'라고 했다.(藐, 音邈, 又妙紹反, 簡文云遠也)"

26) 『경전석문經典釋文』과 세덕당世德堂의 본본本에는 '작綽'자가 '작淖'자로 되어 있다. 두 글자는 서로 통용되기에 의미상에 변화는 없다.

纓紱27)其心矣, 見其歷山川, 同民事, 便謂足以憔悴其神矣. 豈知至
至者之不虧哉.   屋: 집 옥 덮개 옥. 戴: 일 대. 佩: 찰 패. 璽: 도장 새. 纓: 갓끈 영.
                 紱: 인끈 불. 憔: 수척할 초. 悴: 파리할 췌. 虧: 이지러질 휴

이런 이야기는 모두 전하는 말이다. 신묘한 사람은 즉 요즘 말하는 거룩한
사람이다. 거룩한 사람은 비록 조정에서 높은 지위를 차지하고 계실지라
도 그 마음이야 산림 속에서 사는 것과 다름이 없으니, 세상에서 어떻게
알겠는가? (세상에서는 거룩한 사람이) 한갓 수레에 황금으로 만든 덮개
를 씌우고 옥새를 가지고 있는 모습을 보고는 그 마음을 충분히 사로잡을
만하다고 이르고, 산천을 두루 돌아다니며 백성과 함께 일하는 것을 보고
는 곧 그 정신을 충분히 피로하게 만들만하다고 말한다. 그러나 지극한
경지에 이른 사람은 그런 것에 마음이 흔들리지 않는다는 것을 (세상에
서) 어떻게 알겠는가!

今言王德之人, 而寄之此山, 將明世所無由識. 故乃託之於絶垠之
外, 而推之於視聽之表耳. 處子者, 不以外傷內.

                 寄: 부칠 기. 託: 의탁할 탁. 絶: 끊을 절. 垠: 끝 은

지금 왕의 덕을 갖춘 사람에 대해 말하면서 이 산에 의탁했으니, 세상에서
는 그것에 대해 알 도리가 없음을 밝히려는 것이다. 그러므로 이에 이
세상 밖의 일에 의탁해 시각과 청각이라는 표면으로 미루어간 것일 뿐이
다. 처녀란 밖에 있는 것으로 속을 손상시키지 않은 것이다.

不食五穀, 吸風飲露,   穀: 곡식 곡

오곡을 먹지 않고 바람과 이슬을 마시며

---

27) 世德堂 本에는 '紱'자가 '緋'자로 되어 있다. 두 글자 모두 마음을 사로잡는
    것으로 보면 의미상의 변화는 없다.

俱食五穀而獨爲神人, 明神人者, 非五穀所爲, 而特稟自然之妙氣.

함께 오곡을 먹지만 그들만이 신묘한 사람이 되었으니, 신묘한 사람은 오곡으로 될 수 있는 것이 아니라 오직 저절로 그렇게 되는 신묘한 기를 부여받은 것일 뿐임을 밝혔다.

乘雲氣, 御飛龍, 而遊乎四海之外, 其神凝, 使物不疵癘而年穀熟. 吾以是狂而不信也. 凝: 모을 응. 疵: 흠 자. 癘: 약물 중독 라. 熟: 익을 숙

구름을 타고 다니며 날아다니는 용을 몰며 세상 밖에 노닐면서 정신을 모아 사물이 병들지 않게 하고 오곡이 익게 한다.'고 하는군요. 저는 미친 사람의 말 같아 믿을 수가 없습니다."

夫體神居靈而窮理極妙者, 雖靜黙閒堂之裏, 而玄同四海之表. 故乘兩儀而御六氣, 同人群而驅萬物. 苟無物而不順, 則浮雲斯乘矣, 無形而不載, 則飛龍斯御矣. 遺身而自得, 雖淡然而不待, 坐忘行忘. 忘而爲之, 故行若曳枯木, 止若聚死灰. 是以云其神凝也, 其神凝, 則不凝者自得矣. 世皆齊其所見而斷之, 豈嘗信此哉. 驅: 몰 구. 曳: 끌 예. 灰: 재 회

신명을 체득해 신령한 경지에 있으면서 이치를 다하고 묘함을 극진히 한 자는 비록 집안에 고요히 한가롭게 있을지라도 바깥세상과 아무런 구분 없이 하나가 된다. 그러므로 하늘과 땅을 타고 여섯 기운을 몰며 사람들과 하나가 되어 만물을 부린다. 어떤 사물이건 순종하지 않음이 없다면 떠다니는 구름을 탈 수 있고, 어떤 형체이건 싣지 못함이 없다면 날아다니는 용을 몰 수 있다. 자신을 버렸는데 스스로 만족하니, 비록 담담하게 있으면서 아무것에 의지하지 않을지라도 앉아 있으면서도 모든 것을 잊어버리고 무엇인가 행하면서도 모든 것을 잊어버린다. 모든 것을 잊어버리고 무엇인가 하므로, 행하는 것이 마치 죽은 고목을 끌고 다니는 것 같고, 가만히 있는 것이 마치 불 꺼진 재를 모아놓은 것과 같다. 이 때문에 "정

신을 모으면"이라고 했으니, 그가 정신을 모으면 그렇게 정신을 모을 수 없는 것들이 스스로 만족하게 된다는 것이다. 세상에서는 모두 그 소견에 따라 판단을 하니, 어찌 이런 말을 믿겠는가?

連叔曰, 然. 瞽者无以與乎文章之觀, 聾者无以與乎鐘鼓之聲. 豈唯形骸有聾盲[28]哉. 夫知亦有之.

瞽: 소경 고. 聾: 귀머거리 농. 骸: 뼈 해. 盲: 소경 맹

연숙이 말했다. "그럴 테지요! 장님은 화려한 무늬를 감상할 수 없고, 귀머거리는 연주되는 악기소리를 들을 수 없답니다. 그런데 어찌 육체에만 그런 장애가 있을까요? 앎에도 그런 장애가 있답니다.

不知至言之極妙, 而以爲狂而不信, 此知之聾盲也.

'지극한 말'至言의 오묘한 극치를 알아듣지 못해서 미친 사람의 말로 여겨 믿지 않으니, 이것이 지혜가 귀먹고 눈먼 것이다.

是其言也, 猶時女也.

바로 이 말이 당신에 해당합니다!

謂此接輿之所言者, 自然爲物所求. 但知之聾盲者, 謂無此理.

여기에서 접여의 말을 말한 것은 저절로 그렇게 사물에 의해 요구되는 것이라는 것이다. 그런데 오직 앎에 귀먹고 눈먼 자들에게는 그럴 수 있는 이치가 없다는 것을 말하였다.

---

28) 『궐오闕誤』에 따르면 천태산天台山 방영관方瀛觀의 고장본古藏本을 인용하여 '맹盲'자는 '고瞽'자로 되어 있다고 한다. 두 글자 모두 소경이라는 의미이므로 의미상의 변화는 없다.

곽상은 장자가 지극한 경지에 있는 내면의 정신세계를 보여주기 위해 막고야산의 신묘한 사람에 대해 이야기 한 것으로 보고 있다. 그런데 그런 신묘한 사람은 오곡을 먹지 않고 바람과 이슬을 먹고 산다는 점에서 누구나 될 수 있는 것이 아니지만 그렇다고 특별한 사람만이 될 수 있는 것도 아니다. 마음을 비움으로써 무대의 경지에 들어가 자연의 묘한 기운과 하나가 되기만 한다면 누구나 신묘한 사람이 될 수 있기 때문이다. 그리고 이와 직결되는 것으로서 본문에서 '정신을 모으면'이라는 말에 대해 곽상이 '모든 것을 잊는 것으로' 풀이했다는 점에 주의를 기울여야 한다. 곧 장자 철학에서 정신을 모은다는 것은 지적인 작용으로 분산되는 마음을 비워 모이게 함으로써 모든 것에 대해 잊어버린다는 것이다. 마음을 비워 모든 것을 잊어버릴 때 무대의 경지에서 완전한 자유를 실현할 수 있다. 그런데 세속 사람들은 이 점에 대해 전혀 이해하지 못하고 있다.

之人也, 之德也, 將旁礡萬物以爲一, 世蘄乎亂, 孰弊弊焉以天下爲事.　　　旁: 두루 방. 礡: 뒤섞을 박. 蘄: 구할 기. 亂: 어지러울 란. 弊: 해질 폐

그런 사람 그런 덕이야말로 만물과 두루 뒤섞여 하나가 될 수 있으니, 세상 사람들이 혼란하기 때문에 (다스려지길) 바랄지라도, 어찌 피곤하게 천하를 가지고 일삼으려고 하겠습니까?

夫聖人之心, 極兩儀之至會, 窮萬物之妙數. 故能體化合變, 無往不可, 旁礡萬物, 無物不然. 世以亂故求我, 我無心也. 我苟無心, 亦何爲不應世哉. 然則體玄而極妙者, 其所以會通萬物之性, 而陶鑄天下之化, 以成堯舜之名者, 常以不爲爲之耳. 孰弊弊焉勞神苦思, 以事爲事, 然後能乎.　　　陶: 질그릇 도. 鑄: 쇠 부어 만들 주

거룩한 사람의 마음은 천지의 지극한 합침을 극진하게 하고 만물의 오묘

한 이치妙數를 다한다. 그러므로 변화를 체득하고 합할 수 있어 어딜 가더라도 불가함이 없고, 만물과 두루 뒤섞일 수 있어 어떤 사물에게도 그렇지 않음이 없다. 세상이 어지럽기 때문에 그를 찾을지라도 그 자신은 무심無心하다. 그런데 그 자신이 진실로 무심할지라도 또한 어떻게 세상에 응하지 않겠는가? 그렇다면 현묘함을 체득하고 오묘함을 극진하게 한 자는 만물의 품성을 꿰뚫어 통달해 천하의 변화를 빚어냄으로써 요순(같은 거룩한 사람)의 이름을 만들어내는 자로 항상 아무것도 하지 않는 것으로써 할 뿐이다. 어찌 피곤하게 노심초사하면서 일로 일을 삼은 뒤에 무엇을 할 수 있는 것이겠는가?

之人也, 物莫之傷,

그 사람이야말로 어떤 사물도 해칠 수 없으니,

夫安於所傷, 則傷不能傷. 傷不能傷, 而物亦不傷之也.

해치는 것을 편안히 여긴다면 해치는 것으로 해칠 수 없다. 해치는 것으로 해칠 수 없다면 어떤 사물도 그를 해칠 수 없다.

大浸稽天而不溺, 大旱金石流, 土山焦而不熱.

浸: 잠글 침. 稽: 머무를 계. 溺: 빠질 익. 旱: 가물 한. 焦: 그을릴 초. 熱: 뜨거울 열

큰 홍수로 물이 하늘에 닿아도 빠지지 않으며, 오랜 가뭄으로 쇠나 돌이 녹아 흐르고 대지와 산야가 타오를지라도 뜨거워하지 않는답니다.

無往而不安, 則所在皆適, 死生無變於己. 況溺熱之間哉. 故至人之不嬰乎禍難, 非避之也, 推理直前而自然與吉會.   嬰: 걸릴 영

어디를 가더라도 편안하다고 여기지 않음이 없다면 있는 곳이 모두 적

당하여 삶과 죽음으로 그 자신을 변하게 할 수 없다. 그런데 하물며 홍수로 물에 빠지고 가뭄으로 뜨거운 것 정도야 말해 무엇 하겠는가! 그러므로 무아의 경지에 이른 사람이 재앙에 걸려들지 않는 것은 피하기 때문이 아니라 이치대로 미루어 똑바로 나아가서 저절로 길함과 합한 것이다.

是其塵垢粃穅, 將猶陶鑄堯舜者也. 孰肯分分然以物爲事.

<small>粃: 쭉정이 비, 穅: 겨 강, 鑄: 쇠 부어 만들 주</small>

그는 티끌이나 부스러기와 같이 하찮아서 오히려 요순 같은 거룩한 사람을 만들 수 있는 것입니다. 그런데 무엇 때문에 번거롭게 사물을 가지고 일삼으려고 하겠습니까?"

堯舜者, 世事之名耳, 爲名者, 非名也. 故夫堯舜者, 豈直堯舜而已哉. 必有神人之實焉, 今所稱堯舜者, 徒名其塵垢粃穅耳.

요순 같은 거룩한 사람이란 세상의 일로 이름붙인 것일 뿐이니, 이름이 되는 것은 이름붙일 수 있는 것이 아니다. 그러므로 요순 같은 거룩한 사람이 어찌 단지 요순일 뿐이겠는가? 반드시 신묘한 사람이라는 실질이 있으니, 지금 요순이라고 일컫는 것은 한낱 티끌이나 부스러기로 이름붙일 것일 뿐이다.

宋人資章甫而適諸越, 越人斷髮文身, 无所用之. 堯治天下之民, 平海內之政, 往見四子邈姑射之山, 汾水之陽, 窅然喪其天下焉.

<small>資: 재물 자, 適: 갈 적, 諸: 之於, 越월나라월, 斷: 끊을 단, 髮: 터럭 발, 窅: 한탄할 면</small>

송나라 사람이 장보라는 갓을 팔려고 월나라에 갔으나, 월나라 사람들이 머리를 짧게 깎고 문신을 하고 있어 소용이 없었다. 요임금이

천하의 백성을 다스려 세상의 정치를 안정시키고서 막고야산에 사는 네 분의 선생을 찾아뵙고는 분수 북쪽에서 그만 멍하니 천하의 일에 대해 잊어 버렸다.

夫堯之無用天下爲, 亦猶越人之無所用章甫耳. 然遺天下者, 固天下之所宗. 天下雖宗堯, 而堯未嘗有天下也, 故宵然喪之, 而嘗遊心於絶冥之境. 雖寄坐萬物之上, 而未始不逍遙也.

요임금에게 천하 다스리는 것이 소용없는 것은 또한 월나라 사람들에게 장보라는 갓이 소용없는 것과 같다. 그러니 천하를 잊어버리는 사람이야말로 진실로 천하 사람들이 받들 사람이다. 천하 사람들이 비록 요임금을 받들고 있을지라도 요임금은 천하를 자신의 것이라고 생각한 적이 없었으므로, 멍하니 천하의 일에 대해 잊어버리고 '나와 사물을 전혀 구분하지 않는 경지' 絶冥之境에서 마음을 놀리고 있는 것이다. 비록 만물의 위에 자신을 맡겨놓고 앉아 있을지라도 애초부터 유유자적하지 않은 적이 없는 것이다.

四子者蓋寄言, 以明堯之不一於堯耳. 夫堯實冥矣, 其跡則堯也. 自跡觀冥, 內外異域, 未足怪也. 世徒見堯之爲堯, 豈識其冥哉. 故將求四子於海外, 而據堯於所見, 因謂與物同波者, 失其所以逍遙也. 然未知至遠之所[29]順者更近, 而至高之所會者反下也. 若乃厲然以獨高爲至, 而不夷乎俗累, 斯山谷之士, 非無待者也, 奚足以語至極而遊無窮哉.　　　　域: 지경 역. 怪: 기이할 괴. 據: 의거할 거. 厲: 엄격할 려

네 분의 선생(에 대한 것)은 전해지는 말이니, 그들로 요임금이 (세상에서 바라보는) 요임금과 일치하지 않음을 밝혔을 뿐이다. 그러니 요임금의 실질은 드러나지 않고, 그 자취라면 요임금인 것이다. 자취를 가지고 드러나

---

29) 송대宋代의 본본本에는 '소所'자가 '적跡'으로 되어 있다. "至遠之所順者更近" 구절은 이어지는 "至高之所會者反下" 구절과 대구로 되어있으니, '所'자를 '跡'자로 보기는 어렵다.

지 않는 실질을 살펴본 것이니, 안과 밖이 영역을 달리할지라도 전혀 이상할 것이 없다. 세상 사람들은 한갓 요임금이 요임금이라는 것만 아니, 어찌 그 드러나지 않는 것에 대해 알겠는가? 그러므로 세상 밖의 네 분의 선생을 끌어와서 눈으로 보는 것에 요임금을 의탁하고, 이어서 사물과 요동치며 함께 흘러가는 사람은 유유자적하는 까닭마저 잊어버린다고 하였던 것이다. 그러나 지극히 먼 것을 따르는 것이 더 가깝고, 지극히 높은 곳과 합치하는 것이 도리어 낮은지는 모르겠다. 만약 엄격하게 홀로 고고한 것을 지극한 것으로 여기고 세속의 일에 얽매이는 것을 편안하게 여기지 않는다면, 그야말로 산골짜기의 선비이고 '그 무엇에도 의지함이 없는' 無待 사람이 아니니, 어찌 지극한 경지에 이르러 무궁에 노니는 자라고 말할 수 있겠는가?

해설

요임금이 요임금 되는 까닭이 천하의 일에 대해 잊어버린 데 있다는 것을 세상 사람들이 모르기 때문에 장자가 송나라 사람의 장보라는 갓과 막고야산의 네 분의 선생이란 비유를 통해 밝힌 것으로 곽상은 설명했다.

惠子謂莊子曰, 魏王貽我大瓠之種, 我樹之成而實五石. 以盛水漿, 其堅不能自擧也, 剖之以爲瓢, 則瓠落無所容. 非不呺然大也, 吾爲其無用而掊之. 莊子曰, 夫子固拙於用大矣. 宋人有善爲不龜手之藥者, 世世以洴澼絖爲事.

貽: 줄 이, 漿: 미음 장, 堅: 굳을 견, 剖: 쪼갤 부, 瓠落(확락): 널찍해서, 呺: 놀랄 악, 掊: 쪼갤 부, 拙: 졸할 졸, 龜: 틀 균, 藥: 약 약, 洴: 솜 씻을 병, 澼: 빨 벽, 絖: 솜 광

혜자가 장자에게 말했다. "위왕이 큰 박씨를 내게 주기에 내가 심어서 키웠더니 5섬 정도의 큰 열매가 맺었습니다. 그런데 그 열매에 마실 물을 담자니 껍질의 강도가 스스로 (그 물의 무게를) 감당할

수 없을 것 같고, 쪼개서 바가지를 만들자니 얕고 납작해서 아무 것도 담을 수가 없을 것 같았습니다. 놀라지 않을 수 없을 정도로 크기는 하지만, 나는 그 박이 아무 쓸모가 없다고 여겨 깨부숴 버렸습니다." 장자가 말했다. "선생께서는 큰 것을 쓰는 데 정말 서툴군요. 송나라에 손 트지 않는 약을 잘 만드는 자가 있어 대대로 솜 빠는 일을 가업으로 삼았습니다.

其藥能令手不拘拆, 故常漂絮於水中也.

拘拆(구탁): 트지다. 漂: 빨래할 표. 絮: 솜 서

그 약이 손을 트지 않게 할 수 있었기 때문에 항상 물속에서 솜을 빨았던 것이다.

客聞之, 請買其方以百金, 聚族而謀曰, 我世世爲洴澼絖, 不過數金, 今一朝而粥技百金, 請與之. 客得之, 以說吳王. 越有難, 吳王使之將. 冬與越人水戰, 大敗越人, 裂地而封之. 能不龜手, 一也, 或以封, 或不免於洴澼絖, 則所用之異也. 今子有五石之瓠, 何不慮以爲大樽而浮乎江湖, 而憂其瓠落無所用, 則夫子猶蓬之心也夫.

買: 살 매. 粥: 팔 육. 封: 봉할 봉. 樽: 술통 준. 浮: 뜰 부

한 나그네가 그 소문을 듣고 약 만드는 비방을 거금에 사겠다고 하자, 가족을 불러 모아 놓고 의논하기를 '우리 가문에서 대대로 솜 빠는 일을 해왔어도 수입은 푼돈에 불과했는데, 이제 하루아침에 그 기술을 거금에 팔 수 있으니 승낙했으면 한다.'라고 하였습니다. 나그네는 그 비방을 얻어 그것으로 오왕에게 유세를 하였습니다. 월나라에 난리가 나자 오왕은 그를 장수로 임명하였지요. 겨울에 월나라 군대와 수전水戰을 하여 크게 무찌르자 (이에 오왕은) 땅을 나누어주고 그를 제후로 봉하였습니다. 손을 트지 않게 한 것은 같았지만, 어떤 이는

그것을 이용해 제후로 봉해졌고 어떤 이는 솜 빠는 일을 면하지 못했으니, 사용한 곳이 달랐기 때문이지요. 지금 그대는 5섬이나 되는 박을 가지고 있으면서, 어째 그것으로 큰 술통을 만들어 강이나 호수에 띄울 생각은 하지 못하고, 얕고 납작하여 쓸 곳이 없다고 푸념하고 있으니, 그것은 선생께서 생각이 꽉 막혔기 때문입니다."

蓬, 非直達者也. 此章言物各有宜, 苟得其宜, 安往而不逍遙也.
쑥蓬은 곧게 뻗어나가는 것이 아니다. 이 장章에서는 사물마다 각기 마땅함이 있으니, 그 마땅함을 얻는다면 어디를 갈지라도 유유자적하지 않겠는가라는 말이다.

> **해설**
> 본문은 혜시가 유용성에 얽매여 세상을 일면으로만 파악하는 것에 대해 장자가 나무라는 것이다. 그런데 곽상은 장자의 이야기를 사물의 마땅함과 연결해서 보편적 의미로 혜시를 비판하고 있다. 곧 사람이 마음을 비워 넓고 편안하게 가질 때, 누구나 사물의 마땅함을 얻어 유유자적할 수 있는데, 혜시가 그렇게 하지 못하는 것은 유용성에 얽매여 사물의 마땅함을 있는 그대로 받아들이지 못하기 때문이라는 것이다.

惠子謂莊子曰, 吾有大樹, 人謂之樗. 其大本擁腫而不中繩墨, 其小枝卷曲而不中規矩, 立之塗, 匠者不顧. 今子之言, 大而無用, 衆所同去也. 樗: 가죽나무 저. 擁: 안을 옹. 腫: 혹 종. 規: 그림쇠 규. 矩: 곱자 구

혜자가 장자에게 말했다. "내게 큰 나무가 있는데 사람들은 그걸 가죽나무라 합니다. 그 나무의 큰 줄기는 울퉁불퉁 혹이 나있어서 먹줄을 칠 수가 없고, 작은 가지는 온통 비비 꼬여서 자를 댈 수가 없으니, 길가에 서있어도 목수가 눈길 한번 주지 않습니다. 지금 선생의 말은 대단하지만 쓸모가 없으니 사람들이 모두 관심을 보이지

않는 것입니다."

莊子曰, 子獨不見狸狌乎. 卑身而伏, 以候敖者, 東西跳梁, 不避
高下, 中於機辟, 死於罔罟. 今夫斄牛, 其大若垂天之雲, 此能爲
大矣, 而不能執鼠. 今子有大樹, 患其无用, 何不樹之於无何有
之鄕, 廣莫之野, 彷徨乎无爲其側, 逍遙乎寢臥其下. 不夭斤斧,
物无害者, 无所可用, 安所困苦[30]哉.

狸: 살쾡이 리, 狌: 성성이 성, 候: 기다릴 후, 敖: 놀 오, 跳梁(도양): 뛰어다니다.
機辟(기벽): 덫, 罔罟(망고): 그물. 斄: 털긴 소 리, 執: 잡을 집, 鼠: 쥐 서, 寢: 잠잘 침

장자가 말하였다. "선생께서는 살쾡이와 성성이를 보지 못하셨습니
까? 몸을 납작 엎드리고 방심한 사냥감을 노리거나, 동서로 (이리저
리) 뛰어 다니며 높고 낮은 데를 가리지 않다가 (결국) 덫이나 그물에
걸려 죽고 말지요. 지금 털이 긴 소가 하늘을 뒤덮고 있는 구름처럼
크니, 이 소가 크기는 하지만 쥐를 잡지는 못하지요. 지금 선생께서는
큰 나무를 가지고 있으면서 소용이 없다고 한탄하는데, 어째서 아무
것도 없는 곳, 드넓고 막막한 들판에 그 나무를 심어놓고 그 곁에서
아무 것도 하지 않으면서 이리저리 마음 내키는 대로 배회하거나,
나무 그늘 아래 누워 잠자면서 유유자적하지 않는지요? 도끼에 일찌
감치 찍히지 않고 어떤 것도 해치지 않는 것은 소용이 없어서이니,
어찌 짜증낼 일이겠습니까?"

夫小大之物, 苟失其極, 則利害之理均, 用得其所, 則物皆逍遙也.

失: 벗어날 실, 極: 한계 극

30) 『闕誤』에는 '困苦'가 '窮困'으로 되어 있다. 비슷한 의미를 가진 글자들이니
의미상의 변화는 없다.

크고 작은 사물이 진실로 자신의 한계를 벗어나면 이익이 되고 손해가 되는 것에 대한 이치가 균일하게 되고, 쓰임이 제 자리를 얻는다면 사물은 모두 유유자적한다.

해설

장자의 비판에 맞서 혜시가 다시 쓸모없는 당신의 말에 누가 귀를 기울이냐고 응수했다. 그러자 장자는 유용성을 좇다보면 그런 이익에는 그에 따르는 손해가 반드시 있게 되니, 어쩌면 목숨을 대가로 치르는 상황이 올 수도 있다고 혜시를 다시 심하게 나무란다. 마음을 비워 편안히 가지면 이 천지에 있는 모든 것이 모두 그 나름대로 의미 있고 쓸모 있음을 알 수 있는데, 혜시는 왜 생각을 그렇게 좁은 울타리 속에 가둬놓고 있는지 모르겠다고 장자가 몹시 안타까워하며 비판하고 있는 것이다.

장자가 「소요유」에서 이야기하고 싶은 궁극은 마음을 비우고 세상과 하나가 되라는 것이다. 마음을 비울 때 우리에게 인식의 폭은 줄어드는 것이 아니라 더 없이 넓어져 세상에 무궁하게 응할 수 있으니, 이것이 바로 막힘없는 자유 곧 무대의 절대 자유이다. 혜시는 세상의 일에 대해 유용성을 기준으로 판단하기 때문에 다섯 섬이나 되는 큰 박과 크기만 한 나무가 모두 쓸모없이 거추장스러울 뿐이라고 여긴다. 그러나 마음을 비우면 장자의 말처럼 그것들은 모두 나름대로 쓸모 있게 되는 것이다.

큰 박에 술을 담아 호수나 강에 띄워놓으면, 뱃놀이에 술이 다해 흥이 끊어질까 염려할 필요가 없다. 쓸모없이 크기만 한 나무를 더 넓은 광야에 심어놓으면, 낮잠을 자거나 그 밑을 배회하면서 쉴 수 있고, 더구나 누군가 베어갈까 걱정할 필요조차 없다. 그러니 세상에 이런 것들보다 더 좋은 것이 어디 있을까? 유용성을 기준으로 세상을 바라보며 서로가 서로를 질식시키는 요즘, 장자의 일갈은 세속에 물든 우리의 마음을 후련하게 씻어 준다. 다양하고 신선한 생각은 마음을 쥐어짤 때 나오는 것이 아니라 모든 것을 털어 버릴 때 저절로 다가오니, 장자의 말은 문명에 찌든 현대인에게 더욱 빛을 발한다.

「제물론齊物論」

夫自是而非彼, 美己而惡人, 物莫不皆然. 然故是非雖異, 而彼我均也.

스스로 옳다고 여기고 나 이외의 것을 그르다고 여기며, 자신을 아름답게 여기고 남을 추하다고 여기니, 사람들은 어느 누구도 모두 그렇지 않음이 없다. 그렇기 때문에 옳다고 하고 그르다고 하는 것이 비록 다를지라도 나 이외의 것들과 나는 균등하다.

해설

곽상의 이 말은 「제물론」 전체에 대한 개괄이다. 사람은 누구나 자신을 옳다고 하고 상대를 그르다고 하지만 모두 그렇게 하고 있다는 점에서는 동일하기 때문에 서로 균등하다는 것이다. 앞의 「소요유」에서는 사물의 능력이 각기 다르지만 그 자신이 부여받은 것에서 저절로 그렇게 나온다는 점에서 동일하다고 했다면, 여기서는 사물의 각기 다른 모양에 따라 각기 다른 소리를 낼지라도 그 생긴 모양에 따라 그렇게 하고 있다는 점에서 동일하다는 것이다.

南郭子綦隱机而坐, 仰天而噓, 嗒焉似喪其耦.

隱: 의지할 은, 机: 책상 궤, 噓: 불 허, 嗒: 멍할 답, 耦: 짝 우, 歡: 기쁠 환, 嗒: 멍할 탑

남곽자기가 책상에 기대어 앉아 하늘을 쳐다보고 천천히 숨을 내쉬면서 멍하게 있는 모습이 마치 마주하고 있는 사람마저 의식하지 못하는 것 같았다.

同天人, 均彼我. 故外無與爲歡, 而嗒焉解1)體, 若失其配匹.

하늘과 사람을 동일시하고 나 이외의 것과 나를 균등하게 여긴다. 그러므로 밖으로 함께 기뻐함이 없이 멍하게 몸에 긴장을 풀어버린 모습이 마치 '마주하고 있는 사람'配匹2)마저 의식하지 못하는 것 같았다.

顔成子游立侍乎前曰, 何居乎. 形固可使如槁木, 而心固可使如死灰乎.

<small>侍: 모실 시. 槁: 마를 고</small>

안성자유가 앞에서 모시고 서 있다가 읊조렸다. "어떻게 하고 계신 것이지? 육체를 진실로 마른나무처럼 되게 하고 마음을 진실로 불 꺼진 재처럼 되게 하시다니!

死灰槁木, 取其寂寞3)無情耳. 夫任自然而忘是非者, 其體中獨任天眞而已, 又何所有哉. 故止若立枯木, 動若運槁枝, 坐若死灰, 行若遊塵. 動止之容, 吾所不能一也, 其於無心而自得4), 吾所不能二5)也.

<small>寂: 고요할 적. 寞: 쓸쓸할 막</small>

---

1) 조간의趙諫議의 본본에는 '解'자가 없다. 이럴 경우 "故外無與爲歡, 而嗒焉體." 구절을 "그러므로 밖으로 함께 기뻐하는 것 없이 멍하게 있는 모습이"로 해석하면 의미상의 차이는 없다.

2) "…. 상수는 '우耦자는 본시 우偶자로 쓰기도 한다. 그 음은 오五자에서 ㅇ과 구口자에서 ㅜ를 합한 우로 짝이라는 의미이고 상대방이라는 의미이다. 사마표는 '본문의 우耦자는 신身이라는 의미이다. 신身은 신神과 짝이 된다.'고 했다. …. 向云, …. 耦本作偶. 五口反, 匹也對也. 司馬云, 耦身也, 身與神爲耦."라는 주석을 참고할 때, 곽상이 상수와 동일하게 주석했음을 알 수 있다.

3) 조간의趙諫議의 본본에는 '적막寂寞'이 '적막寂漠'으로 되어 있다. 모두 함께 통용되는 단어이므로 의미상에 차이는 없다.

4) '其於無心而自得'이 조간의趙諫議의 본본에는 '無心自得'으로 되어 있다. 이것에 대한 해석은 바로 아래의 주를 참조하기 바란다.

5) '이야二也'가 세덕당世德堂의 본본에는 '일야一也'로 되어 있다. 조간의趙諫議의

불 꺼진 재나 마른나무는 고요하고 쓸쓸하여 정이 없는 것을 취한 것일 뿐이다. 저절로 그런 것에 맡겨 옳고 그름을 잊은 자는 적절함을 체득하여 오로지 본연의 참됨에 맡길 뿐이니, 또 무엇이 있는 것이겠는가? 그러므로 가만있을 때는 서 있는 마른나무 같고, 움직일 때는 흔들리는 마른나무 가지 같으며, 앉아 있을 때는 불 꺼진 재 같고, 걸어 다닐 때는 떠다니는 먼지 같다. 움직이거나 멈춘 모습은 내가 하나로 볼 수 없을지라도 무심의 경지에서 저절로 얻은 것은 내가 둘로 여길 수 없다

今之隱机者, 非昔之隱机者也.

지금 책상에 기대어 계신 분은 그 전에 책상에 기대어 계시던 분들이 아니구나!"

子遊常見隱机者, 而未有見[6]若子綦也.

안성자유가 책상에 기댄 자들을 늘 봐 왔지만 남곽자기와 같은 분을 뵌 적이 없었다.

본本에도 '이二'가 '일一'로 되어 있고, 위의 구절 '일一'자와 똑같이 아래에 '야也'자가 없다. 세덕당世德堂의 본本을 따를 경우 "動止之容, 吾所不能一也. 其於無心而自得, 吾所不能一也" 구절은 "움직이거나 멈춘 모습을 내가 하나로 볼 수 없다. 그것을 무심의 경지에서 저절로 얻었을지라도 (겉으로 드러나는 모습은 다르니) 내가 하나로 볼 수 없다"로 해석하면 된다. 조간의趙諫議의 본本을 따를 경우 "動止之容, 吾所不能一. 無心而自得, 吾所不能一" 구절은 "움직이거나 멈춘 모습을 내가 하나로 볼 수 없다. 마음을 비워 저절로 얻었을지라도 (겉으로 드러난 모습은 다르니) 하나로 볼 수 없다"로 해석하면 된다.

6) 세덕당世德堂의 본本에는 '미유견未有見'이 '미견未見'으로 되어 있다. 어떻게 되어 있든 의미상에는 별 차이가 없다.

子綦曰, 偃, 不亦善乎. 而問之也. 今者吾喪我, 汝知之乎.

偃: 쓰러질 언(안성자유의 이름)

남곽자기가 말했다. "언偃이, 훌륭하지 않은가! 네가 그런 질문을 하다니! 지금 나는 나를 잊어버렸었는데, 네가 그것을 알아차렸구나!

吾喪我, 我自忘矣. 我自忘矣, 天下有何物足識哉. 故都忘外內, 然後超然俱得.

"나는 나를 잊어버렸었다."는 것은 내가 내 자신을 잊었다는 것이다. 내가 내 자신을 잊었었는데 천하에 어찌 사물을 식별함이 있겠는가? 그러므로 안과 밖을 모두 잊은 다음에야 초연히 모든 것에 만족할 수 있다.

汝聞人籟, 而未聞地籟, 汝聞地籟, 而未聞天籟夫. 籟: 세 구멍 통소 뢰

네가 통소의 울림에 대해 알아들을 수 있다고 치더라도 땅울림에 대해서는 알아들을 수 없을 것이고, 땅울림에 대해서는 알아들을 수 있다고 치더라도 천연의 울림에 대해서는 알아들을 수 없을 것이다."

籟, 簫也. 夫簫管參差, 宮商異律. 故有短長高下萬殊之聲. 聲雖萬殊, 而所稟之度一也. 然則優劣無所錯其閒矣. 況之風物, 異音同是. 而咸自取焉, 則天地之籟見矣.

簫: 통소 소, 管: 피리 관, 參差(참치): 들쑥날쑥하여 같지 않음, 錯: 섞일 착

통소는 관악기이다. 관악기가 서로 다르면 오음의 음률이 다르다. 그러므로 짧거나 길고 높거나 낮으면서 헤아릴 수 없을 만큼 다른 소리가 난다. 소리가 비록 헤아릴 수 없을 만큼 다를지라도 부여받은 정도는 동일하다. 그렇다면 그 사이에 우열이 개입될 수 없다. 하물며 바람과 사물이 소리를 달리하면서도 똑같이 옳다고 하는 것에 대해서는 말해 무엇 하겠는가! 모두 [부여받은 것에서] 스스로 취한 것이니, [여기에서] 천연의 울림과 땅울림이 드러난다.

子游曰, 敢問其方. 子綦曰, 夫大塊噫氣, 其名爲風.

塊: 흙덩이 괴, 噫: 탄식할 희

자유가 물었다. "감히 그 방법에 대해 여쭙겠습니다." 자기가 대답하였다. "대지大塊가 숨을 쉬니 그 이름이 바람이다.

大塊者, 無物也, 夫噫氣者, 豈有物哉. 氣塊然而自噫耳. 物之生也, 莫不塊然而自生, 則塊然之體大矣. 故遂以大塊爲名.

대지는 사물로 드러나지 않는데, 그 숨 쉬는 것이 어찌 사물로 드러나겠는가? 공기氣가 홀로 스스로 숨 쉬고 있을 뿐이다. 사물이 생겨남에도 어느 것 하나 홀로 저절로 생겨나지 않는 것이 없으니, 홀로 있는 것의 몸뚱이는 크다. 그러므로 마침내 대지라고 이름 붙인 것이다.

是唯無作, 作則萬竅怒呺.

竅: 구멍 규, 怒: 노할 노, 呺: 놀랄 악

바람이 불지 않으면 그 뿐이지만 일단 불었다 하면 온갖 구멍이 요란하게 울려대지.

言風唯無作, 作則萬竅皆怒動而爲聲也.

바람이 불지 않으면 그 뿐이지만 일단 불었다 하면 온갖 구멍이 모두 요란하게 울리면서 소리를 낸다는 말이다.

而獨不聞之翏翏[7]乎.

翏: 바람소리 료

너만 휘~이잉 하고 불어오는 바람 소리를 들어보지 못하였느냐?

----

7) 『궐오闕誤』에는 '료翏'가 '료飂'로 되어 있다. 두 글자 모두 바람소리를 나타내는 말이라는 점에서 의미상 큰 차이는 없다.

長風之聲.

긴 바람 소리이다.

山陵之畏佳,   陵: 언덕 능. 畏佳(외최): 높은 모양

산봉우리 가장 높은 곳에

大風之所扇動也.   扇: 부추길 선

큰바람이 휘몰아쳐 요동치는 곳이다.

大木百圍之竅穴, 似鼻, 似口, 似耳, 似枅, 似圈, 似臼, 似洼者, 似汚者.   枅: 두공 계. 圈: 술잔 권. 臼: 절구 구. 洼: 웅덩이 와. 汚: 괴어 있는 물 오

백 아름이나 되는 큰 나무의 구멍들이 마치 코 같기도 하고 입 같기도 하며, 귀 같기도 하고 두공 같기도 하며, 술잔 같기도 하고 절구 같기도 하며, 깊은 웅덩이 같기도 하고 얕은 웅덩이 같기도 하다.

此略擧衆竅之所似.

위에서는 여러 구멍의 비슷한 점을 대략 열거했다.

激者, 謞者, 叱者, 吸者, 叫者, 譹者, 宎者, 咬者.   激: 부딪힐 격.

謞: 나는 화살 소리 효. 叱: 꾸짖을 질. 吸: 부르짖을 규. 譹: 울부짖을 호. 咬: 음란한 소리 요

그러니 물이 거칠게 흐르는 듯한 소리를 내기도 하고 화살이 나는 듯한 소리를 내기도 하며, 꾸짖는 듯한 소리를 내기도 하고 숨을 들이쉬는 듯한 소리를 내기도 하며, 큰 소리로 부르짖는 듯한 소리를 내기도 하고 울부짖는 듯한 소리를 내기도 하며, 음산한 소리를 내기도

하고, 음란한 소리를 내기도 하지.

此略擧衆8)竅之聲殊.

隨: 따를 수. 唱: 노래 창. 喁: 화답할 우. 泠: 찰 냉. 飄: 회오리바람 표

위에서는 모든 여러 구멍에서 울리는 소리가 다름을 대략 열거했다.

前者唱于, 而隨者唱喁. 泠風則小和, 飄風則大和,

앞의 것이 휘이잉 하고 울리면 뒤의 것이 휘이익 하고 울린다. [구멍
들이] 산들바람에는 가볍게 응하고 거센 바람에는 크게 응하지만,

夫聲之宮商, 雖千變萬化, 唱和大小, 莫不稱其所受, 而各當其分.

소리의 오음五音이 비록 천만가지로 변화하더라도 크거나 작게 울리면서
화답하는 것은 자신이 받은 대로 하여 제각기 제 분수에 합당하지 않음이
없다.

厲風濟, 則衆竅爲虛.

厲: 사나울 려. 濟: 그칠 제. 烈: 세찰 열

세찬 바람이 그치면 모든 구멍에 울리는 소리도 사라진다.

濟, 止也. 烈風作, 則衆竅實, 及其止則衆竅虛. 虛實雖異, 其於各得
則同.

그친다는 것은 멈춘다는 것이다. 세찬 바람이 불면 여러 나무 구멍에 울리
는 소리가 가득 채워지지만, 바람이 그치면 모든 구멍에 울리는 소리가

---

8) 조간의趙諫議의 본본에는 '중衆'자가 '이異'자로 되어 있다. 이럴 경우 "此略擧
異竅之聲殊" 구절은 "위에서는 다른 구멍에서 울리는 소리가 다르다는 것에
대해 대략 열거했다."로 해석하면 되니 의미상의 변화는 없다.

사라진다. 구멍에 울리는 소리가 채워지고 사라지는 것에 있어서는 비록 다르지만 제각기 상황에 따라 이루었다는 것에서는 동일하다.

而獨不見之調調之刁刁乎.

調: 고를 조. 調調: 움직이는 모양. 刁: 바라 조. 刁刁: 움직이는 모양

너만 휘청휘청 흔들리고 살랑살랑 흔들리는 것을 보지 못하였느냐?

調調刁刁, 動搖貌也. 言物聲旣異, 而形之動搖, 亦又不同也. 動雖不同, 其得齊一耳. 豈調調獨是, 而刁刁獨非乎. 搖: 흔들릴 요. 貌: 모양 모

휘청휘청과 살랑살랑은 바람에 흔들리는 모양이다. 구멍에서 울리는 소리가 이미 다르다면 흔들리는 모습 또한 같지 않다는 말이다. 움직임이 비록 같지 않을지라도 바람에 따라 흔들린다는 것은 동일하다. 그러니 어찌 휘청휘청 하는 것만 옳고, 살랑살랑 하는 것만 그르겠는가!

子游曰, 地籟則衆竅是已, 人籟則比竹是已. 敢問天籟. 子綦曰, 夫天籟者, 吹萬不同, 而使其自己也. 屬: 무리 속. 接: 사귈 접. 旣: 이미 기

자유가 말했다. "땅울림이라면 여러 구멍의 울림일 뿐이고, 관악기의 울림이라면 대나무로 만든 악기의 울림일 뿐이겠지요. 천연의 울림에 대해서는 감히 여쭤봐야 되겠습니다." 자기가 대답했다. "천연의 울림이란 울려 나오는 것이 전혀 같지 않을지라도 그 자신이 그렇게 하는 것이라네.

此天籟也. 夫天籟者, 豈復別有一物哉. 卽衆竅比竹之屬, 接乎有生之類, 會而共成一天耳. 無旣無矣, 則不能生有, 有之未生, 又不能爲生. 然則生生者誰哉. 塊然而自生耳. 自生耳, 非我生也. 我旣不能生物, 物亦不能生我, 則我自然矣.

이것이 천연의 울림이다. 천연의 울림이라는 것이 어찌 다시 특별히 어떤 것으로 존재하겠는가? 곧 모든 구멍이나 관악기 따위가 무엇인가 나오게 하는 [바람 같은] 종류와 접촉해 합하여짐으로 함께 어떤 천연을 이룰 뿐이다. 없음은 이미 아무 것도 없음이니, 무엇인가 있음을 나오게 할 수 없고, 무엇인가 있음이 아직 나오지 않았으니, 또 아무 것도 나오게 할 수 없다. 그렇다면 낳고 낳는 것은 무엇이란 말인가? 홀로 저절로 나올 뿐이다. 저절로 나올 뿐이라면 내가 낳은 것이 아니다. 내가 이미 사물을 낳을 수 없고 사물도 나를 낳을 수 없으니, 나는 저절로 그렇게 된 것이다.

自己而然, 則謂之天然. 天然耳, 非爲也, 故以天言之. 以天言之⁹⁾, 所以明其自然也, 豈蒼蒼之謂哉. 而或者謂天籟役物使從己也. 夫天且不能自有, 況能有物哉. 故天者, 萬物之總名也. 莫適爲天, 誰主役物乎. 故物各自生, 而無所出焉, 此天道也.　　　役: 부릴 역

자신으로부터 그렇게 되었다면 그것을 천연天然이라고 한다. 천연일 뿐이라면 어떻게 한 것이 아니므로 천天으로 말했다. 천으로 말한 것은 저절로 그렇게 된 것임을 밝힌 것이니, 어찌 푸르고 푸른 하늘을 말한 것이겠는가? 그런데 어떤 사람은 천연의 울림은 사물을 부려서 자기를 따르게 하는 것이라고 말한다. 천天조차도 자신을 소유할 수 없는데, 하물며 다른 사물을 소유할 수 있겠는가? 그러므로 천이라는 것은 모든 사물을 총괄하는 명칭總名이다. 그러니 그 무엇도 딱히 천天이 될 수 없는데, 무엇이 사물을 주관해서 부리겠는가? 그러므로 사물은 제각기 저절로 생겨 나오면서도 나오는 곳이 없으니, 이것이 천도天道이다.

---

9) 이 네 자는 세덕당世德堂의 본본에 의거하여 보충하였다. 이럴 경우 "天然耳, 非爲也, 故以天言之, 所以明其自然也." 구절은 "천연일 뿐이라면 어떻게 한 것이 아니기 때문에 [천연의 울림天籟에서] 천天이라고 말했으니, 저절로 그렇게 된 것임을 밝히기 위함이다."로 해석하면 되니 의미상의 변화는 없다.

咸其自取, 怒者其誰邪.

울림을 모두 스스로 취했다면 소리를 내는 것은 그 누구이겠는가?"

物皆自得之耳, 誰主怒之使然哉. 此重明天籟也.

사물은 모두 스스로 이루어갈 뿐이니, 누가 주도해서 울리며 시켜서 그런 것이겠는가? 여기서 거듭 천연의 울림에 대해 밝혔다.

해설

이상에서 '퉁소의 울림'人籟은 사람이 만든 악기의 소리로 보면 되고, '땅 울림'地籟은 인위적인 조작이 없는 사물의 소리로 보면 된다. 악기의 소리는 사람이 조작해 놓은 것에 따라 그대로 각기 다른 소리를 내고, 사물의 소리는 각기 다른 모양에 따라 그대로 각기 다른 소리를 낸다. 퉁소의 울림과 땅울림에는 사람의 조작이 가해지고 가해지지 않은 차이가 있지만 그 둘 모두 생긴 모양과 형태에 따라 그대로 소리를 내고 있다는 점에서는 동일하다. '천연의 울림'天籟은 바로 인위적인 악기이든지 자연적인 사물이든지 모두 생각 모양과 형태에 따라 그대로 소리를 내니, 여기에는 절대로 잘나고 못난 우열이 없다는 것이다.

그런데 여기에서 퉁소의 울림과 땅울림과 천연의 울림을 말하기에 앞서 먼저 남곽자기가 자신을 잊고 있는 상태에 대해 언급했던 것은 자신을 잊을 정도로 마음을 비운 경지에 들어가야 비로소 사물들이 어떤 소리를 낼지라도 차별 없이 들린다는 것을 강조하기 위함이다. 곧 마음을 비우면 사물이 자신의 능력이나 모양에 따라 어떤 소리를 낼지라도 그 능력이나 모양에 따라 나온 점에서는 모두 동일하기 때문에 잘나고 못난 차이가 없이 들린다는 점을 강조하기 위함이다. 사람들이 각기 다른 소리를 내는 것은 마음의 작용에 따라 달라지는 것이기 때문에 이어서 그것에 대해 언급하는 것이다.

大知閑閑, 小知閒閒,   閑閑: 한가로운 모양. 閒閒: 좀스럽게 시비를 따지는 것

큰 지혜를 가진 자는 차분히 여유가 있고 작은 지혜를 가진 자는 좀스럽게 따진다.

此蓋知之不同.

이것은 지혜의 다른 모습이다.

大言炎炎, 小言詹詹.

詹: 수다스러울 첨

큰 말은 담담하고 작은 말은 수다스럽다.

此蓋言語之異.

이것은 말의 서로 다른 모습이다.

其寐也魂交, 其覺也形開,

覺: 깰 교

[사람들은] 잠들어서는 혼이 교차하고, 깨어서는 육체의 활동이 펼쳐진다.

此蓋寤寐之異.

寤: 깰 오, 寐: 잠잘 매

이것은 잠들었을 때와 깨었을 때의 다른 모습이다.

與接爲搆, 日以心鬪, 縵者, 窖者, 密者.

搆: 이해 못할 구, 鬪: 싸울 투, 縵: 늘어질 만, 窖: 깊을 교, 密: 빽빽할 밀

함께 교제하면서 이해하지 못하여 날마다 마음으로 갈등하니, 너그럽게 되기도 하고 깊이 되기도 하며 치밀하게 되기도 한다.

此蓋交接之異.

이것은 교제의 다른 모습이다.

小恐惴惴, 大恐縵縵.　　恐: 두려울 공. 惴: 두려워할 췌. 縵縵(만만): 기가 꺾임

사소한 두려움에는 경계하고 조심하지만 큰 두려움에는 기가 죽는다.

此蓋恐悸之異.　　悸: 두근거릴 계

이것은 두려움의 다른 모습이다.

其發若機栝, 其司是非之謂也, 其留如詛盟, 其守勝之謂也.
　　機: 틀 기. 栝: 도지개 괄. 詛: 맹세 저. 盟: 맹세할 맹

쇠뇌처럼 쏘아 붙이는 것은 시비를 가리려는 것을 말하고, 맹세한
것처럼 변하지 않는 것은 승리를 굳히려는 것을 말한다.

此蓋動止之異.

이것은 행동거지의 다른 모습이다.

其殺若秋冬, 以言其日消也.　　殺: 죽일 살. 덜 쇄. 消: 사라질 소

가을이나 겨울처럼 쇠하는 것은 날마다 시들어가는 것을 말한다.

其衰殺日消, 有如此者.

쇠약해져 날마다 시드는 것에는 이런 것이 있다.

其溺之所爲之, 不可使復之也.　　溺: 빠질 익

어딘가에 빠져서 행하는 것은 (본래대로) 회복시킬 수가 없다.

其溺而遂往, 有如此者.

어딘가에 빠져서 마침내 가버린 것에는 이런 것이 있다.

其厭也緘, 以言其老洫也. 厭: 싫을 염, 빠질 암, 緘: 봉할 함, 洫: 봇도랑 혁, 넘칠 일

탐욕에 빠져 꽉 막힌 것은 늙어서 심해진 것을 말한다.

其厭沒於欲, 老而愈洫, 有如此者.

탐욕에 빠져 늙을수록 더욱 심해지는 것에는 이런 것이 있다.

近死之心, 莫使復陽也.

죽음에 가까워진 마음은 어느 누구도 양기를 회복시킬 수 없다.

其利患輕禍, 陰結遂志, 有如此者.

환란을 이롭게 여기고 재앙을 가볍게 여김으로 음험함이 맺혀 뜻을 이룬 것에는 이런 것이 있다.

喜怒哀樂, 慮嘆變慹, 姚佚啓態.
嘆: 탄식할 탄, 慹: 두려워할 집, 움직이지 않은 접, 姚: 경솔할 조, 佚: 방탕할 일, 啓: 열 계, 態: 모양 태

(사람의 감정에는) 기쁨과 성냄, 슬픔과 즐거움, 염려와 탄식, 변덕스러움과 고집스러움, 경솔함과 방탕함, 솔직함과 허세가 있다.

此蓋性情之異者.

이것은 성정性情의 다른 것이다.

樂出虛, 蒸成菌,
蒸: 찔 증, 菌: 버섯 균

악기(의 소리)는 텅 빈 데서 나오고, 후덥지근한 더위에는 버섯이 나며,

此蓋事變之異也. 自此以上, 略擧天籟之無方, 自此以下, 明無方之自然也. 物各自然, 不知所以然而然, 則形雖彌異, 自然彌同也.

이것은 일이 변화하는 서로 다른 모습이다. 이 구절 이상의 내용은 천연의 울림이 일정한 틀이 없다는 것을 대략적으로 열거한 것이고, 이 구절 이하의 내용은 일정한 틀이 없는 것들의 저절로 그러함을 밝힌 것이다. 사물은 제각기 저절로 그러하면서도 그런 까닭을 모르고 그렇게 하고 있으니, 형체가 더욱 다를수록 저절로 그러함은 더욱 같은 것이다.

해설

여기까지는 대부분 사람의 마음에 따른 차이를 설명한 것인데, 상황에 따라 나오는 소리가 각기 달라지지만 그렇게 되는 것은 그 상황에 맞추어서 그렇게 된 것이라는 점에서 모두 동일하다는 것이다. 곧 사물의 각기 다른 모든 행위는 결국 천연의 울림이라는 것이다. 이하의 내용은 더 다양하게 천연의 울림에 대해 설명하는 것이다.

日夜相代乎前, 而莫知其所萌,

밤낮으로 우리 앞에 서로 바뀌어 가지만 아무도 그것이 어떻게 싹터 나오는지를 알지 못한다.

日夜相代代, 故以新也. 夫天地萬物, 變化日新, 與時俱往, 何物萌之哉. 自然而然耳.

밤낮으로 서로 바뀌고 바뀌기 때문에 새로워진다. 천지 만물은 변화하고 날로 새로워지며 시간과 함께 같이 흘러가면서 어떻게 사물이 싹터 나오는 것인가? 저절로 그렇게 되어 그런 것일 뿐이다.

已乎, 已乎. 旦暮得此, 其所由以生乎.

旦: 아침 단. 暮: 저녁 모

그뿐이고 그뿐이다. 아침저녁으로 이렇게 되어 그렇게 생겨나는 것인 것이다.

言其自生.

저절로 생겨남을 말한 것이다.

非彼無我, 非我無所取, 是亦近矣.

저런 것이 아니면 내가 없고, 내가 아니면 취할 것이 없으니, 이것이
또한 가깝다.

彼, 自然也. 自然生我, 我自然生. 故自然者, 卽我之自然, 豈遠之哉.

저런 것은 저절로 그러함이다. 저절로 그렇게 나를 낳았고 내가 저절로
그렇게 생겨났다. 그러므로 저절로 그러하다는 것은 곧 내가 저절로 그러
한 것으로 어찌 멀리 있는 것이겠는가?

而不知所爲使.

그런데 누가 시킨 것인지는 모르겠다.

凡物云云, 皆自爾耳, 非相爲使也, 故任之而理自至矣.

모든 사물들이 뭐라고 말하고 있는 것들은 모두 저절로 그렇게 되는 것일
뿐이고 서로 시킨 것이 아니기 때문에 그대로 맡겨놓으면 이치가 저절로
이르는 것이다.

若有眞宰, 而特不得其眹.   眹: 조짐 진

참된 주재자가 있는 듯도 하지만 유달리 그 자취를 찾을 수 없다.

萬物萬情, 趣舍不同, 有若有眞宰使之然也, 起索眞宰之眹跡, 而亦
終不得. 則明物皆自然, 無使物然也.

모든 사물과 온갖 실정은 취하고 버림이 같지 않아 마치 참된 주재자가
시켜서 그러는 것이 있는 것 같으니, 일어나서 참된 주재자의 자취를 찾아
보지만 또한 끝내 찾을 수가 없다. 그렇다면 분명히 사물은 모두 저절로
그러한 것이지 그렇게 되도록 시키는 것은 없다는 것이다.

可行己信,

행할 수 있는 것은 자신이 믿는 것이지만

今夫行者, 信己可得行也.

지금 행하는 것은 자신을 믿어 행할 수 있는 것이다.

而不見其形,

그 형체를 볼 수는 없으니,

不見所以得行之形.

행할 수 있게 하는 까닭으로서의 형체를 볼 수는 없다.

有情而無形.

실정은 있지만 형체는 없는 것이다.

情當其物, 故形不別見也.

실정이 그 사물에 합당하기 때문에 형체가 따로 보이지 않는 것이다.

세상의 모든 것은 모두 스스로 그렇게 되는 것이지 주재하는 어떤 것이
있어서 그런 것이 아니라는 것이다. 곧 모두 천연의 울림이라는 것이다.

百骸九竅六藏, 賅而存焉,

賅: 갖출 해

(우리의 몸에는) 백 개의 뼈마디, 아홉 개의 구멍, 여섯 개의 장기가
갖추어져 보존되어 있는데,

付之自然, 而莫不皆存也.

저절로 그러한 것에 맡겨두면 모두 보존되지 않음이 없다.

吾誰與爲親.

우리는 어느 것과 친한가?

直自存耳.

단지 스스로 있는 것일 뿐이다.

汝皆說之乎. 其有私焉.

너희가 같이 어느 것을 좋아하는 것인가? 그렇다면 거기에 사사로움
이 생길 것이다.

皆說之, 則是有所私也. 有私則不能賅而存矣. 故不說而自存, 不爲
而自生也.

같이 어느 것을 좋아한다면 사사로움이 있는 것이다. 사사로움이 있으면
모두 보존될 수가 없다. 그러므로 좋아하지 않아 저절로 보존되고 어떻게
하지 않아 저절로 생겨나는 것이다.

如是, 皆有爲臣妾乎.

그렇다면 모두 신첩臣妾으로 삼겠는가?

若皆私之, 則志過其分, 上下相冒, 而莫爲臣妾矣. 臣妾之才, 而不安
臣妾之任, 則失矣. 故知君臣上下, 手足外內, 乃天理自然, 豈眞人之
所爲哉.   冒: 시기할 모

만약 같이 어느 것을 사사롭게 한다면 생각이 그 분수를 지나치고 위아래
가 서로 시기해서 아무도 신첩이 되지 않는다. 신첩의 재주인데 신첩의
임무를 편안히 여기지 않는다면 잘못된다. 그러므로 임금과 신하가 위와
아래이고 손과 발이 안과 밖인 것을 아는 것은 바로 하늘의 이치로서 저절
로 그렇게 되는 것이지, 어찌 진실로 사람이 하는 것이겠는가!

其臣妾不足以相治乎.   妾: 첩 첩

그 신첩들은 서로 다스리기에 부족한 것인가?

夫臣妾但各當其分耳, 未爲不足以相治也. 相治者, 若手足耳目, 四
肢百體, 各有所司, 而更相御用也.

신첩들은 다만 제각기 자신의 분수에 맞게 할 뿐이지만 서로 다스리기에
부족하지 않다. 서로 다스린다는 것은 마치 손과 발, 눈과 귀, 사지와
모든 몸에 제각기 맡은 역할이 있어 번갈아 서로 부려서 쓰는 것과 같다
는 것이다.

其遞相爲君臣乎.   遞: 갈마들 체

그것들이 교대로 서로 임금과 신하가 될 것이겠는가?

夫時之所賢者爲君, 才不應世者爲臣. 若天之自高, 地之自卑, 首自

在上, 足自居下, 豈有遞哉. 雖無錯於當, 而必自當也.

당시의 어진 사람은 임금이 되고, 재주가 세상 사람들과 호응하지 않는 사람은 신하가 된다. 그러니 마치 하늘이 저절로 높고 땅이 저절로 낮으며, 머리가 저절로 위에 있고 발이 저절로 아래에 있는 것과 같은데, 어찌 자신의 역할을 교대하겠는가! 맡은 것을 번갈아 하지 않을지라도 반드시 저절로 합당하게 된다는 것이다.

其有眞君存焉.

거기에는 참된 임금이 있다는 것인가!

任之而自爾, 則非僞也.

그것에 맡겨두어 저절로 그러한 것이니, 인위적으로 어떻게 한 것이 아니라는 것이다.

如求得其情與不得, 無益損乎其眞.

그러한 실정을 알든 모르든 그 참됨에는 더하거나 덜어지는 일이 없다.

凡得眞性, 用其自爲者, 雖復皁隷, 猶不顧毀譽, 而自安其業, 故知與不知, 皆自若也. 若乃開希幸之路, 以下冒上, 物喪其眞, 人忘其本, 則毀譽之間, 俯仰失錯也. 皁: 하인 조. 隷: 종 례. 顧: 돌아볼 고. 毀: 헐 훼. 譽: 기릴 예

일반적으로 '참된 본성'眞性을 얻어서 저절로 어떻게 하는 것에 사용할 경우에는 노예로 돌아간다 하더라도 여전히 비난과 칭찬에 개의치 않고, 자신의 일을 스스로 편안히 여기기 때문에 알건 모르건 태연자약하게 되는 것이다. 만약 요행을 바라는 길을 터서 아래 사람으로서 윗사람을 시기하여 사물이 자신의 참됨을 잃고, 사람이 자신의 근본을 잊는다면, 비난과 칭찬 사이에서 우러러보고 내려다보면서 잘못되고 어긋날 것이다.

사람의 몸에서 각 장기와 뼈들을 비롯한 각 부위들도 각기 저절로 자신의 일을 하는 것이지 어느 것이 주재해서 하는 것이 아니라는 말이다. 이하 아래에서 '완성된 형체'成形와 '완성된 마음'成心을 가지고 이것들에 대해 자세히 설명하려고 하니, 정신 차리고 큰 맥락에 유념하면서 살펴보길 바란다.

一受其成形, 不亡以待盡,

완성된 형체를 한 번 받아 없애지 않고 수명이 다하기를 기다리며,

言性各有分, 故知者守知以待終, 而愚者抱愚以至死, 豈有能中易其性者也.

본성에는 제각기 분수가 있기 때문에 지혜로운 자는 지혜로움을 지키면서 죽음을 기다리고, 어리석은 이는 어리석음을 품고서 죽음에 이르니, 어찌 중도에 자신의 본성을 바꿀 수 있는 사람이 있겠는가라는 말이다.

與物相刃相靡, 其行進如馳, 而莫之能止, 不亦悲乎.

刃: 칼날 인. 靡: 복종할 미. 馳: 달릴 치

사물들과 서로 거스르고 서로 따르며 말 달리듯이 나아가 아무도 멈추게 할 수 없으니, 또한 슬프지 아니한가!

群品云云, 逆順相交, 各信其偏見, 而恣其所行, 莫能自反, 此比衆人之所悲者, 亦可悲矣. 而衆人未嘗以此爲悲者, 性然故也. 物各性然, 又何物足悲哉.

온갖 사물들이 성대하게 거스르고 순종하며 서로 교제함에 제각기 자신의 편견을 믿고 자신이 행하는 바를 거리낌 없이 하면서 아무도 스스로 돌이

킬 수 없으니, 이것은 보통 사람들이 슬퍼하는 것보다 더 슬퍼해야 하는 것이다. 그런데 보통 사람들이 이런 것에 대해 슬퍼한 적이 없는 것은 본성이 그렇게 되어 있기 때문이다. 사물들은 제각기 본성이 그렇게 되어 있는데, 또 무엇 때문에 사물이 그렇게 슬퍼하겠는가?

終身役役, 而不見其成功,

役: 부릴 역

죽을 때까지 수고하고 수고하면서도 자신의 성공을 보지 못하고,

夫物情無極, 知足者鮮, 故得此不止, 復逐於彼, 皆疲役終身, 未厭其志. 死而後已. 故其成功者, 無時可見也.

鮮: 드물 선. 疲: 지칠 피. 厭: 족할 염

사람의 마음은 끝이 없어서 만족할 줄 아는 자가 거의 없기 때문에 이것을 얻고도 멈추지 않고 다시 저것을 쫓게 마련이니, 모두 죽을 때까지 지치도록 일하고도 자신의 뜻을 만족시키지 못한다. 죽고 난 뒤에야 그치기 때문에 자신의 성공은 어느 때고 볼 수 없는 것이다.

苶然疲役, 而不知其所歸, 可不哀邪.

苶: 나른할 날

나른하게 지치도록 일하고도 어디로 돌아가야 할지를 모르니, 슬퍼하지 않을 수 있겠는가?

凡物各以所好, 役其形骸, 至於疲困苶然, 不知所以好此之歸趣云何也.

일반적으로 사람들은 제각기 자신이 좋아하는 것 때문에 몸을 수고롭게 하여 지치고 고단해서 나른할 지경인데도, 이것을 좋아한 결과를 어떻게 말해야 할지를 모른다.

人謂之不死, 奚益.

奚: 어찌 해

사람들이 그에 대해서 죽지 않았다고 말한들 무슨 득이 되겠는가!

言其實與死同.

실제로는 죽은 것과 같다는 말이다.

其形化, 其心與之然, 可不謂大哀乎.

몸이 변하면 그 마음도 함께 그렇게 되니, 큰 슬픔이라고 말하지 않을 수 있겠는가?

言其心形並馳, 困而不反, 比於凡人所哀, 則此眞哀之大也. 然凡人 未嘗以此爲哀, 則凡所哀者, 不足哀也.

마음과 몸이 함께 달려감에 고단한데도 돌아오지 못하니, 일반 사람들이 슬퍼하는 것에 비교한다면 이것을 정말로 크게 슬퍼해야 할 것이라는 말이다. 그러나 일반 사람들은 이것을 슬퍼한 적이 없으니, 일반적으로 슬퍼하는 것들은 그렇게 슬퍼할 필요가 없는 것들이다.

人之生也, 固若是芒乎. 其我獨芒, 而人亦有不芒者乎.

芒: 어두울 망

사람의 삶이 진실로 이처럼 어리석은가? 나만 어리석고 다른 사람들은 어리석지 않은 것인가?

凡此上事, 皆不知其所以然而然, 故曰芒也. 今夫知者, 皆不知所以 知而自知矣, 生者不知所以生而自生矣. 萬物雖異, 至於生不由知, 則未有不同者也, 故天下莫不芒也.

이런 위의 일은 모두 왜 그렇게 되는지를 알지 못하면서 그렇게 되는 것이기 때문에 '어리석다'고 했다. 지금 아는 자들은 모두 어떻게 알게 되었는지 알지 못하면서 그냥 아는 것이고, 사는 자들은 왜 사는지 알지 못하면서 그냥 사는 것이다. 만물이 다르더라도 삶이 앎으로 말미암지 않는 것에서는 같지 않은 것이 없기 때문에 천하에는 어느 누구도 어리석지 않음이 없다.

夫隨其成心而師之, 誰獨且无師乎.

자신의 완성된 마음을 따르는 것으로 스승을 삼는다면 누구인들 그 자신에게만 스승이 없겠는가?

夫心之足以制一身之用者, 謂之成心. 人自師其成心, 則人各自有師矣. 人各自有師, 故付之而自當.

마음이 한 몸의 작용을 충분히 제어하는 것을 완성된 마음이라 이른다. 사람들은 본래 그 완성된 마음을 스승으로 삼으니, 사람마다 각기 본래 스승이 있다. 사람마다 각기 스스로 스승을 두기 때문에 그것을 따라 저절로 타당하게 된다.

奚必知代. 而心自取者有之, 愚者與有焉.

어찌 반드시 알아서 대신하는 것이겠는가? 마음에는 저절로 취하는 것이 있으니, 어리석은 이들도 함께 그것이 있다.

夫以成代不成, 非知也, 心自得耳. 故愚者亦師其成心, 未肯用其所謂短而舍其所謂長者也.

완성된 것으로 완성되지 않은 것을 대신하는 것은 앎으로 하는 것이 아니라 마음에서 저절로 얻는 것일 뿐이다. 그러므로 어리석은 자도 완성된 마음을 스승으로 삼아 이른바 단점을 쓰려고 하거나 장점을 버리려고 하지 않는다.

未成乎心, 而有是非, 是今日適越, 而昔至也.

마음에서 완성되지 않았는데 옳고 그름이 있는 것은 오늘 월나라에 갔는데 어제 도착한 것이다.

今日適越, 昨日何由至哉. 未成乎心, 是非何由生哉. 明夫是非者, 群品之所不能無, 故至人兩順之.

오늘 월나라에 가는데 어제 무슨 수로 도착하겠는가? 마음에서 완성되지 않았는데 옳고 그름이 어디에서 생겨나겠는가? 옳고 그름을 밝히는 것은 모든 사물에 없을 수 없는 것이기 때문에 무아의 경지에 이른 사람은 양쪽으로 따른다.

是以無有爲有. 無有爲有, 雖有神禹, 且不能知, 吾獨且奈何哉.

이것은 없는 것을 있다고 하는 것이다. 없는 것을 있다고 여기는 것은 귀신같은 우임금이라도 알 수 없는 것인데, 나만 또 어떻게 할 수 있는 것이겠는가?

理無是非, 而惑者以爲有, 此以無有爲有也. 惑心已成, 雖聖人不能解, 故付之自若而不强知也.

이치에는 옳고 그름이 없는데, 어리석은 자는 있다고 여기니, 이것은 없는 것을 있다고 여기는 것이다. 미혹된 마음이 성립되고 나면 아무리 거룩한 사람이라도 풀 수가 없기 때문에 그대로 태연자약하게 놔두고 억지로 알게 하지 않는다.

> **해설**
> 사람들이 어떻게 행동하든지 그것은 모두 각기 자신의 '완성된 마음'成心을 따른 것이니, 다른 누구의 간섭도 필요하지 않다는 것이다. 물론 '완성된 형체'成形는 '완성된 마음'成心에 따라 행동하기 때문에 그 어떤 것

의 간섭도 필요하지 않다. 어떤 것에 간섭하는 것은 어떤 것의 완성된 마음에 완성되지 않은 마음을 가지고 바꾸려고 하는 것이다. 그러므로 "마음에서 완성되지 않았는데 옳고 그름이 있는 것은 오늘 월나라에 갔는데 어제 도착한 것이다."라고 할 정도로 장자가 심하게 말하고 있는 것이다. 결국 모든 사람은 각기 자신의 완성된 마음에 따라 옳고 그름을 판단하니, 자신의 입장에서 모두 옳고 모두 그르다는 말이다. 물론 마음을 비워 도를 터득한 사람은 이것을 알기 때문에 곧 '천연의 울림'天籟을 알기 때문에 사물을 거스르지 않고 함께 하니, 이것이 바로 「소요유」에서 '자신에게만 통함'自通을 벗어나 '항상 통함'常通으로 들어감으로써 마침내 '크게 통함'大通이 되는 것이다.

夫言非吹也, 言者有言,   吹: 불 취

말은 바람을 불어내는 것이 아니라 말하는 자가 말을 하는 것이다.

各有所說, 故異於吹.

각기 설명하는 것이 있기 때문에 바람을 불어내는 것과는 다르다.

其所言者, 特未定也.

그런데 그 말하는 내용이 특히 확정되지 않는 것이라면,

我以爲是, 而彼以爲非, 彼之所是, 我又非之, 故未定也. 未定也者, 由彼我之情偏.

내가 옳다고 여기는데 저 사람은 그르다고 여기고, 저 사람이 옳다고 여기는데 내가 또 그르다고 여기기 때문에 확정되지 않는 것이다. 확정되지 않는 것은 저 사람과 나의 마음이 치우쳐 있기 때문이다.

果有言邪.

과연 말이 있는 것인가?

以爲有言邪. 然未足以有所定.

말이 있다고 여기는가? 그러나 확정된 것이 있다고 하기에는 충분하지 않다.

其未嘗有言邪.

말이 없는 것인가?

以爲無言邪. 則據己已有言.

말이 없다고 여기는가? 그렇다면 자신을 근거로 이미 말이 있었다.

其以爲異於鷇音, 亦有辯乎, 其無辯乎.　　　　　鷇: 새 새끼 구

그것이 새 새끼의 소리와 다르다고 여기면, 또한 구별이 있는 걸까 아니면 구별이 없는 걸까?

夫言與鷇音, 其致一也, 有辯無辯, 誠未可定也. 天下之情不必同, 而所言不能異, 故是非紛紜, 莫知所定.　　　紛: 어지러울 분. 紜: 어지러울 운

사람의 말과 새 새끼 소리는 무엇인가 전하는 것에서는 같으나, 구별이 있고 없고는 진실로 확정될 수 없다. 세상 사람들의 마음은 같을 필요가 없지만 (생긴 그대로) 말하는 것은 다를 수가 없기 때문에 시비가 분분해도 확정할 것을 아무도 모른다.

해설

장자가 보기에 결국 사람의 말과 새의 울음에는 별 차이가 없는 것이다.

그것들이 각기 다른 소리를 내고 있을지라도 각기 생긴 그대로 말하고 있기 때문이다.

道惡乎隱而有眞僞, 言惡乎隱而有是非.   惡: 어찌 오

도가 어디에서 가려졌기에 참과 거짓이 있고, 말이 어떻게 은폐되었기에 옳고 그름이 있는가?

道焉不在, 言何隱蔽, 而有眞僞是非之名, 紛然而起.

도가 어디에도 있지 않고 말이 어떻게 은폐되어 참과 거짓, 옳음과 그름의 이름이 분분히 일어나는가?

道惡乎往而不存.

도가 어디로 가서 존재하지 않는가?

皆存.

모두 존재한다.

言惡乎存而不可.

말이 어디에 보존되어 불가한가?

皆可.

모두 가하다.

道隱於小成, 言隱於榮華.

도는 작게 이루는 것에서 숨겨지고, 말은 화려하게 꾸미는 것에서

가려진다.

夫小成榮華, 自隱於道, 而道不可隱. 則眞僞是非者, 行於榮華, 而止
於實當, 見於小成, 而滅於大全也.

작게 이루는 것과 화려하게 꾸미는 것이 스스로 도를 가리지만 도는 가려
질 수 없다. 그렇다면 참과 거짓, 옳음과 그름은 화려하게 꾸미는 것에서
행해지고 실질적으로 합당한 것에서 그치며, 작게 이루는 것에서 드러나
고 크게 온전한 것에서 사라진다.

> **해설**
>
> 작게 이루는 것과 화려하게 꾸미는 것은 사물이 각기 생긴 그대로 이
> 루는 것으로 서로 자신의 지혜에 따라 말하고 꾸미는 것이다. 그러니
> 도는 절대로 이런 것을 좇아가서는 알 수 없고 도리어 멀어질 뿐이다.
> 마음을 비우고 모든 것을 있는 그대로 받아들일 때, 곧 '천연의 울림'天
> 籟을 깨닫게 될 때, 비로소 '자신에게만 통하는'自通 '완성된 마음'成心
> 을 벗어나 '항상 통하게'常通 되면서 '크게 통하여'大通 도와 하나가 되
> 는 것이다.
> 바로 아래에서 말하는 유가와 묵가의 논쟁 역시 각기 자신의 완성된 마
> 음에 따라 자신이 옳다고 하는 것에 지나지 않는 것이다. 사실 유가와
> 묵가의 학설은 각기 완성된 마음에 따라 화려하게 꾸민 것이기 때문에
> 새 울음소리보다 더 도에서 벗어난 것이다. 이런 점에서 「소요유」에서
> 붕의 비상은 도를 드러내는 것이 아니라 도리어 도를 왜곡하는 것임을
> 알아야 한다. 독자들께서는 도가 왜 가려지고 사라지는지 잘 생각해 보
> 기 바란다.

故有儒墨之是非, 以是其所非, 而非其所是.

그러므로 유가와 묵가의 옳고 그름의 논쟁이 있으니, 상대편이 그르
다고 여기는 것을 옳다고 여기고 상대편이 옳다고 여기는 것을 그르

다고 여긴다.

儒墨更相是非, 而天下皆儒墨也. 故百家並起, 各私所見, 而未始出
其方也.

유가와 묵가가 번갈아 서로 자기를 옳다 하고 상대방을 그르다 하니 천하
가 모두 유가와 묵가이다. 그러므로 여러 학파가 함께 일어나 각기 사사로
운 견해를 드러내지만 처음부터 그 한정된 범위를 벗어난 적이 없다.

欲是其所非, 而非其所是, 則莫若以明.

상대편이 그르다고 여기는 것을 옳다고 여기고 상대편이 옳다고 여기
는 것을 그르다고 하니, 그렇게 하는 것으로 밝혀주는 것 만함이 없다.

夫有是有非者, 儒墨之所是也, 無是無非者, 儒墨之所非也. 今欲是
儒墨之所非而非儒墨之所是者, 乃欲明無是無非也. 欲明無是無非,
則莫若還以儒墨反覆相明. 反覆相明, 則所是者非是, 而所非者非非
矣. 非非則無非, 非是則無是.

옳고 그름이 있다는 것은 유가와 묵가가 옳다는 것이고, 옳고 그름이 없다
는 것은 유가와 묵가가 그르다는 것이다. 그런데 이제 유가와 묵가가 그르
다는 것을 옳다고 하고, 유가와 묵가가 옳다는 것을 그르다고 하고자 하는
것은 바로 옳고 그름이 없다는 것을 밝히고자 하는 것이다. 옳고 그름이
없다는 것을 밝히고자 한다면, 유가와 묵가를 돌려가며 반복해서 서로 밝
혀주는 것 만한 것이 없다. 반복해서 서로 밝혀주면 옳다는 것은 옳은
것이 아니고, 그른 것은 그른 것이 아니다. 그른 것이 아니라면 그른 것은
없고, 옳은 것이 아니라면 옳은 것은 없다.

해설

유가와 묵가는 물론 모든 사물은 각기 자신의 완성된 마음에 따라 자

신을 옳게 여긴다. 그러니 곽상은 "유가와 묵가를 돌려가며 반복해서 서로 밝혀주는 것 만한 것이 없다."라고 하였으니, 바로 그렇게 하는 과정에서 천연의 울림을 알라는 의미이다. 바로 이어지는 "사물은 저 것이 아닌 것이 없고, 사물은 이것이 아닌 것이 없다."는 장자의 말 역 시 같은 의미이다. 그 이하의 구절도 이것에 대한 반복 설명이다.

物无非彼, 物无非是.

사물은 저것이 아닌 것이 없고, 사물은 이것이 아닌 것이 없다.

物皆自是, 故無非是, 物皆相彼, 故無非彼. 無非彼, 則天下無是矣, 無非是, 則天下無彼矣. 無彼無是, 所以玄同也.

사물은 모두 스스로 이것이므로 이것 아닌 것이 없고, 사물은 모두 서로 저것이므로 저것 아닌 것이 없다. 저것 아닌 것이 없다면 천하에는 이것이 없고, 이것 아닌 것이 없다면 천하에는 저것이 없다. 저것도 없고 이것도 없기 때문에 현묘하게 하나이다.

自彼則不見, 自是則知之. 故曰彼出於是, 是亦因彼,

저것으로부터는 보지 못하고, 이것으로부터는 안다. 그러므로 "저것 은 이것에서 나오고 이것도 저것에서 말미암는다."고 하니,

夫物之偏也, 皆不見彼之所見, 而獨自知其所知. 自知其所知, 則自 以爲是. 自以爲是, 則以彼爲非矣. 故曰彼出於是, 是亦因彼, 彼是 相因而生者也.

사물은 치우쳐 있기 때문에 모두 저것이 보는 것을 보지 못하고 다만 자신 이 아는 것을 그냥 알뿐이다. 자신이 아는 것을 그냥 아니, 스스로 옳다고 여긴다. 스스로 옳다고 여기니, 저것을 그르다고 여긴다. 그러므로 "저것

은 이것에서 나오고 이것도 저것에서 말미암는다."고 하니, 저것과 이것이 서로 말미암아 나오는 것이다.

彼是方生之說也. 雖然, 方生方死, 方死方生, 方可方不可, 方不可方可, 因是因非, 因非因是.

이것과 저것이 함께 생긴다는 설명이다. 그럴지라도 뭔가 이제 막 살아나는 것은 이제 막 죽어가는 것이고, 이제 막 죽어가는 것은 이제 막 살아나는 것이며, 이제 막 가한 것은 이제 막 불가한 것이고, 이제 막 불가한 것은 이제 막 가한 것이니, 옳은 것으로 말미암아 그른 것이 말미암는 것이고, 그른 것으로 말미암아 옳은 것이 말미암는 것이다.

夫死生之變, 猶春秋冬夏四時行耳. 故死生之狀雖異, 其於各安所遇, 一也. 今生者方自謂生爲生, 而死者方自謂生爲死, 則無生矣. 生者方自謂死爲死, 而死者方自謂死爲生, 則無死矣. 無生無死, 無可無不可, 故儒墨之辨, 吾所不能同也, 至於各冥其分, 吾所不能異也.

삶과 죽음의 변화는 봄·여름·가을·겨울 사시의 운행과 같다. 그러므로 삶과 죽음의 정황이 다를지라도 각기 처해진 상황에 편안히 있는 것에서는 같다. 지금 살아 있는 자는 삶을 삶이라고 이제 막 스스로 말하고, 죽은 자는 삶을 죽음이라고 이제 막 스스로 말하니, 삶은 없는 것이다. 살아 있는 자는 죽음을 죽음이라고 이제 막 스스로 말하지만 죽은 자는 죽음을 삶이라고 이제 막 스스로 말하니, 죽음은 없는 것이다. 삶도 없고 죽음도 없으며, 가함도 없고 불가함도 없기 때문에 유가와 묵가의 논변을 내가 같다고 할 수가 없지만, 각기 그 구분을 없애 하나로 여기게 되면 내가 다르다고 할 수가 없다.

是以聖人不由, 而照之於天, 亦因是也.

이 때문에 거룩한 사람은 말미암지 않고 하늘에서 비추어 보니, 또한 옳음으로 말미암는 것이다.

夫懷豁者, 因天下之是非, 而自無是非也. 故不由是非之塗而是非, 無患不當者, 直明其天然, 而無所奪故也.　奪: 빼앗을 탈. 가부를 결정할 탈

마음이 열린 자는 천하의 옳고 그름으로 말미암아 스스로는 옳고 그름이 없다. 그러므로 옳고 그름의 길을 따라가면서도 옳다고 하지 않고 그르다고 하지 않아 합당하지 않음을 걱정함이 없는 자이니, 바로 그 천연을 밝히면서도 빼앗는 것이 없기 때문이다.

> **해설**
>
> 여기에서의 '하늘'天을 '천연의 울림'天籟이라고 보면 문맥을 이해하기가 아주 쉬워진다. 곽상의 "마음이 열린 자는 천하의 옳고 그름으로 말미암아 스스로는 옳고 그름이 없다. … 바로 그 천연을 밝히면서도 빼앗는 것이 없기 때문이다."는 말은 사물마다 각기 생긴 모양대로 무엇을 주장할지라도 도를 깨달은 자는 그것이 천연의 울림임을 알기 때문에 그대로 인정하고 따라 준다는 것이다.

是亦彼也,
그런데 이것도 저것이고

我亦爲彼所彼.
나도 저것에게는 저것이 된다.

彼亦是也.
저것도 이것이다.

彼亦自以爲是.

저것도 스스로는 이것이다.

彼亦一是非, 此亦一是非.

저것도 하나의 옳고 그름이고, 이것도 하나의 옳고 그름이다.

此亦自是而非彼, 彼亦自是而非此, 此與彼各有一是一非於體中也.

이것이 또한 스스로 옳다고 하고 저것을 그르다고 하며, 저것이 또한 스스로 옳다고 하고 이것을 그르다고 하니, 이것과 저것이 각기 그 자체 속에서 한편으로는 옳고 한편으로는 그르다.

果且有彼是乎哉. 果且无彼是乎哉.

그러니 결국 또 이것과 저것이 있는 것인가? 결국 또 이것과 저것이 없는 것인가?

今欲謂彼爲彼, 而彼復自欲謂是爲是, 而是復爲彼所彼, 故彼是有無, 未果定也.

지금 저것이 저것이라고 하고자 하지만 저것이 다시 스스로 이것이 이것이라고 하고자 해서 이것이 다시 저것에 의해 저것으로 된다. 그러므로 저것과 이것이 있는지 없는지 결국 확정되지 않는다.

彼是莫得其偶, 謂之道樞.

저것과 이것 어느 것도 그 짝을 얻지 못하니, 이것을 도의 지도리라고 한다.

偶, 對也. 彼是相對, 而聖人兩順之. 故無心者與物冥, 而未嘗有對
於天下也, 此居其樞要, 而會其玄極, 以應夫無方也.

짝은 상대이다. 저것과 이것이 서로 상대가 되지만 거룩한 사람은 양쪽으
로 따른다. 그러므로 마음을 비운 자는 사물과 구분을 없애 천하를 상대로
한 적이 없으니, 이것은 지도리의 중심에 있으면서 현묘한 극치를 통달하
여 일정한 틀이 없는 것에 따라 움직이는 것이다.

樞始得其環中, 以應无窮,   尋 : 찾을 심. 이을 심

지도리가 비로소 고리의 가운데를 얻어 따라 움직이는 것이 끝이 없
으니,

夫是非反覆, 相尋無窮, 故謂之環. 環中, 空矣, 今以是非爲環, 而得
其中者, 無是無非也. 無是無非, 故能應夫是非. 是非無窮, 故應亦
無窮.

옳고 그름이 반복되며 서로 이어져 끝이 없기 때문에 그것을 고리라고
한다. 고리의 가운데는 비어 있으니, 이제 옳고 그름을 고리로 삼아 그
가운데를 얻을 경우 옳음도 없고 그름도 없다. 옳음도 없고 그름도 없기
때문에 옳고 그름에 따라 움직일 수 있다. 옳고 그름이 끝이 없기 때문에
따라 움직이는 것도 끝이 없다.

해설

도의 지도리는 결국 마음을 비움으로써 사물을 생긴 그대로 받아들인다
는 것이다. 곧 다시 「소요유」로 말한다면, '본성에 얽매여 있는 것'有待을
벗어나 '그 어떤 것에도 얽매임이 없는 것'無待으로 들어가는 것이다.

是亦一无窮, 非亦一无窮也.

옳음도 하나의 끝이 없는 것이고, 그름도 하나의 끝이 없는 것이다.

天下莫不自是, 而莫不相非, 故一是一非, 兩行無窮. 唯涉空得中者, 曠然無懷, 乘之以游也.

천하에는 스스로 옳다고 여기지 않음이 없고 상대방이 그르다고 여기지 않음이 없기 때문에 하나가 옳고 하나가 그른 것이 양쪽으로 행해져 끝이 없다. 오직 비어 있음에 들어가 가운데를 얻은 자만이 텅 비어 마음에 품은 것이 없으니 그것을 타고 노닌다.

故曰, 莫若以明. 以指喩指之非指, 不若以非指喩指之非指也, 以馬喩馬之非馬, 不若以非馬喩馬之非馬也. 天地一指也, 萬物一馬也.

그러므로 밝혀주는 것 만함이 없다고 했다. 손가락을 가지고 손가락이 손가락 아님을 깨우쳐주는 것보다는 손가락이 아닌 것을 가지고 손가락이 손가락 아님을 깨우쳐주는 것이 낫다. 말馬을 가지고 말이 말 아님을 깨우쳐주는 것보다는 말이 아닌 것을 가지고 말이 말 아님을 깨우쳐주는 것이 더 낫다. 천지는 하나의 손가락이고, 만물은 한 마리의 말이다.

夫自是而非彼, 彼我之常情也. 故以我指喩彼指, 則彼指於我指獨爲非指矣. 此以指喩指之非指也. 若復以彼指還喩我指, 則我指於彼指復爲非指矣. 此以非指喩指之非指也.

자신이 옳다고 하고 저 사람이 그르다고 하는 것은 저들과 나의 일반적인 마음이다. 그러므로 내 손가락으로 저들의 손가락을 깨우쳐주면, 저들의 손가락은 내 손가락에서는 곧 손가락이 아니다. 이것은 손가락을 가지고 손가락이 손가락 아님을 깨우쳐주는 것이다. 만약 다시 저들의 손가락을 가지고 재차 내 손가락을 깨우쳐주려면, 내 손가락은 저들의 손가락에서는 다시 손가락이 아니다. 이것은 손가락이 아닌 것을 가지고 손가락이 손가락 아님을 깨우쳐주는 것이다.

將明無是無非, 莫若反覆相喩. 反覆相喩, 則彼之與我, 旣同於自是, 又均於相非. 均於相非, 則天下無是, 同於自是, 則天下無非. 何以明其然邪. 是若果是, 則天下不得復有非之者也. 非若果非, 亦不得復有是之者也.

옳음도 없고 그름도 없다는 것을 밝히려 한다면, 돌아가며 서로 깨우쳐주는 것만 한 것이 없다. 돌아가며 서로 깨우쳐주면, 저들은 나와 함께 자신이 옳은 것에서 이미 동일하고, 또 서로 그른 것에서 같다. 서로 그른 것에서 같다면 천하에는 옳은 것이 없고, 자신이 옳은 것에서 동일하다면 천하에는 그른 것이 없다. 어떻게 그것이 그렇다는 것을 밝힐까? 옳은 것이 결국 옳다면 천하에는 다시 그른 것이 있을 수 없다. 그른 것이 과연 그르다면 마찬가지로 다시 옳은 것이 있을 수 없다.

今是非無主, 紛然淆亂. 明此區區者, 各信其偏見, 而同於一致耳, 仰觀俯察, 莫不皆然. 是以至人知天地一指也, 萬物一馬也, 故浩然大寧, 而天地萬物, 各當其分, 同於自得, 而無是無非也.

淆: 뒤섞일 효, 어지러울 효

지금 옳고 그름에 대한 근본이 없어 분분하게 어지럽다. 그런데 이렇게 구구한 것을 밝히는 것은 각기 그 편견을 믿고 있음에도 동일하게 일치해서이니, 우러러 바라보고 굽어 살펴도 전부 그렇지 않은 것이 없다. 이 때문에 무아의 경지에 이른 사람은 천지가 하나의 손가락이고 만물이 한 마리의 말이라는 것을 알았으므로, 호연하고 크게 편안히 여겨 천지와 만물은 각기 자신의 분수에 맞고, 자신이 만족하는 것에서 동일하여 옳음도 없고 그름도 없는 것이다.

可乎可,

가한 것에서 가하고

可於己者, 卽謂之可.

자신에게 가한 것은 곧 그것을 가하다고 한다.

不可乎不可,

불가한 것에서 불가하며,

不可於己者, 卽謂之不可.

자신에게 불가한 것은 곧 그것을 불가하다고 한다.

해설
>   사물은 모두 자신의 입장을 옳다고 여기고 상대의 입장을 그르다고 여
>   기니, 이것을 알아야 도를 알 수 있다고 손가락이나 말의 비유까지 해가
>   면서 다양하게 설명한 것이다.

道行之而成,

길은 다녀서 만들어지고,

無不成也.

만들어지지 않음이 없다.

物謂之而然.

사물은 말해서 그렇게 된다.

無不然也.

그렇게 되지 않음이 없다.

惡乎然. 然於然. 惡乎不然. 不然於不然. 物固有所然, 物固有所可.

무엇 때문에 그런가? 그런 것에서 그렇다. 무엇 때문에 그렇지 않은 가? 그렇지 않은 것에서 그렇지 않다. 사물에는 본래 그런 것이 있고, 사물에는 본래 가한 것이 있다.

各然其所然, 各可其所可.

각기 그런 것에서 그렇고, 각기 가한 것에서 가하다.

無物不然, 無物不可. 故爲是擧莛與楹, 厲與西施, 恢恑憰怪, 道通爲一.

莛: 들보 정. 楹: 기둥 영. 厲: 문둥병 라. 恢: 넓을 회. 恑: 괴이할 궤. 憰: 속일 휼. 怪: 기괴할 괴

어떤 사물도 그렇지 않은 것이 없고, 어떤 사물도 가하지 않은 것이 없다. 그러므로 이 때문에 대들보와 기둥, 문둥병자와 서시를 거론하 는 것이 매우 괴이하고 해괴하지만 도로 관통하여 하나로 여긴다.

夫莛橫而楹縱, 厲醜而西施好, 所謂齊者, 豈必齊形狀, 同規矩哉. 故 擧縱橫好醜, 恢恑憰怪, 各然其所然, 各可其所可, 則理雖萬殊而性 同得. 故曰道通爲一也.

대들보는 가로로 있고 기둥은 세로로 있으며, 문둥병자는 추하고 서시는 아름다우니, 이른바 똑 같이 하나로 본다는 것이 어찌 반드시 모양과 형태 를 똑 같이 보고 컴퍼스와 자를 동일하게 여기는 것이겠는가? 그러므로 가로와 세로, 아름다운 것과 추한 것을 거론하는 것은 매우 괴이하고 해괴

한 일이지만 각기 그런 것에서 그렇다고 하고 각기 가한 것에서 가하다고 하니, 이치로는 갖가지로 다를지라도 본성에서는 동일하게 얻은 것이다. 그러므로 "도로·관통하여 하나로 여긴다."라고 하는 것이다.

其分也, 成也,
이들에게 흩어져 있는 것이 이루어진 것이고,

夫物或此以爲散, 而彼以爲成.
사물은 간혹 여기에서는 흩어져 있는 것으로 여기는데 저기에서는 이루어진 것으로 여긴다.

其成也, 毁也.
이루어진 것이 훼손된 것이다.

我之所謂成, 而彼或謂之毁.
나는 이루어진 것이라고 하는데 저쪽에서는 훼손된 것이라고 하기도 한다.

凡物無成與毁, 復通爲一.
그런데 대체로 사물은 이룸과 훼손이 없으니, 다시 관통하여 하나로 여긴다.

夫成毁者, 生於自見, 而不見彼也, 故無成與毁, 猶無是與非也.
이룸과 훼손은 자신의 입장에서 나온 것이고 저쪽을 보지 못하는 것이기 때문에 이룸과 훼손이 없는 것은 옳음과 그름이 없는 것과 같다.

唯達者, 知通爲一, 爲是不用, 而寓諸庸. 庸也者, 用也, 用也者, 通也, 通也者, 得也.

달관한 자만이 관통하여 하나로 여길 줄 아니, 바로 쓰지 않고 쓰이는 대로 놔두는 것이다. 쓰이는 대로가 쓰는 것이니, 쓰는 것이 관통하는 것이고, 관통하는 것이 만족하는 것이다.

夫達者, 無滯於一方, 故忽然自忘, 而寄當於自用. 自用者, 莫不條暢 而自得也.　　　　　　　滯: 막힐 체, 條: 가지 조, 暢: 펼 창

달관한 사람은 한 방향으로 막히지 않기 때문에 홀연히 스스로 잊어 저절로 쓰이는 대로 합당하게 놔둔다. 저절로 쓰이는 것은 자유로워서 저절로 만족하지 않는 경우가 없다.

> **해설**
> 달관한 자는 마음을 비웠기 때문에 사물의 각기 다른 소리가 천연의 울림임을 알고 모두 동일하게 인정해 주고 또 받아들여 쓰이는 그대로 쓸 수 있다. 이렇게 하는 것이야말로 사물을 있는 그대로 쓰면서 관통하는 것이고 만족하는 것이다.

適得而幾矣,

만족하게 되어 가까우니,

幾, 盡也. 至理盡於自得也.

가깝다는 것은 극진하다는 것이다. 지극한 이치는 저절로 만족하는 것에서 극진하다.

因是已.

이렇게 말미암은 것일 뿐이다.

達者因, 而不作.

달관한 자는 말미암고 일을 만들지 않는다.

已而不知其然, 謂之道.

그럴 뿐이고 그것이 그런 줄을 모르니, 그것을 도라고 한다.

夫達者之因是, 豈知因爲善而因之哉. 不知所以因而自因耳, 故謂之
道也.

달관한 자가 이렇게 말미암는 것은 어찌 말미암는 것이 좋은 것인 줄 알고
그렇게 한 것이겠는가? 그렇게 하는 이유도 모르면서 저절로 그럴 뿐이기
때문에 그것을 도라고 한다.

> **해설**
>
> 달관한 자는 마음을 비우고 자신의 분별로 좋고 나쁨을 따지지 않으며
> 있는 그대로 받아들여 그냥 말미암을 뿐이다. 이것이 바로 사물과 하나
> 가 되는 방법이니 도라고 하는 것이다.

**勞神明爲一, 而不知其同也, 謂之朝三. 何謂朝三. 狙公賦芧曰,
朝三而暮四, 衆狙皆怒, 曰然則朝四而暮三, 衆狙皆悅. 名實未
虧而喜怒爲用, 亦因是也.**

勞: 힘쓸 노. 狙: 원숭이 저. 賦: 줄 부. 芧: 상수리 서. 暮: 저녁 모. 虧: 이지러질 휴

신명을 수고롭게 하고서도 그것이 같은 것임을 알지 못하는 것에 대
해 아침에 세 개라고 한다. 무엇을 아침에 세 개라고 하는가? 원숭이
주인이 도토리를 주면서 "아침에 세 개, 저녁에 네 개."라고 해서 원
숭이들이 모두 화를 냄에 "그러면 아침에 네 개, 저녁에는 세 개."라
고 하니 원숭이들이 모두 기뻐하였다. 이름과 실질이 어긋나지 않는

데 기쁨과 분노가 작용하니, 또한 이것으로 말미암은 것이다.

夫達者之於一, 豈勞神哉. 若勞神明於爲一, 不足賴也, 與彼不一者,
無以異矣, 亦同衆狙之惑, 因所好而自是也.

달관한 자의 하나로 여김이 어찌 신명을 수고롭게 한 것이겠는가? 신명
을 수고롭게 하여 하나로 여겼다면 그것에 의지하기에 부족하니, 저기
하나로 여기지 않는 사람들과 차이가 없고, 또한 원숭이들이 헷갈리는
것과 동일하게 좋아하는 것으로 말미암아 스스로 옳다고 하는 것이기 때
문이다.

해설

우리는 여기서 장자가 사람의 지혜에 대해 원숭이의 머리 정도로 극히
냉소적으로 보았음을 알아야 한다. 곧 사람들은 모두 일정하게 받은 것
이 있는데 그것을 모르고, 바로 눈앞의 이익과 안락만 추구하니, 그렇게
하는 것이 바로 원숭이가 조삼모사 곧 아침에 세 개 저녁에 네 개를 주
면 화를 내고, 조사모삼 곧 아침에 네 개 저녁에 세 개를 주면 기뻐한다
는 것이다.

是以聖人和之以是非, 而休乎天鈞,

이 때문에 거룩한 사람은 옳고 그름을 뒤섞어서 하늘의 저울에 놔둔다.

莫之偏任, 故付之自均而止也.

한쪽으로 치우치게 맡기지 않기 때문에 저절로 균등해지는 것에 맡겨놓고
놔둔다.

是之謂兩行.

이것을 양쪽으로 행함이라고 한다.

任天下之是非.

천하의 옳고 그름에 맡겨 둔다.

해설

여기서의 '하늘의 저울'은 시비를 모두 저울질할 수 있는 절대적인 저울
이 아니라, 사물 각기의 울림이 바로 천연의 울림임을 깨닫고 그것에 맡
겨 놓는 것이다. 그렇게 맡겨 놓는 것은 일반 사람들이 보기에 옳을 수도
있고 그를 수도 있기 때문에 '양쪽으로 행함'이라고 하는 것이다.

古之人, 其知有所至矣. 惡乎至. 有以爲未始有物者, 至矣, 盡
矣, 不可以加矣.

옛 사람들은 그 앎에 지극함이 있었다. 어째서 지극하였는가? 애초부
터 사물이 없다고 여기는 경지가 있었으니 지극하고 극진하여 보탤
것이 없다.

此忘天地, 遺萬物, 外不察乎宇宙, 內不覺其一身, 故能曠然無累, 與
物俱往, 而無所不應也.

이러한 경지는 천지도 잊고 만물도 잊어 밖으로는 우주를 살피지 않고
안으로는 자신조차도 자각하지 않았기 때문에 탁 터여서 얽매이지 않고
사물과 함께 같이 흘러가며 따르지 않음이 없는 것이다.

其次以爲有物矣, 而未始有封也.

그 다음 경지는 사물이 있다고는 여기지만 애초부터 경계는 없었다.

雖未都忘, 猶能忘其彼此.

모두 잊을 수는 없었을지라도 여전히 이것과 저것은 잊을 수 있었다.

其次以爲有封焉, 而未始有是非也.

그 다음 경지는 경계가 있다고 여기지만 애초부터 옳고 그름은 없었다.

雖未能忘彼此, 猶能忘彼此之是非也.

이것과 저것의 경계는 잊을 수 없었을지라도 여전히 이것과 저것의 옳고 그름을 잊을 수 있었다.

是非之彰也, 道之所以虧也.

옳고 그름이 드러나면, 도가 그 때문에 손상된다.

無是非乃全也.

옳고 그름이 없어야 온전하다.

道之所以虧, 愛之所以成.

도가 그 때문에 손상되니, 애착이 그 때문에 이루어진다.

道虧則情有所偏, 而愛有所成, 未能忘愛釋私, 玄同彼我也.

도가 손상되면 마음에 치우침이 생겨 애착으로 이루는 것이 있으니, 애착을 잊고 사사로움을 벗어나 저것과 나를 현묘하게 하나로 여길 수 없다.

해설

사람의 가장 지극한 경지는 마음을 완전히 비움으로써 사물과 나를 서로 다른 것으로 전혀 느끼지 못하면서 함께 하는 것이고, 그 다음의 경지는 사물을 느끼면서도 구분 없이 함께 하는 것이며, 그 다음의 경지는 사물을 구분하지만 옳고 그름을 느끼지 않는 것이다. 그 다음의 경지는 우리들처럼 사물의 구분은 물론 옳고 그름을 명확히 구분하려고 지적

능력을 키우고자 하는 사람들이다. 도가 손상되는 이유는 바로 마음을 비우지 못하기 때문 곧 옳고 그름에 사로잡혀 애착을 가지고 서로 따지며 자신의 뜻대로 바로 잡으려고 하기 때문이다.

果且有成與虧乎哉. 果且無成與虧乎哉.

과연 또 이룸과 손상이 있는 것일까? 과연 또 이룸과 손상이 없는 것일까?

有之與無, 斯不能知, 乃至.

있는 것과 없는 것, 이것을 알 수 없어야 지극한 것이다.

해설

장자가 기껏 도의 단계를 말해놓고 이어 또 애착의 이룸과 도의 손상이 있는 것인지 없는 것이지 묻는 이유는 다름이 아니다. 사물이 각기 생긴 그대로 산다는 점에서는 애착의 이룸도 도의 손상도 없다. 그렇지만 사물이 각기 그렇게 발버둥 치면서 살아간다는 점에서는 도의 손상과 애착의 이룸이 있다. 이미 앞에서 언급한 것으로 사람의 소리와 새 새끼의 소리는 전혀 다르지만 그것들이 자신이 생긴 그대로 소리를 내고 있다는 점에서는 모두 같다. 사물이 서로 다른 소리를 내는 것은 모두 각기 자신이 생긴 그대로 애착을 가지고 자신의 욕망이나 뜻을 실현하기 위한 것이다. 이렇게 욕망과 뜻을 가지고 삶을 지속할 경우에는 점점 도에서 멀어지며 애착하는 것을 더 강화시켜 이루게 된다. 그런데 이렇게 사는 것은 원래 그렇게 생겨 생긴 그대로 살아가는 것이니, 사실 도의 손상도 없고 애착의 이룸도 없는 것이다. 「제물론」 저 앞에 있는 장자의 말과 곽상의 주를 보면서 살펴보자.

장자의 말 : "완성된 형체를 한 번 받아 없애지 않고 수명이 다하기를 기다리며, 사물들과 서로 거스르고 서로 따르며 말 달리듯이 나아가 아무도 멈추게 할 수 없으니, 또한 슬프지 아니한가! (一受其成形, 不亡以待

盡, 與物相刃相靡, 其行進如馳, 而莫之能止, 不亦悲乎.)"

곽상의 주 : "본성에는 제각기 분수가 있기 때문에 지혜로운 자는 지혜로움을 지키면서 죽음을 기다리고, 어리석은 이는 어리석음을 품고서 죽음에 이르니, 어찌 중도에 자신의 본성을 바꿀 수 있는 사람이 있겠는가라는 말이다. 온갖 사물들이 성대하게 거스르고 순종하며 서로 교제함에 제각기 자신의 편견을 믿고 자신이 행하는 바를 거리낌 없이 하면서 아무도 스스로 돌이킬 수 없으니, 이것은 보통 사람들이 슬퍼하는 것보다 슬퍼해야 하는 것이다. 그런데 보통 사람들이 이러한 것을 슬퍼한 적이 없는 것은 본성이 그렇게 되어 있기 때문이다. 사물들은 제각기 본성이 그렇게 되어 있는데, 또 어떤 사물이 그렇게 슬퍼하겠는가?(言性各有分, 故知者守知以待終, 而愚者抱愚以至死, 豈有能中易其性者也. 群品云云, 逆順相交, 各信其偏見, 而恣其所行, 莫能自反, 此比衆人之所悲者, 亦可悲矣. 而衆人未嘗以此爲悲者, 性然故也. 物各性然, 又何物足悲哉.)"

장자는 사람들이 생긴 그대로 각기 다르게 살아가는 것에 대해 '아무도 멈추게 할 수 없다.'고 했고, 곽상은 '본성이 그렇게 되어 있기 때문'이라고 했다. 사실 각기 다른 사물들이 발버둥 치며 어떻게 살든지 그것은 본성에 따라 생긴 모양 그대로 사는 것이기 때문에 애착을 이루거나 도를 손상시키는 것은 애당초 없는 것이다. 그런데 도의 손상과 애착의 이룸이 없다고 하기 위해서는 바로 그렇게 생겨서 그렇게 된다는 것을 알아야 하는 것이다. 곧 각기 서로 다르게 생겨 각기 다른 방식으로 살기 때문에 다투며 분쟁을 일으킨다는 점을 알아야 한다. 서로 다르게 생겨서 그렇게 된다는 것을 아는 것과 모르는 것에는 이런 점에서 매우 큰 차이가 있다.

「소요유」의 말로 설명한다면 서로 다르게 생겨 서로 다른 주장을 하게 된다는 것을 모르는 것은 '자신에게만 통할뿐인 것'自通이고, 서로 다르게 생겨 서로 다른 주장을 하게 된다는 것을 아는 것은 '항상 통할 수 있는 것'常通으로 '크게 통하게 되는'大通 길이다. 다시 「제물론」의 말로 설명해 보겠다. 서로 다르게 생겨 서로 다르게 된다는 것을 모르는 것은 사물의 소리가 각기 자신의 주장을 하는 '통소의 울림'人籟으로 들리는 것이다. 서로 다르게 생겨 서로 다른 주장을 하게 된다는 것을 아는 것은 각기 다른 사물의 소리가 자신의 생긴 모양 그대로 외치는 '땅울림'地籟으로 들리는 것이니, 모든 울림이 비로소 '천연의 울림'天籟으로 들리는 시작이다. '자신에게만 통할뿐인 것'自通은 '통소의 울림'人籟으로 사람들의 외침이 각기 자신의 욕망과 뜻을 이루기 위한 주장으로 들리는 것이고, '항상 통할 수 있는 것'常通은 '땅울림'地籟으로 사람들의 외침이 각기 생긴 모양 그대로 자신의 주장을 하는 것으로 들리는 것이다. 그런데 모든 주장이 각기 생긴 모양 그대로 외치는 것임을 알 때, 비로소 마침내 '천연의 울림'天籟을 깨달아 '크게 통하게 되는 길'大通로 나아가는 것이다.

역자가 여기서 '인뢰人籟'를 '통소의 울림'으로 번역했지만 직역하면 '사람의 울림' 곧 '인위적인 울림'으로 번역해야 한다. 생명 있는 모든 것 특히 사람은 모두 각기 자신이 생긴 모양대로 노력하며 살아간다. 그런데 생긴 모양 그대로 산다는 점에서 인위적인 '통소의 울림'人籟도 '땅울림'地籟에 지나지 않으니, 이것을 깨닫게 될 때 「소요유」에서의 '자신에게만 통할뿐인 것'自通이 '항상 통할 수 있는 것'常通으로 도약해 '천연의 울림'天籟이 들리면서 모든 사물과 함께 통하게 되니, 그것이 바로 '크게 통하게 되는 길'大通이다. 장자는 「소요유」에서나 「제물론」에서나 이렇게 동일한 내용을 각기 다른 문학적인 비유를 통해 끊임없이 반복해서 자세히 설명하고 있으니, 모든 사람들이 마음을 비움으로써 서로의 차이를 그대로 인정하고 다툼 없이 평화롭게 살아가는 이상 세계를 갈망했기 때문일 것이다.

有成與虧, 故昭氏之鼓琴也, 無成與虧, 故昭氏之不鼓琴也.
이룸과 손상이 있기 때문에 소씨가 거문고를 연주하고, 이룸과 손상이 없기 때문에 소씨가 거문고를 타지 않는다.

夫聲不可勝擧也, 故吹管操絃, 雖有繁手, 遺聲多矣. 而執籥鳴弦者,

欲以彰聲也, 彰聲而聲遺, 不彰聲而聲全. 故欲成而虧之者, 昭文之
鼓琴也, 不成而無虧者, 昭文之不鼓琴也.   繁: 많을 번. 籥: 피리 약

소리는 죄다 낼 수가 없기 때문에 피리를 불고 줄을 퉁기는데, 아무리
손을 부지런히 놀린다 하더라도 버려지는 소리가 많다. 피리를 연주하고
줄을 울리는 것은 소리를 드러내려고 하기 때문인데, 소리를 드러내어 소
리가 버려지고, 소리를 드러내지 않아 소리가 온전해진다. 그러므로 이루
려고 해서 손상시키는 것은 소문昭文이 거문고를 타는 것이고, 이루지
않아 손상시키지 않는 것은 소문이 거문고를 타지 않는 것이다.

昭文之鼓琴也, 師曠之枝策也, 惠子之據梧也, 三子之知幾乎,

소문이 거문고를 탕탕 치고, 사광이 지팡이에 의지해 있으며, 혜자가
책상에 기대어 있는 것은 세 사람이 지혜를 다하였던 것이다.[10]

幾, 盡也. 夫三子者, 皆欲辯非己所明以明之. 故知盡慮窮, 形勞神
倦, 或枝策假寐, 或據梧而瞑.

다하였다는 것은 바닥났다는 것이다. 세 사람은 모두 자신이 밝혀서 밝힐
수 있는 것이 아닌 것을 다스리려고 하였다. 그러므로 지혜는 바닥나고
생각은 궁해지며 몸은 지치고 신명은 나른해졌으니, 지팡이에 의지해 깜빡
깜빡 졸기도 하고, 책상에 기대어 스르륵 눈이 감기기도 하였던 것이다.

---

10) 『한어대사전漢語大詞典』을 참고할 때, 본문의 '지책枝策'은 '지팡이로 장단을
맞추는 것'擧杖以擊節으로, 거오據梧는 '거문고를 연주하는 것'操琴으로 되어
있다. 이렇게 볼 경우에 소문의 '고금鼓琴'도 소문이 거문고를 연주하는 것으
로 볼 수 있다. 그런데 역자가 '지팡이에 의지해 있는 것'과 '책상에 기대어
있는 것'으로 번역한 것은 곽상의 주를 참고한 것도 있지만 "세 사람의 지혜
가 다하였다."는 장자의 말 때문이다. 그래서 '고금鼓琴'도 거문고를 연주하는
것이 아니라 지쳐서 나른함을 이기기 위해 거문고를 탕탕 치는 것으로 보았
던 것이다.

皆其盛者也, 故載之末年.

그러나 그들은 모두 왕성했기 때문에 말년까지 이어갈 수 있었다.

賴其盛, 故能久, 不爾早困也.

자신들의 왕성함에 의지하여 오래 갈 수 있었고 그렇게 일찍 지치지 않았다.

唯其好之也, 以異於彼,

단지 그들은 자신의 일을 좋아하였을 뿐인데, 남들보다 뛰어났으니,

言此三子, 唯獨好其所明, 自以殊於衆人.

이 세 사람은 단지 자신들이 밝은 것만을 좋아하였는데 저절로 남들보다 특이해졌다는 말이다.

其好之也, 欲以明之.

좋아해서 밝히려고 하였던 것이다.

明示衆人, 欲使同乎我之所好.

남들에게 밝혀서 보여주어 내가 좋아하는 것을 함께 하도록 했다.

彼非所明而明之, 故以堅白之昧終.

저들이 밝힐 수 있는 것이 아닌데도 밝히려고 했기 때문에 견백론의 우매함으로 끝났다.

是猶對牛鼓簧耳. 彼竟不明, 故己之道術, 終於昧然也.

이것은 소와 마주보며 연주하는 것과 같을 뿐이다. 저들은 결국 밝히지

못하기 때문에 자신들의 도술이 우매한 채로 끝나고 말았다.

而其子又以文之綸終, 終身無成.

그리고 그 아들도 아버지의 연주로 생을 마쳤지만 평생 이룬 것이 없었다.

昭文之子, 又乃終文之緒, 亦卒不成.

소문의 아들이 또 소문의 일로 생을 마쳤으면서도 끝내 이루지 못했다.

若是而可謂成乎, 雖我亦成也.

이들과 같은데도 이루었다고 할 수 있다면, 나我일지라도 이룬 것이다.

此三子雖求明於彼, 彼竟不明, 所以終身無成. 若三子而可謂成, 則雖我之不成亦可謂成也.

이 세 사람이 저들에게 밝아지기를 구했으나 저들이 결국 밝아지지 않았기 때문에 평생 이룬 것이 없다. 세 사람과 같은데 이루었다고 할 수 있다면 내가 아무 것도 이루지 못했다 하더라도 이루었다고 할 수 있다.

若是而不可謂成乎, 物與我無成也.

이들과 같은데 이루었다고 할 수 없다면 사물과 나도 이룬 것이 없다.

物皆自明, 而不明彼. 若彼不明, 卽謂不成, 則萬物皆相與無成矣. 故聖人不顯此以耀彼, 不捨己而逐物. 從而任之, 各冥其所能, 故曲成而不遺也. 今三子欲以己之所好明示於彼, 不亦妄乎.

사물은 모두 스스로 밝지만 저것을 밝게 하지 못한다. 저들이 밝아지지 않는다면 곧 이루지 못했다고 하니, 만물은 모두 서로 함께 이룬 것이 없다. 그러므로 거룩한 사람은 이것을 드러내어 저것을 빛내지 않고 자기를 제쳐두고서 다른 사물을 좇지 않는다. 따라가고 그것에 맡겨서 각기 능한 것을 어둡게 하므로 하나도 빠짐없이 일일이 이루어 주고 빠뜨리지 않는다. 이제 세 사람이 자기가 좋아하는 것으로 저들에게 밝혀 보여주려고 하였으니, 그 또한 잘못이 아니겠는가!

해설

"이룸과 손상이 있기 때문에 소씨가 거문고를 연주하고, 이룸과 손상이 없기 때문에 소씨가 거문고를 타지 않는다. 소문이 거문고를 탕탕 치고, 사광이 지팡이에 의지해 있으며, 혜자가 책상에 기대어 있는 것은 세 사람이 지혜를 다하였던 것이다."라는 장자의 말은 세 사람이 마음을 비우지 못했기 때문에 애착하고 있는 것을 이루려고 노력하느라고 저렇게 지쳐버린 것이고, 결국 도를 이룬 것이 아니라 도리어 손상시키게 되었다는 것이다.

"그러나 그들은 모두 왕성했기 때문에 말년까지 이어갈 수 있었다."라는 장자의 말은 그들이 자신의 분야에서 최고라는 소문이 날 정도로 노력해서 끝내 성공할 수 있었다는 것으로 그들의 기력이 왕성했기 때문이라는 것이다. 이어서 "단지 그들은 자신의 일을 좋아하였을 뿐인데, 남들보다 뛰어났으니, 좋아해서 밝히려고 하였던 것이다."라는 장자의 말은 그들이 억지로 그렇게 한 것이 아니라 자신의 본성대로 하는 것을 좋아했기 때문에 열심히 해서 뛰어나게 되었고, 또 더 많이 이루게 되었다는 것이다.

그런데 "저들이 밝힐 수 있는 것이 아닌데도 밝히려고 했기 때문에 견백론의 우매함으로 끝났다. 그리고 그 아들도 아버지의 연주로 생을 마쳤지만 평생 이룬 것이 없었다."라는 장자의 말은 '자신에게만 통할뿐인 것'自通을 벗어나지 못해 인위적인 '통소의 울림'人籟을 위해 열심히 노력했다는 것이다. 그래서 이어서 장자는 "이들과 같은데도 이루었다고 할 수 있다면, 나我일지라도 이룬 것이다. 이들과 같은데 이루었다고 할 수 없다면 사물과 나도 이룬 것이 없다."라고 비꼬고 있는 것이다. 장자가 보기에 이들은 자신의 울림이 옳다는 것을 벗어나지 못해 안타깝게도 평생 그것만을 위해 애쓰며 살다가 생을 마쳤다는 것이다.

그들은 땅울림마저도 들을 줄 몰라 도리어 인위적인 퉁소의 울림으로 세상을 어지럽힌 것이다. 자신의 생긴 모습대로 사는 것은 세상 사람들이 거의 대부분 모두 자신이 왜 그렇게 하고 있는지 모르면서 그렇게 하고 있는 것이다. 「소요유」의 이야기로 말하면 붕이거나 숲속의 작은 새들이거나 모두 자신의 생긴 모습대로 살아가고 있는 것이다. 곧 이것들 중에서 명성을 떨친 것은 붕으로 구만리 높은 하늘로 날아올라 세상을 놀라게 하지만, 그것 역시 타고난 왕성한 기력 때문에 그렇게 하고 있을 뿐이다. 기력이 약해 아무것도 못함으로써 명성도 얻지 못하거나 기력이 강해 큰일을 함으로써 명성을 얻거나 모두 생긴 모양대로 한 것에 불과하기 때문에 장자는 저렇게 조롱하는 것이다. 이어서 장자는 진정한 울림이 어떤 것인지 설명하고 있다.

是故滑疑之耀, 聖人之所圖也. 爲是不用, 而寓諸庸, 此之謂以明.

滑疑: 惑亂. 滑: 어지러울 골. 耀: 빛날 요. 恢: 넓을 회

이 때문에 어슴푸레하게 하는 빛은 거룩한 사람이 도모하는 것이다. 이 때문에 쓰지 않고 쓰이는 대로 맡겨두니, 이것에 대해 밝음을 사용하는 것이라고 한다.

夫聖人無我者也, 故滑疑之耀, 則圖而域之, 恢恑憰怪, 則通而一之, 使群異各安其所安, 衆人不失其所是, 則己不用於物, 而萬物之用用矣. 物皆自用, 則孰是孰非哉. 故雖放蕩之變, 屈奇之異, 曲而從之, 寄之自用, 則用雖萬殊, 歷然自明.

恑: 괴이할 궤. 憰: 속일 휼. 怪: 기괴할 괴. 屈奇: 기이함. 歷然: 분명함

거룩한 사람은 자신을 의식하지 않는 자이기 때문에 분명하지 않은 어슴 푸레하게 하는 빛이라면 도모해서 경계로 삼고, 매우 괴이하고 해괴한 것이라면 관통하여 하나로 여기며, 다른 것들이 각기 편하게 여기는 것을 편하게 여기도록 하고, 일반 사람들이 자신들이 옳다는 것을 잃게 하지 않도록 하니, 자신이 사물을 쓰지 않고 만물이 쓰이는 대로 쓴다. 그런데 사물은 모두 스스로 쓰니, 누가 옳고 누가 그르겠는가! 그러므로 아무리 제멋대로 변화하고 기이하게 특이하더라도 자신을 굽혀서 따르면서 그것에 의지하여 스스로 쓰니, 쓰임이 아무리 다를지라도 뚜렷하게 저절로 밝아진다.

해설

붕처럼 큰 것은 태풍이 불어야 그 힘을 이용해 높이 날아올라 세상을 뒤덮어 버리지만 그것은 본래 그렇게 생겨 그렇게 할 수밖에 없는 것이기 때문에 잘난 것이 아니라 본성에 따라 살아가고 있는 것에 불과할 뿐이다. 붕 곧 세상의 영웅이 정말 잘나기 위해서는 자신이 본성이 그렇게 되어 그렇게 하고 있다는 것을 깨닫고 세상사람 모두가 각기 자신의 본성에 따라 살아갈 수 있도록 해주어야 하는 것이다. 모두 본성에 따라 살아가는 데 무엇을 해 주어야 하냐고 반문할 수 있는데, 사람들이 모두 자신의 본성이 그렇게 되어 있기 때문에 그렇게 살고 있다는 것을 깨우치게 해주라는 것이다. 그렇게 해야 사물이 서로 다투지 않고 평화롭게 공존하기 때문이다. 곧 붕의 높은 비상에 대해 숲속의 작은 새들이 왜 저것은 저리 높이 날아올라 가느냐고 빈정거리고 않고, 숲속의 새들이 불과 몇 십 미터도 날아가지 못하며 사는 것에 대해 붕이 하찮게 보지 않게 된다는 것이다.

"이 때문에 어슴푸레하게 하는 빛이 거룩한 사람이 도모하는 것이다. 이 때문에 쓰지 않고 쓰이는 대로 맡겨두니, 이것을 밝음을 사용하는 것이라고 한다."라는 장자의 말은 거룩한 사람이 어떻게 세상을 교화시키는지 알아야 한다는 것이다. 소문의 연주는 음을 화려하게 드러내어 모든 사람들이 그 아름다움에 도취되어 '나도 저렇게 할 수 있었으면 얼마나 좋을까!'라고 본받게 함으로써 사람들이 자신의 본성을 벗어나 애쓰며 노력하게 만드는 것이다. 이런 점에서 소문의 연주는 세상을 망치는 것이기 때문에 장자는 "이들과 같은데도 이루었다고 할 수 있다면, 나我일지라도 이룬 것이다."라고 했던 것이다. 사람들은 무엇이든지 좋다고 생각되는 것이 있으면 그것에 애착을 가지고 본받고 더 잘 하려고 하게 되니, 이것은 사람들을 망치는 것이다. 그래서 거룩한 사람은 사람들이 본성대로 살아가게 하는 것마저도 드러나지 않게 어슴푸레하게 하는 빛으로 인도한다는 것이다. 이어지는 이야기는 거룩한 분이 사람들을 인도하는 방법에 관한 것이다.

今且有言於此, 不知其與是類乎, 其與是不類乎. 類與不類, 相與爲類, 則與彼无以異矣.　　　　　　　遣: 떨쳐버릴 견

지금 또 여기에 말이 있으니, 그것이 이들과 비슷한지 비슷하지 않은지 모르겠다. 비슷함과 비슷하지 않음이 서로 함께 비슷하게 되면 저것들과 차이가 없는 것이다.

今以言無是非, 則不知其與言有者類乎不類乎. 欲謂之類, 則我以無爲是, 而彼以無爲非, 斯不類矣. 然此雖是非不同, 亦固未免於有是非也, 則與彼類矣. 故曰類與不類, 又相與爲類, 則與彼無以異也. 然則將大不類, 莫若無心, 旣遣是非, 又遣其遣. 遣之又遣之, 以至於無遣, 然後無遣無不遣, 而是非自去矣.

지금 이제 옳음과 그름이 없다고 말한 것은 있다고 말하는 것과 비슷한지 비슷하지 않은지 모르겠다. 그것과 비슷하다고 말하고자 한다면 나는 없다는 것을 옳다고 할 것이고, 저것은 없다는 것을 그르다고 할 것이니, 이것은 비슷하지 않은 것이다. 그러나 이것은 옳음과 그름이 같지 않을지라도 진실로 옳음과 그름이 있다는 것을 벗어나지 못한 것이니, 저것들과 비슷한 것이다. 그러므로 "비슷함과 비슷하지 않음이 서로 함

께 비슷하게 되면 저것들과 차이가 없다."고 하였다. 그렇다면 전혀 비슷하지 않게 되려면 마음을 비우는 것 만한 것이 없으니, 옳음과 그름을 버리고는 또 버리는 것마저 버린다. 버리고 또 버려 버릴 것이 없게 된 다음에 버릴 것도 없고 버리지 않을 것도 없게 되면 옳고 그름이 저절로 사라지는 것이다.

해설

세상에서 어떤 주장을 하는 것은 대부분 그것을 다른 주장과 비교하여 드러나게 함으로써 날카롭게 분석하게 만드는 것이다. 이런 주장은 주장의 내용이 다를지라도 자신이 옳고 남이 그르다고 하는 점에서 서로 같다. 그런데 장자나 노자의 마음 비움에 대한 주장은 그 방법을 익히게 되면 도리어 옳고 그름은 물론 모든 것을 잊어버려 순박하게 만드는 것이기 때문에 다른 주장과는 완전히 다르다. 그런데 완전히 서로 다르다는 것마저도 서로 잊어버리게 하니, 이제부터 장자는 그것에 대해 조심스럽게 말하려는 것이다.

雖然, 請嘗言之.

그럴지라도 한번 말해보자.

至理無言. 言則與類, 故試寄言之.

지극한 이치는 말이 없다. 말을 하면 이것과 비슷하기 때문에 시험삼아 말에 의탁해보자.

有始也者,

시작이 있다는 것과

有始則有終.

시작이 있으면 끝이 있다.

> **해설**
> 사물을 분별하여 따질 경우, 시작이 있으면 끝이 있고, 선이 있으면 악이 있게 된다.

有未始有始也者,
애당초 시작이 아직 없다는 것과

謂無終始而一死生.
시작과 끝이 없고 삶과 죽음을 하나로 여긴다는 것을 말한다.

> **해설**
> 분별이 없어지면 주객의 분별이 없어져 사물과 내가 하나로 되는 것이다.

有未始有夫未始有始也者.
애당초 시작이 아직 없다는 것마저도 처음부터 없다는 것이 있다.

夫一之者, 未若不一而自齊, 斯又忘其一也.
하나로 여기는 것은 하나라고도 여기지 않아 저절로 하나인 것만 못하니, 이러한 경지는 또 그 하나로 여기는 것마저 잊은 것이다.

> **해설**
> 사물과 주객의 분별이 없어진 경지는 자신을 비워 사물과 하나가 되어야 한다는 생각마저도 잊게 되는 상태이다.

有有也者,

있음이 있다는 것과

有有, 則美惡是非具也.

있음이 있다면 아름다움과 추함·옳음과 그름이 갖추어진다.

有无也者,

없음이 있다는 것과,

有無而未知無無也, 則是非好惡, 猶未離懷.

없음이 있다면 없음이 없음을 모르는 것이니, 옳음과 그름·좋아함과 싫어함이 여전히 마음에서 떠나지 않은 것이다.

> **해설**
> 마음을 비우지 못하는 사람들에게 마음을 비워야 한다고 주장하게 되면, 서로 대립하게 되어 날카롭게 맞서게 되니, 그것은 마음을 비워야한다는 것을 몸으로 직접 체득해서 구현하도록 한 것이 아니라 마음으로 대상화시켜 분석하도록 했기 때문이다.

未始有无也者,

없음이 애당초 없다는 것과,

知無無矣, 而猶未能無知.

없음이 없다는 것을 알지만 여전히 앎을 없앨 수 없는 것이다.

> **해설**
> 마음을 비우는 방법은 일단 비워야 한다는 것을 알아야 하지만 그것에

매달리게 되면 끝까지 마음을 비우지 못하게 된다. 곧 마음을 비워야 한다는 마음으로 마음을 채워 마음을 비울 수 없게 되기 때문이다.

有未始有夫未始有无也者. 俄而有无矣, 而未知有无之果孰有
孰无也.

없음이 애당초 없음마저도 처음부터 없음으로 있다는 것이다. 그러니 갑자기 없음이 있지만 없음이 과연 어떻게 있고 어떻게 없는지 알지 못한다.

此都忘其知也, 爾乃俄然始了無耳. 了無, 則天地萬物, 彼我是非, 豁
然確斯也.

豁然: 깨달은 모양

이것은 모두 그 앎을 잊은 경지이니, 여기에서 갑자기 비로소 모든 것이 없어져버렸을 뿐이다. 모든 것이 없어져버렸으면 천지의 만물과 피아의 옳고 그름이 환히 탁 터여 여기에서 확실해진다.

해설

마음 비우는 방법을 머리로 알게 하면 마음을 비운 것이 아니라 마음 비우는 방법으로 마음을 채우게 된다. 그런데 마음 비움을 몸으로 바로 체득해서 비우게 되면, 자신이 왜 그렇게 되었는지도 모르게 되면서 모든 것을 잊게 된다. 그래서 이어서 장자는 "이제 내가 이미 말을 했는데, 내가 말한 것이 과연 말로 있는지 과연 말로 없는지 모르겠다."라고 하는 것이다.

今我則已有謂矣,

이제 내가 이미 말을 했는데,

謂無是非, 卽復有謂.

옳고 그름是非이 없다고 말했다면 바로 다시 말한 것이 있게 된다.

而未知吾所謂之, 其果有謂乎, 其果无謂乎.

내가 말한 것이 과연 말로 있는지 과연 말로 없는지 모르겠다.

又不知謂之有無, 爾乃蕩然無纖芥於胸中也.　　　　　　　　纖: 가늘 섬

또 말한 것이 있는지 없는지를 알지 못하니, 이야말로 텅 비어 아무 것도 없는 것이다.

天下莫大於秋豪之末, 而大山爲小, 莫壽於殤子, 而彭祖爲夭.
天地與我竝生, 而萬物與我爲一.　　　　　　　　　　　　殤: 일찍 죽을 상

천하에 가을 짐승의 털끝보다 더 큰 것은 없고 태산은 작으며, 요절한 사람보다 장수한 이는 없고 팽조는 요절했다. 천지는 나와 함께 생겨 났고 만물은 나와 하나이다.

夫以形相對, 則大山大於秋豪也. 若各據其性分, 物冥其極, 則形大 未爲有餘, 形小不爲不足. 苟各足於其性, 則秋豪不獨小其小, 而大 山不獨大其大矣. 若以性足爲大, 則天下之足未有過於秋豪也. 若 性足者非大, 則雖大山亦可稱小矣. 故曰天下莫大於秋豪之末而大 山爲小.

형체로 상대한다면 태산은 가을 짐승의 털끝보다 크다. 만약 각기 자신의 타고난 본성과 분수에 근거하여 사물들이 자신의 한정된 경계를 없앤다면 형체가 크더라도 넉넉하지 않고, 형체가 작더라도 부족하지 않다. 각기 자신의 본성에 만족한다면 가을 털끝은 자신의 작은 형체를 유독 작다고 여기지 않을 것이고, 태산은 자신의 커다란 형체를 유독 크다고 여기지 않을 것이다. 본성에 만족하는 것을 큰 것이라고 여긴다면 천하에서 만족하는

것들 중에 가을 짐승의 털끝보다 나은 것은 없다. 본성에 만족하는 것이 큰 것이 아니라면 태산이라도 작다고 일컬을 수 있다. 그러므로 "천하에 가을 짐승의 털끝보다 더 큰 것은 없고 태산은 작다"라고 하는 것이다.

大山爲小, 則天下無大矣, 秋豪爲大, 則天下無小也. 無小無大, 無壽無夭, 是以蟪蛄不羨大椿, 而欣然自得, 斥鴳不貴天池, 而榮願以足. 苟足於天然, 而安其性命, 故雖天地未足爲壽, 而與我並生, 萬物未足爲異, 而與我同得. 則天地之生又何不並, 萬物之得, 又何不一哉.

큰 산이 작다면 천하에는 큰 것이 없고, 가을 짐승의 털끝이 큰 것이라면 천하에는 작은 것이 없다. 작은 것이 없고 큰 것이 없으며, 장수함이 없고 요절함이 없으니, 이 때문에 쓰르라미가 큰 참죽나무를 부러워하지 않고 흔쾌하게 스스로 만족하며, 메추라기가 천지天池를 귀하게 여기지 않고 겉으로 공경하는 것으로 만족한다. 진정으로 본래 그런 것天然에 만족하여 자신의 성명性命을 편안히 여기기 때문에 천지라 할지라도 별로 장수하지 않고 나와 함께 생겨난 것이며, 만물일지라도 별로 다르지 않고 나와 함께 같이 얻은 것이다. 그렇다면 천지의 생겨남이 또 어찌 함께 하지 않는 것이겠으며, 만물의 얻음이 또 어찌 동일하지 않는 것이겠는가!

해설
마음을 비워 본성에 따라 살게 되면, 그것보다 만족한 삶이 없다는 말이다.

旣已爲一矣, 且得有言乎.
이미 하나가 되었으니, 또 말이 있을 수 있는가?

萬物萬形, 同於自得, 其得一也. 已自一矣, 理無所言.
온갖 것들이 가지각색으로 드러나지만 스스로 얻은 것에서는 같으니, 그들이 얻은 것은 동일하기 때문이다. 이미 저절로 하나가 되었으니 이치로 말할 것이 없다.

既已謂之一矣, 且得无言乎.

그런데 이미 하나라고 말했으니, 또 말이 없을 수 있는가?

夫名謂生於不明者也. 物或不能自明其一, 而以此逐彼, 故謂一以正之. 既謂之一, 卽是有言矣.

명칭은 밝지 못한 것에서 나온다. 사물은 간혹 자신들이 하나임에 스스로 밝지 못해 이것이 저것을 구하기 때문에 하나임을 말하여 바로 잡았다. 그런데 이미 하나임을 일렀으니 곧 말이 있는 것이다.

> **해설**
>
> 마음 비움을 말하는 이유는 그것을 체득해 사물과 하나가 되도록 하기 위한 것이다. 그런데 그렇게 하지 못하고 도리어 마음을 비우겠다는 마음으로 마음을 채우게 되면 손가락으로 달을 가리켰는데, 달은 보지 못하고 손가락만 보고 마는 것이다.

一與言爲二, 二與一爲三, 自此以往, 巧曆不能得, 而況其凡乎.

하나와 말은 둘이고 둘과 하나는 셋이니, 더 이상은 셈에 능한 자라도 어떻게 할 수 없는데, 하물며 평범한 사람들임에야 말해 무엇 하겠는가!

夫以言言一, 而一非言也, 則一與言爲二矣. 一既一矣, 言又二之, 有一有二, 得不謂之三乎. 夫以一言言一, 猶乃成三, 況尋其支流. 凡物殊稱, 雖有善數, 莫之能紀也. 故一之者, 與彼未殊, 而忘一者, 無言而自一.

말로써 하나로 됨을 말했는데, 하나로 됨은 말로써 할 수 있는 것이 아니니, 하나로 됨과 말로써 함이 둘이다. 하나로 됨은 이미 하나로 되어 있는 것인데, 말해서 또 그것을 둘이 되게 해서 (원래의) 하나로 됨이 있고 (말로 해서) 둘로 된 것이 있으니, 셋으로 된 것이라 말하지 않을 수 있겠는가! 한마디 말로써 하나로 됨을 말함에 오히려 바로 셋으로 되게 했는데, 하물며 그 지류를 찾음에야 말해 무엇 하겠는가! 모든 사물이 칭호를 달리하니 셈을 잘할지라도 그것을 근본으로 할 수 없다. 그러므로 하나로 된 자는 저것들과 다르게 되지 않고, 하나로 되는 것을 잊은 자는 말 없어 저절로 하나로 되는 것이다.

故自无適有, 以至於三, 而況自有適有乎.

그러므로 없음에서 있음으로 가는 것에서 셋에 이르게 되었는데, 하물며 있음에서 있음으로 가는 것에서야 말해 무엇 하겠는가?

夫一, 無言也, 而有言則至三. 況尋其末數, 其可窮乎.

하나로 된 것은 말이 없고, 말이 있으면 셋으로 된 것에 도달한다. 하물며 그 말단의 수를 찾음에야 어떻게 궁구할 수 있겠는가!

해설

마음을 비워 사물과 하나가 되라고 했는데, 그것으로 마음을 채우면, 하나가 되라는 말에 매달려 사물과 하나가 되지 못한 것이니, 이것이 하나에서 둘이 나온 것이다. 그래서 다시 마음을 비우려고 시도해도 동일하게 되고, 이런 상황은 끝없이 반복되기 때문에 더 이상 어떻게 할 수 없는 것이다. 마음 비움을 설명한 것도 이 지경이 되는데, 하물며 그렇지 못한 것을 설명할 때는 더 말할 필요도 없다. 이것에 대한 자세한 것은 홍익출판사에 나온 역자의 번역 『노자 도덕경과 왕필의 주』 42장을 참고하기 바란다.

无適焉, 因是已.

가는 것이 없이 이렇게 말미암을 뿐이다.

各止於其所能, 乃最是也.

각기 자신이 능한 것에 머물러 있는 것으로는 그야말로 이렇게 하는 것이 가장 좋다.

夫道未始有封,

도에는 애당초 경계가 없고,

冥然無不在也.

어둑하게 있지 않은 곳이 없다.

言未始有常,

말에는 애당초 일정함이 없으니,

彼此言之, 故是非無定.

저것과 이것이 말하기 때문에 옳음과 그름에는 일정함이 없다.

爲是而有畛也,

畛: 경계 진

이 때문에 경계가 있게 되었다.

道無封, 故萬物得恣其分域.

도에는 경계가 없기 때문에 만물은 나누어진 영역을 마음대로 하게 되었다.

도는 사물과 하나로 된 것이라 경계가 없는데, 사물이 하는 말은 일정함이 없어 이것과 저것에 따라 나눠지니, 결국 아래처럼 각기 경계가 있게 되고 여덟 가지 덕이 있게 된다.

請言其畛, 有左有右,

그 경계에 대해서 말해 보면, 왼쪽이 있고 오른쪽이 있으며,

各異便也.

각기 편을 달리한다.

有倫有義,

이치가 있고 마땅함이 있으며,

物物有理, 事事有宜.

사물마다 이치가 있고 일마다 마땅함이 있다.

有分有辯,

나눔이 있고 분변이 있으며,

群分而類別也.

무리로 구분되고 종류로 구별된다.

有競有爭,

겨룸이 있고 다툼이 있으니,

並逐曰競, 對辯曰爭.

함께 각축하는 것을 겨룸이라 하고 마주해서 따지는 것을 다툼이라 한다.

此之謂八德.

이것을 여덟 가지 덕八德이라 이른다.

略而判之, 有此八德.

대략 나누면 이런 여덟 가지 덕이 있다.

해설

마음을 비우지 못할 때, 사물은 좌우의 방향에 따라 갈라지고, 이치와 마땅함이 생기며, 나눔과 구분이 있고, 겨룸과 다툼이 생기니, 이것을 여덟 가지 덕이라고 하는 것이다. 이상의 여덟 가지에 덕이라는 명칭을 붙인 것 때문에 독자들이 헷갈릴 수 있다. 그런데 덕은 마음을 비우지 못하고 무엇인가 추구할 때, 어떤 것을 잘하는 것에 대해 고무시키기 위해 붙여주는 것임을 알아야 한다. 곧 세상에서는 이렇게 경쟁하며 사람들이 앞으로 달려가게 하는 것에 대해 덕이라고 하지만 노자나 장자에게서는 전혀 그렇지 않다. 앞에서 이미 본 것처럼 소문이 거문고 연주로 천하에 명성을 얻었음에도 장자가 도리어 조롱하고 있음을 기억하기 바란다.

六合之外, 聖人存而不論,

우주의 밖에 대해 거룩한 사람은 보존하면서도 말하지 않으며,

夫六合之外, 謂萬物性分之表耳. 夫物之性表, 雖有理存焉, 而非性分之內, 則未嘗以感聖人也. 故聖人未嘗論之. 若論之, 則是引萬物使學其所不能也, 故不論其外. 而八畛同於自得也.

우주의 밖은 만물이 타고난 본성과 분수의 바깥을 말한다. 사물의 본성 바깥은 이치가 거기에 보존되어 있을지라도 타고난 본성과 분수의 안이 아니니, 거룩한 사람을 감동시킨 적이 없다. 그러므로 거룩한 사람은 그것에 대해 말한 적이 없다. 말하자면 만물을 끌어다가 그것들이 할 수 없는 것을 배우도록 하기 때문에 우주의 밖에 대해 말하지 않는다는 것이다. 그렇지만 여덟 가지 경계는 저절로 얻는 것에서 동일하다.

六合之內, 聖人論而不議.

우주의 안에 대해 거룩한 사람은 말하면서도 논의하지 않는다.

陳其性而安之.

그들의 본성을 진술하여 편안하게 해 준다.

春秋經世先王之志. 聖人議而不辯.

『춘추』는 나라를 다스린 선왕들의 뜻이다. 거룩한 사람은 이것에 대해 논의하면서도 변론하지 않는다.

順其成跡, 而凝乎至當之極, 不執其所是, 以非衆人也.

이루어진 자취에 따라 지당한 범위極에 머물며, 자신이 옳다고 여기는 것을 지켜 보통 사람들을 그르다고 하지 않는다.

故分也者, 有不分也, 辯也者, 有不辯也.

그러므로 구분함에는 구분하지 못함이 있고, 구별함에는 구별하지 못함이 있다.

夫物物自分, 事事自別, 而欲由己以分別之者, 不見彼之自別也.

사물마다 저절로 구분되고 일마다 저절로 구별되는 것인데, 자신의 입장에서 구분하고 분별하고자 하는 것은 저것들이 저절로 구별되는 것임을 알지 못하기 때문이다.

曰, 何也. 聖人懷之,

말하자면, 무엇 때문인가? 거룩한 사람은 마음에 품고 있지만,

以不辯爲懷耳, 聖人無懷.

구별하지 않음으로 마음에 품고 있을 뿐이니, 거룩한 사람은 마음에 품고 있는 것이 없다.

衆人辯之以相示也. 故曰辯也者, 有不見也.

일반 사람들은 구별하여 서로에게 보여 준다. 그러므로 '구별함에는' 이라고 한 것은 알지 못함이 있기 때문이라는 것이다.

不見彼之自辯, 故辯己所知以示之.

저것들이 저절로 구별한다는 것을 모르기 때문에 자기가 안다고 여기는 것을 구별하여 보여 주는 것이다.

해설

마음을 비운 사람은 모든 것을 비우고 사물이 생긴 그대로 살아가게 놔두고, 그 잘잘못에 대해 구분도 하지 않고 논의도 하지 않는다. 이미 계속 언급했듯이 마음을 비우지 못함으로써 구분하여 평가할 경우에는 사물이 생긴 그 모양대로 살게 할 수 없기 때문이다.

夫大道不稱,

큰 도는 일컫지 않는 것이고,

付之自稱, 無所稱謂.

저절로 일컬어지는 대로 맡겨놓으니, 일컬어 말함이 없다.

大辯不言,

크게 구별함은 말하지 않는 것이며,

已自別也.

이미 저절로 구별되어 있기 때문이다.

大仁不仁,

크게 어짊은 어질지 않은 것이고,

無愛而自存也.

애착함이 없어도 저절로 보존하기 때문이다.

大廉不嗛,   廉: 청렴할 염. 嗛: 겸손할 겸

크게 청렴함은 겸손하지 않은 것이며,

夫至足者, 物之去來非我也, 故無所容其嗛盈.

지극히 만족하는 사람은 사물이 가고 오는 것을 내가 한 것이 아니기 때문에 겸손함과 채움을 담아놓음이 없다.

大勇不忮. 忮: 거스를 기

크게 용기 있음은 거스르지 않는 것이다.

無往而不順, 故能無險而不往. 險: 험할 험

어딜 가더라도 순응하지 않음이 없기 때문에 험할지라도 가지 않음이 없다.

해설

마음을 비우고 하는 모든 것은 이상에서 언급하듯이 세상에서 보는 것과 전혀 다르니, 사물이 생긴 그대로 살게 하는 것이기 때문이다.

道昭而不道, 昭: 밝을 소

도가 빛나도 도가 아니고,

以此明彼, 彼此俱失矣.

이것으로 저것을 밝히면 이것과 저것이 모두 잘못된다.

言辯而不及,

말이 분별해도 미치지 못하고,

不能及其自分.

사물들이 저절로 구분되는 것에 미칠 수 없다.

仁常而不周,

어짊이 일정해도 두루 하지 못하며,

物無常愛, 而常愛必不周.

사물에는 일정하게 애착함이 없는데, 일정하게 애착한다면 반드시 두루
하지 못한다.

廉淸而不信,

廉: 청렴할 렴

청렴함이 맑아도 미덥지 않고,

皦然廉淸, 貪名者耳, 非眞廉也.

皦: 옥석 흴 교

티 없이 청렴함은 명예를 탐하는 것일 뿐이니, 진실한 청렴함은 아니다.

勇忮而不成.

용맹함이 해치면서도 아무 것도 이루지 못한다.

忮逆之勇, 天下共疾之, 無敢擧足之地也.

거스르는 용맹함은 천하 사람들이 모두 싫어하여 감히 발붙일 곳이 없다.

五者园而幾向方矣.

이상 다섯 가지는 깎아내면서 방정함을 지향하는 것에 가깝다.

此五者, 皆以有爲傷當者也, 不能止乎本性, 而求外無已. 夫外不可
求而求之, 譬猶以园學方, 以魚慕鳥耳. 雖希翼鸞鳳, 擬規日月, 此愈
近, 彼愈遠, 實學彌得而性彌失. 故齊物而偏尙之累去矣.

园: 깎을 완. 翼: 날개 익, 이룰 익. 擬: 본뜰 의

이상 다섯 가지는 모두 무언가 일삼아 마땅함을 손상시키는 것들로 본성
에 머물러 있을 수 없어 끝없이 밖으로 구하는 것이다. 밖에 있는 것은
구할 수 없는 것인데도 구하니, 비유하자면 깎아내는 것으로 방정함을 배

우는 것이고 물고기가 새를 흠모함과 같은 것이다. 난새나 봉황이 되기를 바라고 해와 달을 본떠 모범으로 할지라도 이것이 가까워질수록 저것이 더욱더 멀어지니, 실로 배움을 얻을수록 본성을 더욱더 잃고 마는 것이다. 그러므로 사물을 가지런히 하여 치우치게 숭상하는 잘못을 없애는 것이다.

해설

마음을 비우지 못하면 도를 비롯하여 무엇을 행할지라도 잘못되니, 도를 빛나게 해도 도가 아니고, 말로 분별해도 제대로 되지 않으며, 어짊을 행해도 두루 공정하게 되지 못하고, 청렴하게 해도 미덥게 되지 않으며, 용맹함으로 사물을 해쳐도 아무 것도 이루지 못하게 된다.

故知止其所不知, 至矣.

그러므로 앎이 알지 못하는 것에 멈추면 지극하다.

所不知者, 皆性分之外也, 故止於所知之內而至也.

알지 못하는 것은 모두 타고난 본성의 분수 바깥이기 때문에 아는 것 속에 멈추면 지극하다.

孰知不言之辯, 不道之道. 若有能知, 此之謂天府,

누가 말로 표현되지 않는 구별과 도라고 표현되지 않는 도를 알겠는가? 만약 알 수 있다면 그것을 하늘의 창고라고 하니,

浩然都任之也.

성대하니 모두 그것에 맡겨놓는다.

注焉而不滿, 酌焉而不竭.

酌: 따를 작. 竭: 다할 갈

아무리 부어도 채워지지 않으며, 아무리 퍼내도 마르지 않는다.

至人之心若鏡, 應而不藏, 故曠然無盈虛之變也.　　曠: 밝을 광. 빌 광
무아의 경지에 이른 사람의 마음은 거울과 같아서 반응하면서 담아놓지 않기 때문에 텅 비어 채우고 비우는 변화가 없다.

而不知其所由來.
그런데 그것이 어디에서 왔는지를 알지 못한다.

至理之來, 自然無跡.
지극한 이치가 다가오는 것은 저절로 그러해서 자취가 없다.

此之謂葆光.　　　　　　　　　　　　　　　　　　葆: 은폐할 보
이것을 빛을 감추는 것이라고 한다.

任其自明, 故其光不弊也.　　　　　　　　　　　弊: 해질 폐
저절로 밝음에 맡겨놓기 때문에 그 빛이 바래지 않는다.

해설

도는 비워서 모든 것을 잊고 본성에 따라 사는 것이기 때문에 앎이 알지 못함에 멈추어야 지극한 것이다. 마음을 비워 도를 체득하면, 마음이 잠잠히 가라앉아 조용히 있으면서 도를 드러내려고 하지도 않고 안다고도 하지 않으니, 다른 사물도 점점 자신도 모르게 마음이 가라앉게 되는 것이다.

故昔者堯問於舜曰, 我欲伐宗膾胥敖南面, 而不釋然. 其故何也.

그러므로 옛날에 요임금이 순에게 "내가 종회·서·오를 정벌하여 임금노릇하고 싶은데 찜찜한 것은 무엇 때문인가?"라고 하였다.

於安任之道未弘, 故聽朝而不怡也. 將寄明齊一之理於大聖, 故發自 怪之問以起對也.

<small>怡: 기쁠 이. 寄: 부칠 기</small>

편안히 맡겨놓는 도를 넓게 하지 못했기 때문에 정사를 돌보면서도 기쁘지 않다. 가지런하게 하는 이치를 아주 거룩한 사람에게 의탁해서 밝히려고 하였기 때문에 스스로 괴상한 질문을 하여 대답을 이끌어냈다.

舜曰, 夫三子者, 猶存乎蓬艾之間.

<small>蓬: 쑥 봉. 艾: 쑥 애</small>

순이 대답하였다. "세 사람은 여전히 쑥대밭에서 생존하고 있습니다.

夫物之所安無陋也, 則蓬艾乃三子之妙處也.

사물이 편안한 곳에서는 누추함이 없으니, 쑥대밭이야말로 세 사람이 묘하게 살아가는 곳이다.

若不釋然, 何哉. 昔者十日竝出, 萬物皆照.

찜찜하시다니, 무슨 까닭입니까? 옛날에는 열 개의 해가 나란히 떠올라 만물을 모두 비추었습니다.

夫重明登天, 六合俱照, 無有蓬艾而不光被也.

여러 밝음이 하늘에 떠 천지사방을 모두 비춤에 쑥대밭이라도 빛을 받지 않은 곳이 없었다.

而況德之進乎日者乎.

그런데 하물며 덕이 해보다 더 뛰어나심에야!"

夫日月雖無私於照, 猶有所不及, 德則無不得也. 而今欲奪蓬艾之願
而伐使從己, 於至道豈弘哉. 故不釋然神解耳. 若乃物暢其性, 各安其
所安, 無遠邇幽深, 付之自若, 皆得其極, 則彼無不當, 而我無不怡也.

해와 달은 비춤에 사사로움이 없을지라도 오히려 미치지 않는 곳이 있지만,
덕이라면 얻지 못함이 없다. 그런데 이제 쑥대밭의 소원을 빼앗고 정벌하여
자신을 따르게 하고자 하니, 지극한 도에 있어 어찌 넓다고 할 수 있겠는가!
그러므로 찜찜한 것은 신명으로 이해한 것이다. 사물들이 자신의 본성을
펼쳐서 각기 편안한 것을 편안하게 여겨 멀거나 가깝거나 아득하거나 심원
하거나 관계없이 저절로 그러한 것에 맡겨두어 모두 자신의 궁극을 얻게
하면, 저것彼도 합당하지 않음이 없고 자신도 기쁘지 않음이 없다.

> **해설**
> 황무지 땅에 사는 사람들일지라도 그들의 생긴 모양에 따라 그들의
> 방식대로 살아가게 놔두는 것이 도를 체득한 사람들이 할 일이라는
> 것이다.

齧缺問乎王倪曰, 子知物之所同是乎. 曰, 吾惡乎知之.

설결이 왕예에게 물었다. "선생님께서는 사물이 동일하게 옳다는 것
을 아십니까?" 답하였다. "내가 어떻게 알겠는가!"

所同未必是, 所異不獨非, 故彼我莫能相正. 故無所用其知.

동일한 것이 반드시 옳은 것은 아니고, 다른 것이 유독 그른 것은 아니기
때문에 저것과 자신이 서로 바로잡을 수 없다. 그러므로 자신의 앎을 쓸
필요가 없다.

子知子之所不知邪. 曰, 吾惡乎知之.

"선생님께서는 선생님이 알지 못한다는 것을 아십니까?" 답하였다.
"내가 어떻게 알겠는가!"

若自知其所不知, 卽爲有知. 有知則不能任群才之自當.

스스로 자신이 알지 못한다는 것을 안다면, 곧 아는 것이 있는 것이다.
아는 것이 있으면 사람들의 저절로 합당한 재주에 맡겨놓을 수 없다.

然則物无知邪. 曰, 吾惡乎知之.

"그렇다면 사물들에 대해 아는 것이 없습니까?" 답하였다. "내가 어떻
게 알겠는가!

都不知, 乃曠然無不任矣.

모두 알지 못해야 텅 비어 맡겨놓지 않음이 없다.

해설

마음을 비우면 모든 것을 잊게 되는 것에 대해 이런 비유를 통해 아주
재미있게 설명하고 있는 것이다.

雖然嘗試言之.

아무리 그렇더라도 시험 삼아 말해 보자.

以其不知, 故未敢正言, 試言之耳

알지 못하기 때문에 감히 곧바로 말하지 않고 시험 삼아 말해 볼뿐인
것이다.

庸詎知吾所謂知之非不知邪.　　　　　　　　　　庸詎(용거): 어찌

내가 안다고 말한 것이 알지 못하는 것이 아닌 줄을 어떻게 알겠는가?

魚游於水, 水物所同, 咸謂之知. 然自鳥觀之, 則向所謂知者, 復爲不
知矣. 夫蛣蜣之知在於轉丸, 而笑蛣蜣者, 乃以蘇合爲貴. 故所同之
知, 未可正據. 蛣: 장구벌레 길. 蜣: 쇠똥구리 강. 轉: 구를 전. 丸: 둥글 환. 蘇: 차조기 소

물고기가 물에서 헤엄을 치는 것은 물에 있는 것들에게는 동일한 것이니
모두 안다고 말한다. 그러나 새의 입장에서 보면 금방 안다고 말한 것은
다시 알지 못하는 것이다. 쇠똥구리의 앎은 굴려서 둥글게 만드는 것에
있는데, 쇠똥구리를 비웃는 자는 곧 소합향을 귀하게 여기는 것이다. 그러
므로 동일하게 아는 것을 바른 근거로 할 수 없다.

庸詎知吾所謂不知之非知邪.

내가 알지 못한다고 말한 것이 아는 것이 아닌 줄을 어떻게 알겠는가?

所謂不知者, 直是不同耳, 亦自一家之知.

알지 못한다고 말하는 것이 (아는 것과) 바로 동일하지 않은 것일 뿐이라
면, 마찬가지로 한쪽에서 아는 것이다.

> **해설**
> 알고 모르는 것이 사물에 따라 서로 다르다는 말이다. 곧 내가 아는 것
> 은 다른 사람이 모르는 것일 수 있고, 내가 모르는 것이 다른 사람이
> 아는 것일 수 있기 때문에 모든 것은 사물에 따라 전혀 다르게 인식된다
> 는 것이다.

且吾嘗試問乎女.

또 내가 시험 삼아 너에게 물어 보겠다.

已不知其正, 故試問女.

이미 바른 것을 알지 못하므로 시험 삼아 너에게 묻는 것이다.

民濕寢, 則腰疾偏死, 鰌然乎哉. 木處則惴慄恂懼, 猿猴然乎哉.
三者孰知正處.　　腰: 허리 요, 鰌: 미꾸라지 추, 惴: 두려워할 췌, 慄: 두려워할 률,
　　　　　　　　　恂: 정성 순, 懼: 두려워할 구, 猿: 원숭이 원, 猴: 원숭이 후

사람이 습한 데서 잠을 자면 허리에 병이 생겨 반신불수가 되지만
미꾸라지도 그렇던가? 나무에 올라가 있으면 두려워 벌벌 떨지만 원
숭이도 그렇던가? 셋 중에 어느 것이 바른 거처를 아는 걸까?

此略舉三者, 以明萬物之異便.

여기서 대략 세 가지를 들어 만물의 다른 편을 밝혔다.

民食芻豢, 麋鹿食薦, 蝍蛆甘帶, 鴟鴉嗜鼠, 四者孰知正味.
　　　芻: 꼴 추, 豢: 기를 환, 麋: 사슴 미, 鹿: 사슴 록, 薦: 풀 천, 蝍: 지네 즉,
　　　蛆: 지네 저, 帶: 띠 대, 뱀 대, 鴟: 솔개 치, 鴉: 갈가마귀 아, 嗜: 즐길 기, 鼠: 쥐 서

사람은 가축을 먹고, 순록은 풀을 먹으며, 지네는 뱀을 달게 먹고,
올빼미는 쥐를 좋아한다. 넷 중에 어느 것이 바른 맛을 아는 걸까?

此略舉四者, 以明美惡之無主.

여기서 대략 네 가지를 들어 아름다움과 추함의 기준이 없음을 밝혔다.

猨, 猵狙以爲雌, 麋與鹿交, 鰌與魚游. 毛嬙麗姬人之所美也, 魚見之深入, 鳥見之高飛, 麋鹿見之決驟. 四者孰知天下之正色哉.

猨: 원숭이 원. 猵狙(편저): 개와 비슷한 원숭이. 嬙: 궁녀 장. 驟: 달릴 취. 決: 빠를 혈

원숭이가 편저를 암컷으로 여기고, 순록은 사슴과 교미를 하며, 미꾸라지는 물고기와 논다. 모장毛嬙과 여희麗姬는 사람들이 예쁘다고 하지만 물고기가 보면 물 속 깊이 들어가 버리고, 새가 보면 높이 날아가 버리며, 순록이 보면 재빠르게 달아난다. 넷 중에 어느 쪽이 천하의 올바른 아름다움을 아는 걸까?

此略擧四者, 以明天下所好之不同也. 不同者而非之, 則無以知所同之必是.

여기서 대략 네 가지를 들어 천하의 사물들이 좋아하는 것이 동일하지 않음을 밝혔다. 동일하지 않은 것인데 그르다고 하면, 동일하게 여기는 것이 반드시 옳다는 것을 알 방법이 없다.

自我觀之, 仁義之端, 是非之塗, 樊然殽亂, 吾惡能知其辯.

樊然(번연): 뒤섞인 모양. 殽: 어지러울 효

나我의 입장에서 보면 어짊과 의로움의 단서나 옳음과 그름의 길이 복잡하게 뒤섞여 어지러우니, 내가 어떻게 그 구별을 알 수 있겠는가!"

夫利於彼者, 或害於此, 而天下之彼我無窮, 則是非之竟無常. 故唯莫之辯, 而任其自是, 然後蕩然俱得.

저것에게 이로운 것은 이것에게 해로울 수 있는데, 천하에서 저것과 나는 끝이 없으니 옳음과 그름의 경계는 일정하지 않다. 그러므로 어느 것도 구별하지 않고 저절로 옳다고 하는 것에 맡겨둘 뿐이고 그런 다음에 텅 비어 모두 만족한다.

장자는 사물에 따라 사는 방법이 다르다는 비유를 가지고 사람에 따라
각기 다르게 살고 선악이나 미추가 동일하지 않다는 것을 밝힌 것이다.

齧缺曰, 子不知利害. 則至人固不知利害乎.

설결이 물었다. "선생님께서는 이로움과 해로움을 알지 못하시는군
요. 그렇다면 무아의 경지에 이른 사람은 진실로 이로움과 해로움을
알지 못하나요?"

未能妙其不知, 故猶嫌至人當知之. 斯懸之未解也.

알지 못함을 오묘하게 할 수 없기 때문에 여전히 무아의 경지에 이른 사람
은 당연히 알 것이라고 의심했다. 이것은 속박에서 아직 풀려나지 못한
것이다.

王倪曰, 至人神矣.

왕예가 대답하였다. "무아의 경지에 이른 사람은 신령스럽다네!

無心而無不順.

무심하여 순응하지 않음이 없다.

大澤焚而不能熱, 河漢沍而不能寒, 疾雷破山而不能傷, 飄風振
海而不能驚. 焚: 불사를 분. 沍: 찰 호. 疾: 빠를 질. 飄: 회오리바람 표. 振: 떨칠 진. 驚: 놀랄 경
큰 못이 불탈 정도라도 뜨겁게 할 수 없고, 황하와 한수가 얼어붙을
정도라도 춥게 할 수 없으며, 사나운 우레가 산에 내리쳐도 해칠 수
없고, 폭풍이 바다를 뒤흔들어도 놀라게 할 수 없다네.

夫神全形具, 而體與物冥者, 雖涉至變而未始非我, 故蕩然無蠆介於 胸中也.　　　　　　　蠆: 전갈 채, 가시 채.　介: 적을 개　蠆介: 가슴에 맺힌 응어리

신명이 온전하면서 형체가 갖추어져 몸이 사물과 구분 없는 자는 지극한 변화를 만나도 애초에 나 아닌 것이 없기 때문에 텅 비어 가슴에 남아 있는 것이 조금도 없다.

若然者, 乘雲氣,

이런 사람은 구름을 타고

寄物而行, 非我動也.

사물에 따라 돌아다니니 자신이 움직이는 것이 아니다.

騎日月,　　　　　　　　　　　　　　　　　　　　騎: 말탈 기

해와 달에 올라 앉아

有晝夜, 而無死生也.

밤과 낮은 있으나 삶과 죽음은 없다.

而遊乎四海之外.

사해四海 밖을 노닌다네.

夫唯無其知, 而任天下之自爲, 故馳萬物, 而不窮也.　　　馳: 달릴 치

오직 자신이 아는 것을 없애 천하가 저절로 하는 대로 놔두기 때문에 만물 을 타고 다니며 다함이 없는 것이다.

死生無變於己,

삶과 죽음조차 자신에게 아무런 변화를 주지 못하는데,

與變爲體, 故死生若一.

변화와 한 몸이기 때문에 삶과 죽음이 하나같다.

而況利害之端乎.

하물며 이로움과 해로움의 단서야 말해 무엇 하겠는가!"

況利害於死生, 愈不足以介意.

하물며 삶과 죽음보다 이로움과 해로움은 더욱 마음 쓰기에 부족하다.

해설

마음을 비워 사물과 하나가 된 사람은 변화에 그대로 응하기 때문에 이상에서 언급한 것처럼 하지 못하는 것이 없는 것으로 설명한 것이다.

瞿鵲子問乎長梧子曰, 吾聞諸夫子, 聖人不從事於務,

구작자가 장오자에게 물었다. "제가 선생님께 듣기로는 '거룩한 사람은 일을 일삼아 하지 않고,

務自來而理自應耳, 非從而事之也.

일이 저절로 오면 이치가 저절로 움직일 뿐이지 일을 쫓아가며 일삼는 것이 아니다.

不就利, 不違害,

이로움을 좇지 않고 해로움을 피하지도 않으며,

任而直前, 無所避就.
맡겨 놓고 그대로 나아가니 피하고 좇는 것이 없다.

不喜求,
구해도 기뻐하지 않고

求之不喜, 直取不怒.
구해도 기뻐하지 않고 직접 공격하여 취해도 화내지 않는다.

不緣道,
도에 얽매이지 않으며,

獨至者也.
홀로 지극한 자이기 때문이다.

无謂有謂, 有謂无謂,
말이 없어도 말함이 있고 말이 있어도 말함이 없으며,

凡有稱謂者, 皆非吾所謂也, 彼各自謂耳. 故無彼有謂而有此無謂也.
일반적으로 일컬어 말함이 있는 것은 모두 자신이 말하는 것이 아니라 저들이 각기 저절로 말하는 것일 뿐이다. 그러므로 저들이 없어도 말함이 있고, 이들이 있어도 말함이 없는 것이다.

而遊乎塵垢之外.

세속 밖에서 노닌다.'라고 하셨습니다.

凡非眞性, 皆塵垢也.

참된 본성이 아닌 것은 모두 세속이다.

夫子以爲孟浪之言, 而我以爲妙道之行. 吾子以爲奚若. 長梧子
曰, 是皇帝之所聽熒也, 而丘也何足以知之. 且汝亦大早計, 見
卵而求時夜, 見彈而求鴞炙.

聽熒(청형): 가는귀가 먹어 잘 들리지 않음. 彈: 탄알 탄. 鴞: 부엉이 효. 炙: 고기구이 자

선생님께서는 그것을 맹랑한 말로 여기셨지만, 나는 오묘한 도를 실
천하는 것이라 생각합니다. 그대는 어떻게 여기는지요?" 장오자가 대
답하였다. "이런 이야기는 황제도 알아듣기 힘든 것인데, 제[11]가 어
떻게 알 수 있겠는지요? 게다가 당신이 또한 너무 빨리 헤아리니,
달걀을 보고 새벽에 닭이 울기를 바라는 것이고 탄환을 보고 새고기
구이를 구하는 것이군요.

---

11) 『장자주莊子注』의 "장오자가 큰 오동나무 아래 살았기 때문에 그것으로 이름
을 불렀는데, 이름이 구이고, 봉인으로 구작자의 스승이다.梧子居長梧下, 因以
爲名, 名丘封人也, 瞿鵲之師."라는 주석을 참고할 때, 구는 장오자이면서 구작
자의 스승이다. 역자는 이 주석에서 장오자를 구로 보는 것은 받아들이지만
구작자의 스승으로 보는 것은 받아들이지 않았다. 장오자를 구작자의 스승으
로 받아들일 수 없는 것은 본문에서 구작자가 장오자를 '그대'吾子로 부르기
때문이다. 정리하자면 구작자가 자신의 선생님께 들은 이야기와 그 스승과
자신의 생각을 장오자에게 이야기하면서 그 말에 어떻게 생각하느냐고 물은
것으로 보았다는 것이다. 간혹 어떤 번역서에서 '구丘'를 공자로 보고, '부자夫
子'까지도 공자로 보는 경우가 종종 있기 때문에 『장자주』와 역자의 생각을
특별히 밝히는 것이다.

夫物有自然, 理有至極, 循而直往, 則冥然自合, 非所言也. 故言之者
孟浪, 而聞之者聽熒, 雖復黃帝, 猶不能使萬物無懷, 而聽熒至竟. 故
聖人付當於塵垢之外, 而玄合乎視聽之表, 照之以天而不逆計, 放之
自爾而不推明也. 今瞿鵲子方聞孟浪之言, 而便以爲妙道之行, 斯亦
無異見卵而責司晨之功, 見彈而求鴞炙之實也. 夫不能安時處順, 而
探變求化, 當生而慮死, 執是以辯非, 皆逆計之徒也.　　　　晨: 새벽 신

사물에는 저절로 그러함이 있고 이치에는 지극함이 있어 그대로 바로 따
라가면 구분 없이 저절로 합치하니 말로 할 수 있는 것이 아니다. 그러므
로 그것을 말하는 경우에는 맹랑한 말이 되고 듣는 경우에는 알아듣기
힘드니, 황제에게 돌아갈지라도 오히려 모든 사람들이 마음에 품은 것을
없게 할 수 없는 것이고 알아듣기 힘든 것이다. 그러므로 거룩한 사람은
세속이라는 바깥에 맡겨 합당하게 하고, 시각과 청각이라는 표면에서 현
묘하게 합하며, 천연 그대로 비추고 거꾸로 계산하지 않으며, 저절로 그러
한 대로 놓아두고 추리해서 밝히지 않는다. 이제 구작자가 한갓 황당한
말을 듣자마자 바로 오묘한 도를 실천하는 것이라 여기니, 이것 역시 달걀
을 보고 새벽을 알리는 일을 요구하고 탄환을 보고 새 구이라는 실질을
구하는 것과 다를 것이 없다. 때를 편안히 여기고 순리대로 처신할 수
없어 애써 변화를 탐구하고, 살아 있는데도 죽음을 염려하며, 옳음을 지켜
그름을 구별하니, 모두 거꾸로 계산하는 무리이다.

해설

　장오자가 구작자에게 '저는 알 수 없다.'고 한 말을 앞에서 왕예가 설결
에게 '내가 어떻게 알겠는가!'라고 한 말과 서로 관련해서 이해하면 한결
이해가 쉬울 것이다. 곧 도는 마음을 비우는 것이기 때문에 굉장한 것이
라고 놀라서는 안되는 것이고 조용히 침묵하게 해야 하는 것이라는 말
이다. 장오자가 뒤에서 계속 '내가 어떻게 알겠습니까!'라고 하는 것도
동일한 맥락이다.

予嘗爲女妄言之,

내가 그대를 위해 터무니없이 말해 볼 테니,

言之則孟浪也, 故試妄言之.

말을 하면 맹랑하기 때문에 시험 삼아 터무니없이 말하는 것이다.

女以妄聽之奚.

그대도 귀담아 듣지 않는 것이 어떻겠는지요?

若正聽妄言, 復爲太早計也. 故亦妄聽之何.

만약 터무니없는 소리를 정색을 하고 듣는다면 다시 너무 빨리 단정을
내리는 것이다. 그러므로 또한 '귀담아 듣지 않는 것이 어떻겠는지요?'라
는 것이다.

旁日月, 挾宇宙,   旁: 기댈 방, 挾: 낄 협

해와 달에 기대고, 우주를 겨드랑이에 낀 채,

以死生爲晝夜, 旁日月之喩也, 以萬物爲一體, 挾宇宙之譬也.

삶과 죽음을 밤과 낮으로 여기기 때문에 해와 달에 기대는 것으로 비유했
고, 만물을 한 몸으로 여기기 때문에 우주를 겨드랑이에 끼는 것으로 비유
했다.

爲其脗合, 置其滑涽, 以隷相尊.

脗: 꼭 맞을 문, 滑: 미끄러울 활, 어지러울 골, 涽: 정하여지지 않을 혼, 隷: 따를 례

그것들과 꼭 들어맞게 되어 혼란한 대로 놔두고 따름으로 서로 존중

합니다.

以有所賤, 故尊卑生焉. 而滑涽紛亂, 莫之能正, 各自是於一方矣. 故
爲脗然自合之道, 莫若置之勿言, 委之自爾也. 脗然, 無波際之謂也.

비천한 것이 있기 때문에 존귀함과 비천함이 생긴다. 그리고 혼란하고
어지러워 아무도 바로 잡을 수 없는 것은 각기 한 방향에서 스스로 옳다고
여기기 때문이다. 그러므로 꼭 들어맞게 되어 저절로 합하는 도는 말없이
놔두고 저절로 그런 것에 맡겨 놓는 것 만함이 없다. 꼭 들어맞는다는
것은 물결에 틈이 없는 것을 말한다.

衆人役役,

일반 사람들은 쉬지 않고 애쓰는데

馳鶩於是非之境也.　　　　　　　　　　　馳: 달릴 치. 鶩: 달릴 목

옳고 그름의 경계로 치달리기 때문이다.

聖人愚芚, 　　　　　　　　　　　　　　　芚: 어리석은 모양 춘

거룩한 사람은 우둔하여

芚然無知, 而直往之貌.

우둔하고 무지하여 곧바로 나아가는 모습이다.

參萬歲, 而一成純. 　　　　　　　　　　參: 섞을 참. 怵: 두려워할 출

오랜 세월동안 함께하면서도 한결같이 순수함을 이루었습니다.

純者, 不雜者也. 夫擧萬歲而參其變, 而衆人謂之雜矣, 故役役然勞

形怵心, 而去彼就此. 唯大聖無執, 故苔然直往, 而與變化爲一. 一變化而常遊於獨者也, 故雖參糅億載, 千殊萬異, 道行之而成, 則古今一成也. 物謂之而然, 則萬物一然也, 無物不然, 無時不成, 斯可謂純也.

순수함은 뒤섞이지 않은 것이다. 오랜 세월을 들어 그 변화와 함께 하였다고 사람들이 그것에 대해 뒤섞였다고 여기기 때문에 쉬지 않고 애쓰면서 몸을 수고롭게 하고 마음을 졸여가면서 저것을 버리고 이것을 좇는다. 거룩한 사람만이 집착하지 않기 때문에 우둔하게 곧바로 나아가서 변화와 하나가 된다. 변화와 하나가 되어 언제나 하나로 노니는 자이기 때문에 영원한 세월 동안 뒤섞여 천만 가지로 달라질지라도 도가 행하여 이룬 것이니, 옛날이나 지금이나 한결 같이 이루는 것이다. 사물이 그것을 말해서 그런 것이라면, 만물은 한결 같이 그러한 것이어서 어떤 것이고 그렇지 않음이 없고 어느 때고 이루어지지 않음이 없는 것이니, 이것은 순수하다고 말할 수 있는 것이다.

萬物盡然,

만물이 모두 그렇게 해서

無物不然.

어떤 사물도 그렇지 않음이 없다.

而以是相蘊.

이것으로 서로 간직합니다.

蘊, 積也. 積是於萬歲, 則萬歲一是也. 積然於萬物, 則萬物盡然也. 故不知死生先後之所在, 彼我勝負之所如也.

간직한다는 것은 쌓아놓는다는 것이다. 오랜 세월 이것을 쌓아 놓았으니, 오랜 세월 동안 이것을 한결같이 했다. 만물에 그렇게 쌓여 있으니, 만물이 모두 그렇다. 그러므로 삶과 죽음의 앞과 뒤가 어디에 있는지 저들과 자신의 승리와 패배가 어디로 가는지 모른다.

> **해설**
>
> 일반 사람들은 마음을 비우지 못해 목표를 정해놓고 노력하는데, 마음을 비운 자는 천지와 뒤섞여 하나가 되어 그냥 세상이 흘러가는 그대로 함께 흘러간다는 것이다.

予惡乎知說生之非惑邪.

그러니 삶을 기뻐하는 것이 미혹된 것이 아닌지 내가 어떻게 알겠습니까!

死生一也, 而獨說生, 欲與變化相背, 故未知其非惑也.

삶과 죽음은 하나인데 삶만 기뻐하여 변화와 서로 어긋나고자 하기 때문에 그것이 미혹된 것이 아닌지 모르겠다.

予惡乎知惡死之非弱喪而不知歸者邪.   惡: 어찌 오, 미워할 오, 악할 악

죽음을 싫어하는 것이 어려서부터 떠돌며 돌아갈 줄 모르는 것이 아닌지 내가 어떻게 알겠습니까!

少而失其故居, 名爲弱喪. 夫弱喪者, 遂安於所在, 而不知歸於故鄕也, 焉知生之非夫弱喪, 焉知死之非夫還歸而惡之哉.

어린 나이에 원래 살던 곳을 잃어버린 것을 어려서부터 떠도는 것이라고 한다. 어려서부터 떠도는 자는 마침내 자신이 있는 곳을 편안히 여겨 고향으로 돌아갈 줄을 모르니, 삶이 어려서부터 떠돌았던 것이 아닌지 어떻게 알겠으며, 죽음이 고향으로 돌아가는 것인데도 싫어하는 것이 아닌지 어떻게 알겠는가?

해설

사실 삶과 죽음도 이것과 저것의 문제이다. 살아있을 때에는 삶을 삶으로 여기고 죽음을 죽음으로 여길 것이고 죽었을 때에는 죽음을 삶으로 여기고 삶을 죽음으로 여길 것이니, 살아 있는 입장에서 죽음을 슬퍼하지 말라는 것이다. 이어지는 애희의 이야기도 동일한 관점의 것이다. 그래서 장자는 "죽은 자가 애초에 살기를 구했던 것을 후회하지 않는지 내가 어떻게 알겠습니까!"라고 정리하는 것이다.

麗之姬, 艾封人之子也, 晉國之始得之也, 涕泣沾襟, 及其至於王所, 與王同筐牀, 食芻豢而後, 悔其泣也.   涕: 눈물 체. 泣: 울 읍.
沾: 적실 점. 더할 첨. 襟: 옷깃 금. 筐: 광주리 광. 침상 광. 牀: 침상 상. 芻豢(추환): 가축의 고기

여희는 애 땅 봉인의 딸인데, 진나라에서 처음 그를 데리고 갈 적에는 눈물로 옷깃을 적셨지만 왕이 있는 곳에 와서 그와 잠자리를 같이 하며 맛난 고기를 먹은 뒤에는 자신이 울었던 것을 후회했다더군요.

一生之內, 情變若此. 當此之日, 則不知彼, 況夫死生之變, 惡能相知哉.

일생 동안 마음의 변화가 이와 같다. 이때에는 저때를 알지 못하는데, 하물며 삶과 죽음의 변화를 어떻게 서로 알 수 있겠는가!

予惡乎知夫死者不悔其始之蘄生乎.   蘄: 바랄 기

죽은 자가 애초에 살기를 바랐던 것을 후회하지 않는지 내가 어떻게

알겠습니까!

蘄, 求也.

바란다는 것은 구한다는 것이다.

夢飮酒者, 旦而哭泣, 夢哭泣者, 旦而田獵. _{旦: 아침 단. 田獵(전렵): 사냥}

꿈에 술을 마시던 자가 아침에 울면서 눈물을 흘리고, 꿈에 울면서 눈물을 흘리던 자가 아침에 사냥을 떠납니다.

此寤寐之事變也. 事苟變, 情亦異, 則死生之願不得同矣. 故生時樂
生, 則死時樂死矣. 死生雖異, 其於各得所願一也, 則何係哉.

이것은 잠자고 깨어 있는 사이에 생기는 일의 변화이다. 일이 변하면 마음
도 달라지니, 죽었을 때와 살았을 때의 바람도 같을 수는 없다. 그러므로
살아 있을 때에 삶을 즐거워하면 죽어 있을 때에 죽음을 즐거워한다. 삶과
죽음이 다를지라도 각기 바라는 것을 얻는 것에서는 같으니 어찌 얽매이
겠는가!

方其夢也, 不知其夢也.

한창 꿈을 꾸고 있을 때는 그것이 꿈인 줄 모릅니다.

由此觀之, 當死之時, 亦不知其死, 而自適其志也.

이렇게 본다면 죽어 있을 때에도 죽은 줄 모르고 저절로 그 뜻에 흡족해한다.

夢之中, 又占其夢焉,

꿈결에 그 꿈을 점치다가

夫夢者, 乃復夢中, 占其夢, 則無以異於寤者也.

꿈꾸는 자가 다시 꿈속에서 자신의 꿈을 점친다면 깨어 있는 것과 차이가 없다.

覺而後, 知其夢也.

覺: 잠깰 교

깬 다음에 그것이 꿈인 줄을 압니다.

當所遇, 無不足也, 何爲方生而憂死哉.

만나는 상황에 따라 부족함이 없는데 무엇 때문에 살아 있으면서 죽음을 걱정하는가!

且有大覺而後, 知此其大夢也.

그러니 또 크게 깨친 다음에 삶이 큰 꿈인 줄을 압니다.

夫大覺者, 聖人也. 大覺者, 乃知夫患慮在懷者, 皆未寤也.

크게 깨친 자는 거룩한 사람이다. 크게 깨친 자는 속으로 걱정하는 것이 모두 아직 잠에서 덜 깬 것임을 안다.

而愚者自以爲覺, 竊竊然知之, 君乎牧乎, 固哉.

竊: 분명할 절. 牧: 칠 목

그런데 어리석은 사람들은 자신이 깨어 있어 분명히 알기 때문에 최고로 여기고 하찮게 여긴다고 생각하니 답답하군요.

圉: 마부 어

夫愚者大夢而自以爲寤, 故竊竊然, 以所好爲君上, 而所惡爲牧圉, 欣然信一家之偏見, 可謂固陋矣.

어리석은 자는 큰 꿈을 꾸면서 스스로 깨어 있기 때문에 분명히 좋아 하는 것을 최고라 여기고 싫어하는 것을 하찮은 것이라 여긴다고 생각해 흔쾌히 한 쪽의 편견을 믿으니, 답답하다고 할 만하다.

丘也與女, 皆夢也,

저와 그대도 모두 꿈을 꾸고 있는 것이고,

未能忘言而神解, 故非大覺也.

아직 말을 잊고 신명으로 이해할 수 없으므로 크게 깨친 것이 아니다.

予謂女夢, 亦夢也.

내가 그대에게 꿈을 꾼다고 말하는 것도 꿈이지요.

卽復夢中之占夢也, 夫自以爲夢, 猶未寤也, 況竊竊然自以爲覺哉.

곧 다시 꿈속에서 꿈을 점치면서 스스로 꿈이라고 여기는 것은 여전히 덜 깬 것인데, 하물며 똑똑한 척하며 스스로 깨었다고 여김에야 말해 무엇 하겠는가!

是其言也, 其名爲弔詭.　　　　　　　　　　　　卓: 높을 탁

바로 그 말은 괴이한 일을 당한 것에 대해 조문하는 것이라고 합니다.

夫非常之談, 故非常人之所知. 故謂之弔當卓詭, 而不識其懸解.

평범한 이야기가 아니기 때문에 보통 사람이 알 수 있는 것이 아니다. 그러므로 아주 괴이한 일을 당한 것을 조문하면서도 그것이 속박에서 풀려난 것임을 알지 못하는 것이라고 한다.

萬世之後, 而一遇大聖, 知其解者, 是旦暮遇之也.　　暮: 저물 모

만세 뒤에 어쩌다 크게 거룩한 사람을 만나 그것이 속박에서 풀려남을 아는 것은 아침저녁으로 만나는 것이지요.

言能蛻然無係, 而玄同死生者, 至希也.　　蛻: 허물 벗을 태

허물 벗는 듯이 속박을 없애 삶과 죽음을 현묘하게 하나로 여길 수 있는 자는 매우 드물다는 말이다.

해설

꿈 이야기는 맨 뒤의 호접몽과도 이어지는 내용으로 역시 꿈을 죽음으로 봐도 되는 것이다. 생생한 꿈은 꿈을 꾸면서도 전혀 꿈 인줄 모르니, 현재의 삶도 꿈인지 알 수 없다. 그런데 죽지 않으려고 안간힘을 쓰는 것은 마치 꿈을 꾸면서 깨어나지 않으려고 발버둥치는 것과 같다. 아주 충격적인 어떤 사건을 만나 삶의 가치관이 갑자기 바뀌어 사람이 변하게 되는 것은 꿈에서 벗어나 새로운 삶을 사는 것이라고 할 수 있다. 사람이 마음을 비워 세상을 더 넓은 시야로 막힘없이 볼 때, 새로운 세상이 조용히 다가오며 또 자신을 아주 차분하게 만드니, 이런 것이 바로 꿈에서 깨어나 세상과 함께하며 흘러가는 것이다. 이어지는 아래의 말에서 그림자에 대한 이야기 전까지는 앞에서 수없이 말했던 것을 반복하는 것이다.

既使我與若辯矣, 若勝我, 我不若勝, 若果是也, 我果非也邪. 我勝若, 若不吾勝, 我果是也, 而果非也邪.

가령 내가 그대와 논쟁을 했었는데, 그대가 나를 이기고 내가 그대를 이기지 못했다면, 그대가 진실로 옳고 내가 진실로 그른지요? 내가 그대를 이기고 그대가 나를 이기지 못했다면, 내가 진실로 옳고 당신이 진실로 그른지요?

若, 而, 皆汝也.

그대若와 당신而은 모두 너汝이다.

其或是也, 其或非也邪. 其俱是也, 其俱非也邪. 我與若不能相知也, 則人固受其黮闇, 吾誰使正之.　　黮: 검을 담. 闇: 어두울 암

그것이 혹 옳고 혹 그른지요? 그것이 모두 옳고 모두 그른지요? 나나 그대가 서로 알 수 없다면, 사람들이 진실로 깜깜하고 어두운 것을 넘겨받은 것이니, 내가 누구를 시켜 바르게 할 수 있을까요?

不知而後推, 不見而後辯, 辯之而不足以自信, 以其與物對也. 辯對終日黮闇, 至竟莫能正之, 故當付之自正耳.

알지 못한 다음에 추리하고 보지 못한 뒤에 논쟁하니, 논쟁하면서도 스스로 그다지 믿지 못하는 것은 사물과 대립하고 있기 때문이다. 논쟁과 대립으로 하루를 보내도 깜깜하고 어두워 끝까지 아무도 그것을 바르게 할 수 없기 때문에 저절로 바르게 되도록 맡겨놔야 할 뿐이다.

使同乎若者正之, 旣與若同矣, 惡能正之, 使同乎我者正之. 旣同乎我矣, 惡能正之.

그대와 같은 자가 바르게 하도록 하면, 이미 그대와 같은데 어떻게 바르게 할 수 있겠으며, 나와 같은 자가 바르게 하면 이미 나와 같은데, 어떻게 바르게 할 수 있겠는지요?

同故是之, 未足信也.

같기 때문에 옳게 여기는 것은 별로 믿을 것이 못된다.

使異乎我與若者正之, 旣異乎我與若矣, 惡能正之.

나하고 그대와 다른 자가 바르게 하도록 하면, 이미 나하고 그대와 다른데, 어떻게 바르게 할 수 있겠는지요?

異故相非耳, 亦不足據.

다르기 때문에 서로 그르게 여길 뿐이니, 또한 별로 의지할 것이 못된다.

使同乎我與若者正之, 旣同乎我與若矣, 惡能正之.

나하고 그대와 같은 자가 바르게 하도록 하면, 이미 나하고 그대와 같은데, 어떻게 바르게 할 수 있겠는지요?

是若果是, 則天下不得復有非之者也, 非若信非, 則亦無緣復有是之者也. 今是其所同, 而非其所異, 異同旣具, 而是非無主. 故夫是非者, 生於好辯, 而休乎天均, 付之兩行, 而息乎自正也.

옳은 것이 과연 옳다면 천하에서 다시 그것을 그르다고 하는 자가 있을 수 없고, 그른 것이 진실로 그르다면 마찬가지로 다시 옳다고 하는 자가 있을 이유가 없다. 지금 자신과 같은 것을 옳다고 하고 자신과 다른 것을 그르다고 하면, 다름과 같음이 이미 갖추어졌으나 옳음과 그름에 기준이 없는 것이다. 그러므로 옳음과 그름은 논쟁을 좋아하는 것에서 생겨나지만 하늘의 조화에서 그치니, 양쪽으로 가는대로 놔두면 저절로 바르게 되는 것에서 멈춘다.

然則我與若與人, 俱不能相知也, 而待彼也邪.

그렇다면 나와 그대와 사람들이 모두 서로 알 수 없어 저것에 의지하는 것인지요?

各自正耳, 待彼不足以正此, 則天下莫能相正也. 故付之自正而至矣.

각기 저절로 바를 뿐이고 저것에 의지해서는 이것을 바르게 하기에 부족하니, 천하에는 아무도 서로 바르게 할 수 없다. 그러므로 저절로 바르게 되는대로 놔두면 지극해지는 것이다.

何謂和之以天倪.

倪: 가 예

하늘의 경계로 뒤섞는다는 것은 무슨 말이겠는지요?

天倪者, 自然之分也.

하늘의 경계는 저절로 되는 구분이다.

曰, 是不是, 然不然, 是若果是也, 則是之異乎不是也, 亦無辯, 然若果然也, 則然之異乎不然也, 亦無辯.

옳은 것과 옳지 않은 것, 그런 것과 그렇지 않은 것에서 옳은 것이 과연 옳다면, 옳은 것이 옳지 않은 것과 달라서 또한 구별이 없고, 그런 것이 과연 그런 것이라면, 그런 것이 그렇지 않은 것과 달라서 또한 구별이 없다는 것입니다.

是非然否, 彼我更對, 故無辯. 無辯, 故和之以天倪, 安其自然之分而已, 不待彼以正之.

옳음과 그름, 그러함과 그렇지 않음은 저것과 내가 번갈아가며 대립하기 때문에 구별이 없는 것이다. 구별이 없기 때문에 하늘의 경계로 뒤섞어 저절로 그렇게 되는 구분을 편안히 여길 뿐이고 저것에 의지해서 바르게 하지 않는 것이다.

化聲之相待, 若其不相待,

뒤죽박죽인 말들이 서로 의지하는 것은 서로 의지 않는 것과 같으니,

是非之辯爲化聲. 夫化聲之相待, 俱不足以相正, 故若不相待也.

옳음과 그름을 구별하는 것이 뒤죽박죽인 말이다. 뒤죽박죽인 말이 서로 의지하는 것은 모두 서로 바르게 하기에 부족하기 때문에 서로 의지하지 않은 것과 같은 것이다.

和之以天倪, 因之以曼衍, 所以窮年也.

하늘의 경계로 뒤섞어 그것으로 말미암아 끝없는 가는 것이 수명대로 사는 것입니다.

和之以自然之分, 任其無極之化, 尋斯以往, 則是非之境自泯, 而性命之致自窮也.

저절로 그렇게 되는 구분으로 뒤섞어 끝없는 변화에 맡겨 그대로 이어간다면, 옳음과 그름의 경계가 저절로 사라져 생명의 극치를 저절로 다할 것이다.

忘年忘義, 振於無竟, 故寓諸無竟.　　振: 떨칠 진, 움직일 진

나이를 잊고 의로움을 잊으면 끝없는 데까지 움직이기 때문에 끝없는 데에 머무릅니다.

夫忘年, 故玄同死生, 忘義, 故彌貫是非. 是非死生, 蕩而爲一, 斯至理也. 至理暢於無極, 故寄之者, 不得有窮也.

나이를 잊었기 때문에 삶과 죽음을 현묘하게 하나로 여기고, 의로움을 잊었기 때문에 더욱 옳음과 그름을 관통한다. 옳음과 그름 그리고 삶과 죽음

을 쓸어 없애 하나로 여기니, 이것이 지극한 이치이다. 지극한 이치는 끝없는 데까지 뻗어가기 때문에 그것에 의탁하는 자는 끝이 있을 수 없는 것이다.

罔兩問景曰, 曩子行, 今子止, 曩子坐, 今子起. 何其无特操與.

曩: 접때 낭

곁 그림자가 그림자에게 물었습니다. '조금 전에 그대는 걷다가 이제 멈추어 있고, 조금 전에 앉아 있다가 이제 일어나 있으니, 어찌 그렇게 남다른 지조가 없는가?'

罔兩, 景外之微陰也.
곁 그림자는 그림자 바깥의 희미한 음영이다.

景曰, 吾有待而然者邪.

그림자가 말했다. '내가 무엇에 의지해서 그런 것일까?

言天機自爾, 坐起無待. 無待而獨得者, 孰知其故, 而責其所以哉.
하늘의 기틀이 저절로 그러한 것이니 앉거나 일어나거나 의지하는 것이 없다는 말이다. 무엇에 의지하지 않고 혼자 그러는 것이 어떻게 그 까닭을 알고 왜 그렇게 되는지를 따지겠는가?

吾所待, 又有待而然者邪.

내가 의지하는 것이 또 무엇에 의지해서 그런 것일까?

若責其所待, 而尋其所由, 則尋責無極, 卒至於無待, 而獨化之理明矣.
의지하는 것을 따져 유래를 찾으면, 찾아 따지는 것이 끝이 없어서 마침내 무엇에도 의지함이 없는 데에 이르게 되어 홀로 변화하는 이치가 분명해진다.

吾待蛇蚹蜩翼邪.

蛇: 뱀 사. 蚹: 뱀 배비늘 부. 蜩: 매미 조

내가 뱀의 배 비늘이나 매미의 날개에 의지하는 것일까?

若待蛇蚹蜩翼, 則無特操之所由, 未爲難識也. 今所以不識, 正由不待斯類, 而獨化故耳.

만약 뱀의 배 비늘이나 매미의 날개에 의지하고 있다면, 남다른 지조가 없는 연유는 알기 어려운 것이 아니다. 지금 알지 못하는 까닭은 바로 이런 종류에 의지하지 않고 홀로 변화하기 때문일 뿐이다.

惡識所以然, 惡識所以不然.

그런 까닭을 어떻게 알겠으며 그렇지 않은 까닭을 어떻게 알겠는가!'"

世或謂罔兩待景, 景待形, 形待造物者. 請問, 夫造物者, 有耶無耶. 無也, 則胡能造物哉. 有也, 則不足以物衆形. 故明衆形之自物, 而後始可與言造物耳. 是以涉有物之域, 雖復罔兩, 未有不獨化於玄冥者也.

세상에서는 혹 곁 그림자가 그림자에 의지하고 그림자는 형체에 의지하며 형체는 사물을 만든 것에 의지한다고 말한다. 그러니 물어 보자. 사물은 만든 것이 있는가? 없는가? 없다면 어떻게 사물을 만들겠는가? 있다면 모든 형체를 사물이 되게 할 수 없다. 그러므로 모든 형체들이 저절로 사물이 되는 것에 대해 밝게 된 다음에 비로소 함께 사물을 만든 것에 대해 말할 수 있을 뿐이다. 이 때문에 사물이 있는 영역에 들어가서는 비록 다시 곁 그림자일지라도 현묘하게 아무 구분이 없는 상태에서 홀로 변화하지 않은 적이 없는 것이다.

故造物者無主, 而物各自造. 物各自造, 而無所待焉, 此天地之正也.
故彼我相因, 形景俱生, 雖復玄合, 而非待也. 明斯理也, 將使萬物各
反所宗於體中, 而不待乎外, 外無所謝, 而內無所矜. 是以誘然皆生,
而不知所以生, 同焉皆得, 而不知所以得也.　　誘: 아름다운 모양 유

그러므로 사물을 만드는 것에는 주체가 없고 사물들은 각기 스스로 만들
어진다. 사물들이 각기 스스로 만들어져 의지하는 것이 없으니, 이것이
천지의 바름이다. 그러므로 저것彼과 내我가 서로 기인하고 형체와 그림
자가 함께 나와 비록 다시 현묘하게 합치하더라도 의지하는 것은 아니다.
이 이치에 밝게 되면 만물이 각기 몸 가운데에서 근본으로 되돌아가 바깥
에 의지하지 않게 하니, 밖으로 감사할 것이 없고 안으로 자랑할 것이
없다. 이 때문에 아름답게 모두 나오면서도 나오는 까닭을 모르고, 함께
모두 얻으면서도 얻는 까닭은 모르는 것이다.

今罔兩之因景, 猶云俱生而非待也, 則萬物雖聚而共成乎天, 而皆歷
然莫不獨見矣. 故罔兩非景之所制, 而景非形之所使, 形非無之所化
也. 則化與不化, 然與不然, 從人之與由己, 莫不自爾, 吾安識其所以
哉. 故任而不助, 則本末內外, 暢然俱得, 泯然無跡. 若乃責此近因,
而忘其自爾, 宗物於外, 喪主於內, 而愛尙生矣,雖欲推而齊之, 然其
所尙已存乎胸中, 何夷之得有哉.

이제 겉 그림자가 그림자에 의지하는 것에 대해 오히려 함께 생겨나 의지
하는 것이 아니라고 말하니, 만물이 비록 무리지어 하늘에서 함께 이루어
진다고 할지라도 모두 또렷이 홀로 드러나지 않음이 없다. 그러므로 겉
그림자는 그림자가 만든 것이 아니고, 그림자는 형체가 그렇게 되도록 한
것이 아니며, 형체는 없음이 변화시킨 것이 아니다. 그렇다면 변화와 변화
하지 않음·그렇게 됨과 그렇게 되지 않음·남을 따름과 자신을 따름이
어느 것 하나 저절로 그렇게 되지 않음이 없으니, 내가 어떻게 그 까닭을

알겠는가? 그러므로 그대로 맡겨두고 조장하지 않는다면 본말과 내외가 기분 좋게 모두 제대로 되어 혼연히 흔적이 없어진다. 그런데 이렇게 가까운 원인을 찾아 사물들이 저절로 그렇게 되는 것을 잊고, 바깥에서 사물을 근본으로 하여 안에서 주체를 잃으며 아끼고 숭상함이 나옴에는 미루어서 가지런히 하고자 할지라도 숭상하는 것이 이미 흉중에 보존되었으니, 어떻게 편히 있을 수 있겠는가?

해설

지적으로 논리적인 사유를 할 때, 겉 그림자와 그림자의 관계는 서로 연속적으로 계속 이어진 것으로 파악할 수밖에 없다. 그런데 마음을 비울 때 변화의 세계는 지적으로 파악되는 논리적인 연속성이 아니라 원인과 결과 없이 알 수 없는 가운데 사물이 홀로 변화하면서 자신에게로 다가와 함께 하나가 되어 그대로 흘러가는 것이다. 좀 더 자세히 설명하면, 마음을 비움으로써 '자신에게만 통해'自通 '퉁소의 울림'人籟만 듣는 것을 넘어 '땅울림'地籟을 들음으로써 '언제나 통하는'常通 경지로 도약해 '천연의 울림'天籟까지 들음으로써 '크게 통하는'大通 대자유의 세계로 들어가야 하는 것이다. 이렇게 대자유의 세계에서는 사물이 알 수 없는 가운데 홀로 변화하고 있는 것과 그대로 합일하게 되는 것이다. 곽상의 독화론獨化論은 물론 노자와 장자의 사상은 이와 같은 관점에서 살펴봐야 비로소 이해할 수 있다.

昔者, 莊周夢爲胡蝶, 栩栩然胡蝶也, 自喻適志與,

胡蝶(호접): 나비, 栩: 기뻐할 허

언젠가 장주가 꿈에 나비가 되었는데, 신나게 훨훨 날아다니는 나비가 저절로 유쾌하고 흡족하여

自快得意, 悅豫而行.

豫: 기쁠 예

저절로 유쾌하고 뜻에 맞아 신이 나서 날아다녔다.

不知周也.

자신인 줄 몰랐다.

方其夢爲胡蝶而不知周, 則與殊死不異也. 然所在無不適志, 則當生
而係生者, 必當死而戀死矣. 由此觀之, 知夫在生而哀死者誤也.

殊: 죽일 수, 매우 수

한창 꿈에 나비가 되어 자신인 줄도 몰랐으니, 진짜 죽은 것과 다름없었
다. 그런데 그렇게 있는 것이 흡족하지 않음이 없었으니, 살아서 삶에 얽
매이는 자는 반드시 죽어서는 죽음에 연연할 것이다. 이렇게 본다면 살아
서 죽음을 슬퍼하는 것이 잘못임을 알겠다.

俄然覺, 則蘧蘧然周也,   俄: 갑자기 아, 蘧蘧(거거): 자유롭고 편안한

그런데 어느 순간 잠에서 깨어나니 자유롭고 편안한 자신이어서

自周而言, 故稱覺耳, 未必非夢也.

자신의 입장으로 말했기 때문에 깨어났다고 일컬었을 뿐이니, 반드시 아
직 꿈이 아닌 것은 아니다.

不知周之夢爲胡蝶, 胡蝶之夢爲周與.

자신이 꿈에 나비가 되었는지 나비가 꿈에 자신이 되었는지 알지 못
하였다.

今之不知胡蝶, 無異於夢之不知周也. 而各適一時之志, 則無以明胡
蝶之不夢爲周矣. 世有假寐而夢經百年者, 則無以明今之百年非假
寐之夢者也.

잠에서 깬 지금 나비인 줄 모르는 것은 꿈에서 자신인 줄을 모르는 것과 다름없다. 그런데 각기 그 때의 마음에 흡족했다면, 나비가 자신이 된 꿈을 꾸지 않았다고 밝힐 도리가 없다. 세상에 설핏 잠들었다가 백년을 보낸 꿈을 꾼 자가 있으니, 현재의 백년이 설핏 잠들었을 때의 꿈이 아니라는 것을 밝힐 방법이 없는 것이다.

周與胡蝶, 則必有分矣,

그런데 장주와 나비에는 반드시 구분이 있으니,

夫覺夢之分, 無異於死生之辯也. 今所以自喩適志, 由其分定, 非由無分也.

깨어있을 때와 꿈꿀 때를 구분하는 것은 살아있을 때와 죽어있을 때를 구분하는 것과 다름없다. 이제 저절로 유쾌하고 흡족한 것은 그 구분이 정해져 있기 때문이지 구분이 없기 때문이 아니다.

此之謂物化.

이것을 사물의 변화라고 한다.

夫時不暫停, 而今不遂存, 故昨日之夢, 於今化矣. 死生之變, 豈異於此, 而勞心於其間哉. 方爲此則不知彼, 夢爲胡蝶是也. 取之於人, 則一生之中, 今不知後, 麗姬是也. 而愚者竊竊然, 自以爲知生之可樂, 死之可苦, 未聞物化之謂也.

시간은 잠시도 멈추지 않아 지금은 결국 있지 않기 때문에 어제의 꿈이 지금에는 변해버린다. 그러니 살아있는 것과 죽어있는 것의 구별을 어찌 이것과 다르게 여겨 그 사이에서 노심초사하겠는가? 이것이 되어 있을 때는 저것을 모르니, 꿈에 나비가 된 것이 여기에 해당한다. 사람에게서 그것을 취하면, 일생 가운데 지금에서는 나중을 모르니 여희가 여기에 해당한다. 그런데 어리석은 자는 분명하게 스스로 삶이 즐겁고 죽음이 고통스러움을 안다고 여기니, 사물의 변화에 대한 말을 듣지 못했기 때문이다.

해설

호접몽 역시 독화론과 연결해서 이해하면 된다. 마음을 비워 분별하지 않을 때, 사물은 논리적으로 계산할 수 없는 가운데 변화하며 그 자신과 함께 하는 것이다. 그러므로 장주가 나비가 되든지 나비가 장주가 되든지 나도 모르게 뒤바뀌니, 그것이 바로 '사물의 변화'物化라고 했던 것이다.

夫生以養存, 則養生者, 理之極也. 若乃養過其極, 以養傷生, 非養生
之主也.

삶은 기르는 것으로 유지되니, 삶을 기르는 것은 이치의 지극함이다. 만약
삶을 기르는 것이 그 지극함을 벗어나면 기르는 것으로 삶을 해치니 삶을
기르는 근본이 아니다.

吾生也有涯,

우리의 삶에는 끝이 있지만

所稟之分, 各有極也.

부여받은 분수에는 각기 궁극이 있다.

而知也无涯.

앎에는 끝이 없다.

夫擧重攜輕, 而神氣自若, 此力之所限也. 而尙名好勝者, 雖復絶
脊, 猶未足以慊其願, 此知之無涯也. 故知之爲名, 生於失當, 而滅
於冥極. 冥極者, 任其至分, 而無毫銖之加. 是故雖負萬鈞, 苟當其
所能, 則忽然不知重之在身, 雖應萬機, 泯然不覺事之在己, 此養生
之主也.

攜: 끌 휴. 脊: 등골뼈 려. 慊: 흡족할 겸. 銖: 무게 수

무거운 것을 들고 가고 가벼운 것을 끌고 갈지라도 신묘한 기운이 태연 자약하니, 이것은 힘에 부치지 않기 때문이다. 그런데 이름을 숭상하고 남 이기기를 좋아할 경우에는 계속 등골이 끊어질 정도로 노력해도 오히려 그 소원을 충족시킬 수가 없으니, 이것은 앎에 끝이 없기 때문이다. 그러므로 앎으로 명분을 삼는 것은 합당함을 잃음에서 생겨나고 구분 없는 궁극에서 사라진다. 구분 없는 궁극은 지극한 분수에 맡겨두고 조금도 더하지 않는 것이다. 이 때문에 30만근을 짊어지고 있을지라도 자신의 능력에 맞으면 어느 순간도 무거운 물건을 짊어지고 있다는 것을 알지 못하고, 천하의 모든 일을 처리할지라도 딱 들어맞으면 자신에게 일이 있다는 것을 알아차리지 못하니, 이것이 삶을 기르는 근본이다.

해설

자신의 타고난 분수에 따라 살면 삶을 기르게 된다는 것이니, 숲속의 작은 새 곧 평범한 사람들은 붕의 비상 곧 영웅이 두각을 드러내는 것을 보고 부러워할 필요 없이 자신이 생긴 모양 그대로 살면, 만사가 편안하고 재앙이 없다는 것이다. 그런데 여기에서 앎에 대해 이야기하는 이유는 자신의 분수를 벗어나는 근본 원인이 앎 곧 분별지에 있기 때문이다. 분별지는 자신의 분수를 잊고 좋고 나쁜 것을 구분함으로써 좋은 것을 추구하고 나쁜 것을 버리려고 하기 때문에 삶이 고단하게 되고 위험하게 되는 것이다.

以有涯隨无涯, 殆已.
끝이 있는 것으로 끝이 없는 것을 추구하면 위태롭다.

以有限之性, 尋無極之知, 安得而不困哉.
끝이 있는 목숨을 가지고 끝이 없는 앎을 따라간다면 어찌 괴롭지 않을 수 있겠는가!

已而爲知者, 殆而已矣,

그쳐야 하는데도 앎을 행하는 것은 위태로울 뿐이니,

已困於知而不知止, 又爲知以救之, 斯養而傷之者, 眞大殆也.

아는 것 때문에 이미 괴로운데도 그칠 줄 모르고서 또 앎을 행하여 구제
하려고 하니, 이것은 기르면서도 해치는 것으로 진실로 아주 위태로운
것이다.

해설

곽상의 주에서 '앎을 행하여 구제하려고 한다.'는 것은 마음을 비우지 않
고 분별지로 삶의 문제를 해결하려고 한다는 것이다. 문제가 생겼으면
마음을 비우지 못해서 그렇게 된 줄 알고 마음을 비워야 하는데, 도리어
분별지를 더 강화시켜 해결하려고 하니, 이것은 근본을 더 크게 벗어남
으로써 더 위험하게 되는 길이다.

爲善无近名, 爲惡无近刑.

착한 일을 할지라도 이름날 정도로 하지 않고, 악한 일을 할지라도
형벌 받을 정도로 하지 않는다.

忘善惡而居中, 任萬物之自爲, 悶然與至當爲一, 故刑名遠己而全理
在身也.

선악을 잊고 그 가운데 있으면서 만물이 저절로 그렇게 되는대로 맡겨
놔두면, 부지불식간에 지극히 합당함과 하나가 되기 때문에 형벌과 이름
이 자신에게 멀어지고 온전한 이치가 자신에게 있게 되는 것이다.

緣督以爲經,

緣: 따를 연. 督: 가운데 독

중도를 따르는 것으로 떳떳함을 삼으면,

順中以爲常也.

중도를 따르는 것으로 일정함을 삼는다.

可以保身, 可以全生, 可以養親,

자신을 보존할 수 있고, 삶을 온전히 할 수 있으며, 양친을 봉양할 수 있고,

養親以適.

양친을 잘 봉양한다.

可以盡年.

천수를 다할 수 있다.

苟得中而冥度, 則事事無不可也. 夫養生非求過分, 蓋全理盡年而已矣.

중도를 얻어 구분 없이 헤아린다면, 일마다 옳지 않음이 없다. 삶을 기름에 분수에 지나치게 구하지 않는다면, 이치를 온전히 하고 천수를 다한다.

> **해설**
> 착한 일도 소문날 정도로 하지 않고 나쁜 일도 벌 받을 정도로 하지 않으며 평범하게 살면, 부모를 모시고 천수를 누릴 수 있다는 것은 마음을 비우고 소박하게 살라는 것이다. 이하 포정이 소를 잡는 이야기는 마음을 비우면 신묘한 경지로 들어갈 수 있는 것에 대해 문학적으로 재미있게 표현한 것이다.

庖丁爲文惠君解牛, 手之所觸, 肩之所倚, 足之所履, 膝之所踦,
砉然嚮然. 奏刀騞然, 莫不中音, 合於桑林之舞, 乃中經首之會.

触: 닿을 촉. 履: 신 리. 踦: 기댈 의. 砉: 뼈 자르는 소리 획. 奏: 아뢸 주. 騞: 줄곧 갈 획

포정이 문혜군을 위해 소를 잡는데, 손으로 더듬고 어깨로 떠받치며,
발로 디디고 무릎으로 누르며 척척 갈라놓는다. 칼을 획획 놀리는
것이 가락에 맞지 않는 것이 없으니, 은나라 탕왕의 춤곡인 상림에
합치하는 듯하고, 요임금의 연회곡인 경수에 맞는 듯하였다.

言其因便施巧, 無不閑解, 盡理之甚, 旣適牛理, 又合音節.

閑: 한가할 한

편한 대로 교묘하게 칼을 놀려 여유 있게 소를 잡지 않음이 없으니, 이치
를 한껏 다하여 이미 소의 살결에 맞고 또 가락에 합치하였다는 말이다.

文惠君曰, 譆, 善哉. 技蓋至此乎. 庖丁釋刀對曰, 臣之所好者,
道也, 進乎技矣.

譆: 감탄할 희. 蓋: 어찌 합

문혜군이 말하였다. "참! 솜씨가 좋구나. 기술이 어떻게 이런 경지까
지 나아갔느냐?" 포정이 칼을 놓고 대답하였다. "제가 좋아하는 것이
도道이다보니 기술 이상으로 나아갔습니다.

直寄道理於技耳, 所好者非技也.

寄: 붙일 기

도리를 기술에 의탁했을 뿐이니, 좋아하는 것은 기술이 아니다.

해설

장자가 포정의 소 잡는 비유를 통해 이야기하고자 하는 것은 다름이 아
니라, 마음을 비워 사물과 하나가 되는 것이 바로 도라는 말이다. 곧 마
음을 비워 사물과 하나가 될 때, 사물의 보이지 않는 구석구석까지 그대
로 알아차려 칼날을 전혀 뭉그러뜨리지 않고 소를 제대로 해체할 수 있

다는 것이다. 이런 설명이 어렵고 생소하게 느껴질 수 있겠지만, 분별지를 사용하면 지적 능력 이외의 감각을 거의 사용하지 못하게 된다. 신묘한 경지에 이른다는 것은 마음을 비움으로써 지적 분별력은 물론 다른 모든 감각 기능 곧 육감 그 이상의 기능까지 함께 사용해 천지와 하나가 되는 것을 말한다. 노장철학에서 이런 말을 하는 것은 사람들이 마음을 비움으로써 이런 경지로 나아가 천지만물과 하나로 되어 자연스럽게 본성대로 살기를 바라기 때문이다.

이런 수행에 관심이 있다면, 여러 가지 중에서 호흡 관찰을 권하니, 이것은 자연스럽게 숨을 쉬면서 그것을 살펴보라는 말이다. 세상에는 여러 호흡법이 있는데, 모두 자신의 마음을 가라앉히는 것이 그 근본으로 숨에 따라 몸을 관찰하면 마음이 저절로 가라앉기 때문에 이것을 권하는 것이다. 어려울 것이 없으니, 편안한 자세로 자연스럽게 숨 쉬는 것을 살펴도 되고, 귀를 막고 그 소리를 들어보거나 가슴과 배 같은 곳에 손을 대어 숨에 따라 몸이 움직이는 것을 살펴도 된다. 그렇게 하다가 보면 어느 순간부터 심신이 안정되면서 발끝이나 손끝 같은 곳에서 심장이 뛰는 것도 느껴지고 몸을 따라 숨이 흘러가는 것도 느껴지면서 몸에 힘이 들어가 굳어 있는 것을 알게 된다. 그런 곳에 힘을 빼면 몸이 부드러워지면서 마음도 함께 비워지니, 계속 이렇게 호흡을 관찰하면 된다.

또 하나의 일반적인 방법은 역시 많이 알려진 것으로 걷기수련이다. 발바닥의 중앙선을 왼쪽 그림의 점선처럼 평행 곧 십일자로 해서 똑바로 걷는 것인데, 뒤꿈치부터 땅바닥에 서서히 닿게 하면서 천천히 걸을 때

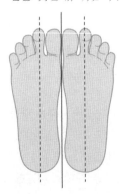

다리를 비롯해서 몸의 근육이 어떻게 작용하는지 살피는 것이다. 그렇게 하다가 보면 다리는 물론 몸에 힘이 들어간 부분을 알게 된다. 그러면 호흡 수련과 마찬가지로 힘을 빼면서 계속 근육을 살피는 것이 요령이다. 조심할 것은 절대로 팔자걸음이 되지 않도록 해야 하니, 교정 방법을 찾아서 제대로 걸었는지 확인하고 반드시 십일자 걸음이 되도록 해야 하는 것이다. 이렇게 오래 동안 수련을 하면 역시 몸이 부드러

워지고 마음이 안정되면서 심신이 건강해진다. 쉬울 것 같지만 절대 쉽지 않으니, 꾸준히 날마다 한 두 시간씩 연습해 보시길 권한다.

포정이 소를 신묘하게 해부할 수 있었던 것은 마음을 비워 심신이 자연스럽게 움직이도록 안정시켰기 때문이다. 숨쉬기와 걷기 수련을 권하는 이유는 우리가 일상생활에서 매순간 숨을 쉬고 움직일 때마다 거의 걷기 때문이다. 어려울 수도 있겠지만 일상에서 심신을 정화시키는 방법을 찾는 것이 가장 훌륭한 수련이라는 것이다.

始臣之解牛之時, 所見无非全牛者,

처음 제가 소를 잡을 때는 보이는 것이라고는 모두 소 아닌 것이 없었으나,

未能見其理閒.

소의 살결에서 아직 그 틈을 볼 수 없었다.

三年之後, 未嘗見全牛也.

삼 년 뒤에는 온전한 소를 본 적이 없었습니다.

但見其理閒也.

소의 살결에서 그 틈만 보일 뿐이었다.

方今之時, 臣以神遇而不以目視,

방금 저는 신명으로 대하고 눈으로 보지 않고 있으니,

闇與理會.

자신도 모르게 살결과 합치했다.

官知止而神欲行.

오관의 지각이 멈추면서 신명이 원하는 대로 행해집니다.

司察之官廢, 縱心而順理.

보고 살피는 감각기관이 닫히면 마음대로 해도 이치를 따르게 된다.

해설

분별지를 비움으로써 사물과 하나가 되었음을, 곧 소와 하나가 되었음을 말하고 있는 것이다. 숨쉬기 수련이나 걷기수련 등으로 마음이 가라앉고 몸이 정화되면 신비하게도 신명의 세계가 열리면서 포정이 말하는 경지로 나아가기 시작한다. 아래에서 칼로 소의 살을 뼈 사이로 헤집으며 잘라내는 것은 눈으로 보고 하는 것이 아니라 신명이 열려 저절로 그렇게 되는 것이다.

依乎天理,

자연스럽게 살결을 따라

不橫截也.　　　　　　　　　　　　　　　　　横: 거스를 횡

거슬러 자르지 않는다.

批大郤,　　　　　　　　　　　　　　批: 칠 비. 郤: 틈 극

큰 틈새를 헤집으며

有際之處, 因而批之, 令離.　　　　　　際: 틈 제. 離: 떼놓을 리

틈새가 있으면 그대로 헤집어서 분리시킨다.

導大窾,   窾: 빌 관

크게 텅 빈곳을 찾아

節解窾空, 就導令殊.   殊: 벨 수

빈곳을 마디마다 헤집고 따라가면서 분리시킨다.

因其固然,

살결이 본래 그런대로 따라가니,

刀不妄加.

칼을 함부로 대지 않는다.

技經肯綮之未嘗   肯: 뼈에 붙은 살 긍. 綮: 힘줄 얽힌 곳 경

기술적으로 살이 뼈에 붙어있고 힘줄이 있는 곳을 지나간 경우가 없
는데,

技之妙也, 常遊刀於空, 未嘗經槩於微礙也.

                           槩: 누를 개. 微: 작을 미. 礙: 막힐 애

기술이 신묘해서 항상 빈곳으로 칼날을 놀리니, 조금이라도 막힌 곳을 베
고 확 지나간 경우가 없다.

而況大軱乎.   軱: 큰 뼈 고

하물며 큰 뼈야 말해 무엇 하겠습니까?

軱, 戾大骨, 衄刀刃也.   戾: 어그러질 려. 衄: 꺾일 뉵

큰 뼈는 크게 툭 튀어나온 뼈이니, 칼날을 상하게 한다.

良庖歲更刀, 割也,　　　　　　　　庖: 부엌 포, 요리사 포. 割: 가를 할

솜씨 좋은 백정이 해마다 칼을 바꾸는 것은 살을 가르기 때문이고,

不中其理閒也.

살결의 틈새로 칼을 놀리지 못하기 때문이다.

族庖月更刀, 折也.　　　　　　　　族: 겨레 족. 折: 꺾을 절

평범한 백정이 달마다 칼을 바꾸는 것은 칼날을 부러지게 사용하기 때문입니다.

中骨而折刀也.

뼈에 부딪혀 칼날을 부러지게 하기 때문이다.

今臣之刀十九年矣, 所解數千牛矣, 而刀刃若新發於硎.　　硎: 숫돌 형

지금 저의 칼은 19년이나 되어 잡은 소가 수천 마리이지만, 칼날은 숫돌로 금방 간 것 같습니다.

硎, 砥石也.　　　　　　　　　　　　砥: 고운 숫돌 지

숫돌은 고운 돌이다.

彼節者有閒, 而刀刃者無厚, 以無厚入有閒, 恢恢乎其於遊刃, 必有餘地矣. 是以十九年, 而刀刃若新發於硎. 雖然每至於族, 吾見其難爲,　　恢: 넓을 회. 族: 무리 족

저 뼈마디에는 틈이 있지만 칼날에는 두께가 없으니, 두께가 없는

칼날을 틈이 있는 뼈마디에 집어넣으면 넓고 넓어 칼날을 놀리기에 반드시 여유가 있습니다. 이 때문에 19년이나 되었지만 칼날은 숫돌로 금방 간 것과 같습니다. 그렇다고 할지라도 매번 뒤엉켜 있는 곳에서는 제가 칼질하기가 어렵다는 것을 알기 때문에

交錯聚結爲族.

서로 뒤섞이며 꽉 달라붙어 있는 것이 뒤엉켜 있는 곳이다.

怵然爲戒, 視爲止,

怵: 두려워할 출

바짝 긴장해서 시선을 고정시키고

不復屬目於他物也.

屬: 모을 속

다시 다른 곳으로 눈길을 두지 않는다.

行爲遲.

遲: 더딜 지

천천히 움직이며,

徐其手也.

그 손을 천천히 움직인다.

動刀甚微, 謋然已解,

謋: 재빠를 획

살살 칼을 움직이면, 쩍 소리와 함께 어느새 갈라지며

得其宜, 則用力少.

마땅하게 하면 힘을 쓸 것이 별로 없다.

如土委地.

委: 쌓일 위

흙무더기처럼 쌓여 있습니다.

理解而無刀跡, 若聚土也.

살의 결대로 잘라서 칼을 놀린 흔적이 없으니 흙이 쌓인 것과 같다.

해설

뼈에서 살을 완전히 발라내 살 속에 뼈가 없기 때문에 고깃덩이가 수북이 뭉쳐 있는 것이 마치 흙을 쌓아 놓은 것처럼 나누어져 있는 것으로 보이지 않는다는 말이다.

提刀而立, 爲之四顧, 爲之躊躇, 滿志,

提: 끌 제. 躊: 머뭇거릴 주. 躇: 머뭇거릴 저

그러면 칼을 들고 일어나 잡은 소를 이리저리 살펴보며 기웃기웃하다가 마음에 흡족하면,

逸足容豫, 自得之謂.

逸足(일족): 뛰어난 재주

특출한 재주에 얼굴이 환해지니, 만족하는 것을 말한다.

善刀而藏之.

칼을 씻어 챙깁니다."

拭刀而弢之也.

拭: 닦을 식. 弢: 칼집 도

칼을 씻어서 칼집에 넣는다.

文惠君曰, 善哉. 吾聞庖丁之言, 得養生焉.

문혜군이 말하였다. "대단하구나! 내가 포정의 말을 듣고서 삶을 기르는 방법을 알았도다."

以刀可養, 故知生亦可養.

칼의 수명을 기를 수 있기 때문에 생명도 기를 수 있음을 알았다.

해설

「소요유」와 「제물론」에서는 주로 문학적인 비유를 가지고 마음 비움에 대해 설명했다면, 여기 「양생주」에서 포정이 소를 잡는 이야기부터는 세상사를 가지고 마음 비움이 어떻게 적용되는지를 말하는 것이다. 곧 백정도 마음을 비움으로써 자신의 도를 완성함에 왕의 앞에서도 당당하면서도 담담하게 자신의 일을 할 수 있다는 것이다.

公文軒見右師而驚曰, "是何人也, 惡乎介也.

공문헌이 우사를 보고는 놀라서 말했다. "이 사람은 어떤 사람이기에 어쩌다 개형을 받은 것일까?

刖: 벨 월

介, 偏刖之名.

개형은 발꿈치를 자르는 형벌에 대한 이름이다.

天與, 其人與.

하늘이 한 것인가? 사람이 한 것인가?"

知之所無奈何, 天也, 犯其所知, 人也.

알아도 어떻게 할 수 없는 것은 하늘이 하는 것이고, 자신이 아는 대로 범하는 것은 사람이 하는 것이다.

曰, 天也, 非人也. 天之生是使獨也,

우사가 대답하였다. "하늘이 한 것이지 사람이 한 것이 아니라오. 하늘이 이렇게 되도록 해서 외발이가 된 것이지요.

偏刖曰獨. 夫師一家之知, 而不能兩存其足, 則是知其所無奈何. 若以右師之知而必求兩全, 則心神內困, 而形骸外弊矣, 豈直偏刖而已哉.

刖: 벨 월

한쪽 발만 있는 것을 외발이라고 한다. 한쪽의 지식을 스승으로 해서는 발을 양쪽으로 보존할 수 없으니, 그런 지식으로는 어떻게 할 수 없기 때문이다. 우사의 앎으로 기필코 양쪽이 온전하기를 구했다면, 마음과 정신이 안으로 괴롭고 몸뚱이가 밖으로 피폐해졌을 것이니, 어찌 단지 한쪽 발꿈치가 잘리는 형벌로 끝났겠는가?

人之貌有與也.

사람의 모습에는 짝지어진 것이 있지요.

兩足共行曰, 有與. 有與之貌, 未有疑其非命也.

두 발로 걷는 것을 짝지어진 것이라고 한다. 짝지어진 모습에서는 그것이 운명이 아님을 의심한 적이 없다.

以是知其天也, 非人也.

이 때문에 그것은 하늘이 한 것이지 사람이 한 것이 아님을 알았답니다."

以有與者命也, 故知獨者亦非我也. 是以達生之情者, 不務生之所無以爲, 達命之情者, 不務命之所無奈何也, 全其自然而已.

짝지어진 것이 운명이기 때문에 외발이가 된 것도 내가 한 것이 아님을 안다. 이 때문에 삶의 실정을 달관한 자는 삶에서 어떻게 할 수 없는 것에 대해 힘쓰지 않고, 운명의 실정에 달관한 자는 운명에서 어떻게 할 수 없는 것에 대해 힘쓰지 않으며, 저절로 그런 것을 온전히 할 뿐이다.

[해설]

『장자』에서 다소 이해하기 어려운 부분으로 우사가 앎 곧 분별지를 가지고 세상을 살았기 때문에 형벌을 받아 저렇게 외발이가 되었다는 것이다. 그가 계속 분별지를 가지고 더 삶을 추구했다면 외발이가 되는 정도에 끝나지 않고 죽임을 당했을 것인데, 그 정도로 앎을 사용했기 때문에 외발이로 그쳤다는 것이다. 곧 "사람의 모습에는 짝지어진 것이 있지요. 이 때문에 그것은 하늘이 한 것이지 사람이 한 것이 아님을 알았답니다."라는 말의 의미는 우리의 모습에 눈이 두 개, 귀가 두 개 등으로 짝지어진 것이 있듯이 우리가 앎을 사용하는 것에도 그것에 걸맞게 되는 재앙이 있으니, 자신이 외발이가 된 것은 하늘이 한 것이라는 것이다. 다시 말해 자신이 앎을 사용하는 것은 사람이 하는 것이지만 결국 그것은 하늘 속에 포함되어 있다는 것이다. 앞의 「제물론」에서 '퉁소의 울림'이 곧 '땅울림'임을 알고, 이것들이 결국 모두 '천연의 울림'임을 아는 것이라고 보면 이해가 쉬워질 것이다.

澤雉十步一啄, 百步一飮. 不蘄畜乎樊中,

雉: 꿩 치, 啄: 쫄 탁, 蘄: 바랄 기, 畜: 쌓을 축, 가축 축, 기를 휵, 樊: 울 번

못 옆의 꿩은 열 걸음을 걸어야 모이를 한 번 쪼아 먹을 수 있고, 백 걸음을 걸어야 물 한 모금 마실 수 있다. 그렇지만 새장에서 길러지기를 바라지 않으니,

蘄, 求也. 樊, 所以籠雉也. 夫俯仰乎天地之間, 逍遙乎自得之場, 固養生之妙處也. 又何求於入籠而服養哉.

籠: 대그릇 농, 服: 따를 복

바라는 것은 구하는 것이다. 새장은 꿩을 가둬두는 것이다. 하늘과 땅 사이에서 날아 오르락내리락 하며 스스로 만족하는 곳에서 유유자적하는 것이 본래 삶을 기르는 신묘한 일상이다. 그런데 또 무엇 때문에 새장에 들어가 길러지기를 바라겠는가!

神雖王, 不善也.
신명이 왕성하게 될지라도 좋지 않기 때문이다.

夫始乎適而未嘗不適者, 忘適也. 雖心神長王, 志氣盈豫, 而自放於淸曠之地, 忽然不覺善之爲善也.

딱 맞음에서 시작해서 딱 맞지 않음이 없는 경우에는 딱 맞음이 무엇인지를 잊어버린다. 그러니 새장에서 마음과 신명이 펼쳐져 왕성하고 뜻과 기운이 충만하여 즐거울지라도 맑고 넓은 세상으로 풀려나면, 어느 순간부터 갑자기 좋은 것이 좋은 것인 줄도 느끼지 못하게 된다.

해설
독자들께서 "신명이 왕성하게 될지라도 좋지 않기 때문이다."라는 구절에 의문을 가질 수도 있는데, 곽상 주의 의미는 정말 제대로 된 것은 전혀 아무 것도 느끼지 못한다는 것이다. 우리가 간혹 체험하는 것으로 체하면 배가 몹시 아프지만, 약을 먹든지 침을 맞든지 해서 낫게 되면 배가 전혀 느껴지지 않아 그것이 있는지 조차 잊어버리는 것으로 보면 된다. 다시 말해 심신이 차분하게 가라앉아 안정되면 심신에 대해 느끼지 못하게 된다는 것이다.

老聃死, 秦失弔之, 三號而出.
노담이 죽자 진일이 조문을 가서 세 번 울고 나왔다.

人弔亦弔, 人號亦號.

사람들이 조문하니 그도 조문했던 것이고, 사람들이 우니 그도 울었던 것이다.

弟子曰, 非夫子之友邪.

제자들이 "선생님의 친구 분이 아니신지요?"라고 물었다.

怪其不倚戶觀化, 乃至三號也.   化: 화할 화, 죽을 화

문에 기대 죽음을 확인하지도 않고 바로 세 번 곡을 하는 것을 이상하게 여겼던 것이다.

曰, 然, 然則弔焉若此可乎, 曰, 然.

"그래."라고 해서 "그렇다면 이렇게 조문해도 되는지요?"라고 물으니, 답하였다. "그래.

至人無情, 與衆號耳, 故若斯可也.

무아의 경지에 이른 사람은 감정이 없어 사람들과 함께 하여 울뿐이기 때문에 이렇게 해도 된다는 것이다.

始也吾以爲其人也, 而今非也. 向吾入而弔焉, 有老者哭之, 如
哭其子, 少者哭之, 如哭其母. 彼其所以會之, 必有不蘄言而言,
必有不蘄哭而哭者.

처음에 나는 노담을 통달한 사람이라고 여겼는데, 이제는 아니네. 아까 내가 들어가 조문을 하는데, 늙은이는 자식이 죽은 듯이 곡을 하

고, 젊은이는 부모가 돌아가신 듯이 곡을 하더군. 저들이 여기 모인데에는 반드시 말하기를 바라지 않았는데도 말함이 있고, 곡하기를 바라지 않았는데도 곡함이 있기 때문이네.

嫌其先物施惠, 不在理上往, 故致此甚愛也.
노담이 일을 앞세워 은혜를 베풀고 이치대로 하지 않았기 때문에 이렇게 심하게 애착하게 되었다고 의심한 것이다.

是遁天倍情, 忘其所受,　　　　　　　遁: 피할 둔, 倍: 배반할 배

이것은 하늘을 저버리고 실정을 배반하여 자신이 받은 것을 망각하게 한 것일세.

天性所受, 各有本分, 不可逃, 亦不可加.
천성으로 받은 것에는 각기 본분이 있어 도피할 수도 없고 덧붙일 수도 없다는 것이다.

古者謂之遁天之刑.

옛날에는 이것을 하늘을 저버린 형벌이라고 했네.

感物大深, 不止於當, 遁天者也. 將馳騖於憂樂之境, 雖楚戮未加, 而性情已困, 庸非刑哉.　　馳: 다릴 치, 騖: 달릴 무, 楚: 매 초, 모형(牡荊) 초, 戮: 죽일 륙
사물을 감동시킴이 너무 깊어 합당한 데서 멈추지 못한 것은 하늘을 저버린 것이다. 우환과 환락의 세계로 다투듯이 달려 나가 매와 형벌을 가하지 않았을지라도 성정이 이미 괴로우니 어찌 형벌이 아니겠는가!

適來, 夫子時也,

마침 오신 것이 선생님의 때이고,

時自生也.

때맞추어 저절로 태어났다는 것이다.

適去, 夫子順也.

마침 가신 것이 선생님의 순응이지.

理當死也.

이치대로 죽음을 맞았다는 것이다.

安時而處順, 哀樂不能入也,

때를 편안히 여겨 순응하는 것으로 처신하면 슬픔과 즐거움이 끼어들 수가 없네.

夫哀樂生於失得者也. 今玄通合變之士, 無時而不安, 無順而不處, 冥然與造化爲一. 則無往而非我矣, 將何得何失, 孰死孰生哉. 故任其所受, 而哀樂無所錯其閒矣.

슬픔과 즐거움은 잃음과 얻음에서 생겨나는 것이다. 지금 현묘하게 통달하여 변화와 하나가 된 선비는 어느 때인들 편안하지 않음이 없고, 어느 것인들 순응하여 일상으로 여기지 않음이 없어 아무 구분도 없이 조화와 하나가 된다. 그렇다면 어디를 가더라도 내가 아닌 것이 없으니, 무엇을 얻고 무엇을 잃겠으며, 누가 죽었고 누가 살았겠는가! 그러므로 받은 대로 놔두니, 슬픔과 즐거움이 그 사이에 끼어들지 못한다.

古者, 謂是帝之縣解.

옛날에는 이것을 하늘에 얽매임을 풀어버린 것이라고 했네.

以有係者爲縣, 則無係者縣解也. 縣解而性命之情得矣, 此養生之要也.

매임이 있는 것은 얽매임이니, 매임이 없는 것은 얽매임을 풀어버린 것이다. 얽매임이 풀려 성명의 실정을 얻으면, 이것이 삶을 기르는 요체이다.

指窮於爲薪, 火傳也,

손가락으로 땔나무를 지펴 다하기 때문에 불이 이어지는데도,

窮, 盡也. 爲薪, 猶前薪也, 前薪以指. 指盡前薪之理, 故火傳而不滅, 心得納養之中, 故命續而不絶, 明夫養生乃生之所以生也.

다한다는 것은 정성스럽게 한다는 것이다. 땔나무를 지핀다는 것은 땔나무를 앞으로 밀어 넣는다는 것과 같으니, 손가락으로 땔나무를 앞으로 밀어 넣는 것이다. 땔나무를 앞으로 밀어 넣는 도리를 손가락으로 정성스럽게 하기 때문에 불이 이어져서 꺼지지 않고, 기름을 받아들이는 알맞음을 마음으로 얻었기 때문에 생명이 이어져서 끊어지지 않으니, 삶을 기르는 것이 바로 생명이 살게 되게 하는 까닭임을 밝혔다.

不知其盡也.

땔 나무가 다 타버렸기 때문임을 알지 못하고 있는 것이네."

夫時不再來, 今不一停, 故人之生也, 一息一得耳. 向息非今息, 故納養而命續, 前火非後火, 故爲薪而火傳. 火傳而命續, 由夫養得其極也. 世豈知其盡而更生哉.

시간은 다시 오지 않고, 지금은 잠시도 머물러 있지 않기 때문에, 사람의 생명은 한 번 숨 쉴 때 한 번 얻는 것일 뿐이다. 아까 숨 쉰 것은 지금 숨 쉬는 것이 아니기 때문에 기름을 받아들여 삶이 이어지고, 앞의 불은 뒤의 불이 아니기 때문에 땔나무를 지펴 불이 이어진다. 불이 이어지고 생명이 이어지는 것은 기름에 그 궁극을 얻었기 때문이다. 그렇지만 세상에서 어찌 생명이 다해서 다시 나온 것임을 알겠는가!

해설

진일이 노담의 제자들에게 죽음은 땔감이 타들어가면서 사라지는 것과 같은데, 그들이 스승의 죽음에 연연하는 것은 노자가 잘못 가르쳤기 때문이라고 아주 심하게 꾸짖고 있는 것이다.

「인간세人間世」

與人群者, 不得離人. 然人間之變, 故世世異宜, 唯無心而不自用者,
爲能隨變所適, 而不荷其累也.　　　　　　　　　　　荷: 번거로울 하

사람들과 함께 하는 자는 사람을 떠날 수 없다. 그러나 사람은 변하기
때문에 세대마다 마땅함의 기준을 달리하니, 오직 마음을 비워 스스로 쓰
지 않는 자들만이 흘러가는 대로 따라 변할 수 있어 그 번거로움을 짐으로
여기지 않게 된다.

顔回見仲尼, 請行, 曰, 奚之. 曰, 將之衛, 曰, 奚爲焉. 曰, 回聞
衛君, 其年壯, 其行獨.

안회가 중니를 찾아뵙고 떠나겠다고 하니, “어디로 갈 것이냐?”라고
물었다. “위나라로 갈 것입니다”라고 하니, “무엇을 하려고?”라고 물
었다. “제가 듣기로 ‘위나라 임금은 나이가 젊고 행동이 독단적이어서

不與民同欲也.

백성들과 함께 하고자 하지 않는다는 것이다.

輕用其國,

나라를 가볍게 여기는데도,

夫君人者, 動必乘人, 一怒則伏尸流血, 一喜則軒冕塞路. 故君人者
之用國, 不可輕也.　　　　　　　　軒冕(헌면): 대부 이상 관원의 수레와 관복

임금이란 자가 움직일 때에 반드시 사람을 모멸하니, 한 번 화를 내면 죽어 나자빠져 피를 흘리고, 한 번 기뻐하면 높은 관리들이 길에 가득하다. 그러므로 임금이 나라를 다스릴 때 가벼워서는 안 된다.

而不見其過,

왕의 잘못을 드러내지 못하고,

莫敢諫也.

아무도 감히 간하지 못한다.

輕用民死,

백성들이 죽도록 함부로 부려

輕用之於死也.

죽을 곳에 함부로 부린다.

死者, 以國量乎澤, 若蕉, 　　　量: 헤아릴 양, 가득 찰 량

죽은 자들이 못에 잡초처럼 나라에 가득하니,

舉國而輸之死地, 不可稱數, 視之若草芥也. 　　　輸: 나를 수

나라에서 사람들을 죽을 곳으로 몰아붙인 것이 헤아릴 수 없을 정도이니, 백성을 지푸라기처럼 보았던 것이다.

民其無如矣.

백성들이 어찌할 줄을 모른다.'고 합니다.

無所依歸.

의지할 곳이 없다는 것이다.

回嘗聞之夫子曰, 治國去之, 亂國就之. 醫門多疾. 願以所聞思
其則, 庶幾其國有瘳乎. 仲尼曰, 譆, 若殆往而刑耳.

瘳: 나을 추. 譆: 감탄할 희. 殆: 위태할 태

제가 선생님께 일찍이 '다스려지는 나라를 떠나 어지러운 나라로 가
라. 의원의 문턱에는 병자가 많다.'고 들었습니다. 배운 것으로 그
방법을 생각하여 그 나라를 거의 낫도록 할 수 있겠는지요?" 중니가
말하였다. "그 참! 자네는 위태위태해서 가봐야 형벌만 받을 것이네.

其道不足以救彼患.

안회의 도가 위나라의 환난을 구하기에 부족하다는 것이다.

해설
역시 세상사 곧 임금과 신하의 관계에서 신하가 마음을 비우고 임금을
대하는 것이 어떤 것인지 구체적으로 자세히 설명하려는 것이다.

夫道不欲雜.

도는 번잡하게 하는 것이 아니야.

宜正得其人.

바르게 함으로 사람들을 얻어야 한다는 것이다.

雜則多, 多則擾, 擾則憂, 憂而不救.

擾: 어지러울 요

번잡하면 많아지고, 많아지면 요란하며, 요란하면 근심스럽고, 근심스러우면 구제하지 못하네.

若夫不得其人, 則雖百醫守病, 適足致疑, 而不能一愈也.

제대로 된 사람을 얻지 못하면, 수많은 의사가 병을 지킬지라도 단지 의심만 생기게 하고 조금도 차도가 있게 하지 못한다는 것이다.

古之至人, 先存諸己, 而後存諸人.

옛날에 무아의 경지에 이른 사람은 먼저 자신에게 도를 보존한 다음에 남들에게도 도를 보존하게 했지.

有其具, 然後可以接物也.

자신에게 갖춘 다음에 다른 사람에게로 나아갈 수 있다는 것이다.

所存於己者未定, 何暇至於暴人之所行.

자네 자신에게 도를 보존하는 것이 아직 안정되지 않았는데, 어찌 포악한 자들이 행하도록 할 여유가 있겠느냐?

不虛心以應物, 而役思以犯難, 故知其所存於己者未定也. 夫唯外其知以養眞, 寄妙當於群才, 功名歸物而患慮遠身, 然後可以至於暴人之所行也.

寄: 부칠 기

마음을 비워 사물을 따르지 않고, 애써 생각해 도리어 어렵게 만들기 때문에, 안회 자신에게 도를 보존한 것이 아직 안정되지 않았음을 안 것이다. 오직 지혜를 잊고 참됨을 길러 재주 있는 많은 이들에게 묘하게 맞도록 놔두면, 공과 명성은 다른 사람들에게 돌아가고 우환과 걱정은 자신에게서 멀어지니, 그런 다음에야 포악한 자들이 도를 행하도록 할 수 있다는 것이다.

且若亦知夫德之所蕩, 而知之所爲出乎哉. 德蕩乎名, 知出
乎爭.

우선 자네는 또한 덕이 쓸려 없어지고 지혜가 나오는 이유를 알아야
하겠지! 덕은 명성 때문에 쓸려 없어지고 지혜는 다툼 때문에 나오는
거라네.

德之所以流蕩者, 矜名故也, 知之所以橫出者, 爭善故也. 雖復桀跖,
其所矜惜, 無非名善也.

덕이 흘러가 쓸려 없어지는 이유는 명성에 힘쓰기 때문이고, 지혜가 마음
대로 나오는 것은 뛰어나려고 다투기 때문이다. 하나라의 걸임금과 춘추
시대의 도척에게 돌아갈지라도 좋아하고 아끼는 것은 명성과 뛰어남이
아닌 것이 없다.

名也者, 相札也, 知也者, 爭之器也. 二者凶器, 非所以盡行也.

명성은 서로 꺾어버리는 것이고, 지혜는 다투는 것이니, 두 가지는
흉악한 기구이지 행동을 극진하게 하는 것이 아니네.   札: 꺾을 찰.

夫名智者, 世之所用也, 而名起則相軋, 智用則爭興, 故遺名知而後,
行可盡也.   軋: 삐걱거릴 알, 遺: 남길 유, 버릴 유

명성과 지혜는 세상에 쓰이는 것이지만, 명성이 일어나면 서로 싸우고 지
혜가 사용되면 다툼이 생기기 때문에, 명성과 지혜를 버린 다음에 행동이
극진해질 수 있다.

해설

마음을 비우지 못하는 근본적인 이유가 명성을 얻으려고 하고 지혜를
다투기 때문이라는 것이다.

且德厚信矼, 未達人氣, 名聞不爭, 未達人心, 而彊以仁義繩墨
之言, 術暴人之前者, 是以人惡有其美也,　　　矼: 징검다리 강, 성실할 강

또 덕이 두텁고 믿음이 진실한 것은 인기 있을 정도가 아니고, 명성을
다투지 않는 것은 사람의 마음을 울릴 정도가 아닌데, 어짊과 의로움
이라는 도덕적인 말로 힘써 포악한 사람 앞에서 재주를 부리는 것은
남의 뛰어나지 못함을 기회로 자신을 뛰어나게 하려는 것이지.

夫投人夜光, 鮮不按劍者, 未達故也. 今回之德信與其不爭之名, 彼
所未達也, 而强以仁義準繩於彼, 彼將謂回欲毁人以自成也. 是故至
人不役志以經世, 而虛心以應物. 誠信著於天地, 不爭暢於萬物, 然
後萬物歸懷, 天地不逆. 故德音發, 而天下響會, 景行彰, 而六合俱
應, 而後始可以經寒暑涉治亂, 而不與逆鱗迕也.

按: 막을 안. 鱗: 비늘 린. 迕: 만날 오, 거스를 오

사람들에게 야광주를 던지면 칼로 막지 않는 경우가 드문 것은 보물임을
알지 못하기 때문이다. 이제 안회의 덕과 믿음 및 다투지 않는 명성을
저들이 아직 모르고 있는데, 어짊과 의로움이라는 도덕을 저들에게 열심
히 행하면, 저들은 그가 남을 헐뜯어 자신이 성공하려고 한다고 말할 것이
다. 이 때문에 무아의 경지에 이른 사람은 애써 세상을 경영하지 않고
마음을 비워 사물을 따르는 것이다. 참됨과 믿음이 천지에 드러나고 다투
지 않음이 만물에 미치게 된 다음에 만물이 귀의하고 천지가 어기지 않는
다. 그러므로 훌륭한 말이 알려져 천하가 화답하고, 훌륭한 행동이 드러나
세상이 모두 호응한 후에 비로소 추위와 더위, 다스림과 혼란이 거쳐 지나
가도 왕의 분노를 피할 수 있다.

해설

마음을 비워 덕이 쌓인 것이 저절로 소문날 정도가 아닌데, 남을 교화시
키려고 하는 것은 결국 남과 경쟁해서 자신이 명성을 얻으려고 애쓰는
것이기 때문에 남을 해친다고 말하는 것이다.

命之曰菑人. 菑人者, 人必反菑之,　　　菑: 묵정밭 치, 재앙 재

그러니 이렇게 하는 것에 대해 남을 불행하게 하는 것이라고 한다네.
남을 불행하게 하는 자는 남들이 반드시 되돌려 불행을 당하게 하니,

適不信受. 則謂與己爭名, 而反害之.

조금도 믿음으로 받아들이지 않는다는 것이다. 그렇다면 자신과 명성을
다투어 도리어 해칠 것이라는 말이다.

若殆爲人菑夫. 且苟爲悅賢而惡不肖, 惡用而求有以異.　　奇: 부정할 기

자네도 거의 남들에게 불행을 당하게 될 것이네. 게다가 임금이 어진
사람을 좋아하고 못난 사람을 싫어한다면, 무엇 때문에 자네를 등용
해서 특이한 것을 구하겠는가?

苟能悅賢惡愚, 聞義而服, 便爲明君也. 苟爲明君, 則不苦無賢臣, 汝
往亦不足復奇, 如其不爾, 往必受害. 故以有心而往, 無往而可. 無
心而應, 其應自來, 則無往而不可也.

어진 사람을 좋아하고 못난 사람을 싫어하며, 의로움을 듣고 따른다면 곧
밝은 임금이다. 밝은 임금이라면 어진 신하가 없는 것이 괴롭지 않으니,
네가 갈지라도 뛰어나도록 하기에 부족하다는 것이고, 임금이 그렇지 않은
데 가면 반드시 해로움을 당한다는 것이다. 그러므로 마음을 비우지 못했는
데도 가면, 어디를 가더라도 될 것이 없다. 마음을 비웠는데도 호응한다면,
그 호응은 저절로 생기는 것이니, 어디를 갈지라도 되지 않을 것이 없다.

> **해설**
> 뛰어난 임금이라면 이미 훌륭한 신하들이 많기 때문에 굳이 안회 같은
> 사람이 필요하지 않다는 것이다. 이하의 이야기는 뛰어나지 못한 임금
> 이라면, 반드시 수단과 방법을 가리지 않고 안회와 경쟁하면서 지지 않
> 으려고 하기 때문에 위험하게 된다는 것이다.

若唯無詔. 王公必將乘人, 而鬪其捷.　詔: 고할 조, 鬪: 싸울 투, 捷: 이길 첩

자네는 아무 것도 고하지 말아야 할 거야. 왕공은 반드시 사람들을 깔보며 승리를 다툴 것이네.

汝唯有寂然不言耳, 言則王公必乘人, 以君人之勢而角其捷, 辯以距諫飾非也.

자네는 조용히 말하지 않고 있어야 한다. 말을 하면 왕공이 반드시 사람을 깔보며 임금의 기세로 이기려고 하니, 간언을 거부하고 잘못을 꾸미며 다툴 것이다.

而目將熒之,　熒: 등불 형. 미혹할 영

그러면 자네의 안목은 현혹되고

其言辯捷, 使人眼眩也.　眩: 아찔할 현

왕의 언변이 승리를 하여 사람들의 안목을 현혹시킨다.

而色將平之,

자네의 특색은 평이해지니,

不能復自異於彼也.

저것보다 스스로 뛰어나게 만들 수 없다.

口將營之,　營: 경영할 영. 변명할 형

입은 변명하려 하면서

自救解不暇.

스스로 변명할 겨를이 없다.

容將形之, 心且成之.　　　　　　形 : 형상화할 형, 꾸밀 형. 成 : 화친할 성

화해의 태도를 드러내어 마음으로 또 받아들이려고 할 거네.

乃且釋己以從彼也.

이에 또 자신을 포기하고 저것을 따른다.

是以火救火, 以水救水, 名之曰益多.

이것은 불로 불을 구제하고 물로 물을 구제하는 것으로 '많은 것에 보태주는 것'이라고 하는 것이네.

適不能救, 乃更足以成彼之威.

마침내 구제할 수 없고, 도리어 저것의 위엄을 충분히 이루어주게 되는 것이다.

順始無窮.

그러니 처음대로 따르면서 끝이 없게 되는 것이지.

尋常守故, 未肯變也.

평범하게 원래의 것을 지키며 변하려고 하지 않는다는 것이다.

해설

임금의 기세에 눌려 동조하게 되면 아무 것도 한 것이 없는 것이 아니라 도리어 그의 편이 되어 도와주는 꼴만 되고 만다는 것이다.

若殆以不信厚言, 必死於暴人之前矣.

자네가 거의 믿음을 주지 못하는데 충언을 하면, 반드시 포악한 사람 앞에서 죽임을 당할 것이야.

未信而諫, 雖厚言爲害.

믿지 않는데 간하다가는 후덕한 말을 할지라도 해를 당한다는 것이다.

해설

임금의 기세에 눌리지 않고 꿋꿋이 간언을 하다가는 마침내 죽게 된다는 것이다.

且昔者桀殺關龍逢, 紂殺王子比干, 是皆修其身, 以下傴拊人之民, 以下拂其上者也,

拂: 바로잡을 불

저 옛날에 하나라 임금 걸이 어진 신하 관용봉을 죽였고, 은나라 임금 주가 그 숙부 왕자 비간을 죽였으니, 이들은 모두 그 자신을 닦아 신하로서 남의 백성을 사랑하여 길렀고, 신하로서 그 임금을 바로잡으려고 했기 때문이네.

龍逢比干, 居下而任上之憂, 非其事者也.

관용봉과 비간이 신하로 있으면서 임금의 근심을 책임졌는데, 그들이 일삼을 것은 아니다.

故其君因其修以擠之, 是好名者也.

修: 베풀 수. 擠: 밀 제

그러므로 그들의 임금은 그들이 만들어놓은 것을 가지고 그들을 꺾어버렸으니, 바로 명예를 좋아했기 때문이지.

不欲令臣有勝君之名也.

신하가 임금을 이겼다는 명예를 가지지 못하도록 했다는 것이다.

해설
　임금이 신하의 간언을 꺾어버리는 것도 자신이 이겼다는 명예를 좋아하기 때문이라는 것이다.

昔者, 堯攻叢枝胥敖, 禹攻有扈, 國爲虛厲, 身爲刑戮, 其用兵不止, 其求實無已. 是皆求名實者也, 而獨不聞之乎.　　實: 재물 실

옛날에 요임금이 총지와 서오를 치고 우임금이 유호를 쳐서 나라를 폐허로 만들고, 목숨까지 죽여 버렸으니, 전쟁을 그치지 않고 재물을 탐함이 끝이 없었기 때문이야. 이들은 모두 명예와 재물을 추구했던 자들인데, 자네만 그것에 대해 들어본 적이 없는 것인가?

夫暴君非徒求恣其欲, 復乃求名, 但所求者非其道耳.

폭군들이 욕망을 추구했을 뿐만 아니라, 다시 명예까지 추구했으니, 도가 아닌 것만 구한 것이다.

名實者, 聖人之所不能勝也, 而況若乎.

명예와 재물을 좋아하는 자들은 거룩한 사람께서도 감당할 수 없었는데, 하물며 자네 정도야 말해 무엇 하겠느냐!

惜名貪欲之君, 雖復堯禹, 不能勝化也, 故與衆攻之, 而汝乃欲空手而往, 化之以道哉.

명예를 소중하게 여기고 욕망을 탐하는 임금은 다시 요임금과 우임금일지라도 감당해서 교화시킬 수 없었기 때문에 사람들과 함께 공격했는데, 자

네가 빈손으로 가서 도로써 교화시키려고 하느냐는 것이다.

해설

포악한 임금은 요임금이나 우임금처럼 거룩한 분들도 교화시킬 수 없어 마침내 정벌하고 말았는데, 안회 자네가 어떻게 할 수 있겠냐는 말이다. 그런데 이렇게 여러 가지로 장황하게 이야기하는 것은 누구나 지혜를 다투기 때문에 임금의 잘못을 바로 잡기 위해서는 진실로 마음을 비움으로써 임금과는 물론 그 신하들과도 지혜를 다투지 않고 자연스럽게 인도할 수 있어야 한다는 것이다. 그러니 이제부터 마음 비우는 것에 대해 서로 자세히 이야기해 보려는 것이다.

雖然, 若必有以也, 嘗以語我來. 顏回曰, 端而虛,

그럴지라도 자네에게 반드시 방법이 있을 것이니, 시험 삼아 나에게 말해 보게나." 안회가 말하였다. "몸을 단정히 하고 마음을 비우며

正其形, 而虛其心也.

몸을 바르게 하고 마음을 비운다는 것이다.

勉而一,

부지런히 전일하면

言遜而不二也.

겸손하게 하면서 변하지 않는다는 말이다.

則可乎, 曰, 惡. 惡可.

되겠지요." 답하였다. "아니! 그것으로 어떻게 되겠느냐?

言未可也.

될 수 없다는 말이다.

> **해설**
> 마음을 비우려고 애쓰는 단계 곧 마음을 비워야 하겠다는 생각으로 마음을 채우고 있는 단계이기 때문에 허락할 수 없는 것이다.

夫以陽爲充, 孔揚,

孔: 심할 공. 揚: 오를 양. 나타낼 양

양기가 충만해서 거칠게 드러내며,

言衛君亢陽之性, 充張於內, 而甚揚於外, 强禦之至也.

위나라 임금은 교만한 성격이 마음에 충만해서 밖으로 심하게 드러나니, 안회를 아주 거세게 막아버릴 것이라는 말이다.

采色不定,

표정이 일정하지 않아

喜怒無常.

좋아하고 화를 냄이 일정하지 않다는 것이다.

常人之所不違,

평범한 사람들은 어길 수 없으니,

莫之敢逆.

누구도 감히 어기지 못한다는 것이다.

因案人之所感, 以求容與其心.   案: 누를 안
그것을 기회로 남들의 생각을 억누르고는 태연히 마음대로 할 것이네.

夫頑強之甚, 人以快事感己, 己陵藉而乃抑挫之, 以求從容自放, 而
遂其佟心也.   藉: 업신여길 적. 깔개 자. 挫: 꺾을 좌
아주 완강하여 사람들이 통쾌한 일로 자신을 감동시켜도 능멸하여 꺾어버
리고는 태연히 마음대로 하면서 거만하게 군다는 것이다.

名之曰日漸之德不成, 而況大德乎.
그런 자들에 대해 '날마다 쌓는 덕도 이룰 수 없다.'고 하는데, 하물며
큰 덕에 대해서야 말해 무엇 하겠느냐!

言乃少多無回降之勝也.   降: 내릴 강. 겸손할 강
거의 안회의 겸손함으로 이길 수 없다는 말이다.

將執而不化.   執: 잡을 집
딱 버티고 있어 교화되지 않을 것이야.

故守其本意也.
그 본래의 생각을 그대로 지킨다는 것이다.

外合而內不訾, 其庸詎可乎.   訾: 헐뜯을 자. 생각할 자

겉으로는 따르는 척 해놓고 속으로는 생각조차 해보지 않는데, 어떻게 할 수 있겠느냐?"

外合而內不訾, 卽向之端虛而勉一耳, 言此未足以化之.

겉으로는 따르는 척 해놓고 속으로는 생각조차 해보지 않고, 그대로 그를 쳐다보며 몸을 단정히 하고는 아무 생각 없이 부지런히 똑같이 하고 있을 뿐이니, 이렇게 해서는 교화시킬 수 없다는 말이다.

해설

임금이 자신의 생각대로 딱 버티고는 거칠게 반응하거나 아니면 겉으로 따르는 척 하고 속으로 딴 생각을 한다는 것이다.

然則我內直而外曲, 成而上比.

"그렇다면 저는 안으로 곧게 하고 겉으로 완곡하게 하며, 성공시키면서 위로 나란히 하겠습니다.

顏回更說此三條也.

안회가 다시 이 세 가지를 말하였다.

內直者, 與天爲徒. 與天爲徒者, 知天子之與己皆天之所子, 而獨以己言蘄乎而人善之, 蘄乎而人不善之邪.

안으로 곧게 한 자는 하늘과 한 무리가 됩니다. 하늘과 한 무리가 된 자는 천자와 자신이 모두 하늘의 자식임을 알 것인데, 유독 자신의 말을 가지고 구한다고 남들이 훌륭하게 여기고, 구한다고 (남들이) 훌륭하지 않게 여기겠습니까?

物無貴賤, 得生一也. 故善與不善, 付之公當耳, 一無所求於人也.

사물은 귀함과 천함이 없고 생명을 얻은 것에서 똑같다. 그러므로 선함과 선하지 않음은 공평하고 타당한 것에 맡겨놓을 뿐이고 조금도 남에게 구함이 없다는 것이다.

若然者, 人謂之童子, 是之謂與天爲徒.

그렇게 하는 자를 사람들은 아이라고 하니, 이런 자를 하늘과 한 무리라고 하지요.

依乎天理, 推己性命, 若嬰兒之直往也.

하늘의 이치에 따라 자신의 생명을 전개시키니, 어린 아이가 곧이곧대로 가는 것과 같다.

外曲者, 與人之爲徒也. 擎跽曲拳, 人臣之禮也. 人皆爲之, 吾敢不爲邪. 爲人之所爲者, 人亦無疵焉, 是之謂與人爲徒.

擎: 받들 경. 跽: 꿇어앉을 기. 拳: 공손할 권

겉으로 완곡하게 하는 자는 사람들과 한 무리가 됩니다. 두 손을 맞잡고 무릎 꿇고 절하는 것은 신하의 예의입니다. 사람들이 그것을 모두 하는데 제가 감히 하지 않겠습니까? 사람들이 하는 것을 하면 그들도 비난하지 않을 것이니, 이것을 '사람들과 한 무리가 되었다'고 합니다.

外形委曲, 隨人事之所當爲者也.

외형으로 완곡하게 해서 사람의 일로 당연히 하는 것을 따른다.

成而上比者, 與古爲徒.

성공시키면서 위로 나란히 하는 자는 옛날과 한 무리가 됩니다.

成於今, 而比於古也.

지금에 이룰지라도 옛날과 나란히 한다.

其言雖教, 讁之實也,

그 말은 비록 바로잡는 것일지라도 실제로는 넌지시 말하여 깨우치게
하는 것인데,

雖是常敎, 實有諷責之旨.

항상 바로잡는 것일지라도 실제로는 넌지시 꾸짖는 뜻이 있다는 것이다.

古之有也, 非吾有也. 若然者, 雖直而不病,

옛날부터 있어오던 것이지 제가 만든 것이 아닙니다. 그렇게 할 경우
에는 곧게 할지라도 병이 되게 하지 않으니,

寄直於古, 故無以病我也.

곧음을 옛날에 의지하기 때문에 자신에게 병이 되지 않는다는 것이다.

**是之謂與古爲徒. 若是則可乎. 仲尼曰, 惡, 惡可. 大多政法而
不諜,**

諜: 염탐할 첩. 편안할 첩

이것을 옛날과 한 무리가 되었다고 합니다. 이렇게 하면 되겠는지
요?" 중니가 말하였다. "아니! 그것으로 어떻게 되겠는가? 바로 잡는
법이 너무 많아 번거롭네.

當理無二, 而張三條以政之, 與事不冥也.

이치에 맞아 어긋남이 없지만 세 가지를 베풀어 바로 잡으니, 일과 구분 없이 하나로 되지 않는다는 것이다.

雖固亦無罪.

그런데 고루할지라도 죄가 되지는 않겠구나.

雖未弘大, 亦且不見咎責.

넓고 크지는 않을지라도 책망을 당하지는 않겠다는 것이다.

雖然, 止是耳矣, 夫胡可以及化.

그럴지라도 그것에서 그칠 뿐이니, 어떻게 교화시킬 수 있겠는가?

罪則無矣, 化則未也.

죄는 없겠지만 교화는 시킬 수 없다는 것이다.

猶師心者也.

여전히 마음을 스승으로 삼고 있는 것이네."

挾三術以適彼, 非無心而付之天下也.

세 가지 방법으로 저들에게 나아가니, 마음을 비우고 천하에 맡겨놓은 것이 아니라는 것이다.

해설

안회가 마음을 비워 하늘과 함께 할지라도 그렇게 하는 것이 마음 비움이라고 여기고 애쓰며 노력할 경우에는 여전히 마음을 비우지 못했다는 것이다.

顔回曰, 吾無以進矣, 敢問其方. 仲尼曰, 齋. 吾將語若. 有而爲
之, 其易邪.

안회가 말하였다. "저는 어찌 해볼 수가 없으니, 감히 그 방법을 여쭙
겠습니다." 중니가 말하였다. "재계하게. 내가 자네에게 말해 주겠네.
마음을 비우지 못하고 그렇게 하고 있으니 그것이 쉽겠는가?

夫有其心而爲之者, 誠未易也.

마음을 비우지 못하고 그렇게 하고 있는 경우에는 진실로 쉽지 않다는
것이다.

易之者, 皞天不宜.   皞: 밝을 호

쉽게 여길 경우에는 밝은 하늘이 마땅하게 여기지 않을 것이네."

以有爲爲易, 未見其宜也.

무엇인가 하는 것을 쉽게 여기면 마땅함을 알 수 없다는 것이다.

顔回曰, 回之家貧, 唯不飮酒不茹葷者數月矣. 如此, 則可以爲齋
乎. 曰, 是祭祀之齋, 非心齋也. 回曰, 敢問心齋. 仲尼曰, 若一志,
                                              茹: 먹을 여. 葷: 매운 채소 훈

안회가 말하였다. "저는 집이 가난하여 술을 마시지 않고 파나 마늘
같은 냄새나는 채소를 먹지 않은지 몇 달이나 되었습니다. 그렇다면
재계가 되겠는지요?" 중니가 말하였다. "그것은 제사지낼 때의 재계
이지 마음으로 재계한 것이 아니네." 안회가 말하였다. "마음으로 재
계하는 것에 대해 감히 여쭙겠습니다." 중니가 말하였다. "자네는 뜻
을 전일하게 하여야 하네.

去異端而任獨也.

다른 실마리를 제거하여 하나 뿐인 것에 맡겨 놓는다는 것이다.

해설

마음의 재계에서 뜻을 전일하게 하라는 것은 마음이 분별작용으로 분산되지 않는 것을 말한다. 곧 마음을 비움으로 고요히 안정되어 하나가 되어 있게 하라는 것이다.

無聽之以耳, 而聽之以心, 無聽之以心, 而聽之以氣. 聽止於耳, 心止於符. 氣也者, 虛而待物者也.

귀로 듣지 말고 마음으로 듣고, 마음으로 듣지 말고 기운으로 들어라. 듣는 것은 귀에 그치고 마음은 부합하는 것에 그치네. 기운은 마음을 비움으로 사물을 맞이하는 것이라네.

遺耳目, 去心意, 而符氣性之自得, 此虛以待物者也.

귀로 보고 눈으로 보는 것을 잊고 마음과 생각을 버려 기운과 본성이 저절로 그런 그대로 놔두면, 이것이 마음을 비움으로 사물을 맞이하는 것이다.

해설

마음을 비워 분별지를 중심으로 일어나는 감각작용을 잊어버림으로써 사물의 기운을 있는 그대로 느낄 때, 사물을 온전히 맞이할 수 있다는 것이다.

唯道集虛. 虛者, 心齋也.

오직 도는 비어 있는 것으로 모이네. 비우는 것은 마음으로 재계하는 것이지."

虛其心, 則至道集於懷也.

마음을 비우면 도가 가슴으로 모이게 된다.

顔回曰, 回之未始得使, 實自回也,

안회가 말하였다. "제가 처음에는 그렇게 할 수 없어 실로 스스로 안회였습니다.

未始使心齋, 故有其身.

처음에는 마음으로 재계할 수 없었기 때문에 그 자신이 있다고 여겼던 것이다.

得使之也, 未始有回也.

그런데 그렇게 할 수 있게 되니, 비로소 제가 있지 않게 되었어요.

旣得心齋之使, 則無其身.

마음으로 재계를 할 수 있게 된 뒤에는 그 자신이 있다고 여기지 않았다는 것이다.

해설

자신을 느낄 수 있다는 것은 분별 때문에 아직 사물과 자신의 경계가 사라지지 않은 것이다. 그 경계가 사라져야 비로소 마음을 비웠다고 할 수 있는 것이다.

可謂虛乎. 夫子曰, 盡矣, 吾語若. 若能入遊其樊, 而無感其名,

비웠다고 할 수 있겠는지요?" 선생이 말하였다. "지극하게 되었으니, 내가 자네에게 말해 주겠네. 자네가 그 울타리에 들어가 노닐 수 있을 때에 명예에 흔들리지 말아야 하네.

放心自得之場, 當於實而止.
스스로 만족하는 곳에 마음을 풀어놓고 실제에 합당하게 할 뿐이라는 것이다.

入則鳴, 不入則止,
들어가면 울려주고, 들어가지 못하면 멈추고는

譬之宮商, 應而無心, 故曰鳴也. 夫無心而應者, 任彼耳, 不强應也.
음계에 비유하면 따를지라도 무심하기 때문에 "울려준다."고 하였다. 마음을 비우고 따르는 자는 저것들에 맡겨 놓을 뿐이니 억지로 따르게 하지 않는다는 것이다.

無門無毒.
문을 없게 하고 길러줌을 없게 하게.

使物自若, 無門者也. 付天下之自安, 無毒者也. 毒, 治也.
사물이 태연자약하게 되도록 하는 것이 문이 없게 하는 것이다. 천하가 저절로 편안한 대로 놔두는 것이 길러줌이 없게 하는 것이다. 길러줌은 다스림이다

一宅而寓於不得已,
집과 하나로 되어 어떻게 할 수 없는 것에 머무르게 되면

寓: 머무를 우

不得已者, 理之必然者也, 體至一之宅, 而會乎必然之符者也.

어떻게 할 수 없는 것은 이치가 반드시 그런 것이니, 지극하게 하나로 된 집을 체득해서 반드시 그런 신표와 합하라는 것이다.

則幾矣.

거의 가깝게 될 것이야.

理盡於斯.

이치가 여기에서 극진해진다는 것이다.

> **해설**
> 마음을 비워 왕의 마음에 들어 그의 영역으로 들어갔으면, 먼저 왕을 잘 교화시켜 명예를 얻겠다는 생각을 버려야 하고, 다음에 왕을 어떻게 하려고 하지 말고 그가 본성대로 하게 하라는 것이다. 만약 그의 영역으로 들어가지 못했으면 그대로 멈추고 아무 것도 하지 말고 그가 하는 대로 놔둘 수 있으면 거의 마음을 비웠다는 것이다.

絶跡易, 無行地難.

발걸음을 끊는 것은 쉽지만 땅으로 걷지 않는 것은 어렵다네.

不行則易, 欲行而不踐地, 不可能也. 無爲則易, 欲爲而不傷性, 不可得也.

걷지 않는 것은 쉽지만 가면서 땅을 밟지 않으려고 하는 것은 불가능하다. 그러니 아무 것도 하지 않는 것은 쉽지만 무엇인가 하면서 본성을 해치지 않으려고 하는 것은 할 수 없다는 것이다.

> **해설**
> 그냥 혼자 마음을 비우고 아무 것도 하지 않고 있는 것은 사실 쉽지만, 왕

을 설득해서 교화시키기는 어렵다는 말이다. 왕을 교화시키겠다고 마음먹는 순간 이미 마음을 비우지 못한 것이기 때문에 이런 말을 하는 것이다.

爲人使, 易以僞, 爲天使, 難以僞.

사람이 시키는 것을 하면 거짓으로 하기 쉽고, 하늘이 시키는 것을 하면 거짓으로 하기 어렵지.

視聽之所得者粗, 故易欺也, 至於自然之報細, 故難僞也. 則失眞少者, 不全亦少, 失眞多者, 不全亦多. 失得之報, 未有不當其分者也, 而欲違天爲僞, 不亦難乎.

시각과 청각으로 얻는 것은 거칠기 때문에 속기 쉽고, 저절로 그렇게 부합하는 것은 섬세하기 때문에 거짓으로 하기 어렵다. 그렇다면 참됨을 잃음이 적은 것은 온전하지 않음도 적고, 참됨을 잃음이 많은 것은 온전하지 않음도 많다는 것이다. 잘잘못의 부합에는 분수에 합당하지 않은 경우가 없으니, 하늘을 어겨 속이려고 하면 어렵지 않겠는가!

해설

왕을 교화시키겠다고 마음먹고 그렇게 하려는 것은 욕심을 따르는 것으로 참된 본성에서 벗어난 것이니 거짓된 것이다. 그런 마음까지 버리고 왕을 찾아가 교화시키라고 계속 이렇게 충고하고 있는 것이다. 곧 "발걸음을 끊는 것은 쉽지만 땅으로 걷지 않는 것은 어렵다네."라는 구절의 의미는 마음을 비우고 그냥 지내는 것은 쉽지만 왕을 교화시키겠다고 생각했으면, 그렇게 하겠다는 생각까지 비우고 그렇게 하기가 정말 쉽지 않다는 것이다. 그래서 이어지는 아래의 구절은 왕을 교화시키기 위해서는 그 준비로 마음이 비워져 있어야 한다는 것이다.

聞以有翼飛者矣, 未聞以無翼飛者也. 聞以有知知者矣, 未聞以無知知者也.

있는 날개로 난다는 것은 들었지만 없는 날개로 난다는 것은 들은 적이 없네. 있는 지혜로 안다는 것은 들었지만 없는 지혜로 안다는 것은 들은 적이 없네.

言必有其具, 乃能其事, 今無至虛之宅, 無由有化物之實也.

반드시 그 도구가 있어야 그 일을 할 수 있으니, 이제 텅 비어 있는 집이 없으면 사물을 감화시킬 실제가 있을 리가 없다는 말이다.

해설

마음 비움이 이루어지지 않으면 절대로 왕을 교화시킬 수 없다는 말이다. "있는 지혜로 안다는 것은 들었지만 없는 지혜로 안다는 것은 들은 적이 없네."라는 장자의 말 때문에 지혜를 가지고 교화시켜야 한다고 오해할 수도 있다. 그런데 "반드시 그 도구가 있어야 그 일을 할 수 있다."는 곽상의 말처럼 마음 비움을 도구로 하지 않고는 왕을 설득시킬 수 없다는 의미로 보면 된다. 그래야 비어 있는 집에서 흰 빛이 나온다는 다음의 이야기와 아주 자연스럽게 연결된다.

瞻彼闋者, 虛室生白,   瞻: 볼 첨. 闋: 공허할 결

저 비어 있는 것을 보면, 집이 비어서 흰 빛을 내놓으니,

夫視有若無, 虛室者也. 虛室而純白獨生矣.

보기에 없는 것처럼 있는 것이 비어 있는 집이다. 비어 있는 집이어서 순수하게 하얀 빛만 나온다.

吉祥止止.

길한 조짐이 머물러 있지.

夫吉祥之所集者, 至虛至靜也.

길한 조짐이 모인 곳은 텅 비어 있고 아주 고요하다.

해설

길한 조짐이 머물러 있다는 것은 사람이 마음을 비우면 더 없이 차분해
져 남의 감정을 건드리지 않을 뿐만 아니라 또 남들이 그 사람을 저절로
따르도록 한다는 것이다. 『논어』「팔일」에 있는 것으로 공자가 태묘에서
예를 집정할 때 절차의 하나하나를 모두 묻고 진행하는 것에 대해 사람
들이 비웃으니, 남에게 물어서 행사를 차질 없이 진행하고 또 많이 아는
다른 사람을 높여주는 것이 예라고 말하는 것이나, 『성경』에 있는 것으
로 간음한 여인이 사람들에 돌팔매질을 당할 때 죄 없는 자들만이 이
여인에게 돌팔매질을 할 수 있다고 말하는 것이 마음을 비움으로써 사
람들을 교화시켜 따르도록 하는 것이라고 보면 되겠다.

夫且不止, 是之謂坐馳.

머물러 있지 않으면, 이것을 '앉아 있는데도 멋대로 날뛰는 것'이라고
한다네.

若夫不止於當, 不會於極, 此爲以應坐之日, 而馳騖不息也. 故外敵
未至而內已困矣, 豈能化物哉.

타당한 것에 머물러 있지 못해 궁극과 하나가 되지 못하면, 이것은 앉아
있어야 할 때인데도 날뛰며 쉬지 못하는 것이다. 그러므로 밖으로 적이
아직 침입하지 않았는데도 안으로 자신이 이미 피곤하게 된 것이니, 어찌
사물을 감화시킬 수 있겠는가?

夫徇耳目內通, 而外於心知, 鬼神將來舍, 而況人乎.

청각과 시각이 안으로 통하는 것에 따르고 마음으로 아는 것을 등한 시해야 귀신도 와서 머무를 것인데, 하물며 사람이야 말해 무엇 하겠는가?

夫使耳目閉而自然得者, 心知之用外矣. 故將任性直通, 無往不冥, 尙無幽昧之責, 而況人間之累乎.

청각과 시각을 막아 저절로 그런 것을 터득하는 자는 마음으로 아는 작용을 등한시한다. 그러므로 본성대로 바로 통하여 어디를 갈지라도 구분 없이 하나로 되지 않음이 없으니, 오히려 우매한 것들까지도 꾸짖지 않는데, 하물며 사람들을 장애로 여기겠는가?

> **해설**
>
> "청각과 시각이 안으로 통하는 것에 따른다."는 것은 내관법內觀法 또는 내시법內視法이라고 하니, 호흡 수련이나 걷기 수행에서 몸을 안으로 살피는 것도 여기에 해당한다고 보면 된다. 신비한 이야기이지만 수련을 통해 안으로 자신의 몸이나 마음을 자유자재로 살필 수 있게 되면, 또한 밖으로 사물을 살필 수 있게 되면서 조화 곧 신통력을 부릴 수 있게 된다.

是萬物之化也, 禹舜之所紐也, 伏戲几蘧之所行終, 而況散焉者乎.
紐: 끈 유

이것은 만물을 감화시키는 것으로 우임금과 순임금이 이어받은 것이고, 복희와 궤거가 평생 행한 것인데, 하물며 쓰이지 않는 자들임에야 말해 무엇 하겠는가?"

言物無貴賤, 未有不由心知耳目以自通者也. 故世之所謂知者, 豈欲知而知哉. 所謂見者, 豈謂見而見哉. 若夫知見可以欲爲而得者, 則欲賢可以得賢, 爲聖可以得聖乎.

사물에 귀천이 없다는 것은 심지와 이목이 저절로 통하는 것으로 말미암지 않음이 없다는 말이다. 그러므로 세상에서 이른바 아는 것이 어찌 알려고 해서 알아지는 것이겠으며, 이른바 보는 것을 어찌 보려고 해서 보여지는 것이겠는가? 아는 것과 보는 것이 그렇게 하고자 해서 된 것이라면, 현인이 되려고 하면 현인이 될 수 있고, 거룩한 사람이 되려고 하면 거룩한 사람이 될 수 있다는 것인가?

固不可矣, 而世不知知之自知, 因欲爲知以知之, 不見見之自見, 因欲爲見以見之, 不知生之自生, 又將爲生以生之. 故見目而求離婁之明, 見耳而責師曠之聰, 故心神奔馳於內, 耳目竭喪於外, 處身不適而與物不冥矣. 不冥矣, 而能合乎人間之變, 應乎世世之節者, 未之有也.

진실로 그럴 수 없는데, 세상에서는 아는 것이 저절로 아는 것임을 알지 못해 알려고 하는 것으로 말미암아 알고, 보는 것이 저절로 보는 것임을 보지 못해 보려고 하는 것으로 말미암아 보며, 사는 것이 저절로 사는 것임을 몰라 또 살려고 함으로 산다. 그러므로 눈을 보고 이루의 눈 밝음을 구하고, 귀를 보고 사광의 귀 밝음을 바라기 때문에, 정신이 안에서 부지런히 달려가고 청각과 시각이 밖에서 다하니, 처신이 적합하지 않아 사물과 구분 없이 하나로 되지 못한다. 구분 없이 하나로 되지 못했는데, 사람들의 변화와 합하고 세대마다의 제도를 따를 수 있는 경우는 없다.

해설

'쓰이지 않는 자들[散焉者]'은 뒤에 나오는 '쓸모없는 나무[散木]'와 연결해서 이해하기 바란다. 곧 쓸모가 없어 큰 나무가 되었다는 것으로 사람도 쓸모가 없어야 지극한 사람이나 거룩한 사람이 될 수 있다는 것이다. 다시 말하면, 우임금·순임금·복희·궤거는 물론 쓰이지 않는 사람들까지 모두 이렇게 마음을 비우고 사물과 구분 없이 하나가 되어 산다는 말이다.

葉公子高將使於齊, 問於仲尼曰, 王使諸梁也甚重.　　　使: 사신갈 시

섭공자고가 제나라에 사신으로 가게 되어 중니에게 자문을 구했다. "임금께서 저 제량을 사신으로 보내는 것은 아주 중요합니다.

重其使, 欲有所求也.

그가 사신으로 가는 것을 중요하게 여기는 것은 필요로 하는 것을 얻으려고 하기 때문이다.

齊之待使者, 蓋將甚敬而不急.

그런데 제나라에서 사신을 맞이하는 것은 아주 공경스럽게 하겠지만 일은 서두르지 않을 것입니다.

恐直空報其敬, 而不肯急應其求也.

공경하는 척만 하고 요구를 따라주려고 서두르지 않을 것을 염려했다.

匹夫猶未可動, 而況諸侯乎. 吾甚慄之. 子嘗語諸梁也曰, 凡事若小若大, 寡不道以懽成,　　　慄: 두려워할 율, 懽: 기뻐할 환

평범한 사람도 요구대로 움직일 수 없는데, 하물며 제후는 말해 무엇 하겠습니까? 저는 그것이 아주 걱정입니다. 선생님께서는 일찍이 저에게 '모든 일에서 작든 크든 성공을 기뻐하는 것으로 말하지 않는 경우는 드물지요.'라고 하셨어요.

夫事無大小, 少有不言以成爲懽者耳, 此仲尼之所曾告諸梁者也.

일은 크든 작든 성공을 기뻐하는 것으로 말하지 않는 경우는 적으니, 이것은 중니가 일찍이 제량에게 알려주었던 것이다.

事若不成, 則必有人道之患,

그런데 일을 성공시키지 못하면 반드시 사람의 도리에서 우환이 있고,

夫以成爲懽者, 不成則怒矣, 此楚王之所不能免也.

성공을 기쁨으로 삼는 자는 성공하지 못하면 노하니, 이것은 초나라 왕이 벗어날 수 없는 것이다.

事若成, 則必有陰陽之患.

일을 성공시키면 반드시 음양에서 우환이 있어요.

人患雖去, 然喜懼戰於胸中, 固已結冰炭於五藏矣.   炭: 숯 탄

사람의 우환은 사라졌을지라도 기쁨과 두려움이 마음에서 싸우니, 진실로 이미 오장육부가 얼어붙고 새까맣게 타 버린다는 것이다.

若成若不成, 而後無患者, 唯有德者能之.

일이 성공하든 못하든 뒤에 우환이 없는 것은 덕 있는 자만이 할 수 있겠지요.

成敗若任之於彼, 而莫足以患心者, 唯有德者乎.

성공과 실패를 저들에게 맡겨놓고 마음으로 전혀 걱정하지 않는 것은 덕이 있는 자만이 할 수 있다는 것이다.

吾食也執粗而不臧, 爨無欲清之人.   臧: 착할 장. 거둘 장. 爨: 불 땔 찬

저는 식성이 간소하여 좋은 음식을 바라지 않고, 더운 부엌에서도 시원하길 바라지 않는 사람입니다.

對火而不思涼, 明其所饌儉薄也.　　　饌: 반찬 찬, 儉: 검소할 검, 薄: 엷을 박

불 앞에서도 시원한 것을 생각하지 않고, 먹는 것이 간소함을 밝혔다.

今吾朝受命而夕飮冰, 我其內熱與.

그런데 이제 아침에 명을 받았는데도 저녁에 찬물을 마시고 있으니, 내 속이 타고 있는 것이겠지요?

所饌儉薄, 而內熱飮冰者, 誠憂事之難, 非美食之爲也.

먹은 것이 간소한데도 속이 타 찬물을 마시는 것은 진실로 일의 어려움을 걱정하기 때문이지 좋은 음식 때문이 아니다.

吾未至乎事之情, 而旣有陰陽之患矣, 事若不成, 必有人道之患, 是兩也.

나는 실재로 일이 닥치기도 전에 벌써 음양에서 우환이 있고, 일을 성공하지 못한다면 반드시 사람의 도리에서 우환이 있을 것이니, 이것은 우환이 양쪽으로 있는 것입니다.

事未成, 則唯恐不成耳. 若果不成, 則恐懼結於內, 而刑網羅於外也.

일이 아직 이루어지지 않았을 때에는 오직 성공하지 못할 것을 염려한다. 과연 성공하지 못하면 속으로는 두려움에 떨고 밖으로는 형벌에 옭아 매일 것이다.

해설

섭공자고가 사신의 일을 맡고는 속이 타서 공자에게 자문하는 것이다. 곧 일을 성공하지 못하면 충성스러운 신하가 되지 못해 벌을 받을 것이고 일을 성공할지라도 애가 타서 병이 걸릴 것이니, 어떻게 해야 좋겠냐는 말이다.

爲人臣者, 不足以任之, 子其有以語我來. 仲尼曰, 天下有大戒
二, 其一, 命也, 其一, 義也. 子之愛親, 命也, 不可解於心,

신하로서는 그것을 감당하기에 부족하니, 선생님께서 저에게 말씀해
주십시오." 중니가 말하였다. "천하에 크게 경계할 것이 둘 있으니,
그 하나는 운명이고 나머지 하나는 의로움입니다. 자식이 부모를 사
랑하는 것은 운명으로 마음에서 풀어버릴 수 없고,

自然結固, 不可解也.

저절로 그렇게 굳게 맺어져 풀어버릴 수 없다는 것이다.

臣之事君, 義也, 無適而非君也, 無所逃於天地之間,

신하가 임금을 섬기는 것은 의로움으로 어디를 갈지라도 임금이 없는
곳이 없어 세상에서 피할 수 없으니,

千人聚, 不以一人爲主, 不亂則散. 故多賢不可以多君, 無賢不可以
無君, 此天人之道, 必至之宜.

많은 사람들이 모여 한 사람을 임금으로 세울 수 없는 경우에는 어지럽게
되지 않으면 흩어진다. 그러므로 어진 사람이 많을지라도 임금을 여럿
세울 수 없고, 어진 사람이 없을지라도 임금이 없을 수 없으니, 이것은
하늘과 사람의 도리로 반드시 지극히 마땅한 것이다.

是之謂大戒.

이것을 '매우 경계해야 할 것'이라고 합니다.

若君可逃而親可解, 則不足戒也.

임금을 피할 수 있고 부모를 풀어버릴 수 있다면, 경계할 필요가 없다는 것이다.

부모와 자식의 관계 또 임금과 신하의 관계는 운명과 의리로 맺어져 쉽게 끊어버릴 수 없기 때문에 공자는 일단 이것에 대해 매우 경계해야 할 것이라고 한다. 이어서 공자는 그 일을 정성스럽게 하면서도 그 결과에 대해서는 운명으로 여기고 마음을 비울 수 있을 때, 사신의 임무를 수행하라고 섭공자고에게 충고한다.

是以夫事其親者, 不擇地而安之, 孝之至也, 夫事其君者, 不擇事而安之, 忠之盛也. 自事其心者, 哀樂不易施乎前, 知其不可奈何而安之若命, 德之至也.

이 때문에 부모를 섬기는 자는 처지에 관계없이 편안히 모시는 것이 지극한 효성이고, 임금을 섬기는 자는 일에 관계없이 편안히 처리하는 것이 지극한 충성입니다. 그 마음을 스스로 섬기는 자는 슬픔과 즐거움을 앞으로 쉽게 드러내지 않으니, 그 어찌할 수 없음을 알고 운명처럼 편안히 여기는 것이 지극한 덕이기 때문입니다.

知不可奈何者命也, 而安之則無哀無樂, 何易施之有哉. 故冥然以所遇爲命, 而不施心於其間, 泯然與至當爲一, 而無休戚於其中. 雖事凡人, 猶無往而不適, 而況於君親哉.

어찌할 수 없음이 운명임을 알고 편안히 여기면 슬픔도 없고 즐거움도 없으니, 어찌 그것들에 쉽게 마음을 드러내겠는가? 그러므로 아무 구분 없이 만나는 것을 운명으로 여겨 그것들에 마음을 드러내지 않고 혼연히 지극히 당연함과 하나가 되어 마음으로 좋게 여기거나 슬퍼하지 않는다. 그렇게 하면 평범한 사람을 섬길지라도 오히려 어디에선들 적합하지 않음이 없는데, 하물며 임금과 부모에게서야 말해 무엇 하겠는가?

爲人臣子者, 固有所不得已, 行事之情而忘其身.

신하와 자식으로서는 진실로 어쩔 수 없는 것이 있으니, 실제대로 일을 행하면서 자신을 잊어버려야 합니다.

事有必至, 理固常通, 故任之則事濟. 事濟而身不存者, 未之有也. 又何用心於其身哉.

일은 반드시 닥치고 이치는 진실로 항상 통하기 때문에 그대로 맡겨놓으면 일이 반드시 해결된다. 일이 해결되었는데 자신이 죽는 경우는 없다. 그런데 또 무엇 때문에 자신에게 마음을 쓰겠는가?

何暇至於悅生而惡死. 夫子其行可矣.

그러면 어느 틈에 삶을 기뻐하고 죽음을 싫어하겠습니까? (이 정도가 되었다면) 그대는 가도 됩니다.

理無不通, 故當任所遇而直前耳. 若乃信道不篤, 而悅惡存懷, 不能與至當俱往, 而謀生慮死, 吾未見能成其事者也.

이치는 통하지 않음이 없기 때문에 만나는 그대로 맡겨놓고 곧장 앞으로 가면 된다. 만약 도를 믿는 것이 돈독하지 못해 기뻐하고 싫어함이 가슴에 있다면, 지극히 당연함과 함께 가지 못하고 삶을 도모하고 죽음을 염려할 것이니, 내가 그 일을 이룰 수 있는 것을 본 적이 없다.

> **해설**
>
> 이상의 말은 임금의 사신으로 갈 때도 마음을 비우고 그 일을 수행해야 함을 설명하는 것이고, 이하의 말은 사신의 일을 수행하면서 주의할 점에 대해 설명하는 것이다.

丘請復以所聞. 凡交近, 則必相靡以信.

請: 고할 청. 復: 아뢸 복. 靡: 따를 미

제가 들은 것을 아뢰겠습니다. 사귀는 자가 가까이 있는 경우는 반드시 믿음으로 서로 따릅니다.

近者得接, 故以其信驗親, 相靡服也.

가까운 자는 만날 수 있기 때문에 믿음으로 친해 서로 따른다.

遠則必忠之以言,

멀리 있는 경우는 반드시 말로 진심을 다하면,

遙以言傳意也.

멀어서 말로 마음을 전한다.

言必或傳之. 夫傳兩喜兩怒之言, 天下之難者也.

말이 반드시 전해지기는 하겠지요. 그런데 양쪽이 기뻐하고 양쪽이 분노하는 말을 전하는 것은 천하의 어려운 일이지요.

夫喜怒之言, 若過其實, 傳之者, 宜使兩不失中, 故未易也.

기뻐하고 분노하는 것에 대한 말은 그 사실을 지나치게 할 수 있으니, 전해주는 자가 당연히 양쪽으로 알맞도록 해야 하기 때문에 쉽지 않다는 것이다.

夫兩喜必多溢美之言, 兩怒必多溢惡之言.

溢: 넘칠 일

양쪽이 기뻐하면 반드시 칭찬하는 말이 넘치도록 많게 되고, 양쪽이 분노하면 반드시 싫어하는 말이 넘치도록 많게 됩니다.

溢, 過也. 喜怒之言, 常過其當也.

'넘치도록'은 '지나치게'라는 것이다. 기뻐하고 분노하는 말은 언제나 그 합당함을 지나친다.

해설

> 사신으로서 말을 전할 경우에는 진실이 왜곡되기 쉬우니, 자신의 임금이나 상대의 임금 모두 어떻게 말을 하든 그 분위기에 동요되지 말고, 마음을 비움으로써 차분한 상태에서 그 본질을 꿰뚫어서 전해야 잘못되지 않는다고 충고하고 있는 것이다. 아래의 이야기는 본질을 전하지 못하면 재앙을 당하니 조심하라는 것인데, '실정을 치우치지 않게 전하고, 지나친 말을 전하지 않으면, 거의 온전할 것이다.'라는 격언에 모든 것이 잘 압축되어 있다.

凡溢之類妄,

대체로 넘치는 것들은 허망하고,

嫌非彼言, 以傳者妄作.

저쪽의 말이 아니라고 의심하는 것은 전해주는 자가 허망하게 지었기 때문이다.

妄則其信之也莫,

허망하면 아무도 믿지 않습니다.

莫然疑之.

전혀 그렇지 않을 것이라고 의심한다는 것이다.

莫則傳言者殃.

아무도 믿지 않으면 말을 전해주는 자가 재앙을 당합니다.

就傳過言, 似於誕妄, 受者有疑, 則傳言者橫, 以輕重爲罪也.

곧 지나친 말을 전하여 허망할 것 같으면 듣는 자가 의심하니, 말을 전해
준 자가 마음대로 한 것은 경중에 따라 죄를 받는다.

故法言曰, 傳其常情, 無傳其溢言, 則幾乎全.

그러므로 격언에 '실정을 치우치지 않게 전하고, 지나친 말을 전하지
않으면, 거의 온전할 것이다.'라고 하였던 거지요.

雖聞臨時之過言而勿傳也, 必稱其常情, 而要其誠致, 則近於全也.

일시적으로 지나친 말을 들었을지라도 전하지 않으면, 반드시 치우치지
않은 실정에 맞고 정성으로 보낸 것과 합치하게 되니, 거의 온전하게 된다
는 것이다.

> **해설**
> '실정을 치우치지 않게 전하고, 지나친 말을 전하지 않으면, 거의 온전할
> 것이다.'라는 격언에서 '실정을 치우치지 않게 전한다.'는 것은 자신이
> 마음을 비움으로써 왜곡하지 말라는 것이고, '지나친 말을 전하지 않는
> 다.'는 것은 감정에 휩쓸려서 전하라고 한 경우에는 그 본질만 전하라는
> 것이다. 이어지는 아래의 이야기는 마음을 비우지 못해 묘하게 다투고
> 즐기느라고 잘못된다는 것이다.

且以巧鬪力者, 始乎陽,

또 교묘한 방법으로 힘을 다투는 자는 즐겁게 시작하지만

本共好戲.

본래 남들과 함께 놀기를 좋아한다는 것이다.

常卒乎陰,

항상 기분 나쁘게 끝나니,

欲勝情至, 潛與害彼.

이기려는 마음이 생겨 몰래 저들을 해치려고 한다는 것이다.

大至則多奇巧.

일이 크게 되면 대부분 교묘하게 속이기 때문이지요.

不復循理.

다시 도리를 따르지 않는다는 것이다.

以禮飲酒者, 始乎治,

예를 차리며 술을 마시는 자는 반듯하게 시작하지만

尊卑有別, 旅酬有次.　　　　　旅: 무리 려. 酬: 잔 돌릴 수

높고 낮음에 구별이 있어 모여서 술을 마심에 차례가 있다는 것이다.

常卒乎亂,

항상 어지럽게 끝나니,

湛湎淫液也.　湛: 즐길 담, 湎: 빠질 면, 淫: 어지러울 음, 液: 진 액, 담글 석, 흩어질 석

술이 취해 어지럽게 된다는 것이다.

大至則多奇樂.

심하게 취하면 대부분 야릇하게 즐기기 때문이지요.

淫荒縱橫, 無所不至.

제멋대로 이리 비틀 저리 비틀 취해 하지 못하는 짓이 없다는 것이다.

凡事亦然. 始乎諒, 常卒乎鄙, 其作始也簡, 其將畢也必巨.

諒: 믿을 량

모든 일에서 또한 그렇습니다. 진실하게 시작해서 항상 야비하게 끝나고, 간소하게 시작해서 반드시 크게 마치게 되는 것입니다.

夫煩生於簡, 事起於微, 此必至之勢也.

간소한 것에서 번잡한 것이 나오고 미미한 것에서 사단이 벌어지니, 이것은 그렇게 될 수밖에 없는 상황이다.

> **해설**
> 위에서 모두 잘못되는 근본적인 이유는 말을 가려하지 못했기 때문이니, 이어 말에 대해 조심하라고 당부하고 있는 것이다.

言者, 風波也, 行者, 實喪也.

말에서 풍파가 일어나니 행동에서 진실이 사라집니다.

夫言者, 風波也, 故行之, 則實喪矣.

말에서 풍파가 일어나기 때문에 행동에서 진실이 사라진다는 것이다.

風波易以動, 實喪易以危.

풍파가 일어나는 것에서는 동요하기 쉽고, 진실이 사라진 것에서는 위험하기 쉽습니다.

故遺風波而弗行, 則實不喪矣. 夫事得其實, 則危可安而蕩可定也.

원래부터 풍파가 일어나지 않아 행동하지 않으면 진실이 사라지지 않는다. 일이 진실을 얻으면 위험한 것은 편안해질 수 있고 제멋대로 움직이는 것은 안정될 수 있다.

故忿設無由, 巧言偏辭.

그러므로 분노가 치미는 것에는 별 이유가 없으니, 말을 교묘하고 치우치게 하기 때문입니다.

夫忿怒之作, 無他由也, 常由巧言過實, 偏辭失當耳.

분노가 치미는 것에는 별다른 이유가 없으니, 항상 말을 교묘하게 하여 진실을 지나치고, 말을 치우치게 하여 타당함을 잃기 때문이다.

해설

아래의 구절에서는 말로 사람을 몰아붙이면 마치 짐승이 죽을 때 다급하게 하는 것처럼 자신도 모르게 반항하게 되어 어떤 결과를 만들지 모른다고 거듭 말에 대해 경고하고 있는 것이다. 물론 이런 경우에 사신으로 간 나라의 왕이 계속 말로 몰아붙이면 욱하는 마음에 전할 말을 왜곡하거나 과장해서 전할 수도 있으니, 또 조심하고 조심하라는 의미도 된다. 결국 차분히 마음을 비우고 대응함으로써 휘둘리지 말아야 한다는 것이다.

獸死不擇音, 氣息茀然, 於是並生心厲.

茀: 우거질 불. 숨결이 거친 모양 발. 並: 함께 할 병. 厲: 사나울 려. 떨치고 일어날 려

짐승이 죽을 때는 아무렇게나 소리를 지르고 숨소리를 헐떡이니, 이 때에는 모두 살고 싶은 마음이 간절하기 때문입니다.

譬之野獸, 蹴之窮地, 音急情盡, 則和聲不至, 而氣息不理, 茀然暴怒, 俱生疦疵以相對之.

疦: 원망할 예. 疵: 흠 자

들짐승에 비유할 경우, 그것을 궁지로 몰아붙이면 소리가 다급하고 마음이 다해서 울부짖음이 고르지 않고 숨결이 거칠어지면서 헐떡이며 마구 날뛰니, 모두 살려고 증오하며 서로 노려보기 때문이다.

剋核太至, 則必有不肖之心應之, 而不知其然也.

核: 혹독할 핵

너무 몰아붙이면 반드시 반항심으로 맞서면서도 그것이 왜 그렇게 된 줄도 모릅니다.

夫寬以容物, 物必歸焉. 剋核太精, 則鄙吝心生而不自覺也. 故大人蕩然放物於自得之場, 不苦人之能, 不竭人之歡, 故四海之交可全矣.

관대하게 사물을 받아들이면 사물이 반드시 귀의한다. 하나하나 따지면서 몰아붙이면 나쁜 마음이 생기는데도 스스로 알지 못한다. 그러므로 덕행이 고상한 사람은 사물을 스스로 만족하는 곳에 그대로 놔두고, 사람의 능력을 괴롭히지 않으며 사람의 기쁨을 다하게 하지 않기 때문에 온 세상과 교류를 온전하게 할 수 있다.

苟爲不知其然也, 孰知其所終.

왜 그렇게 되는지 모른다면, 누가 그 결과를 알겠는지요?

苟不自覺, 安能知禍福之所齊詣也.

스스로 모른다면, 어떻게 화와 복이 이어지며 같이 이른다는 것을 알 수 있겠는가?

詣: 이를 예

故法言曰, 無遷令,

그러므로 격언에서 '명령을 바꾸지 말고

傳彼實也.

저쪽의 진실을 전한다.

無勸成,

권하여 이루지 말라.'고 하였으니,

任其自成.

저절로 이루어지게 놔둔다.

過度益也.

지나치게 보태기 때문이지요.

益則非任實者.

보태는 것은 진실 그대로 놔두는 것이 아니라는 것이다.

遷令勸成, 殆事.

명령을 바꾸고 권하여 이루면 일을 위험하게 합니다.

此事之危殆者.

여기에서 일이 위험하게 된다는 것이다.

> **해설**
> 이어지는 구절은 진실을 차분하게 전하면, 비록 일이 이루어지는 데 시간이 오래 걸릴지라도 잘못되지 않으니, 일을 이루겠다는 마음에 절대로 조급하게 서두르지 말라고 계속 당부하는 것이다.

美成在久,

좋게 이루어지는 것은 오래 걸리고,

美成者, 任其時化, 譬之種植, 不可一朝成.

좋게 이루어지는 것은 시간이 흘러가는 대로 놔두는 것이니, 비유하자면 식물을 재배하는 것은 하루아침에 이룰 수 없다는 것이다.

惡成不及改,

나쁘게 이루어진 것은 고치지 못하니,

彼之所惡, 而勸强成之, 則悔敗尋至.   尋: 찾을 심, 이을 심

저것이 싫어하는데도 권하여 억지로 이루어지게 했으니, 후회와 실패가 이어진다는 것이다.

可不愼與. 且夫乘物以遊心,

삼가지 않을 수 있겠는지요! 이에 사물에 올라타고 유유자적하면서

寄物以爲意   寄: 부칠 기

사물에 의지하는 것을 뜻으로 삼는다는 것이다.

託不得已以養中, 至矣.

어쩔 수 없는 것에 의탁하여 중용을 기르면 이것이 지극함입니다.

任理之必然者, 中庸之符全矣, 斯接物之至者也.

반드시 그렇게 되는 이치에 맡겨두는 것은 중용으로 합치하는 것을 온전히 하는 것이니, 이것이 사물을 대하는 지극함이라는 것이다.

何作爲報也.

무엇 때문에 의도적으로 해서 알리려고 하겠는지요?

當任齊所報之實, 何爲爲齊, 作意於其閒哉.

알리려는 내용대로 가지런히 하면 되는 것이지, 무엇 때문에 가지런히 되게 하려고 그 사이에 자신의 생각을 개입시키겠는가?

莫若爲致命, 此其難者.

명령 받은 그대로 하는 것 만한 것이 없는데, 이것이 어렵지요."

直爲致命最易, 而以喜怒施心, 故難也.

명령 받은 그대로 하는 것이 가장 쉬운데, 기쁨과 분노를 가지고 마음을 쓰기 때문에 어렵다는 것이다.

이어지는 구절은 안합이 위령공의 태자 사부가 되면서 안하무인인 태자를
어떻게 다뤄야 하는지 그 나라 대부 거백옥에게 자문을 구하는 것이다.

顔闔將傅衛靈公大子, 而問於蘧伯玉曰, 有人於此, 其德天殺.
與之爲無方, 則危吾國, 與之爲有方, 則危吾身.　殺: 죽일 살, 덜 쇄

안합이 위나라 영공의 태자 사부가 될 때에 위나라의 대부 거백옥에
게 물었다. “여기에 어떤 사람이 있는데, 그의 덕을 하늘이 없앴으니,
그를 법도 없이 마음대로 하게 놔두면 우리나라를 위태롭게 하고,
그를 법도대로 하게 하면 나 자신을 위태롭게 합니다.

夫小人之性, 引之軌制則憎己, 縱其無度則亂邦.　軌: 길 궤, 법도 궤

소인의 성품은 그를 법도로 이끌어 함부로 하지 못하게 하면, 그렇게 하는
사람을 미워하고, 마음대로 행동하게 놔두면 나라를 혼란하게 한다.

其知適足以知人之過, 而不知其所以過.

그의 지혜는 남들의 잘못을 아주 잘 알면서도 그들이 잘못하게 되는
까닭을 알지 못합니다.

不知民過之由己, 故罪責於民而不自改.

백성들이 왕 자신 때문에 잘못된 줄 모르므로 백성들에게 죄를 질책하고
스스로 고치지 않는다는 것이다.

若然者, 吾奈之何. 蘧伯玉曰, 善哉問乎. 戒之, 愼之, 正女身哉.

그런 자를 내가 어떻게 해야 하겠는지요?” 거백옥이 말하였다. “참! 좋

은 질문을 하셨습니다. 경계하고 삼가며 당신 자신을 바르게 하십시오.

反覆與會, 俱所以爲正身.

반복하며 함께 합치하게 하는 것은 모두 안합 자신을 바르게 하기 위함이다.

形莫若就, 心莫若和.

표정으로는 따르는 것 만한 것이 없고 속으로는 화합하는 것 만한 것이 없습니다.

形不乖迕, 和而不同.

표정으로 거스르지 않고 화합하면서도 동조하지 않는다는 것이다.

雖然, 之二者有患, 就不欲入,

그렇게 할지라도 저 두 가지에는 단점이 있으니, 따를지라도 말려들어가지 말고,

就者形順, 入者還與同.

따르는 것은 표정으로 거스르지 않는 것이고, 말려들어가는 것은 도리어 그에게 동조하는 것이다.

和不欲出.

화합할지라도 나타내려고 하지 마십시오.

和者義濟, 出者自顯伐.

화합하는 것은 의로움으로 구제하는 것이고, 나타내는 것은 스스로 드러

내어 자랑하는 것이다.

形就而入, 且爲顚爲滅, 爲崩爲蹶.

顚: 넘어질 전. 滅: 멸할 멸. 崩: 무너질 붕. 蹶: 넘어질 궐

표정으로 따르면서 말려들어가게 되면, 또 전도되어 망하게 될 것이고 붕괴되어 넘어질 것입니다.

若遂與同, 則是顚危而不扶持, 與彼俱亡矣, 故當模格天地, 但不立小異耳.

마침내 그와 하나가 되면 거꾸로 위험하게 되어도 도와주지도 못하여 그와 함께 모두 망할 것이기 때문에 천지를 모범으로 하여 조금이라도 틀린 것은 오직 내세우지 말아야 할 뿐이다.

心和而出, 且爲聲爲名, 爲妖爲孼.

妖: 아리따울 요, 괴이할요. 孼: 재앙 얼. 垢: 때 구

마음으로 화합하면서 나타내면, 또 명성이 되면서 재앙이 될 것입니다.

自顯和之, 且有含垢之聲, 濟彼之名, 彼將惡其勝己, 妄生妖孼. 故當悶然若晦, 玄同光塵. 然後不可得而親, 不可得而疏, 不可得而利, 不可得而害.   悶: 어두울 민

스스로 나타내면서 화합하면 또 더러움을 품어준다는 소문과 저것을 구제한다는 명성이 있을 것인데, 그 사람은 자신을 이기는 것을 싫어하니, 함부로 재앙을 만들 것이다. 그러므로 캄캄하여 어두운 듯이 빛과 세속을 현묘하게 하나로 하는 것이다. 그렇게 한 다음에 가까이 하게 할 수도 없게 하고, 멀리 하게 할 수도 없게 하며, 이롭게 하게 할 수도 없게 하고, 해롭게 하게 할 수도 없게 하는 것이다.

거백옥은 안합에게 안팎으로 화합해주고 따라줄지라도 화합한 것을 나
타내지 말고 따라주는 것에 말려들어가지 말라고 하니, 마음을 비움으
로써 태자를 바로 잡겠다는 생각도 버리고 동조하지도 말라는 것이다.

彼且爲嬰兒, 亦與之爲嬰兒, 彼且爲無町畦, 亦與之爲無町畦,
彼且爲無崖, 亦與之爲無崖, 達之, 入於無疵.

嬰: 갓난 아이 영, 兒: 아이 아, 町畦(정휴): 법도, 崖: 벼랑 애, 疵: 흠 자

그가 또한 어린아이처럼 굴면 또한 그와 함께 어린아이가 되고, 그가
또한 분수없이 날뛰면 또한 그와 함께 분수없이 날뛰며, 그가 또한
방종하면 또한 그와 함께 방종한 상태로 소통하면서 허물이 없게 하
십시오.

不小立圭角以逆其鱗也.

圭: 홀 규, 모 규, 鱗: 비늘 린

조금이라도 각을 세워 그의 약점을 건드리지 않는 것이다.

태자가 오만방자하게 행동해도 그와 함께 소통하면서 허물이 없게 인도
하라는 것이다. 이렇게 말하는 이유는 저 앞에서 말한 것으로 마음을 비
우면 집이 비게 되어 흰 빛이 나오고, 그런 곳에 길한 조짐이 있어 결국
태자가 따르게 되어 있기 때문이다. 곧 사부의 차분하고 안정된 상태에
태자가 저절로 감화된다는 말이다. 이하의 이야기는 마음을 비우지 못해
교화시키려고 할 경우에 계란으로 바위를 치듯이 잘못된다는 것이다.

汝不知夫螳蜋乎. 怒其臂以當車轍, 不知其不勝任也, 是其才之
美者也.

螳蜋(당랑): 사마귀, 臂: 팔 비, 轍: 바퀴자국 철

당신은 사마귀를 모르는지요? 앞 다리에 힘을 잔뜩 주고 수레바퀴에 맞서 있는 것은 자신이 그것을 감당할 수 없음을 알지 못해 재주를 뽐내는 것입니다.

夫螳蜋之怒臂, 非不美也, 以當車轍, 顧非敵耳. 今知之所無柰何, 而欲强當其任, 卽螳蜋之怒臂也.

사마귀가 앞 다리에 힘을 잔뜩 주는 것은 뽐내면서 수레바퀴와 맞서지 않는 것이 아니지만 생각해 보면 상대도 되지 않는 것이다. 이제 어찌할 수 없음을 알면서 그 책임을 억지로 감당하려고 하는 것은 바로 사마귀가 앞 다리에 힘을 잔뜩 주고 있는 것이다.

戒之, 愼之. 積伐而美者, 以犯之, 幾矣.

경계하고 삼가세요. 자꾸 자랑하여 뽐내면서 침범하면 거의 위태롭게 되겠지요.

積汝之才, 伐汝之美, 以犯此人, 危殆之道.

당신의 재주를 쌓아놓고 그것을 자랑하여 뽐내면서 그 사람을 침범하니, 위태롭게 하는 길이다.

汝不知夫養虎者乎. 不敢以生物與之, 爲其殺之之怒也,

당신은 호랑이 키우는 자를 모르는지요? 함부로 살아 있는 것을 주지 않는 것은 호랑이의 죽이는 야성이 되살아나기 때문이고,

恐其因有殺心而遂怒也.

호랑이에게 원래 있던 죽이는 본성에 따라 야성을 일으킬까 두렵다는 것이다.

不敢以全物與之, 爲其決之之怒也,　　　決: 물어뜯을 결

함부로 통째로 주지 않는 것은 물어뜯는 야성이 되살아나기 때문이니,

方使虎自齧分之, 則因用力而怒矣.　　　齧: 물 설

호랑이가 이빨로 스스로 물어뜯게 하면 그렇게 힘쓰는 것 때문에 야성이
되살아난다는 것이다.

時其飢飽, 達其怒心.　　　時: 엿볼 시. 飢: 주릴 기. 飽: 배부를 포

배고픈지 배부른지 엿보아 호랑이의 분노하는 야성을 헤아립니다.

知其所以怒而順之.

야성을 일으키는 까닭을 알아 길들이는 것이다.

虎之與人異類, 而媚養己者, 順也. 故其殺者, 逆也.

　　　媚: 아첨할 미

호랑이가 사람과 다른 종류인데도 자신을 길러주는 자에게 아양 떠는
것은 길들여졌기 때문입니다. 그러므로 그것이 뭔가를 죽이는 것은
거슬리게 했기 때문이지요.

順理則異類生愛, 逆節則至親交兵.

순리대로 하면 다른 종류에서도 사랑이 나오고, 이치를 거스르면 지극히
친한 사람이라도 전쟁을 한다는 것이다.

夫愛馬者, 以筐盛矢, 以蜄盛溺.　　　筐: 광주리 광. 盛: 담을 성, 성할 성.
　　　矢: 화살 시, 똥 시. 蜄움직일 진, 대합조개 진. 溺: 빠질 익, 오줌 뇨

말을 아끼는 자는 비싼 광주리로 말똥을 받고 귀한 대합조개껍질로
오줌을 받습니다.

矢溺至賤, 而以寶器盛之, 愛馬之至者也.
말똥과 오줌은 아주 하찮은 것인데도 귀한 그릇으로 받으니, 말을 무척
아끼는 것이다.

適有蚊虻僕緣,　　　　蚊: 모기 문. 虻: 등에 맹. 僕: 하인 복, 무리 복. 緣: 따를 연
그런데 마침 모기나 등에가 무리지어 달라붙어 있는데,

僕, 僕然, 群著馬.　　　　　　　　　　　　　著: 분명할 저, 붙을 착
무리 짓는다는 것은 떼 지어 있다는 것이니, 떼 지어 말에 달라붙었다는
것이다.

而拊之不時,　　　　　　　　　　　　　拊: 가볍게 칠 부
갑자기 그것을 때리면

雖救其患, 而掩馬之不意.　　　　　掩: 가릴 엄, 불시에 칠 엄
골칫거리를 없애주는 것일지라도 말이 예기치 못하게 느닷없이 때리는
것이다.

則缺銜毀首碎胸.　　缺: 깨트릴 결. 銜: 재갈 함. 毀: 헐 훼. 碎: 부술 쇄. 胸: 가슴 흉
말이 재갈을 부러뜨리면서 (사람의) 머리를 박고 가슴을 칩니다.

掩其不備, 故驚而至此.

말이 준비하지 않았는데 느닷없이 때렸기 때문에 놀라서 이 지경이 된 것이다.

意有所至, 而愛有所亡, 可不愼邪.

마음이 지극한데도 아껴주는 것이 허사가 되었으니, 삼가지 않을 수 있겠습니까?"

意至除患, 率然拊之, 以至毁碎, 失其所以愛矣. 故當世接物, 逆順之 際, 不可不愼也.　　　　　率: 거느릴 솔. 갑자기 솔. 拊: 가볍게 칠 부

생각대로 골칫거리를 없앴으나 느닷없이 때려서 말이 (사람의) 머리를 박고 가슴을 치는 지경이 되어 아껴주는 것이 허사가 되었다. 그러므로 세상에서 사물을 대할 때는 이치를 거슬러야 할지 순리대로 해야 할지 삼가지 않아서는 안 된다는 것이다.

해설

호랑이 같은 야성은 함부로 길들여지지 않으니, 날뛸 때는 그냥 두고 보고, 안정되어 있을 때 차분하게 대해 태자가 자신도 모르게 마음을 가라앉혀 순하게 되도록 하라는 것이다. 그런데 지금까지의 이야기는 마음을 비우고 가만히 있을 때 제대로 된다는 것이다. 곧 아무 것도 하지 않은 것은 쓸모없는 것 같지만 사실 그것이 가장 좋은 방법이라는 것이다. 그래서 이제부터는 이어서 쓸모없는 것이 가장 좋은 것이라는 이야기를 하기 시작하는 것이다.

匠石之齊, 至於曲轅, 見櫟社樹. 其大蔽數牛, 絜之百圍. 其高臨山十仞而後有枝, 其可以爲舟者旁十數. 觀者如市, 匠伯不顧, 遂行不輟. 弟子厭觀之, 走及匠石, 曰, 自吾執斧斤以隨夫子, 未嘗見材如此其美也. 先生不肯視, 行不輟, 何邪. 曰, 已矣, 勿言之矣. 散木也, 以爲舟則沈, 以爲棺槨則速腐, 以爲器則速毀, 以爲門戶則液樠, 以爲柱則蠹, 是不材之木也. 無所可用, 故能若是之壽.

櫟: 상수리나무 력. 蔽: 가릴 폐. 旁: 두루 방. 輟: 그칠 철. 斧斤(부근): 도끼. 腐: 썩을 부. 絜: 잴 혈. 散: 쓸모없을 산. 液: 진 액. 樠: 송진 만. 蠹: 좀 두

목수 석이 제나라로 가다가 곡원에서 사당에 있는 상수리나무를 보았다. 그 크기가 여러 마리 소를 가릴 정도여서 재어보니 백 아름이었다. 그 높이가 산을 내려다볼 정도여서 열 길을 올라가야 가지가 있으니, 배 열 댓 척을 만들 정도가 되었다. 구경꾼들이 장날처럼 모였는데, 우두머리 목수 석은 눈길도 두지 않고 걸어가기만 했다. 제자들이 실컷 보고 목수 석에게 뛰어가서 말하였다. "제가 도끼를 잡으면서부터 선생님을 따라다녔지만 이렇게 좋은 나무는 본적이 없습니다. 그런데 선생님께서는 보려고도 하지 않고 걸어가기만 하니 무엇 때문인지요?" 목수 석이 말하였다. "입 다물고 말하지 말거라. 쓸모없는 나무이다. 그것으로 배를 만들면 가라앉아 버리고, 관을 짜면 금방 썩어 버리며, 그릇을 만들면 바로 갈라져 버리고, 문을 만들면 진액과 송진이 흘러나와 버리며, 기둥을 만들면 벌레가 먹어 버리니, 이것은 재목이 되지 않는 나무이다. 쓸데가 없기 때문에 이처럼 오래 살 수 있었던 것이다."

不在可用之數, 故曰散木.

쓸 수 있는 방법이 없기 때문에 "쓸모없는 나무이다."라고 한 것이다.

匠石歸, 櫟社見夢曰, 女將惡乎比予哉. 若將比予於文木邪.

목수 석이 돌아왔는데, 사당에 있는 나무가 꿈에 나타나서 말하였다. "네가 어째서 나를 비교하려고 하느냐? 나를 아름다운 나무에 비교할 수 있을 것 같으냐?

凡可用之木爲文木.   文: 아름다울 문

보통 쓸모 있는 나무는 아름다운 나무이다.

夫柤梨橘柚, 果蓏之屬, 實熟則剝. 剝則辱, 大枝折, 小枝泄. 此
以其能苦其生者也. 故不終其天年而中道夭, 自掊擊於世俗者
也. 物莫不若是.   柤: 풀명자나무 사. 梨: 배나무 리. 橘: 귤나무 귤. 柚: 유자나무 유.
              蓏: 열매 라. 剝: 벗길 박. 折: 꺾을 절. 泄: 없앨 설. 掊: 해칠 부. 칠부. 擊: 부딪힐 격

풀명자나무 · 배나무 · 귤나무 · 유자나무는 열매 맺는 종류들인데,
열매가 익으면 괴로움을 당한다. 괴로움을 당하는 것은 욕을 당하는
것으로 큰 가지는 꺾이고 작은 가지는 부러진다. 이것은 그 열매 때
문에 삶에 고초를 당하는 것이다. 그러므로 그 수명대로 살지 못하고
중간에 죽으니, 세상에서 스스로 해코지를 당한 것이다. 사물에는 이
렇지 않은 것이 없다.

物皆以自用傷.

사물은 모두 스스로 쓰임이 있어 해코지를 당하는 것이다.

且予求無所可用久矣, 幾死, 乃今得之,

내가 쓸데없기를 오래 동안 추구했었는데도 거의 죽다시피 했다가
겨우 이제야 그것을 얻어

數有瞵睨己者, 唯今匠石明之耳.   瞵: 성가퀴 비. 睨: 흘겨볼 예

자신을 노리는 자들이 자주 있었지만 오직 지금에서야 목수 석이 쓸데없
음을 밝혀주었다는 것이다.

爲予大用.

나에게 큰 쓰임으로 삼았다.

積無用, 乃爲濟生之大用.

쓸데없음이 쌓여야 곧 삶을 구제하는 큰 쓰임이 된다.

使予也而有用, 且得有此大也邪.

나를 쓰임이 있게 했었다면, 이렇게 크게 될 수 있었겠느냐?

若有用, 久見伐.

쓰임이 있다면 잘려버린 지가 오래되었을 것이다.

且也若與予也皆物也, 柰何哉其相物也. 而幾死之散人, 又惡知散木.

또 너나 나나 모두 사물이라고 어찌 서로 사물 취급하겠느냐? 거의 다 죽어 쓸모없는 사람이 또 어떻게 쓸모없는 나무를 알겠느냐?

以戲匠石.

목수 석을 놀리는 것이다.

匠石覺而診其夢, 弟子曰, 趣取無用, 則爲社何邪.

覺: 깰 교, 診: 볼 진, 고할 진, 趣: 다릴 취, 이를 취

목수 석이 깨어서 자신의 꿈을 이야기하니, 제자들이 말하였다. "쓸데없기를 취했다면 사당의 나무가 된 것은 무엇 때문인가요?"

猶嫌其以爲社自榮, 不趣取於無用而已.

여전히 그 나무가 사당의 나무가 되어 스스로 영화롭게 함으로써 쓸데없기를 취하지 않았다고 의심했던 것이다.

曰, 密. 若無言. 彼亦直寄焉, 密: 빽빽할 밀, 조용할 밀

말하였다. "조용히 해라. 너희들은 말하지 말라. 저 나무는 또한 그냥 그 자리에 있게 되었으니,

社自來寄耳, 非此木求之爲社也.

사당에 그냥 있게 되었을 뿐이지, 이 나무가 사당의 나무가 되려고 한 것은 아니라는 것이다.

以爲不知己者詬厲也. 詬: 꾸짖을 후, 厲: 괴롭힐 려

그 나무를 모르는 자들은 욕을 하게 되는 것이다.

言此木乃以社爲不知己而見辱病者也, 豈榮之哉.

이 나무는 곧 사당에 있는 나무가 자신인 줄도 모르고 욕을 듣는 것으로 여기고 있는데, 어찌 그것을 영화롭게 여기고 있겠느냐는 말이다.

不爲社者, 且幾有翦乎. 翦: 자를 전

그러니 사당의 나무가 되지 않았던들 또한 잘려졌겠느냐?

本自以無用爲用, 則雖不爲社, 亦終不近於翦伐之害.

본래 스스로 쓸데없기를 쓰임으로 여기니, 사당의 나무가 되지 않았을지라도 끝내 잘려지는 해코지를 거의 당하지 않았다는 것이다.

且也彼其所保與衆異.

게다가 저 나무가 지키는 것은 평범한 것들과 다르다.

彼以無保爲保, 而衆以有保爲保.

저 나무는 보존함이 없는 것으로 보존하고, 평범한 것들은 보존함이 있는
것으로 보존한다.

而以義譽之, 不亦遠乎.

그러니 너희들이 그 나무를 의리로 칭찬하면 또한 아주 잘못되지 않
겠느냐?"

利人長物, 禁民爲非, 社之義也. 夫無用者, 泊然不爲, 而群才自用,
用者各得其敍. 而不與焉, 此無用之所以全生也. 汝以社譽之, 無緣
近也乎.   泊: 조용한 모양 박

사람들을 이롭게 하고 사물들을 뛰어나게 해서 백성을 가두는 것은 잘못
이라는 것이 사당 나무의 뜻이다. 쓸모없음은 담담하게 아무것도 하지
않고, 재주 있는 것들은 스스로 쓰이고, 쓰이는 것은 각기 그 품계를 얻는
다. 그렇지만 재주 있는 것들과 함께 하지 않고 있으니, 이것은 쓸데없음
으로 삶을 온전하게 하는 것이다. 너희들이 사당의 나무를 가지고 칭찬하
면 쓸모없음에 가깝게 될 방법이 없게 될 것이다.

南伯子綦遊乎商之丘, 見大木焉有異, 結駟千乘, 隱將芘其所藾.

                  隱: 숨길 은, 더위 먹을 은. 芘: 풀이름 비, 가릴 비. 藾: 그늘 뢰, 덮을 뢰

남백자기가 상땅의 언덕을 유람하면서 큰 나무를 보았는데, 기이할
정도로 커서 네 마리 말이 끄는 수레 천 대를 묶어놔도 그늘로 덮어줄
수 있었다.

其枝所陰, 可以隱芘千乘.

가지의 그늘이 네 마리 말이 끄는 수레 천대를 덮어줄 수 있었다.

子綦曰, 此何木也哉. 此必有異材夫. 仰而視其細枝, 則拳曲而
不可以爲棟梁, 俯而視其大根, 則軸解而不可以爲棺槨. 咶其葉,
則口爛而爲傷, 嗅之, 則使人狂酲, 三日而不已. 子綦曰, 此果不材
之木也, 以至於此其大也. 嗟乎神人, 以此不材.　　　拳: 주먹 권.

軸: 굴대 축. 두루마리 수. 咶: 핥을 시. 爛: 문드러질 난. 嗅: 맡을 후. 狂: 미칠 광. 酲: 숙취 정

자기가 "이것은 무슨 나무인가! 이것은 틀림없이 특이한 재목일 것이
다."라고 하면서 그 가는 가지를 올려다보니 꼬불꼬불해서 동량이 될
수 없었고, 그 큰 밑동을 내려다보니 두루마리를 펼쳐놓은 것 같아
관이 될 수 없었다. 그 이파리를 씹어보니 입이 헐면서 상처가 날
정도였고, 냄새를 맡아보니 몹시 취하게 해서 삼일동안이나 깨어나지
못할 정도였다. 자기가 "이것은 정말 재목이 되지 않는 나무여서 이
렇게 크게 되었구나. 아! 신묘한 사람들도 이렇게 해서 재목이 되지
않았을 것이다."라고 하였다.

夫王不材於百官, 故百官御其事, 而明者爲之視, 聰者爲之聽, 知者
爲之謀, 勇者爲之扞. 夫何爲哉. 玄黙而已, 而群材不失其當, 則不
材乃材之所至賴也. 故天下樂推而不厭, 乘萬物而無害也.　扞: 막을 한

왕은 모든 관료들보다 재목이 되지 않기 때문에 관료들이 왕의 일을 하니,
눈 밝은 자는 왕의 눈이 되고 귀 밝은 자는 왕의 귀가 되며, 지혜로운
자는 왕의 술책이 되고 용기 있는 자는 왕의 병사가 된다. 무엇 때문인가?
아무 구분 없이 조용히 있을 뿐인데, 재주 있는 자들이 그 마땅함을 잃지
않으니, 재목이 되지 않는 것은 바로 재목이 지극히 의지하는 것이다. 그
러므로 천하에서 기꺼이 추대하고 싫어하지 않으며, 모든 것들 위에 있어

도 해를 끼친다고 여기지 않는다.

宋有荊氏者, 宜楸柏桑. 其拱把而上者, 求狙猴之杙者斬之, 三
圍四圍, 求高名之麗者斬之, 七圍八圍, 貴人富商之家求樿傍者
斬之. 故未終其天年, 而中道之夭於斧斤, 此材之患也.

楸: 호두나무 추, 柏: 잣나무 백, 桑: 뽕나무 상, 拱: 두 손 맞잡을 공, 把: 잡을 파, 狙猴(저후): 원숭이,
杙: 말뚝 익, 斬: 벨 참, 麗: 고울 려, 마룻대 려, 樿: 널감 선 傍: 곁 방, 斧斤(부근): 도끼

송나라에 형씨란 곳이 있는데 호두나무·잣나무·뽕나무를 키우는
데 적합했다. 그곳에서 두 손으로 거머쥘 정도로 자란 것은 원숭이
의 말뚝을 찾는 자가 베어가고, 세 아름이나 네 아름이 되는 것은
귀한 집의 마룻대를 찾는 자가 베어가며, 일곱 아름이나 여덟 아름이
되는 것은 귀인이나 거상의 관을 짜는 자가 베어간다. 그러므로 수
명대로 살지 못하고 중도에 도끼에 잘리니, 이것이 재목이 되는 것의
우환이다.

有材者, 未能無惜也.
재주가 있는 자는 애석함이 없을 수 없다.

故解之, 以牛之白顙者與豚之亢鼻者, 與人有痔病者, 不可以適河.

解: 신에게 빌 해, 顙: 이마 상, 豚: 돼지 돈, 亢: 오를 항, 鼻: 코 비, 痔: 치질 치

원래 강의 신에 제사지냄에 이마에 흰 점이 있는 소나 코가 높이 올라
간 돼지나 치질이 있는 사람은 강에 제물로 넣어서는 안된다.

巫祝解除, 棄此三者, 必妙選騂具, 然後敢用.

解除: 신에게 제사로 재앙을 없앰, 騂: 붉은말 성, 具: 제물 구

무당들이 신에게 제사로 재앙을 없앨 때, 이 세 가지는 쓰지 않는 것이니,

반드시 붉은 빛이 갖추어진 제물을 치밀하게 잘 가려 뽑은 다음에 감히
썼던 것이다.

此皆巫祝以知之矣,　　　　　　　　　　巫: 무당 무. 祝: 사내무당 축
이런 것은 모든 무당들이 알고 있었으니,

巫祝於此, 亦知不材者全也.
무당들은 이런 것에서 또한 재목이 되지 않는 것이 온전하게 되는 것임을
알았던 것이다.

所以爲不祥也. 此乃神人之所以爲大祥也.　　　祥: 상서로울 상
상서롭지 않기 때문이다. 그런데 이것이야말로 신묘한 사람들이 크
게 상서롭게 여기는 것이다.

夫全生者, 天下之所謂祥也. 巫祝以不材爲不祥而弗用也, 彼乃以不
祥全生, 乃大祥也. 神人者, 無心而順物者也. 故天下所謂大祥, 神
人不逆.
삶을 온전하게 하는 것은 천하에서 이른바 상서롭게 여기는 것이다. 무당
들은 재목이 되지 않는 것을 상서롭지 않은 것으로 여겨 쓰지 않았으니,
그것들이야말로 상서롭지 않아 삶은 온전하게 한 것으로 바로 크게 상서
로운 것들이다. 신묘한 사람들은 마음을 비워 사물을 따르는 자들이다.
그러므로 천하에서 이른바 크게 상서롭게 여기는 것들을 신묘한 사람들은
어기지 않는다.

해설
　사람들이 마음을 비우고 살도록 하기 위해 쓸모없는 큰 나무의 비유를

통해 쓸모없는 것이 결국 가장 쓸모 있는 것이라고 설명하고, 이어서 아래에서 꼽추와 공자의 비유를 통해 그것들이 사람들에게서도 동일하게 통하고 있음을 설명하고 있다.

支離疏者, 頤隱於臍, 肩高於頂, 會撮指天, 五管在上, 兩髀爲脅. 挫鍼治繲, 足以餬口, 鼓筴播精, 足以食十人. 上徵武士, 則支離攘臂而遊於其間, 頤: 턱 이. 臍: 배꼽 제. 肩: 어깨 견. 頂: 정수리 정. 會撮(괄찰): 경추. 髀: 넓적다리 비. 脅: 옆구리 협. 挫鍼(좌침): 바느질. 繲: 헌옷 해. 餬: 기식할 호. 筴: 작은 키 협. 臂: 팔 비. 播: 씨 뿌릴 파, 키질할 파. 徵: 징발할 징. 攘: 걷어 올릴 양

지리소는 턱이 배꼽보다 아래에 있고 어깨가 정수리보다 올라가 있으며, 경추는 하늘을 가리키고, 오장은 위에 있으며, 두 다리가 옆구리에 붙어 있었다. 그런데 바느질하고 옷을 수선하여 충분히 식구들을 거두었고, 곡식을 키질하여 열 댓 명을 충분히 먹여 살렸다. 위에서 무사를 징발할 때면, 그는 팔뚝을 걷어붙이고 그 사이를 휘젓고 다닐 수 있었고,

恃其無用, 故不自竄匿. 竄: 숨을 찬. 匿: 숨을 닉.
쓸데없음에 의지하였기 때문에 스스로 숨어있지 않아도 되었던 것이다.

上有大役, 則支離以有常疾, 不受功.
위에서 부역이 있을 때면, 그는 불구자이기 때문에 일을 할당받지 않았다.

不任徭役故也. 徭: 부역 요
부역을 감당할 수 없기 때문이다.

上與病者粟, 則受三鍾與十束薪.　　　鍾: 용량의 단위 종. 薪: 섭나무 신

그런데 위에서 병자들에게 곡식을 줄 때면, 많은 곡식과 땔감을 받아
왔다.

役則不與, 賜則受之.

부역하는 것이라면 하지 않고 하사하는 것이라면 받았다.

夫支離其形者, 猶足以養其身, 終其天年, 又況支離其德者乎.

지리소는 그런 몸꼴로도 오히려 그 자신을 충분히 먹여 살리며 수명
대로 살 수 있었는데, 하물며 지리소가 덕으로 삼은 것에 대해서는
말해 무엇 하겠는가?

神人無用於物, 而物各得自用, 歸功名於群才, 與物冥而無跡. 故免
人間之害, 處常美之實, 此支離其德者也.

신묘한 사람은 사물로 쓰이지 않아 사물이 각기 스스로 쓰임을 얻고, 재주
있는 자들에게 공명을 돌려 사물과 구분 없이 있으면서 흔적을 남기지
않는다. 그러므로 사람들의 해코지를 벗어나고 항상 아름다운 실질에 있
으니, 이것은 지리소가 덕으로 삼은 것이다.

해설

여기까지는 쓸모없는 나무와 불구자를 가지고 쓸모없는 것이 가장 쓸모 있
는 것임을 강조하였다. 이어서 이제부터는 공자가 세상을 위해 무엇을 하
려는 것에 대해 접여가 마음을 비우지 못한 것이라고 비꼬고 있는 것이다.

孔子適楚, 楚狂接輿遊其門曰, 鳳兮鳳兮, 何如德之衰也.

鳳: 봉새 봉

공자가 초나라에 가 있을 때에 그 나라의 미치광이 접여가 문앞에서
놀다가 노래를 불렀다. "봉황새야, 봉황새야! 덕이 쇠약해진들 뭐 어
떠냐?

當順時直前, 盡乎會通之宜耳, 世之盛衰, 蔑然不足覺. 故曰何如

蔑: 업신여길 멸

때를 따라 곧바로 앞으로 가면서 관통하는 마땅함을 다해야 할 뿐이니,
시대가 흥성하고 망하는 것은 무시하고 경각시킬 필요가 없다는 것이다.
그러므로 "뭐 어떠냐?"라고 한 것이다.

來世不可待, 往世不可追也.

다가오는 시대는 대비할 수 없고, 지나간 시대는 거슬러 올라갈 수
없구나.

趣當盡臨時之宜耳.

趣: 달릴 취, 다다를 취

그 당시에 따라 마땅함을 다해야 할 뿐이라는 것이다.

天下有道, 聖人成焉, 天下無道, 聖人生焉,

세상에 도가 있으면 거룩한 사람은 그것에 따라 이루고, 천하에 도가
없으면 거룩한 사람은 그것에 따라 살아가니,

付之自爾, 而理自生成, 生成非我也. 豈為治亂易節哉. 治自求成,
故遺成而不敗, 亂自求生, 故亡生而不死.

저절로 그렇게 되는대로 맡겨놓고 이치대로 스스로 살고 이루니, 살고 이
루는 것은 자신이 한 것이 아니다. 그런데 어찌 혼란을 다스리고 계절을
바꾸겠는가? 다스려질 때는 저절로 이룸을 구하기 때문에 이룸을 버려두

어도 잘못되지 않고, 혼란할 때는 저절로 살아감을 구하기 때문에 살아감을 잊어버려도 죽지 않는다.

方今之時, 僅免刑焉.
지금의 시대에서는 겨우 형벌을 면할 뿐이로구나!

不瞻前顧後, 而盡當今之會, 冥然與時世爲一, 而後妙當可全, 刑名可免.

앞뒤를 살피지 않고 지금의 시기를 다하여 시대와 구분 없이 하나가 된 다음에 묘하게 합당함을 온전하게 할 수 있으니, 형벌을 면할 수 있다.

福輕乎羽, 莫之知載,
載: 실을 재

복은 깃털보다 가벼운데 아무도 실어갈 줄 모르고,

足能行而放之, 手能執而任之, 聽耳之所聞, 視目之所見, 知止其所不知, 能止其所不能, 用其自用, 爲其自爲, 恣其性內, 而無纖芥於分外. 此無爲之至易也. 無爲而性命不全者, 未之有也, 性命全而非福者, 理未聞也. 故夫福者, 卽向之所謂全耳, 非假物也. 豈有寄鴻毛之重哉.

恣: 방자할 자, 마음대로 할 자, 纖: 가늘 섬

발이 걸을 수 있으니 가는대로 놔두고, 손이 잡을 수 있으니 그것에 맡겨 놓으며, 귀로 듣는 것을 듣고 눈으로 보는 것을 보며, 앎은 알지 못하는 것에 그치고, 능함은 능하지 못하는 것에서 멈추며, 스스로 쓸 수 있는 것을 쓰고, 스스로 할 수 있는 것을 하며, 본성 안의 것은 마음대로하고, 본성 밖의 것은 조금도 하지 않는다. 여기에서 아무 것도 하지 않음은 지극히 쉬운 것이다. 아무 것도 하지 않는데 성명이 온전하지 않은 경우는 없고, 성명이 온전한데 복이 아닌 경우는 이치상으로 들어본 적이 없다. 그러므로 복은 곧 앞에서 말한 것을 온전하게 하는 것일 뿐이고 사물에서 빌릴 수 있은 것이 아니다. 그러니 어찌 기러기 털의 무게에 붙이겠는가?

率性而動, 動不過分, 天下之至易者也. 擧其自擧, 載其自載, 天下之至輕者也. 然知以無涯傷性, 心以欲惡蕩眞. 故乃釋此無爲之至易, 而行彼有爲之至難, 棄夫自擧之至輕, 而取夫載彼之至重, 此世之常患也.　　　　　　　　　　　　　　　　　　　　蕩: 흐릴 탕

본성에 따라 움직이면 움직임이 분수를 지나치지 않으니, 천하에서 지극히 쉬운 것이다. 스스로 들 수 있는 것을 들고, 스스로 실을 수 있는 것을 실으니, 천하에서 지극히 가벼운 것이다. 그러나 앎은 끝이 없음으로 본성을 해치고, 마음은 욕심과 미움으로 참됨을 흐리게 한다. 그러므로 여기의 아무 것도 하지 않는 지극히 쉬움을 버리고, 저기의 무엇인가 하는 지극히 어려움을 행하며, 자신이 들고 있는 지극히 가벼움을 버리고, 저들이 싣고 있는 지극히 무거움을 취하니, 이것이 세상의 영원한 우환이다.

禍重乎地, 莫之知避.　　　　　　　　　　　禍: 재난 화, 避: 피할 피

재앙은 땅덩어리보다 무거운데도 아무도 피할 줄 모르네.

擧其性內, 則雖負萬鈞, 而不覺其重也, 外物寄之, 雖重不盈錙銖, 有不勝任者矣. 爲內福也, 故福至輕, 爲外禍也, 故禍至重. 禍至重而莫之知避, 此世之大迷也.　鈞: 서른 근 균, 錙銖: 저울눈 치, 銖: 무게 단위 수, 迷: 미혹할 미

본성을 내면화시킨 것을 든다면, 30만근을 지고 있을지라도 무거운 줄 모르고, 바깥 사물에 맡겨놓으면, 무게가 저울의 작은 눈금 하나를 채우지 못할지라도 그것을 감당할 수 없는 것이다. 내면화시키는 것은 복이기

때문에 복은 지극히 가볍고, 외면화시키는 것은 재앙이기 때문에 재앙은 지극히 무겁다. 재앙은 지극히 무거운데도 아무도 피할 줄 모르니, 이것은 세상이 아주 혼미하기 때문이다.

己乎己乎, 臨人以德. 殆乎殆乎, 畫地而趨.

畫: 그을 획, 그림 화. 趨: 달릴 추

아서라! 말아라! 덕으로 사람들을 어루만지는 짓을. 위험하고 위험하구나! 땅에 금을 그어놓고 내달리는 짓이.

夫畫地而使人循之, 其跡不可掩矣. 有其己而臨物, 與物不冥矣. 故大人不明我以耀彼, 而任彼之自明, 不德我以臨人, 而付人之自得. 故能彌貫萬物, 而玄同彼我, 泯然與天下爲一, 而內外同福也.

掩: 가릴 엄. 耀: 빛날 요. 貫: 거느릴 관

땅에 금을 그어놓고 사람들이 따르도록 하면 그 흔적을 가릴 수 없다. 자신을 비우지 못하고 사물을 어루만지면, 사물과 구분 없이 하나가 될 수 없다. 그러므로 덕이 고상한 사람은 자신을 밝혀 저들에게 빛나게 하지 않고 저들이 저절로 밝은 것에 맡겨 놓으며, 자신의 덕으로 사람들을 어루만지지 않고 사람들이 저절로 만족하는 대로 놔둔다. 그러므로 만물을 거느릴수록 저들과 자신을 더욱 구분 없이 하나로 여기고, 혼연히 천하와 하나가 되어 안팎으로 복을 함께 한다.

迷陽迷陽, 無傷吾行.

밝은 마음을 분명하게 하지 않고 밝은 마음을 분명하게 하지 않아 자신의 길을 해치지 않네.

迷陽, 猶亡陽也. 亡陽任獨, 不蕩於外, 則吾行全矣. 天下皆全其吾,

則凡稱吾者, 莫不皆全也.　　　　　　　　　　　蕩: 쓸어버릴 탕

밝은 마음을 혼미하게 하는 것은 밝은 마음이 없는 것과 같다. 밝은 마음 없이 되는대로 혼자 있어도 밖으로 휩쓸리지 않는 것은 자신의 행동이 온전하기 때문이다. 천하가 모두 자신을 온전하게 하는 것은 자신에 걸맞게 하는 것이 어느 것 하나 모두 온전하지 않음이 없기 때문이다.

吾行郤曲, 無傷吾足.

자신의 길이 오히려 구부러져 있어도 자신의 발을 해치지 않네.

曲成其行, 自足矣.

구부러지게 갈 길을 이뤄 스스로 만족한다는 것이다.

山木自寇也, 膏火自煎也. 桂可食, 故伐之, 漆可用, 故割之. 人皆知有用之用, 而莫知無用之用也.
　　　　　　　　　　　寇: 도둑 구. 膏: 기름 고. 漆: 옻 칠. 割: 쪼갤 할

산의 나무는 저절로 베어지고, 기름불은 저절로 타들어가는구나. 계수나무는 먹을 수 있기 때문에 잘려나가고, 옻나무는 쓸 수 있기 때문에 도려내지네. 사람들이 모두 쓸데가 있어 쓰이는 것은 알면서도 쓸데가 없어 쓰이는 것은 아무도 모르는구나."

有用則與彼爲功, 無用則自全其生. 夫割肌膚以爲天下者, 天下之所知也. 使百姓不失其自全, 而彼我俱適者, 怳然不覺妙之在身也.
　　　　　　　　　　　肌: 살 기. 膚: 피부 부. 怳: 잊을 문. 의혹할 만

쓸데가 있는 것은 저들과 함께 공으로 여기는 것이고, 쓸데가 없는 것은 스스로 삶을 온전하게 하는 것이다. 살을 도려내어 천하를 위하는 것은

천하가 아는 것이다. 그런데 백성들이 그 스스로 온전함을 잃지 않게 하여 저들과 자신에게 모두 합당하게 되도록 하는 것은 모든 것을 멍하게 잊게 되어 신묘함이 자신에게 있는 것까지도 깨우치지 못하는 것이다.

해설

여기에서 곽상이 끝에서 "살을 도려내어 천하를 위하는 것은 천하가 아는 것이다. 그런데 백성들이 그 스스로 온전함을 잃지 않게 하여 저들과 자신에게 모두 합당하게 되도록 하는 것은 모든 것을 멍하게 잊게 되어 신묘함이 자신에게 있는 것까지도 깨우치지 못하는 것이다."라고 말하는 이유는 다름이 아니다. 공자처럼 마음을 비우지 못해 자신을 희생하면서 세상을 위하면 세상에서 그것을 주목하고 알지만, 자신이 마음을 비워 사람들이 함께 모두 마음을 비우게 하면 그들이 모든 것을 잊게 되어 자신들이 어떻게 합당하게 되었는지도 모른다는 것이다. 공자가 욕심 없이 희생적으로 세상을 위해 열심히 노력하는 것은 알겠지만 그것은 아직 마음을 비우지 못해 곧 도를 알지 못해 그렇게 하고 있다는 것이다.

「덕충부德充符」

德充於內, 應物於外, 外內玄合, 信若符命, 而遺其形骸也. ^{骸: 몸 해}

덕이 안에 충만하면서 밖으로 사물과 호응하여 안팎이 현묘하게 합하니, 진실한 것이 상서로운 징조와 같아져서 육체를 잊어버린다.

해설

「덕충부」에서는 형벌로 뒤꿈치를 베여 절뚝발이가 된 세 사람 곧 왕태와 신도가와 숙산무지를 이어서 이야기하고 있다. 곧 왕태는 절뚝발이임에도 자신의 마음을 비우고 있음으로써 다른 사람들까지도 그 마음이 안정되게 만들어 세상에서 더없이 존경받는 사람이 되었다. 신도가 역시 절뚝발이임에도 그 스승의 영향을 받음으로써 저절로 마음이 안정되어 절뚝발이인 것마저도 잊고 늠름하게 살아가는 사람이 되었다. 숙산무지 역시 절뚝발이로 중니에게 배우려고 자주 찾아뵙다가 도리어 중니를 깨우치게 한 사람이다. 이 세 사람을 연속으로 이어서 이야기하는 이유는 마음을 비우면 몸이 정상이든 불구이든 관계없이 남들과 하나가 되어 떳떳하게 소통하며 편안하게 살 수 있다는 것이다.

그런데 「덕충부」 첫 부분에서 왕태와 중니 곧 공자를 비교하면서 글이 전개되는 것은 「인간세」 끝 부분에서 접여가 공자를 나무라고 있는 것과 연결해서 생각해보라는 것이다. 『도덕경』 38장을 빌려 설명한다면 공자는 최상의 어진 사람 곧 상인上仁으로 어짊을 염두에 두지 않고 그것을 시행하고 있는 것이다.[1] 그가 부귀영화를 포기하고 천하를 두루 돌아다니면서 왕에게 어진 정치를 하라고 외치는 것은 마음을 비우지

---

1) 김학목 옮김, 『노자 도덕경과 왕필의 주』, 홍익출판사, 194쪽.

않고는 할 수 없는 일이다. 그러나 공자가 세상을 구할 덕목으로 어짊 곧 인仁을 외치는 것은 아직 마음에서 어짊이라는 명분까지 벗어던지지는 못한 것이다. 이것에 대해 『도덕경』의 최고의 주석 왕필의 『노자주』에서는 "어짊을 시행하는데 그것을 염두에 두지 않고 시행하므로 어짊을 시행하고 시행하는 걸림돌이 있다."[2]라고 비판한다.

『도덕경』에서 유가의 인의예지仁義禮智를 부정하고, 『장자』에서 공자를 조롱하는 것에 대해 세상에서는 이상하게 여길 수 있다. 그 이유는 무엇이든지 분별이 시작되면, 지욕知欲 곧 분별력과 욕망이 강화되면서 이것들이 눈덩이처럼 커지게 되어 걷잡을 수 없게 되기 때문이다. 노자나 장자가 유독 공자를 비판하는 이유는 공자가 다른 제자백가보다 못했기 때문이 아니라 도리어 그들 중에서 가장 훌륭했기 때문이다. 그들 중에서 가장 훌륭한 사람을 비판하면 나머지는 저절로 비판한 것이 된다는 말이다. 유학에 긍정적인 입장을 가진 독자나 특히 유림과 관계가 깊은 분들께서는 노자나 장자의 이런 점에 대해 아주 못마땅할 수 있지만 노자나 장자는 세상이 지적으로 꾸며질 때, 곧 인위적으로 구성될 때 정말 세상이 더없이 혼란하게 된다고 보았기 때문이다.

주자의 성리학은 공자나 맹자의 이념을 거대한 형이상학적인 체계로 완성한 것이다. 그런데 이것이 조선에서 국가 이념으로 받아들여져 가장 발달하게 되었을 때, 곧 여말에 역성혁명에 반대하여 물러났던 사대부들이 조선 중기에 성리학의 이념을 체계적으로 완성하여 조정에 진출하게 되었을 때, 바로 당쟁이 시작되는 것에 주목해야 된다. 당쟁은 물론 각기 자신의 파에 이익을 주기 위한 것도 있지만 같은 유학의 체계 안에서 서로 이념적으로 어긋나 위배될 때 시작되는 것이다. 조선시대의 『도덕경』 주석 곧 율곡 이이의 『순언』, 서계 박세당의 『신주도덕경』, 보만재 서명응의 『도덕지귀』, 월암 이광려의 『독노자오칙』, 초원 이충익의 『초원담로』, 연천 홍석주의 『정로』는 성리학에 매몰된 당시의 시대상을 각기 나름대로 노자의 관점에서 소화하여 비판한 것이다.[3]

2) 『노자 도덕경과 왕필의 주』, 199쪽.

현대문명은 서양의 지적체계를 바탕으로 발전하였다. 인류는 문명 덕분에 더없이 안락하고 풍요롭게 살고 있지만 또 더 없이 위험한 상황으로 내몰리고 있다. 가공할 무기의 발달로 인류가 한 순간에 멸망할 수도 있고, 또 기후대란으로 곳곳에서 피해를 입고 있으며, 또 쓰레기 오염으로 바다 생물은 물론 사람들까지 위험에 처하고 있다. 지적 체계로 풍요를 누릴수록 또 그만큼 위험에 처해 언제 어떻게 될지는 모르는 가운데 우리 인류가 서있는 것이다. 노자에게 지적인 체계는 전체를 온전하게 보는 것이 아니라 한쪽만을 강화시켜 외골수로 나아가는 길이기 때문에 아무리 좋은 진리를 발견해도 "도를 도라고 할 수 있으면 상도가 아니다.道可道, 非常道"4)라고 『도덕경』첫 구절부터 비판했던 것이다. 그는 이미 지적 체계로 닥칠 인류의 위험을 알고 있었던 것이다.

어느 누구도 현재 누리는 문명의 풍요를 포기할 수 없을 것이다. 그렇지만 노자는 마음을 비움으로써 가능한 다시 소박한 상태로 빨리 돌아갈 것을 권하고 있다. 노자의 말은 일반 사람들에게 던지는 것이 아니라 당시의 최고 지도자, 지금의 시대로 본다면 강대국의 최고 엘리트 계층과 각 나라의 최고위층에 던지는 구원의 메시지이다. 노자의 말은 공자의 외침처럼 우리의 덕성을 지적으로 개발해서는 절대로 평화의 세계로 들어갈 수 없으니, 그 모든 것을 비워버림으로 태어난 본연의 본성에 따라 사람들이 욕심 없이 살아갈 때, 비로소 세상이 평화롭게 된다는 것이다. 이와 같은 노자나 장자의 생각은 일반 사람들이 따르다가는 바로 시대에 뒤쳐져 낙오되고 말 것이다. 그러니 최고 강대국에서 그리고 최고 고위층에서 이것을 실천할 수 있을 때 서서히 다시 문명의 발달로 오는 피해는 물론 욕심에 따른 전쟁과 혼란도 사라지게 될 것이다.

---

3) 김학목, 강화학파의 『노자』주석에 관한 연구, 인천대학교 인천학연구원, 2013년. 이 책은 시중에서 구하기 어렵지만 인터넷으로 인천학연구원에 들어가면 바로 그 책 전체를 다운받을 수 있다. 이것이 어려운 독자들은 다음 카페 '해송과 함께 하는 명리명강'에 와도 동일하게 다운받을 수 있다.
4) 김학목 옮김, 『노자 도덕경과 왕필의 주』, 홍익출판사, 34-50쪽.

魯有兀者王駘, 從之遊者, 與仲尼相若.

兀: 발뒤꿈치 베일 올

노魯나라에 (형벌로 발뒤꿈치를 베여) 절뚝발이인 왕태王駘라는 사람이 있었는데, 그를 따라다니며 배우는 자들이 중니仲尼와 맞먹을 정도였다.

弟子多少, 敵孔子.

제자의 많고 적음이 공자와 대등했다.

常季問於仲尼曰, 王駘, 兀者也, 從之遊者, 與夫子中分魯. 立不教, 坐不議, 虛而往, 實而歸.

상계常季가 중니에게 물었다. "왕태는 절뚝발인데 그를 따라다니며 배우는 자들이 선생님과 노나라를 반으로 나눌 정도입니다. 서서 가르치지도 않고 앉아서 논의하지도 않는데, 가슴이 공허한 상태로 찾아뵙고는 충만한 상태로 돌아옵니다.

各自得而足也.

제각기 스스로 얻어 만족하게 되는 것이다.

해설

"서서 가르치지도 않고 앉아서 논의하지도 않는데, 가슴이 공허한 상태로 찾아뵙고는 충만한 상태로 돌아옵니다."라는 말의 의미는 왕태가 마음을 비웠기 때문에 그를 찾아오는 사람도 그 영향으로 안정된다는 것이다.

固有不言之教, 無形而心成者邪.

본래 말 없는 가르침은 드러내는 것 없이도 마음이 완성되는 것인지요?

怪其殘形, 而心乃充足也. 夫心之全也, 遺身形, 忘五藏, 忽然獨往, 而天下莫能離.

손상된 몸을 괴상하게 여기면서도 마음은 그야말로 충족된다. 마음이 온전하면 몸의 형체를 잊고 오장五藏을 망각하여 어느 순간부터 홀로 지낼지라도 천하에서 누구도 그를 떠날 수 없다.

해설

"본래 말 없는 가르침은 드러내는 것 없이도 마음이 완성되는 것인지요?"라는 말의 의미는 마음을 비우면 마음이 분별로 분산되지 않아 전일하게 완성된다는 것으로 이해하면 된다.

是何人也. 仲尼曰, 夫子, 聖人也. 丘也直後而未往耳. 丘將以爲師, 而況不若丘者乎. 奚假魯國. 丘將引天下而與從之.

이 분은 어떤 사람인지요?" 중니가 대답했다. "그 분은 거룩한 사람이시네. 나는 단지 뒤쳐져서 아직 찾아뵙지 못했을 뿐이야. 나는 그 분을 스승으로 삼으려고 하는데, 더군다나 나만 못한 사람들이야 말해 무엇 하겠는가! 어찌 노나라 사람들에게서만 그렇겠는가! 나는 천하 사람들을 이끌고 함께 그 분을 따를 것이네."

夫神全心具, 則體與物冥. 與物冥者, 天下之所不能遠, 奚但一國而已哉.

신명이 온전하면서 마음이 갖추어진 것은 사물과 구분 없음을 체득한 것이다. 사물과 구분이 없는 자는 천하 사람들이 멀리 할 수 없는 것이 어찌 다만 한 나라에 그칠 뿐이겠는가!

常季曰, 彼兀者也, 而王先生, 其與庸亦遠矣. 若然者, 其用心

也, 獨若之何. 仲尼曰, 死生亦大矣,

상계가 말했다. "저 사람은 절뚝발이인데도 최고의 선생님이니 그가 보통 사람들보다는 훨씬 뛰어나겠지요. 그런 분은 마음가짐이 도대체 어떤 상태인가요?" 중니가 대답하였다. "삶과 죽음은 또한 큰 것인데,

人雖日變, 然死生之變, 變之大者也.

사람들이 날마다 변하고 있을지라도 삶과 죽음이라는 변화는 변화 중에서 중대한 것이다.

而不得與之變,

그것들과 함께 변하지 않고,

彼與變俱, 故死生不變於彼.

그 분은 변화와 함께 하기 때문에 삶과 죽음이 그 분을 변화시키지 못한다는 것이다.

雖天地覆墜, 亦將不與之遺.　　　　　　　　墜: 떨어질 추

하늘과 땅이 뒤집히고 꺼질지라도 그것들과 함께 사라지지 않을 것이네.

斯順之也.

이것은 그것들에 순응한다는 것이다.

審乎無假,

거짓 없음을 환히 깨달아

明性命之固當.

성명性命의 본래 합당함을 환히 안다는 것이다.

而不與物遷,

사물이 옮겨가는 것에 관여하지 않고,

任物之自遷.

사물이 저절로 옮겨가는 대로 맡겨둔다는 것이다.

命物之化,

사물의 변화를 운명으로 여겨

以化爲命, 而無乖迕.

변화를 운명으로 여기고 거스름이 없다는 것이다.

而守其宗也.

그 근본을 지킨다네."

不離至當之極.

지극히 당연한 극치를 떠나지 않는다는 것이다.

해설

마음을 비워 천지와 하나가 됨으로써 천지만물과 구분 없이 언제나 함께 변화한다는 것이다. 곧 퉁소의 울림을 넘어 땅울림을 듣고 천연의 울림을 들음으로써 자신에게만 통하지 않고 만물과 함께 항상 통함으로 만물까지 모두 통하게 하는 대통의 경지에 이르렀다는 것이다.

常季曰, 何謂也. 仲尼曰, 自其異者視之, 肝膽楚越也.

상계가 말하였다. "무슨 말씀이신지요?" 중니가 대답하였다. "다르다는 관점에서 보면 간과 쓸개도 멀리 떨어진 초楚나라와 월越나라 같고,

恬苦之性殊, 則美惡之情背.

편안하게 여기고 고통스럽게 여기는 성향이 다르면, 아름답게 여기고 추악하게 여기는 마음이 다르다.

自其同者視之, 萬物皆一也.

같다는 관점에서 보면 만물이 모두 하나라네.

雖所美不同, 而同有所美. 各美其所美, 則萬物一美也, 各是其所是, 則天下一是也. 夫因其所異而異之, 則天下莫不異. 而浩然大觀者, 官天地, 府萬物, 知異之不足異. 故因其所同而同之, 則天下莫不皆同, 又知同之不足有, 故因其所無而無之. 則是非美惡, 莫不皆無矣.

아름답다고 여기는 것이 같지 않을지라도 똑같이 아름답다고 여기는 것이 있다. 각기 자신이 아름답다고 여기는 것을 아름답게 여기니, 만물은 아름답다고 여기는 것에서 동일하고, 각기 자신이 옳다고 여기는 것을 옳다고 여기니, 천하는 옳다고 여기는 것에서 동일하다. 자신이 다르다고 여기는 것에 따라 다르다고 여기면, 천하에는 어느 것도 다르지 않음이 없다. 그런데 호연히 크게 관조하는 자는 천지를 집으로 삼고 만물을 창고로 삼으니, 다르다고 여기는 것이 별로 다르지 않음을 아는 것이다. 그러므로 자신이 같다고 여기는 것에 따라 같다고 여기면 천하에는 어느 것도 모두 같지 않음이 없고, 또 같다고 여기는 것을 그다지 있다고 여길 필요도 없기 때문에 없다고 여기는 것에 따라 없다고 여긴다. 그렇다면 옳다고 여기고 그르다고 여기는

것과 아름답다고 여기고 추악하다고 여기는 것이 어느 것에서도 모두 없지 않음이 없다.

夫是我而非彼, 美己而惡人, 自中知以下, 至於昆蟲, 莫不皆然. 然此明乎我, 而不明乎彼者爾. 若夫玄通泯合之士, 因天下以明天下, 天下無曰我非也, 卽明天下之無非, 無曰彼是也, 卽明天下之無是. 無是無非, 混而爲一, 故能乘變任化, 迕物而不慴.

迕: 만날 오, 慴: 두려워할 습

나를 옳다고 여기고 상대방을 그르다고 여기며, 자신을 아름답다고 여기고 남을 추악하다고 여기는 것은 평범한 사람들 이하에서 동물들에게까지 모두 그렇지 않음이 없다. 그런데 이것은 나의 입장에서는 분명하고 상대방의 입장에서는 분명하지 못한 것이다. 현묘하게 통달하여 어떤 흔적도 없이 합치하는 사람이라면 천하에 따라 천하를 밝히니, 천하에 '내가 그르다'고 말함이 없는 것은 곧 천하에 그름이 없음을 밝히는 것이고, 천하에 '상대방이 옳다'고 말함이 없는 것은 곧 천하에 옳음이 없음을 밝히는 것이다. 옳음도 없고 그름도 없으며 뒤섞여 하나이기 때문에 변화에 올라타고 그대로 맡겨놓으니, 사물을 만나도 두려워하지 않는 것이다.

夫若然者, 且不知耳目之所宜,
이와 같은 분은 눈과 귀가 마땅하다고 여기는 것조차 알지 못하고,

宜生於不宜者也. 無美無惡, 則無不宜. 無不宜, 故亡其宜也.
마땅함은 마땅하지 않은 데서 생겨난다. 그런데 아름답다고 여기는 것이 없고 추악하다고 여기는 것이 없으니, 마땅하지 않음도 없다. 마땅하지 않음이 없기 때문에 마땅함도 없다.

而遊心乎德之和,

덕이 조화로운 경지에서 마음이 노닐고 있으니,

都忘宜, 故無不任也. 都任之而不得者, 未之有也, 無不得而不和者,
亦未聞也. 故放心於道德之閒, 蕩然無不當, 而擴然無不適也.

擴: 넓을 확

마땅함을 잊었을 뿐이기 때문에 맡겨놓지 않음이 없다. 맡겨 놓았을 뿐인
데도 만족하지 못한 경우는 아직까지 없었고, 만족하지 않음이 없으면서
조화롭지 않은 경우도 지금껏 들어 본 적이 없다. 그러므로 도와 덕에
마음을 편안하게 가지면, 텅 비게 되어 타당하지 않음이 없고, 넓게 되어
합당하지 않음이 없다.

物視其所一, 而不見其所喪, 視喪其足, 猶遺土也.

사람들은 그가 하나로 여기는 것을 보고, 그가 잃은 것을 보지 않으
며, 그가 발뒤꿈치가 잘린 것을 보고 흙을 털어버린 것처럼 여기고
있다네."

體夫極數之妙心, 故能無物而不同. 無物而不同, 則死生變化, 無往
而非我矣. 故生爲我時, 死爲我順. 時爲我聚, 順爲我散. 聚散雖異,
而我皆我之. 則生故我耳, 未始有得, 死亦我也, 未始有喪.

궁극의 법칙인 묘한 마음을 체득했기 때문에 어떤 사물이든지 같지
않음이 없다. 어떤 사물이든지 같지 않음이 없으니, 삶과 죽음의 변화
가 어떻게 될지라도 자신이 아님이 없다. 그러므로 삶은 내가 때에
맞추어 있는 것이고 죽음은 내가 순응하여 가는 것이다. 때에 맞추어
있는 것은 내가 모여 있는 것이고, 순응하여 가는 것은 내가 흩어지는
것이다. 모여 있고 흩어지는 것이 다를지라도 나는 모두 나 자신이

다. 그렇다면 삶이 본래 나 자신일지라도 처음부터 얻은 적이 없는 것이고, 죽음이 나 자신일지라도 애당초 잃은 적이 없는 것이다.

夫死生之變, 猶以爲一. 旣睹其一, 則脫然無係, 玄同彼我, 以死生爲寤寐, 以形骸爲逆旅, 去生如脫屨, 斷足如遺土. 吾未見足以纓茀其心也.

<small>屨: 신 구. 纓: 갓끈 영. 茀: 풀 우거질 불. 막힐 불</small>

삶과 죽음의 변화를 여전히 하나로 여기는 것이다. 이미 그것들이 하나임을 보았다면 모든 것에서 벗어나 얽매임을 없애고 저들과 나를 아무런 구분 없이 여기며, 삶과 죽음을 깨어 있는 것과 잠자는 것으로 여기고 육체를 여관으로 여기며, 삶을 마치고 떠나는 것을 신을 벗는 것처럼 여기고 발이 잘린 것을 흙을 털어 버리는 것처럼 여긴다. 그러니 나는 발 때문에 그 마음이 얽매여 가려진 것을 본 적이 없다.

해설

자신을 사물과 조금도 다르게 구분하지 않는 경지에서 사람들과 하나가 되니, 사람들도 그 영향으로 전일하게 되어 안정된다는 것이다.

常季曰, 彼爲己以其知,

상계가 말하였다. "그 분은 그의 앎으로 자신을 위하고,

嫌王駘未能忘知而自存.

(상계는) 왕태가 앎을 잊어버리고 스스로 삶을 꾸릴 수 없다고 의심하는 것이다.

得其心以其心.

그의 마음으로 그의 마음을 얻은 것입니다.

嫌未能遺心而自得.

마음을 버리고는 스스로 만족할 수 없다고 의심하는 것이다.

得其常心, 物何爲最之哉.

最: 모일 최

그런데 통상적인 마음을 얻었다면 사람들이 무엇 때문에 모이겠습니까?"

夫得其常心, 平往者也. 嫌其不得平往而與物遇, 故常使物就之.

통상적인 마음을 터득하였다는 것은 평탄하게 살아간다는 것이다. 평탄하게 살면서는 사람들과 만날 수 없기 때문에 늘 사람들이 그에게 모이도록 했다고 의심하는 것이다.

해설

상계는 왕태가 마음을 비우지 못해 무척 노력해서 사람들을 모이도록 했다고 의심하고 있는 것이다.

仲尼曰, "人莫鑑於流水, 而鑑於止水,

중니가 대답하였다. "사람들은 누구나 흐르는 물에 자신을 비춰보지 않고 멈춰있는 물에 비춰보게 마련이지.

夫止水之致鑑者, 非爲止以求鑑也. 故王駘之聚衆, 衆自歸之, 豈引物使從己.

멈춰있는 물이 거울 역할을 하는 것은 멈춰있음으로 거울 역할을 하려고 했기 때문이 아니다. 그러므로 왕태에게 사람들이 모은 것은 그들이 스스로 그에게 몰려간 것이지, 어찌 그들을 끌어다가 왕태 자신을 따르도록 한 것이겠는가!

唯止能止衆止.

멈춰 있는 것만이 여러 사람들이 멈춰 있는 것에 머무르게 할 수
있다네.

動而爲之, 則不能居衆物之止.

움직이면서 무엇인가를 한다면 여러 사람들이 멈춰 있는 것에 머물러 있
게 할 수 없다.

상계의 의심에 대해 중니의 "사람들은 누구나 흐르는 물에 자신을 비춰
보지 않고 멈춰있는 물에 비춰보게 마련이지."라는 답은 표현이 아주 훌
륭하다. 마음을 비워 어떤 것에도 동요하지 않음으로써 다른 것에 영향
을 미치는 것에 대해 멈춰 있는 물로 아주 절묘하게 비유하고 있기 때문
이다.

受命於地, 唯松柏獨也正, 在冬夏青青,

땅에서 생명을 부여받은 것들 중에 소나무와 잣나무만이 유독 바르
니, 겨울이고 여름이고 푸르고 푸르며,

夫松柏特稟自然之鍾氣, 故能爲衆木之傑耳. 非能爲而得之也.

소나무와 잣나무만이 저절로 그런 뛰어난 기운을 받았기 때문에 여러 나무
중에 빼어난 것이 되었을 뿐이지, 어떻게 해서 될 수 있는 것이 아니다.

受命於天, 唯堯舜獨也正,

하늘에서 생명을 부여받은 것들 중에 요임금과 순임금만이 유독 바
르니,

言特受自然之正氣者至希也. 下者則唯有松柏, 上者則唯有聖人, 故凡不正者, 皆來求正耳. 若物皆有靑全, 則無貴於松柏, 人各自正, 則無羨於大聖而趣之.

특별히 저절로 그런 바른 기운을 받은 것들은 매우 드물다는 말이다. 아래로는 오직 소나무와 잣나무가 있고, 위로는 단지 거룩한 사람이 있기 때문에 바르지 않은 것들이 모두 와서 바르게 되기를 구한다. 그런데 사물이 모두 푸르고 온전하게 된다면 소나무와 잣나무를 귀하게 여길 일이 없을 것이고, 사람이 각기 저절로 바르게 된다면 크게 거룩한 사람을 선망하여 모여들 일이 없다는 것이다.

幸能正生, 而正衆生.
다행스럽게도 삶을 바로 잡아 여러 생명을 바르게 할 수 있었네.

幸自能正耳, 非爲正以正之.
다행히 저절로 바르게 되도록 할 수 있을 뿐이지 바름을 행해서 바르게 되게 하는 것이 아니라는 것이다.

해설

거룩한 사람이 교화해서 그런 것이 아니라 사람들이 저절로 그렇게 본받게 되는 것이라고 곽상이 주석한 것에 유념해야 한다. 곧 거룩한 사람이 마음을 비우고 가만히 있으니, 사물들이 저절로 자신도 모르게 동화되어 동일하게 된다는 것이다. 곧 멈춰 있는 물에 사물이 자신을 비춰봄으로써 그렇게 되기를 바라게 된다는 것으로 무위의 교화가 이루어지는 것에 대해 이렇게 절묘하게 설명하고 있는 것이다.

夫保始之徵, 不懼之實, 勇士一人, 雄入於九軍. 將求名而能自要者,而猶若是.

처음을 지키는 징험은 두려워하지 않는 실질로 용사 혼자서 구군 속
으로 용감하게 들어가는 것이지. 이름을 구하려고 스스로 믿는 자들
도 여전히 이와 같다네.

非能遺名, 而無不任.

이름을 남길 수 있는 것이 아닌데도 감내하지 않음이 없다는 것이다.

而況官天地, 府萬物,

그런데 하물며 천지를 집으로 삼고 만물을 창고로 삼아

冥然無不體也.

아무런 구분을 하지 않음으로 체득하지 않음이 없게 한다는 것이다.

直寓六骸,

오로지 육체에 머물고

所謂逆旅.

이른바 여관逆旅이다.

象耳目,

귀와 눈과 같이 하며

人用耳目, 亦用耳目, 非須耳目.

사람이 귀와 눈을 쓰는 것도 그것들을 (있는 그대로 그냥) 쓰는 것이지
그것들을 필요로 하는 것이 아니라는 것이다.

一知之所知, 而心未嘗死者乎.

앎이 아는 것과 하나가 되어 마음이 죽은 적이 없는 분임에야 말해 무엇 하겠는가!

知與變化俱, 則無往而不冥, 此知之一者也. 心與死生順, 則無時而非生, 此心之未嘗死也.

앎이 변화와 함께 하면 어딜 가더라도 구분 없이 되지 않음이 없으니, 이것은 아는 것과 하나가 된 것이다. 마음이 살고 죽는 것에 순응한다면 어느 때라도 살지 않음이 없으니, 이것은 바로 마음이 죽은 적이 없는 것이다.

彼且擇日而登假, 人則從是也.

저 분은 또 날을 택해 빌려온 삶에 올라타고 있으니, 사람들이 이것을 따르는 것이라네.

以不失會爲擇耳, 斯人無擇也. 任其天行而時動者也, 故假借之人, 由此而最之耳.

기회를 잃지 않는 것으로 택함을 삼았을 뿐이니, 이 사람이 택한 것은 없다. 하늘이 흘러가고 때가 움직이는 대로 맡겨놓기 때문에 삶을 빌려 사는 사람들은 이것에 따라 모인 것일 뿐이다.

彼且何肯以物爲事乎.

그런 분이 또 무엇 때문에 사물을 일삼으려고 하겠는가?"

其恬漠, 故全也.

그는 조용하고 담담하기 때문에 온전하다는 것이다.

전쟁터에서 용감하게 싸울 수 있는 것은 자신을 지키는 것이 아니라 처음의 믿음을 지키는 것이다. 이름을 얻으려고 스스로 믿는 자들도 이와 동일하다. 그런데 사람이 마음을 비움으로써 천지와 하나가 되고 생사를 초월하게 되면, 자신을 위해 의도적으로 그렇게 하는 것이 아니라, 소나무나 잣나무가 언제나 푸르듯이 또 요임금과 순임금이 바르듯이 저절로 그렇게 되어 저절로 사물에 영향을 미치게 된다는 것이다.

申徒嘉, 兀者也, 而與鄭子産, 同師於伯昏無人. 子産謂申徒嘉曰, 我先出則子止, 子先出則我止.

신도가申徒嘉는 (형벌로 발뒤꿈치를 베인) 절뚝발이로 정鄭나라의 자산子産과 함께 백혼무인伯昏無人을 스승으로 모셨다. 그런데 자산이 신도가에게 "내가 먼저 나가면 자네가 남아 있고, 자네가 먼저 나가면 내가 남아 있겠네."라고 하였다.

羞與刖者並行.　　　　　　　　　　　　　　刖: 발꿈치 자를 월

절뚝발이와 함께 돌아다니는 것을 부끄럽게 여겼던 것이다.

其明日, 又與合堂同席而坐, 子産謂申徒嘉曰, 我先出則子止, 子先出則我止. 今我將出, 子可以止乎, 其未邪.

그 다음날 또 함께 집에서 만나 자리를 같이하여 앉아 있게 되자 자산이 신도가에게 말하였다. "내가 먼저 나가면 자네가 남아 있고, 자네가 먼저 나가면 내가 남아 있겠네. 지금 내가 나갈 것인데 자네가 남아 있겠는가? 안되겠는가?

質而問之, 欲使必不並己.

캐물어 반드시 자기와 함께 하지 못하도록 하였다는 것이다.

且子見執政而不違, 子齊執政乎.

그런데 자네는 집정대신을 보고도 공손히 떨어져 있지 않으니 자네가 집정대신과 맞먹겠다는 것인가?"

常以執政自多, 故直云子齊執政, 便謂足以明其不遜.

언제나 집정대신을 스스로 대단하다고 여겼기 때문에 바로 '자네가 집정대신과 맞먹겠다는 것인가?'라고 하였으니, 곧 그것으로 신도가가 공손하지 않음을 충분히 드러냈다고 여긴 것이다.

해설
　자산은 백혼무인을 스승으로 모시면서도 그의 덕을 흠모해서 배우려고 한 것이 아니라 세상의 명예를 찾았다는 것이다.

申徒嘉曰, 先生之門, 固有執政焉如此哉.

신도가가 말하였다. "선생님의 문하에 진실로 집정대신이 있다는 것이 이렇다는 것인가?

此論德之處, 非計位也.

여기는 덕을 논하는 곳이지 지위를 따지는 곳이 아니라는 것이다.

子而悅子之執政, 而後人者也.

자네여서 자네의 집정대신을 반겨서 남을 무시하는 것이겠지!

笑其矜說在位, 欲處物先.

집정대신이 지위에 있는 것을 자랑스러워하고 반겨 남보다 앞세우고자
하는 것을 비웃은 것이다.

聞之曰, 鑑明則塵垢不止, 止則不明也. 久與賢人處則無過. 今
子之所取大者, 先生也, 而猶出言若是, 不亦過乎.

'거울이 밝은 것은 먼지가 끼지 않았기 때문이니, 먼지가 끼면 밝지
않게 된다. 오래도록 현명한 사람과 함께 있으면 잘못이 없어진다.'라
고 들었네. 지금 자네가 귀중하게 여기는 분은 선생님일 텐데 아직까
지 그렇게 말하고 있으니 잘못이 아니겠는가?"

事明師, 而鄙吝之心猶未去, 乃眞過也.

밝은 스승을 모시면서도 속되고 천한 마음을 아직까지 없애지 못한 것이
야말로 진실로 잘못이라는 것이다.

해설

자산은 백혼무인의 덕을 흠모했기 때문에 사람들의 세속적인 지위는 염
두에 두지 않았다는 것이다.

子產曰, 子旣若是矣,

자산이 말하였다. "자네는 이미 그 꼴을 해가지고도

若是, 形殘.

'그 꼴을 해가지고도'는 불구라는 것이다.

猶與堯爭善. 計子之德, 不足以自反邪.

여전히 요堯임금과 선善을 다투는구먼. 자네의 덕을 따져 보니, 스스

로 반성하기에는 부족하네."

言不自顧省, 而欲輕蔑在位, 與有德者並, 計子之德, 故不足以補形
殘之過.

故: 본래 고

스스로 돌아보며 반성하지 않고 벼슬자리에 있는 사람을 경멸하고 덕 있
는 자와 맞먹으려고 해서 자네의 덕을 따져 본 것인데, 본래 불구가 된
잘못을 보충하기에 부족하다는 말이다.

申徒嘉曰, 自狀其過, 以不當亡者, 衆,

신도가가 말하였다. "스스로 자신의 잘못을 진술하면서 사형시켜서
는 안된다는 자들은 많고,

多自陳其過狀, 以己爲不當亡者, 衆也.

대부분 스스로 잘못한 상황을 진술하면서 자신을 사형시켜서는 안된다고
여기는 자들은 많다.

不狀其過, 以不當存者, 寡.

자신의 잘못을 진술하지 않으면서 살려두어서는 안된다는 자들은
적네.

默然知過, 自以爲應死者, 少也.

묵묵히 잘못을 알고 스스로 죽어 마땅하다고 여기는 자들은 적다.

해설

잘못하고도 그것을 받아들이는 사람이 많지 않다는 말을 함으로써 신도
가가 자산을 다시 나무라고 있는 것이다.

知不可奈何, 而安之若命, 唯有德者能之. 遊於羿之彀中, 中央
者, 中地也, 然而不中者, 命也.　　　　　　　　　　彀: 활 당길 구

어찌할 수 없다는 것을 알고서 천명처럼 편안히 여기는 것은 덕이
있는 사람들만이 할 수 있다네. 예羿의 활 사정거리 안에서 놀면, 한
가운데는 화살이 명중하는 곳인데도 맞지 않는 것은 천명이네.

羿, 古之善射者. 弓矢所及爲彀中. 夫利害相攻, 則天下皆羿也, 自
不遺身忘知與物同波者, 皆遊於羿之彀中耳, 雖張毅之出, 單豹之
處, 猶未免於中地. 則中與不中, 唯在命耳. 而區區者, 各有所遇, 而
不知命之自爾. 故免乎弓矢之害者, 自以爲巧, 欣然多己, 及至不免,
則自恨其謬, 而志傷神辱, 斯未能達命之情者也.

欣: 기뻐할 흔, 謬: 그릇될 류

예羿는 옛날에 활을 잘 쏘던 자이다. 화살이 이르는 범위가 사정거리
彀中이다. 이로움과 해로움이 서로 공격하는 것에서는 천하 사람들이
모두 예이니, 스스로 자신을 버려 앎을 잊고 사물과 흐름을 같이하지
않는 자는 모두 예의 사정거리 안에서 노니는 것이다. 장의張毅[5]의
돌아다님과 선표單豹[6]의 돌아다니지 않음이라 하더라도 여전히 명중
하는 곳을 벗어나지 못하였다. 그렇다면 화살에 맞고 안 맞고는 오로
지 천명에 달렸을 뿐이다. 그런데 구구한 자들은 각기 만나는 것이
있어도 명이 저절로 그렇게 한 것인 줄을 알지 못한다. 그러므로 화
살의 피해를 벗어난 사람은 스스로 솜씨 좋다고 여기며 우쭐해서 자

---

5) 「달생達生」편에 나오는 이야기로 장의는 부잣집이건 가난한 집이건 가리지 않
   고 부지런히 돌아다니면 사귀었는데, 불행히도 마흔의 나이에 열병에 걸려 죽
   었다.
6) 「달생達生」편에 나오는 이야기로 선표는 노나라 사람으로 바위굴속에 살며 물
   을 마시고 남들과 이익을 도모하지 않아 일흔의 나이에도 그 얼굴빛이 아기
   와 같았는데, 안타깝게도 굶주린 호랑이에게 잡혀 먹었다.

신을 대단하게 여기고, 피해를 벗어나지 못했으면 스스로 그 잘못을 한탄하면서 뜻과 마음을 상하게 하고 치욕스러워하니, 바로 명命의 실정에 아직 통달하지 못했기 때문이다.

夫我之生也, 非我之所生也. 則一生之內, 百年之中, 其坐起行止, 動靜趣舍, 情性知能, 凡所有者, 凡所無者, 凡所爲者, 凡所遇者, 皆非我也, 理自爾耳. 而橫生休戚乎其中, 斯又逆自然而失者也.

나의 삶은 내가 살아가는 것이 아니다. 그렇다면 한 평생 백 년 동안 앉고 일어나며 가고 멈추며, 움직이고 가만히 있으며 취하고 버리며, 감정과 본성 지식과 능력, 있는 것과 없는 것 행하는 것과 만나는 것은 모두 내가 아니고 이치가 저절로 그렇게 되게 하는 것일 뿐이다. 그런데 그 안에서 마음대로 기뻐하기도 하고 슬퍼하기도 하니, 이것은 또 저절로 그렇게 되는 것을 거슬러 잘못하는 것이다.

해설

세상을 살면서 잘되는 것도 자신이 잘나서 잘 된 것이 아니라 저절로 잘된 것이고, 어쩔 수 없이 잘못되는 것도 자신이 못나 잘못된 것이 아니라 저절로 잘못된 것이니, 모든 것에 마음을 비우고 잘되든 못되든 그때그때의 상황을 담담하게 받아들이는 것이 덕이라고 말함으로써 다시 자산을 나무라고 있는 것이다.

人以其全足, 笑吾不全足者, 多矣.

사람들 중에는 자신의 발이 온전하다고 나의 온전하지 못한 발을 비웃는 자들이 많더군.

皆不知命, 而有斯笑矣.

모두 천명을 알지 못하여 이렇게 비웃는 것이다.

我怫然而怒.

나는 발끈해서 화를 내곤 하였는데,

見其不知命而怒, 斯又不知命也.

천명을 알지 못하는 것을 보고 화를 내니, 이것도 천명을 알지 못한다는 것이다.

而適先生之所, 則廢然而反.

선생님이 계신 곳에 가면 깨끗이 잊어버리고 평상으로 돌아왔네.

見至人之知命遺形, 故廢向者之怒而復常.

무아의 경지에 이른 사람이 천명을 알고 형체를 잊어버리는 것을 보기 때문에 조금 전의 화났던 것을 잊어버리고 평상으로 돌아온다.

不知先生之洗我以善邪.

선생님께서 나를 좋은 것으로 씻어 주셨는지는 모르겠네.

不知先生洗我以善道故耶, 我爲能自反耶, 斯自忘形而遺累矣.

선생님께서 나를 좋은 도리로 씻어 주었기 때문인지, 내가 스스로 평상으로 돌아왔기 때문인지 모르겠지만, 이것이야말로 스스로 형체를 잊어버리고 얽매임을 풀어버린 것이다.

吾與夫子遊十九年矣, 而未嘗知吾兀者也,

내가 선생님과 함께 19년을 교유했으나 내가 절뚝발이라는 것을 느낀 적이 없네.

忘形故也.

형체를 잊어버렸기 때문이라는 것이다.

해설

신도가가 절뚝발이가 된 것 때문에 가슴 가득이 울분이 쌓였다가도 백
혼무인을 만나면 모든 것이 저절로 안정되기 때문에 19년 동안이나 찾
아뵙는다는 것이다. 그런데 여기서 중요한 핵심은 "선생님께서 나를 좋
은 것으로 씻어 주셨는지는 모르겠네."라는 말이다. 백혼무인은 신도가
가 찾아와도 전혀 어떻게 하지 않고 그저 담담하게 대할 뿐이었다. 그런
데도 신도가는 마음이 저절로 안정되기 때문에 "선생님께서 나를 좋은
것으로 씻어 주셨는지는 모르겠네."라고 하는 것이다. 세상에 대한 증오
로 분산된 신도가의 마음이 단지 마음을 비우고 가만히 있는 선생님의
영향으로 함께 동일하게 비워지면서 안정되는 것에 대해 이렇게 표현하
고 있는 것이다.

今子與我遊於形骸之內, 而子索我於形骸之外, 不亦過乎.

지금 자네가 나와 형체의 내면으로 교유하면서 형체의 외면에서 나를
찾고 있으니, 또한 잘못된 것이 아니겠는가!"

形骸外矣, 其德內也. 今子與我德遊耳, 非與我形交也, 而索我外好,
豈不過哉.

형체는 외면이고, 그들의 덕은 내면이다. 지금 자네는 나와 덕으로 교유하
고 있을 뿐이고, 나와 형체로 교유하지 않는데도, 내 외면의 보기 좋은
것을 찾고 있으니, 어찌 잘못된 것이 아니겠는가!

子産蹴然改容更貌曰, 子無乃稱.   蹴: 찰 축, 낯빛을 바꿀 축

자산은 무안하여 용모를 고치고 "자네, 더 이상 말하지 말게!"라고
하였다.

已悟則厭其多言也.
깨닫고 나서는 신도가가 여러 말을 하는 것이 싫었던 것이다.

魯有兀者叔山無趾, 踵見仲尼,　　　　　　　　踵: 발꿈치 종. 이을 종
노나라에 (형벌로 발뒤꿈치를 베여) 절뚝발이인 숙산무지叔山無趾라
는 사람이 있었는데, 연이어 계속 중니를 찾아뵈었다.

踵, 頻也.
연이어 계속踵은 자주頻라는 말이다.

**仲尼曰, 子不謹, 前旣犯患若是矣. 雖今來, 何及矣. 無趾曰, "吾
唯不知務, 而輕用吾身. 吾是以亡足.**
중니가 말하였다. "자네는 근신하지 않아 전에 이 꼴이 되도록 죄를
지었던 것일세. 지금 찾아온들 어떻게 할 수 있겠나?" 무지가 말하였
다. "제가 그냥 어디에 힘써야 할지를 몰라 몸을 함부로 굴렸었고,
제가 그래서 발을 잃게 되었습니다.

人之生也, 理自生矣, 直莫之爲而任其自生, 斯重其身而知務者也.
若乃忘其自生, 謹而矜之, 斯輕用其身, 而不知務也. 故五藏相攻於
內, 而手足殘傷於外也.
사람의 삶은 이치상 저절로 살아가는 것이니, 오직 아무 것도 어떻게 하
지 않고 저절로 살아가는 대로 맡겨 두면, 이것은 그 몸을 중시하고 힘쓸
데를 아는 것이다. 만약 저절로 살아가는 것을 잊고 근신하고 삼가면,

이것은 몸을 함부로 굴리고 어디에 힘써야 할지를 모르는 것이다. 그러므로 다섯 가지 장기가 안에서 서로 공격하고 손과 발이 밖에서 손상되는 것이다.

해설

여기의 구절은 물론 아래의 구절에서 본문과 곽상의 주가 겉으로는 서로 어긋나는 것처럼 보이는데, 속으로는 무위자연을 바탕에 깔고 있기 때문임을 알아야 한다. 곧 본문에서 중니가 "자네는 근신하지 않아 전에 이 꼴이 되도록 죄를 지었던 것일세."라고 했는데, 곽상은 "만약 저절로 살아가는 것을 잊고 근신하고 삼가면, 이것은 몸을 함부로 굴리고 어디에 힘써야 할지를 모르는 것이다."라고 한 것이다. 다시 말해 곽상은 중니의 "근신하고 삼간다."는 말을 유위로 보고 그렇게 하지 않아야 한다고 설명하고 있는 것이다.

今吾來也, 猶有尊足者存焉.

지금 제가 찾아뵌 것은 여전히 소중한 발이 남아 있기 때문입니다.

刖一足, 未足以虧其德, 明夫形骸者逆旅也.

한 쪽 발을 형벌로 잃었으나 아직 자신의 덕을 무너뜨리기에 충분치 않다는 것으로 육체가 여관임을 밝힌 것이다.

吾是以務全之也.

제가 그래서 힘써 그것을 온전하게 하려고 합니다.

去其矜謹, 任其自生, 斯務全也.

근신하고 삼감을 버려 저절로 살아가는 대로 맡겨 놓는 것이 바로 온전함에 힘쓰는 것이다.

곽상의 주로 볼 때, 숙산무지는 불량배처럼 살다가 발을 잃은 것이 아니라 세상의 출세를 위해 근신하고 삼가며 살다가 발은 잃은 것으로 보인다. 그러니 마음을 비움으로써 출세하겠다는 생각을 버려야 온전한 삶을 살게 된다는 것이다. 곧 본문에서 숙산무지가 힘써 남은 발을 온전하게 하려고 한다는 것은 마음을 비움으로써 제대로 살아 남아있는 발을 보전하려고 한다는 것이다.

夫天無不覆, 地無不載.

하늘은 덮어주지 않는 것이 없고, 땅은 실어주지 않는 것이 없습니다.

天不爲覆, 故能常覆, 地不爲載, 故能常載. 使天地而爲覆載, 則有時而息矣. 使舟能沈而爲人浮, 則有時而沒矣. 故物爲焉, 則未足以終其生也.

하늘은 덮어주는 것을 행하지 않기 때문에 언제나 덮어줄 수 있고, 땅은 실어주는 것을 행하지 않기 때문에 언제나 실어줄 수 있다. 천지라고 해서 덮어주고 실어주는 것을 행한다면, 때에 따라 그렇게 되지 않을 수도 있을 것이다. 배가 가라앉을 수도 있는데 사람들이 물 위에 띄워놓는다면, 때에 따라 침몰할 수도 있을 것이다. 그러므로 사람들이 무엇이든 행하는 것으로는 그의 삶을 마치게 하기에 부족하다.

본문 "하늘은 덮어주지 않는 것이 없고, 땅은 실어주지 않는 것이 없습니다."라는 말에 대해 곽상이 "하늘은 덮어주는 것을 행하지 않기 때문에 언제나 덮어줄 수 있고, 땅은 실어주는 것을 행하지 않기 때문에 언제나 실어줄 수 있다."라고 하는 것도 천지가 무위자연으로 그렇게 하고 있음을 분명하게 나타낸 것임을 알아야 한다. 그리고 이 말을 위의 구절과 연결시키면 역시 곽상이 위의 주에서 설명한 것처럼 본문을 해석해야 되는 것이다.

吾以夫子爲天地, 安知夫子之猶若是也.

저는 선생님을 천지로 여겼으니, 선생님께서 이러실 줄 어떻게 알았겠습니까!"

責其不謹, 不及天地也.

중니가 근신하지 못하여 천지에 미치지 못함을 나무란 것이다.

孔子曰, 丘則陋矣. 夫子胡不入乎. 請講以所聞, 無趾出.

공자가 "제가 어리석었습니다. 선생께서는 어째서 들어오지 않으시는지요? 깨달은 것을 말해 주셨으면 합니다."라고 하니, 무지가 나가버렸다.

聞所聞而出, 全其無爲也.

깨달은 것을 듣고 나갔으니, 자신의 아무 것도 시행하지 않음無爲을 온전히 한 것이다.

해설

본문에서 "무지가 나가버렸다."는 것에 대해 곽상이 "깨달은 것을 듣고 나갔으니, 자신의 아무 것도 시행하지 않음無爲을 온전히 한 것이다."라고 주석한 것 역시 무위자연을 강조하기 위함이다. 또 앞에서 곽상이 "중니가 근신하지 못하여 천지에 미치지 못함을 나무란 것이다."라는 말에서 '중니가 근신하지 못했다.'는 것은 중니가 마음을 비우지 못했다는 의미로 이해해야 한다. 바로 아래의 구절과 이어서 그 의미를 살펴보면, 중니는 여전히 혼이 나야 할 정도로 계속 정신을 차리지 못하고 있다.

孔子曰, 弟子勉之. 夫無趾, 兀然者, 猶務學以復補前行之惡. 而況全德之人乎.

공자가 말하였다. "여러분들 노력합시다. 무지는 (형벌로) 한 쪽 발을 잃은 자인데도 여전히 배움에 힘써 다시 과거에 행한 잘못을 고쳤습니다. 그런데 하물며 온전한 덕을 지닌 사람들이야 말해 무엇 하겠습니까.

全德者, 生便忘生.

온전한 덕을 지닌 사람은 살면서 사는 것을 잊어버린다.

해설

본문에서 공자가 불구자도 열심히 노력해 잘못을 고쳤다고 하면서 "온전한 덕을 지닌 사람들이야 말해 무엇 하겠습니까?"라고 것에 주목해야 하니, 자신이 신도가에게 혼이 난 것을 기억하기 바란다. 문학적인 비유이지만 공자가 이렇게 말하는 것은 그가 아직도 마음을 비우지 못해 사람을 덕이 아니라 형태로 구분하고 있고, 또 온전한 덕이 무엇인지 모르고 있는 것에 대해 교묘하게 비꼬고 있는 것이기 때문이다.

無趾語老聃曰, 孔丘之於至人, 其未邪. 彼何賓賓以學子爲.

무지가 노담에게 말하였다. "공구가 무아의 경지에 이른 사람至人이 되기에는 아직 아니더군요. 그런데 그가 어째서 자꾸 선생님께 배우려는 걸까요?

怪其方復學於老聃.

공구가 다시 노담에게 배우려는 것을 이상하게 여겼다.

彼且蘄以諔詭幻怪之名聞, 不知至人之以是爲己桎梏邪.

蘄: 바랄 기, 諔: 속일 숙, 詭: 속일 궤

그는 또 이상하게 속이는 이름을 바라고 있으니, 무아의 경지에 이른 사람이 이것을 자신의 족쇄로 여기는 줄 모르는 것인지요!"

夫無心者, 人學亦學. 然古之學者爲己, 今之學者爲人, 其弊也遂至乎爲人之所爲矣. 夫師人以自得者, 率其常然者也, 舍己效人而逐物於外者, 求乎非常之名者也. 夫非常之名, 乃常之所生. 故學者非爲幻怪也, 幻怪之生必由於學, 禮者非爲華藻也, 而華藻之興必由於禮. 斯必然之理, 至人之所無奈何, 故以爲己之桎梏也.

마음을 비운 사람은 남들이 배우면 또한 배운다. 그러나 옛날의 배우는 자들은 자신의 덕성을 위해 배우는데, 오늘날의 배우는 자들은 남에게 보여주기 위해 배우니, 그 잘못이 마침내 남들이 하는 것을 따라하는 지경까지 왔다. 남을 스승으로 삼아 스스로 터득하는 것은 언제나 그렇게 되는 것을 따르는 것이고, 자신을 버리고 남들을 본받아 바깥에서 사물을 따라가는 것은 평범하지 않은 이름을 구하는 것이다. 그런데 평범하지 않은 이름은 바로 평범함에서 나오는 것이다. 그러므로 배움은 헷갈리게 하는 것이 아닌데 헷갈리게 되는 것은 반드시 배움 때문이고, 예禮는 화려하게 꾸미는 것이 아닌데 화려하게 꾸미게 되는 것은 반드시 예 때문이다. 이것은 반드시 그렇게 되는 이치라서 무아의 경지에 이른 사람도 어떻게 할 수 없기 때문에 자신의 족쇄로 여기는 것이다.

해설

자신이 마음을 비움으로써 저절로 남들이 교화되게 하는 것은 교화되는 사람들이 마음을 비우고 있는 것에 동화되어 모든 것을 잊어버리는 것이기 때문에 사람들이 교화된 후에도 왜 그렇게 되었는지 조차도 모르는 것이다. 그런데 마음을 비우지 못하고 사람들을 교화시키려고 하면, 뭔가 내세우게 되고 결국 그것 때문에 또 마음을 비우지 못해 잘못되니, 바로 공자가 여기에 해당한다. 앞에서 진정으로 마음을 비운 왕태나 백혼무인은 사람들에게 절대로 아무 말도 하지 않고 있고, 공자는 끊임없이 어떻게 해서라도 사람들이 깨우치게 하려고 노력하고 있음을 놓치지 말아야 한다. 사람들을 교화시키려고 하는 근본적인 원인은 마음을 비우지 못해 무엇인가 가르치려고 하게 되고 이어서 가르치려는 것에 이름을 붙이기 때문이다. 공자는 인 곧 어짊을 인간의 덕성으로 주목하고 가르치려고 계속 내세우고 있다. 그래서 본문에서 무아의 경지에 이른 사람들은 '이상하게 속이는 이름'에 대해 족쇄로 여긴다고 하는 것이다.

老聃曰, 胡不直使彼以死生爲一條, 以可不可爲一貫者, 解其桎梏. 其可乎.

노담이 "어째서 곧바로 그가 삶과 죽음을 하나로 연결하고 옳음과 그름을 일관된 것으로 여기게 해서 족쇄를 풀어버리게 해주지 않는지요? 그래서야 되겠습니까!"라고 하였다.

欲以直理冥之, 冀其無迹.

곧은 이치로 구분 없이 봐서 흔적을 없애도록 해야 한다는 것이다.

無趾曰, 天刑之, 安可解.

무지가 "하늘이 형벌을 주었는데 어떻게 풀어버릴 수 있겠는지요?"라고 하였다.

今仲尼非不冥也. 顧自然之理, 行則影從, 言則嚮隨. 夫順物則名迹斯立, 而順物者, 非爲名也. 非爲名則至矣. 而終不免乎名, 則孰能解之哉. 故名者影嚮也, 影嚮者形聲之桎梏也. 明斯理也, 則名迹可遺, 名迹可遺, 則尙彼可絶, 尙彼可絶, 則性命可全矣.

이제 중니는 구분 없이 볼 수 없는 것이 아니다. 그런데 저절로 그렇게 되는 이치를 보면, 걸어가는 것에서는 그림자가 있고 말하는 것에서는 울림이 있게 된다. 사물을 따라가면 이름의 흔적이 여기에서 세워지는데, 사물을 따라가는 것은 이름 때문이 아니다. 이름 때문이 아니라면 지극하게 된 것이다. 그런데 끝내 이름에서 벗어날 수 없다면, 누가 그것을 풀어 줄 수 있겠는가? 그러므로 이름은 그림자와 울림이고, 그림자와 울림은 육체와 소리의 족쇄이다. 이런 이치에 밝으면 이름의 흔적을 버릴 수 있고, 이름의 흔적을 버릴 수 있으면 저런 것까지 끊을 수 있으며, 저런 것들까지 끊을 수 있으면 '마음과 몸[性命]'이 온전하게 될 수 있다.

해설
공자가 하늘의 형벌 곧 족쇄를 끝내 벗어버릴 수 없는 것은 이름으로 어짊을 내세우고 있기 때문이다. 이어서 아래에 나오는 못난 사람 애태타 역시 아무 것도 주장하지 않는 사람 곧 마음을 비우고 있는 사람일 뿐이다.

魯哀公問於仲尼曰, 衛有惡人焉, 曰哀駘它.
노나라 애공이 중니에게 물었다. "위나라에 추한 사람이 있는데 애태타라고 합니다.

惡, 醜也.
추한 것은 못생긴 것이다.

丈夫與之處者, 思而不能去也, 婦人見之, 請於父母曰, 與爲人妻, 寧爲夫子妾者, 數十而未止也. 未嘗有聞其唱者也, 常和人而已矣. 無君人之位以濟乎人之死,
그런데 사내들이 그와 함께 있게 될 경우에는 사모해서 떠날 수 없고, 여자들이 그를 만나보면 부모에게 '다른 사람의 부인이 될 바에는 차라리 그의 첩이 되겠습니다'라고 간청하는 경우가 수십 명인데도 끊이지를 않습니다. 그가 무엇인가를 주장하는 것을 들어본 적이 없고 언제나 남들과 화합하기만 합니다. 임금의 지위로 사람이 죽을 일을 구해준 적도 없고

明物不由權勢而往.
사람들이 권세 때문에 찾아가는 것이 아님을 밝힌 것이다.

無聚祿以望人之腹.
봉록을 모아 사람의 배를 채워준 적도 없습니다.

明非求食而往.
먹을 것 때문에 찾아간 것이 아님을 밝힌 것이다.

又以惡駭天下,
또 추함으로 세상을 놀라게 하면서도

明不以形美故往.
모습의 아름다움 때문에 찾아가는 것이 아님을 밝힌 것이다.

和而不唱,
화합하고 주장하는 것이 없고,

非招而致之.
불러서 간 것이 아니라는 것이다.

知不出乎四域,

아는 것이라고는 국내의 일을 벗어나지 못하는데도,

不役思於分外.

본분 밖의 일에 대해 힘들여 생각하지 않는다는 것이다.

且而雌雄合乎前.

게다가 새와 동물들까지 그 앞으로 모여듭니다.

夫才全者與物無害. 故入獸不亂群, 入鳥不亂行, 而爲萬物之林藪.

재능이 온전한 경우에는 사물과 해침이 없다. 그러므로 동물들에게로 들어가도 무리를 혼란하게 하지 않고, 새들에게로 다가가도 갈 길을 어지럽히지 않아 모든 것들의 수풀이 된다.

是必有異乎人者也. 寡人召而觀之, 果以惡駭天下. 與寡人處, 不至以月數, 而寡人有意乎其爲人也,

여기에는 반드시 남들보다 특이한 점이 있는 것이겠지요. 과인이 그를 불러놓고 보니 과연 추함이 세상을 놀라게 할 정도였습니다. 그런데 과인과 함께 있은 지 한 달도 못되어 그 사람됨에 유의하게 되었고,

未經月, 已覺其有遠處.

한 달도 지나지 않았는데 이미 그에게 심원한 점이 있음을 깨달았다는 것이다.

不至乎期年, 而寡人信之. 國無宰, 寡人傳國焉,

일 년도 못되어 그를 믿게 되었습니다. 나라에 재상이 없어 그에게 나라를 맡기니,

委之以國政.
그에게 나라의 정치를 맡겼다는 것이다.

悶然而後應,
담담하게 있다가 답을 하는데,

寵辱不足以驚其神.
총애와 욕됨이 그의 신명을 놀라게 할 수 없었다는 것이다.

氾而若辭,
마음에 없어 사양하는 듯해서

人辭亦辭.
사람들이 사양하니 그도 사양하였다는 것이다.

寡人醜乎, 卒授之國. 無幾何也, 去寡人而行. 寡人卹焉若有亡
也. 若無與樂是國也, 是何人者也. 仲尼曰, 丘也嘗使於楚矣. 適
見㹠子食於其死母者, 醜: 부끄러워할 추. 卹: 가엽게 여길 술(휼). 㹠: 새끼 돼지 돈
과인이 민망했지만 마침내 그에게 나라를 맡겼습니다. 그런데 얼마
지나지 않아 과인을 버리고 떠났습니다. 과인은 울적하게 되어 무엇
인가 잃어버린 것 같습니다. 함께 이 나라에서 즐길 수 없다면 이
사람은 대체 어떤 사람인지요!" 중니가 말하였다. "제가 초나라에 사

신으로 간 적이 있었습니다. 도중에 돼지새끼들이 죽은 어미의 젖을
빠는 것을 보았는데,

食乳也.

어미의 젖을 빨고 있었던 것이다.

少焉眴若皆棄之而走, 不見己焉爾, 不得類焉爾. 眴: 눈깜빡일 현

잠시 후에는 눈을 깜빡깜빡 하다가 모두 어미를 버리고 도망갔으니,
자신들을 돌봐주지 않고 전과 같지 않았기 때문입니다.

夫生者以才德爲類. 死而才德去矣, 故生者以失類而走也. 故含德
之厚, 比於赤子, 無往而不爲之赤子也, 則天下莫之害, 斯得類而明
己故也. 情苟類焉, 則雖形不與同, 而物無害心, 情類苟亡, 則雖形同
母子, 而不足以固其志矣.

산다는 것은 재능과 덕행을 가지고 무리가 되는 것이다. 죽어서는 재능과
덕행이 없어지기 때문에 살아있는 것들이 무리가 되는 것을 버리고 도망
간다. 그러므로 두텁게 덕을 머금은 자는 갓난아기에 비유되고, 어디를
갈지라도 갓난아기처럼 되지 않으면 천하에서 아무도 해치지 않으니, 이
것은 무리를 얻어 자신을 드러내기 때문이다. 정으로 무리가 되면 형체가
함께 동일하지 않을지라도 사물이 해칠 마음이 없고, 정으로 무리가 되지
않으면 상황이 어미나 자식과 같을지라도 그 뜻을 안정되게 할 수 없다.

所愛其母者, 非愛其形也, 愛使其形者也.

그 어미를 사랑하는 것은 그 형체를 사랑한 것이 아니라 그 형체가
형체이게 하는 것을 사랑한 것이지요.

使形者, 才德也.

그 형체가 형체이게 하는 것은 재능과 덕행이라는 것이다.

戰而死者, 其人之葬也, 不以翣資,　　　　　　　　　翣: 운삽 삽

전사자에게는 장사지낼 때에 삽翣[7]에 의지하지 않고,

翣者, 武所資也. 戰而死者, 無武也, 翣將安施.

삽은 무용이 의지하는 것이다. 전사자는 무용이 없으니 삽을 어디에 사용하겠는가?

刖者之屨, 無爲愛之,　　　　　　　　　　　　　　屨: 신 구

절뚝발이의 신은 그것을 아낄 일이 없으니,

所愛屨者, 爲足故耳.

신을 아끼는 것은 발이기 때문이다.

皆無其本矣.

모두 그 근본이 없기 때문이지요.

翣屨者以足武爲本.

삽과 신은 발과 무용을 근본으로 한다는 것이다.

----

7) 운아삽雲亞翣으로 장례 때 상여의 앞뒤로 세우고 가는 부채 모양의 것으로
　운삽雲翣과 불삽黻翣을 말하니, 운삽에는 구름무늬가 불삽에는 아亞자 무늬가
　그려져 있다.

爲天子之諸御, 不爪翦, 不穿耳,

翦: 자를 전

천자의 후궁이 되면 손톱도 깎지 않고 귀도 뚫지 않으며,

全其形也.

그 형체를 온전하게 한다는 것이다.

取妻者, 止於外, 不得復使.

장가간 자는 입직을 시키지도 않고 거듭 사신으로 내보내지도 않지요.

恐傷其形.

그 형체를 해칠 것을 염려한다는 것이다.

形全猶足以爲爾,

형체가 온전해도 오히려 충분히 이렇게 해 주는데,

採擇嬪御及燕爾新昏, 本以形好爲意者也. 故形之全也, 可8)以降至尊之情, 回貞女之操也.

嬪: 아내 빈. 燕: 잔치 연

부인과 후궁을 채택하는 것과 신혼에 즐겁고 정다운 것에는 본래 인물이 좋은 것이 마음을 사로잡는다. 그러므로 형체가 온전한 것에게는 지극히 존귀한 정을 내려 정결한 부인의 지조로 돌아가게 해야 한다.

---

8) 『장자주莊子注』에는 '무無'자로 되어 있고, 『장자익莊子翼』에는 '가可'자로 되어 있는데, 문맥에 따라 '가可'자로 했다.

而況全德之人乎.

하물며 덕행을 온전하게 한 사람임에야 말해 무엇 하겠는지요!

德全而物愛之, 宜矣.

덕행이 온전하면 사람들이 사랑하는 것은 당연하다는 것이다.

해설

애태타에게 모든 사람들이 빠져드는 것은 그가 마음을 비움으로 재능을 온전하게 해서 실정과 함께 하며 덕행으로 드러나지 않기 때문이니, 이어서 이것에 대해 설명하고 있다.

今哀駘它未言而信, 無功而親, 使人授己國, 唯恐其不受也, 是必才全而德不形者也. 哀公曰, 何謂才全. 仲尼曰, 死生存亡, 窮達貧富, 賢與不肖毀譽, 飢渴寒暑, 是事之變, 命之行也,

이제 애태타는 말을 하지 않는데도 믿게 하고 공이 없는데도 가까이 하게 해서 사람들이 자신의 나라를 주게 하고도 그가 받지 않을까 염려하게 하니, 반드시 재능이 온전한데도 덕행으로 드러나지 않는 자이기 때문입니다." 애공이 "어떻게 하는 것이 재능이 온전하다는 것인지요?"라고 하였다. 중니가 말하였다. "생존·사망·부귀·빈궁·현명함·어리석음·비방·칭찬·굶주림·목마름·더위·추위는 일이 변하는 것이고 천명이 흘러가는 것인데,

其理固當, 不可逃也. 故人之生也, 非誤生也, 生之所有, 非妄有也. 天地雖大, 萬物雖多, 然吾之所遇適在於是, 則雖天地神明, 國家聖賢, 絶力至知而弗能違也. 故凡所不遇, 弗能遇也, 其所遇, 弗能不遇也, 凡所不爲, 弗能爲也, 其所爲, 弗能不爲也. 故付之而自當矣.

그 이치는 진실로 합당하여 벗어날 수 없다. 그러므로 사람의 삶에서 잘못

살 것이 아니고, 삶의 소유에서 함부로 가질 것이 아니다. 천지가 크고 만물이 많을지라도 내가 만나면서 가는 것들이 여기에 있으니, 천지의 신명과 국가의 성현들이 안간힘을 쓰고 지혜를 지극하게 할지라도 어길 수 없는 것이다. 그 때문에 만나지 않는 것들은 만날 수 없는 것들이고, 만나는 것들은 만나지 않을 수 없는 것들이며, 하지 않는 것들은 할 수 없는 것들이고, 하는 것들은 하지 않을 수 없는 것들이다. 그러므로 맡겨놓으면 저절로 합당해지는 것이다.

日夜相代乎前.

밤낮으로 눈앞에서 서로 바뀝니다.

夫命行事變, 不舍晝夜, 推之不去, 留之不停. 故才全者, 隨所遇而任之.

천명이 흘러가고 일이 변하는 것은 밤낮으로 멈추지 않고, 밀어도 빨리 가지 않고 붙잡아둬도 정지하지 않는다. 그러므로 재능이 온전한 자는 만나는 대로 맡겨 놓는다.

而知不能規乎其始者也

規: 꾀할 규

그런데 지혜로는 그 시원을 따져볼 수 없습니다.

夫始非知之所規, 而故非情之所留. 是以知命之必行, 事之必變者, 豈於終規始, 在新戀故哉. 雖有至知而弗能規也, 逝者之往, 吾柰之何哉.

시작은 지혜로 따져볼 수 있는 것이 아니고, 옛것은 정으로 붙잡아 둘 수 있는 것이 아니다. 이 때문에 천명이 반드시 흘러가고 일이 반드시 변한다는 것을 아는 자는 어찌 끝에서 시작을 따지고 새로운 것에서 옛것에 연연하겠는가? 지극히 지혜로운 자가 있을지라도 따져볼 수 없으니,

떠나갈 것이 떠나가는 것을 내가 어떻게 해볼 수 있겠는가?

故不足以滑和,

그러므로 조화를 어지럽히지 못하고   滑: 어지러울 골

苟知性命之固當, 則雖死生窮達, 千變萬化, 淡然自若而和理在身矣.

마음과 몸의 진실로 합당함을 알면, 삶과 죽음 빈곤과 부귀가 천변만화할지라도 담담하게 태연자약하니, 조화로운 이치가 자신에게 있기 때문이다.

不可入於靈府.

영부靈府에 침입할 수 없는 것이지요.

靈府者, 精神之宅也. 夫至足者, 不以憂患經神, 若皮外而過去.

영부는 정신의 집이다. 지극히 만족하는 자는 근심걱정으로 정신이 흔들리지 않으니, 겉으로 스치며 지나가는 것과 같다.

使之和豫, 通而不失於兌,

조화롭고 즐거우면 이것저것 지나갈지라도 기쁨을 잃지 않고,   豫: 슬거울 예. 兌: 기쁠 태

苟使和性不滑, 靈府閒豫, 則雖涉乎至變, 不失其兌然也.

조화와 마음이 어지러워지지 않고 영부가 한가롭고 즐거우면, 지극한 변화를 만날지라도 그 기쁨을 잃지 않는다.

使日夜無郤,

밤낮으로 틈이 없게 되면

泯然常任之.

완전히 부합하면 언제나 그대로 맡겨 놓는다.

而與物爲春,

사물과 봄이 되니,

群生之所賴也.

모든 생명이 의지하는 것이다.

是接而生, 時於心者也.

이어받아 내놓는 것이 마음에서 때에 맞게 하는 것입니다.

順四時而俱化.

사시에 순응하여 함께 변화한다.

是之謂才全. 何謂德不形, 曰, 平者, 水停之盛也,

이것이 재능이 온전하다는 것이지요." 애공이 "어떻게 하는 것이 덕
행으로 드러나지 않는다는 것인지요?"라고 물었다. 중니가 말하였다.
"평평함은 물이 아주 고요히 있는 것으로

天下之平, 莫盛於停水也.

세상의 평평함으로는 물의 고요함보다 더한 것이 없다는 것이다.

「덕충부」 **295**

재능이 온전한 것은 세상이 천변만화할지라도 마음을 비우고 그대로 사
물과 함께 하는 것이다.

其可以爲法也,

모범이 될 수 있으니,

無情至平, 故天下取正焉.

정이 없어 지극히 평정하기 때문에 천하에서 바름으로 취한다는 것이다.

內保之而外不蕩也.

안으로 보존하고 밖으로 요동치지 않기 때문이지요.

內保其明, 外無情僞, 玄鑒洞照, 與物無私, 故能全其平而行其法也.

안으로 그 밝음을 보존해서 밖으로 진정과 거짓이 없고, 그윽하게 반사하
고 깊숙이 비추며, 사물과 사사롭게 함이 없기 때문에 그 평평함을 온전히
하여 그 모범을 행할 수 있다는 것이다.

안으로 보존해 밖으로 요동치지 않는다는 것은 마음을 비움으로 전일하
게 해서 분별심이 움직이지 않게 되는 것이다.

德者, 成和之脩也.

덕행은 이룸과 조화로움을 닦는 것인데

事得以成, 物得以和, 謂之德也.

일은 그것을 얻어 이루고 사물은 그것을 얻어 조화롭게 되니, 그것을 덕행이라고 한다.

德不形者, 物不能離也.

"덕행으로 드러나지 않는 것은 사물이 그것을 벗어날 수 없는 것이지요."

無事不成, 無物不和, 此德之不形也. 是以天下樂推而不厭.

어떤 일이든 이뤄지지 않음이 없고 어떤 것이든 조화롭지 않음이 없으니, 이것은 덕행이 드러나지 않았기 때문이다. 이 때문에 천하에서 기꺼이 추대하고 싫어하지 않는 것이다.

> **해설**
>
> "덕행으로 드러나지 않은 것은 사물이 그것을 벗어날 수 없는 것이지요."라는 말의 의미는 마음을 비움으로 사물과 온전하게 하나가 된다는 것이다. 곧 덕행으로 드러나지 않는 것은 마음 비움을 이뤄 사물과 완전하게 조화를 이뤄 하나가 되는 것이라는 말이다. 성인이 백성을 앞세움으로 앞서게 되는 것은 성인이 자신을 비워서 그렇게 자연스럽게 되는 것이지 백성보다 앞서기 위해 그렇게 하는 것이 아니다. 의도적으로 그렇게 하면 사물들이 바로 눈치를 채고 달아나 버리는 것이다.

哀公異日以告閔子曰, 始也吾以南面而君天下, 執民之紀而憂其死, 吾自以爲至通矣. 今吾聞至人之言, 恐吾無其實, 輕用吾身而亡其國. 吾與孔丘, 非君臣也, 德友而已矣.

애공이 다른 날 민자에게 말하였다. "처음에 내가 남면하여 천하의 임금이 되고는 백성의 법을 쥐고 그들이 죽을까 염려하면서 내 스스로 그것을 지극히 통하는 것으로 여겼습니다. 그런데 이제 무아의 경지에 이른 사람의 말을 들어보니, 내가 내실도 없이 내 자신을 가볍게 썼으니 나라를 망하게 할까 염려됩니다. 나는 공구와 군신의 관계가 아니라 덕으로 벗이 된 것일 뿐입니다."

聞德充之風者, 雖復哀公, 猶欲遺形骸, 忘貴賤也.
덕이 충만한 기풍을 들을 경우에는 다시 애공일지라도 오히려 형체를 버리고 귀천을 잊으려고 하게 되는 것이다.

闉跂支離無脤說衛靈公, 靈公說之, 而視全人其脰肩肩. 甕盎大癭說齊桓公, 桓公說之, 而視全人其脰肩肩. 脰: 목 두. 肩肩: 말라서 긴 모양
인기지리무순이 위나라 영공께 도를 설명했고, 영공이 그를 좋아하게 되니, 온전한 사람들은 자신들의 목이 가늘고 길게 보였다. 옹앙대영이 제나라 환공께 도를 설명했고, 환공이 그를 좋아하게 되니, 온전한 사람들은 자신들의 목이 가늘고 길게 보였다.

偏情一往, 則醜者更好, 而好者更醜也.
치우친 정은 한쪽으로 가면 추한 것이 다시 좋게 보이고, 좋은 것이 다시 추하게 보이는 것이다.

故德有所長, 而形有所忘,
그러므로 덕이 뛰어나면 그 형체는 잊어버리는 것이다.

其德長於順物, 則物忘其醜, 長於逆物, 則物忘其好.
그 덕행이 사람들을 따르게 하는 것에 뛰어나면 사람들은 그의 추한 것을 잊어버리고, 사람들을 거슬리게 하는 것에 뛰어나면 사람들은 그의 좋은

것을 잊어버린다.

인기지리무순과 옹앙대영은 모두 불구자로 목이 짧았던 모양이다. 그런데 그들의 덕이 뛰어나 왕까지 좋아하게 되자 정상적인 사람들은 자신들의 목이 도리어 가늘고 길게 보였다는 것이다.

人不忘其所忘, 而忘其所不忘, 此謂誠忘.

사람들은 잊어버릴 것을 잊지 못하고 잊지 않아야 할 것을 잊어버리니, 이것이 진실로 잊어버리는 것이다.

生則愛之, 死則棄之, 故德者, 世之所不忘也. 形者, 理之所不存也, 故夫忘形者, 非忘也. 不忘形而忘德者, 乃誠忘也.

살아있으면 사랑하고 죽어버리면 버리기 때문에 덕행은 세상에서 잊지 않아야 할 것이다. 형체는 이치상 보존하지 못하는 것이기 때문에 형태를 잊어버리는 것은 잊어버리는 것이 아니다. 형체를 잊지 못하고 덕을 잊어버리는 것이 바로 진실로 잊어버리는 것이다.

故聖人有所遊,

그러므로 거룩한 사람은 유유자적하니,

遊於自得之場, 放之而無不至者, 才德全也.

스스로 만족하는 곳에서 유유자적하고, 놔두어 이르지 않음이 없는 것이 재능과 덕행을 온전히 하는 것이다.

而知爲孼, 約爲膠, 德爲接, 工爲商.

지혜는 재앙이 되고, 합침은 아교풀이 되며, 덕행은 사귐이 되고, 공예는 상업이 된다.

此四者自然相生, 其理已具.

여기의 네 가지는 저절로 그렇게 서로 내놓는 것이니, 이치가 이미 갖추어져 있는 것이다.

聖人不謀, 惡用知, 不斲, 惡用膠, 無喪, 惡用德, 不貨, 惡用商.

거룩한 사람은 도모하지 않으니 지혜를 어디에 쓰겠으며, 나무를 깎지 않으니 아교풀을 어디에 쓰겠으며, 잃는 것이 없으니 덕행을 어디에 쓰겠으며, 재화로 여기는 것이 없으니 상업을 어디에 쓰겠는가?

自然已具, 故聖人無所用其己也.

저절로 그렇게 됨이 이미 갖추어져 있기 때문에 거룩한 사람은 그 자신을 쓸 곳이 없다.

> **해설**
> 거룩한 사람이 도모하지 않아 지혜·아교풀·덕행·상업을 쓰지 않는다는 것은 그런 행동을 하지 않는다는 것이 아니라 마음을 비워 자신을 하늘에 맡겨놓고 자연스럽게 모든 것을 한다는 것이다.

四者, 天鬻也. 天鬻者, 天食也. 鬻: 기를 죽

네 가지는 하늘이 기르는 것이다. 하늘이 기르는 것은 하늘이 먹이는 것이다.

言自然而稟之. 稟: 줄 품

저절로 그렇게 되어 있어서 주어졌다는 말이다.

旣受食於天, 又惡用人.

이미 하늘에서 먹을 것을 받았는데, 또 어찌하여 인위를 쓰겠는가?

旣稟之自然, 其理已足. 則雖沈思以免難, 或明戒以避禍, 物無妄然, 皆天地之會, 至理所趣. 必自思之, 非我思也, 必自不思, 非我不思也. 或思而免之, 或思而不免, 或不思而免之, 或不思而不免. 凡此皆非我也, 又奚爲哉. 任之而自至也.

이미 받아서 저절로 그렇게 되는 것은 그 이치대로 충족되는 것이다. 그렇다면 곰곰이 생각해서 어려움을 면하고 혹 분명히 훈계해서 재앙을 피하게 했을지라도 사람들이 마음대로 한 것은 없는 것이니, 모두 천지가 모이게 한 것이고 지극한 이치가 이르게 한 것이다. 반드시 스스로 생각했어도 자신이 생각한 것이 아니고, 반드시 스스로 생각하지 않았어도 자신이 생각하지 않은 것이 아니다. 혹 생각하여 모면하고 혹 생각하여 모면하지 못하고, 혹 생각하지 않아 모면하고 혹 생각하지 않아 모면하지 못한다. 이런 것들은 모두 내가 한 것이 아니니, 또 어떻게 해야 하겠는가? 맡겨놓으면 저절로 이를 것이다.

> **해설**
>
> "혹 생각하여 모면하고 혹 생각하여 모면하지 못하고, 혹 생각하지 않아 모면하고 혹 생각하지 않아 모면하지 못한다. 이런 것들은 모두 내가 한 것이 아니니, 또 어떻게 해야 하겠는가? 맡겨놓으면 저절로 이를 것이다."라는 곽상의 말은 어떻게 하든지 될 것은 되고 되지 않을 것은 되지 않으니, 마음을 비우고 살아가라는 것이다.

有人之形,

사람의 형체는 있는데,

視其形貌若人.

형체의 모양을 보면 사람과 같다는 것이다.

無人之情.

사람의 정은 없다.

掘若槁木之枝.

우뚝하게 있는 것이 마른 나무의 가지 같다는 것이다.

有人之形, 故群於人,

사람의 형체가 있기 때문에 사람들과 모여 있고

類聚群分, 自然之道.

끼리끼리 모이고 끼리끼리 나눠지는 것은 저절로 그렇게 되는 도라는 것이다.

無人之情, 故是非不得於身.

사람의 정이 없기 때문에 자신에게서 옳고 그름을 따지지 않는다.

無情, 故付之於物也.

정이 없기 때문에 사물에 맡겨 놔둔다는 것이다.

眇乎小哉, 所以屬於人也,

하찮아서 작기 때문에 사람에게 속하는데,

形貌若人.

형체와 모습은 사람과 같다는 것이다.

謷乎大哉, 獨成其天.

謷: 높고 큰 모양 오

크고 위대하니, 홀로 하늘을 이루는 것이다.

無情, 故浩然無不任. 無不任者, 有情之所未能也, 故無情而獨成天也.

정이 없기 때문에 호연히 맡겨놓지 않음이 없다. 맡겨놓지 않음이 없는 것은 정으로 할 수 없는 것이 있기 때문에 정이 없지만 홀로 하늘을 이루는 것이다.

惠子謂莊子曰, 人故無情乎. 莊子曰, 然. 惠子曰, 人而無情, 何以謂之人. 莊子曰, 道與之貌, 天與之形, 惡得不謂之人.

혜자가 장자에게 "사람은 본래 '마음의 작용'情이 없는 것인가요?"라고 하니, 장자가 "그렇지요."라고 하였다. 혜자가 "사람이면서 마음의 작용이 없으면 어떻게 사람이라고 할 수 있겠는지요!"라고 하니, 장자가 "도가 모습을 주었고 하늘이 형체를 주었으니, 어떻게 사람이라 하지 않을 수 있겠습니까!"라고 하였다.

人之生也, 非情之所生也, 生之所知, 豈情之所知哉. 故有情於爲離曠而弗能也, 然離曠以無情而聰明矣. 有情於爲賢聖而弗能也, 然賢聖以無情而賢聖矣. 豈直賢聖絶遠, 而離曠難慕哉. 雖下愚聾瞽, 及雞鳴狗吠, 豈有情於爲之, 亦終不能也. 不問遠之與近, 雖去己一分, 顔孔之際, 終莫之得也. 是以觀之萬物, 反取諸身, 耳目不能以易任成功, 手足不能以代司致業. 故嬰兒之始生也, 不以目求乳, 不以耳

向明, 不以足操物, 不以手求行. 豈百骸無定司, 形貌無素主, 而專由
情以制之哉.

사람의 삶은 마음의 작용으로 사는 것이 아니니, 삶을 주관하는 것이 어찌
마음의 작용으로 아는 것이겠는가? 그러므로 이루離婁9)와 사광師曠10)이
되는 데에 마음의 작용을 둔다고 할 수 있는 것이 아니지만, 이루와 사광
은 마음의 작용이 없어 총명한 것이다. 현자와 성인이 되는 데에 마음의
작용을 둔다고 할 수 있는 것이 아니지만, 현자와 성인은 마음의 작용이
없어 현명하고 성스러운 것이다. 그러니 어찌 바로 현자와 성인을 끊어
멀리하겠으며, 이루와 사광을 어려워하여 사모하겠는가? 어리석은 사람·
귀머거리·소경이 닭 우는 소리와 개 짖는 소리를 내는 데에 어찌하다가
그렇게 하는 데에 마음의 작용을 두었을지라도 또한 끝내 할 수 있는 것은
아니다. 멀고 가깝고를 불문하고 나에게 조금 벗어나 안자와 공자의 사이
일지라도 끝내 누구도 얻을 수 있는 것은 아니다. 이 때문에 만물에서
살펴보고 되돌려서 자신에게서 취하니, 귀와 눈이 임무를 바꿔 일을 할
수 없고 손과 발이 하는 일을 대신해서 맡을 수 없다. 그러므로 갓난아이
가 막 태어났어도 눈으로 젖을 찾지 않고 귀로 밝음을 향하지 않으며 발로
사물을 잡지 않고 손으로 걷지 않는다. 그러니 어찌 몸의 각 부분에 일정
하게 맡은 것이 없고, 형체와 모습에 본래 주관하는 것이 없어서 오로지

---

9) 이루離婁 : 중국 황제黃帝 때에 살았으며, 눈이 아주 밝았다고 전해지는 전설
상의 인물로 『신자愼子』 내편內篇에 '이루離婁는 눈이 밝아서 백 보 밖에서도
털끝을 살필 수 있다.'고 하였다.

10) 사광師曠 : 춘추 시대 진晉나라 사람으로 자는 자야子野이다. 진평공晉平公 때
악사樂師를 지냈다. 전하는 말에 의하면 태어날 때부터 장님이었는데, 음률音
律을 잘 판별했고 소리로 길흉吉凶까지 점쳤다고 한다. 제齊나라가 진나라를
침공했는데, 새소리를 듣고 제나라 군대가 이미 후퇴한 것을 알아냈다. 평공
이 큰 종을 주조했는데 모든 악공樂工들이 음률이 정확하다고 했지만 그만
그렇지 않다고 판단했고, 나중에 사연師涓에 의해 그가 옳았음이 확인되었다.
『금경禽經』을 지었다고 한다.

마음의 작용에 따라 제재하는 것이겠는가?

해설

혜자가 보기에 사람은 마음의 작용 곧 분별을 가지고 생각하며 자신의
삶을 꾸려가는 것이다. 그런데 장자가 보기에 삶은 생각대로 되는 것이
아니라 그냥 그렇게 생겨나서 그냥 그렇게 되는 것이니, 마음의 작용을
비움으로써 분별을 하지 말고 세상에 순응하며 살아야 한다는 것이다.

惠子曰, 旣謂之人, 惡得無情.
혜자가 "이미 사람이라고 했는데 어떻게 마음의 작용이 없을 수 있겠
습니까?"라고 하였다.

未解形貌之非情也.
형체와 모습은 마음의 작용이 아님을 아직 이해하지 못한 것이다.

해설

혜자가 보기에 사람은 사람의 모습이 있는데 어떻게 마음의 작용을 쓰
지 않고 살 수 있냐는 것이다.

莊子曰, 是非吾所謂情也.
장자가 말하였다. "옳음과 그름이 내가 말한 마음의 작용입니다.

以是非爲情, 則無是無非無好無惡者, 雖有形貌, 直是人耳. 情將安寄.
옳음과 그름을 마음의 작용으로 여기면, 옳음도 없고 그름도 없고, 좋아함
도 없고 싫어함도 없어 형체와 모습이 있을지라도 그냥 사람일 뿐이다.
그러니 마음의 작용이 어디에 있겠는가?

吾所謂無情者, 言人之不以好惡內傷其身,

내가 말한 마음의 작용이 없다는 것은 사람들이 좋아함과 싫어함을 가지고 안으로 그 몸을 해치지 않고,

任當而直前者, 非情也.

합당한대로 놔두어 곧바로 나아가는 것은 마음의 작용이 아니라는 것이다.

常因自然而不益生也.

언제나 저절로 그런 것에 따르고 삶을 보태지 않는다는 말입니다.”

止於當也.

합당한 것에 머물러 있다는 것이다.

해설

장자가 보기에 삶은 자신의 생각대로 되지 않을 뿐만 아니라 생각이 많을수록 도리어 더욱 해치니 마음의 작용이 필요 없다는 것이다.

惠子曰, 不益生, 何以有其身.

혜자가 “삶을 보태지 않는데 어떻게 그 몸이 있겠습니까?”라고 하였다.

未明生之自生, 理之自足.

사는 것은 저절로 사는 것이고 이치는 저절로 충족되는 것임을 아직 분명하게 알지 못하고 있는 것이다.

해설

계속 혜자는 마음의 작용 곧 분별로 삶을 꾸려가야 한다고 주장하는 것이다.

莊子曰, 道與之貌, 天與之形,

장자가 "도가 모습을 주었고 하늘이 형체를 주었으니,

生理已自足於形貌之中, 但任之則身存.

삶의 이치가 형체와 모습 가운데에 이미 저절로 풍족하니, 그것에 맡겨놓기만 하면 몸은 저절로 보존된다는 것이다.

無以好惡內傷其身.

좋아함과 싫어함을 가지고 안에서 그 몸을 해침이 없는 것이지요.

夫好惡之情, 非所以益生, 祇足以傷身, 以其生之有分也.

좋아하고 싫어하는 마음의 작용은 삶을 보태는 것이 아니라 몸을 해칠 뿐이니, 삶에는 분수가 있기 때문이라는 것이다.

今子外乎子之神, 勞乎子之精, 倚樹而吟, 據槁梧而瞑.

吟: 끙끙 앓을 음. 槁: 마를 고. 梧: 책상 오, 벽오동 오.

지금 그대가 그대의 신명을 도외시하고 그대의 정기를 수고롭게 했으니, 나무에 기대어 끙끙 앓고 책상에 엎드려 졸고 있는 것입니다.

夫神不休於性分之內, 則外矣, 精不止於自生之極, 則勞矣. 故行則倚樹而吟, 坐則據梧而睡, 言有情者之自困也.

據: 의거할 거. 睡: 잘 수

신명이 성명과 분수 안에서 쉬지 못하는 것은 그것을 도외시했기 때문이고, 정기가 저절로 나오는 극치에서 멈추지 못하는 것은 그것을 수고롭게 했기 때문이다. 그러므로 길을 가다가는 나무에 기대어 끙끙 앓고, 앉아서는 책상에 엎드려 졸고 있는 것이다. 마음의 작용이 있는 것 때문에 스스로 곤고하게 되었다는 말이다.

天選子之形, 子以堅白鳴.

하늘이 그대의 형체를 선택했는데, 그대는 견백의 논리를 외치고 있군요.

言凡子所爲, 外神勞精, 倚樹據梧, 且吟且睡. 此世之所謂情也, 而云天選, 明夫情者非情之所生. 而況他哉. 故雖萬物萬形, 云爲趣舍, 皆在無情中來, 又何用情於其閒哉.

말하자면 그대가 하는 일은 신명을 도외시하고 정기를 수고롭게 하는 것이니, 나무에 기대거나 책상에 엎드리고는 또 끙끙 앓거나 졸고 있다는 것이다. 이런 것이 세상에서 말하는 마음의 작용인데, '하늘이 선택했다'고 했으니, 마음의 작용은 그 자체로 나올 수 있는 것이 아님을 밝힌 것이다. 그러니 하물며 다른 것들이야 말해 무엇 하겠는가! 그러므로 온갖 것들이 가지각색으로 드러남에 취함과 버림을 행한다고 말할지라도 모두 마음의 작용이 없는 가운데 온 것이니, 또 어찌 그런 것에 마음의 작용을 사용했기 때문이겠는가?

해설

장자가 보기에 삶은 우리의 생각을 가지고 아무리 노력해도 어떻게 할 수 있는 것이 아니니, 곧 마음의 작용으로 파악할 수 있는 것이 아니니, 마음의 작용 곧 분별을 비움으로써 천지와 하나가 되어 순응하며 살아야 편안하다는 것이다.

「대종사大宗師」

雖天地之大, 萬物之富, 其所宗而師者, 無心也.

천지의 위대함과 만물의 부유함일지라도 근본적으로 스승으로 여길 것은 마음을 비우는 것이다.

해설

곽상은 「대종사」에서 아무리 위대하고 풍요로운 것이 있을지라도 최고의 스승으로 할 것은 한마디로 마음 비움이라고 말하고 있다. 그런데 이것은 『장자』 전체에서는 물론 『노자』 전체에서도 그대로 통하는 핵심 중의 핵심이다.

知天之所爲, 知人之所爲者, 至矣.

하늘이 하는 것을 알고 사람이 하는 것을 아는 자는 지극하다.

知天人之所爲者, 皆自然也, 則內放其身, 而外冥於物, 與衆玄同, 任之而無不至者也.

하늘과 사람이 하는 것이 모두 저절로 그렇게 되는 것임을 알면, 안으로는 그 몸을 그대로 놔두는데도 밖으로는 사물과 구분이 없어져서 사람들과 현묘하게 같아지니, 내맡겨놔도 지극하게 되지 않음이 없다는 것이다.

知天之所爲者, 天而生也,

하늘이 하는 것을 아는 자는 하늘에 따라 살아간다.

天者, 自然之謂也. 夫爲爲者不能爲, 而爲自爲耳, 爲知者不能知, 而
知自知耳. 自知耳, 不知也. 不知也, 則知出於不知矣. 自爲耳, 不爲
也. 不爲也, 則爲出於不爲矣. 爲出於不爲, 故以不爲爲主, 知出於
不知, 故以不知爲宗. 是故眞人遺知而知, 不爲而爲, 自然而生, 坐忘
而得. 故知稱絶而爲名去也.

하늘은 저절로 그렇게 되는 것을 말한다. 그러니 무엇인가 하게 되는 것은
어떻게 해서 할 수 있는 것이 아니고 저절로 무엇인가 하게 되는 것일
뿐이며, 무엇인가 안다는 것은 어떻게 해서 알 수 있는 것이 아니고, 저절
로 무엇인가 알게 되는 것일 뿐이다. 저절로 무엇인가 알게 되는 것일
뿐이라면 알지 못하는 것이다. 알지 못하는 것이니, 무엇인가 알게 되는
것은 알지 못함에서 나오는 것이다. 저절로 무엇인가 하게 되는 것일 뿐이
라면 하지 않는 것이다. 하지 않는 것이니, 무엇인가 하게 되는 것은 하지
않음에서 나오는 것이다. 무엇인가 함은 하지 않음에서 나오기 때문에
하지 않음이 근본이고, 무엇인가 앎은 알지 못함에서 나오기 때문에 알지
못함이 근본이다. 이 때문에 진실로 도를 터득한 사람은 앎을 버렸는데도
알고, 아무 것도 하지 않는데도 무엇인가 하며, 저절로 그렇게 하는데도
살아가고, 앉아서 모든 것을 잊어버렸는데도 안다. 그러므로 지칭하는 것
을 끊어버리고 이름붙이는 것을 버린다.

해설

본문의 "하늘이 하는 것을 아는 자는 하늘에 따라 살아간다."는 말은 사
람이 하는 것도 하늘에서 나온 것임을 알기 때문에 마음을 비움으로 애
쓰지 않고 그대로 하늘에 순응한다는 것이다. 곽상의 "진실로 도를 터득
한 사람은 앎을 버렸는데도 알고, 아무 것도 하지 않는데도 무엇인가 하
며, 저절로 그렇게 하는데도 살아가고, 앉아서 모든 것을 잊어버렸는데
도 안다. 그러므로 지칭하는 것을 끊어버리고 이름붙이는 것을 버린다."
라는 말에서 '도를 터득한 사람'은 마음을 비워 사물과 하나가 된 것이기
때문에 그 이하에서 그렇게 말할 수 있는 것이다.

知人之所爲者, 以其知之所知, 以養其知之所不知. 終其天年,
而不中道夭者, 是知之盛也.

사람이 하는 것을 아는 자는 그 앎이 아는 것으로 그 앎이 알지 못하
는 것을 기른다. 천수를 마치고 중도에 요절하지 않는 자는 앎이 성
대하게 되었기 때문이다.

人之生也, 形雖七尺而五常必具, 故雖區區之身, 乃擧天地以奉之.
故天地萬物, 凡所有者, 不可一日而相無也, 一物不具, 則生者無由
得生, 一理不至, 則天年無緣得終. 然身之所有者, 知或不知也, 理之
所存者, 爲或不爲也. 故知之所知者寡而身之所有者衆, 爲之所爲者
少, 而理之所存者博. 在上者莫能器之, 而求其備焉.

사람의 삶은 형체가 7척일지라도 오상五常이 반드시 갖추어져 있기 때문
에 작은 몸집일지라도 바로 천지를 가지고 받드는 것이다. 그러므로 천지
만물에 있는 것들은 하루라도 서로 없을 수 없으니, 어느 것 하나라도 구비
되어 있지 않으면 살아있는 것들이 살아갈 방법이 없고, 어느 이치 하나라
도 이르지 않으면 천수를 마칠 길이 없다. 그런데 몸이 가지고 있는 것은
앎이거나 알지 못함이고, 이치가 보존하고 있는 것은 함이거나 하지 않음
이다. 그러므로 앎이 아는 것은 적고 몸이 가지고 있는 것은 많으며, 함이
하는 것은 적고 이치가 보존하고 있는 것은 많다. 그런데 위에 있는 자들
어느 누구도 그것들을 도구로 사용할 수 없는데도 완비된 것을 구한다.

人之所知不必同. 而所爲不敢異異, 則僞成矣. 僞成而眞不喪者, 未
之有也. 或好知而不倦, 以困其百體, 所好不過一枝, 而擧根俱弊, 斯
以其所知, 而害所不知也. 若夫知之盛也, 知人之所爲者有分, 故任
而不彊也, 知人之所知者有極, 故用而不蕩也. 故所知不以無涯自
困, 則一體之中, 知與不知, 闇相與會而俱全矣, 斯以其所知養所不
知者也.

弊: 넘어뜨릴 폐

사람이 아는 것은 굳이 같을 필요가 없다. 그런데도 무엇을 함에 감히 다른 것을 다르게 하지 않는 것은 가식으로 이룬 것이다. 그렇게 하면서 참됨을 잃지 않은 경우는 없다. 혹 아는 것을 좋아하여 게으름피지 않고 온몸을 피곤하게 하면, 좋아하는 것이 하나의 줄기에 불과할지라도 나무를 뿌리까지 뽑아 전부 넘어뜨리는 것이니, 이것은 아는 것을 가지고 알지 못하는 것을 해치는 것이다. 앎이 성대하게 되면 사람이 하는 것에 분수가 있음을 알기 때문에 맡겨 놔두고 억지로 하지 않고, 사람이 아는 것에 궁극이 있음을 알기 때문에 쓰면서 흐리게 하지 않는다. 그러므로 아는 것을 끝없이 하는 것으로 스스로 곤고하게 하지 않으니, 한 몸에서 앎과 알지 못함이 암암리에 서로 만나 모두 온전해진다. 이것이 아는 것으로 알지 못하는 것을 기르는 것이다.

해설

지혜 곧 앎을 가지고 아주 부지런히 살아도 어쩔 수 없는 경우를 당하고 또 몸이 피폐해지니, 이것이 바로 아는 것으로 알지 못하는 것을 해치는 것이다. 여기에서 비로소 지혜의 한계를 알고 분수대로 맡겨놓고 억지로 하지 않으면, 이제 앎을 성대하게 할 수 있고 또 천수대로 살 수 있는 문턱을 그나마 간신히 바라볼 수 있게 되는 것이다. 그래서 아래에서 "그럴지라도 근심은 있다."라고 하는 것이니, 이제부터 앎을 잊고 마음을 비움으로써 모든 것을 하늘에 맡겨두고 세상이 흘러가는 그대로 놔두라는 것이다.

雖然, 有患,

그럴지라도 근심은 있으니,

雖知盛, 未若遺知任天之無患也.

앎을 성대하게 할지라도 앎을 잊고 하늘에 맡겨놔 근심이 없는 것만은 못하다는 것이다.

夫知有所待, 而後當,

앎이 의지하는 것이 있은 다음에 합당하게 되면,

夫知者, 未能無可無不可, 故必有待也. 若乃任天而生者, 則遇物而
當也.

아는 경우에는 가함과 불가함이 없을 수 없기 때문에 반드시 의지하는
것이 있다. 하늘에 맡겨놓고 사는 경우에는 무엇을 만나도 합당하다.

其所待者, 特未定也.

그 의지하는 것이 아직 확정되지 않은 것이다.

有待則無定也.

의지하는 것이 있다면 확정된 것이 없다는 것이다.

해설

앎을 통해 아는 것은 의지하는 것이 있어 곧 사람마다 다르게 의지하기
때문에 어느 것도 확정되지 않는다는 것이다.

庸詎知吾所謂天之非人乎, 所謂人之非天乎.　　　　庸詎: 어떻게

그런데 내가 말하는 하늘은 사람이 아니고, 내가 말하는 사람은 하늘
이 아니라는 것을 어떻게 알겠는가?

我生有涯, 天也, 心欲益之, 人也. 然此人之所謂耳, 物無非天也. 天也
者, 自然也, 人皆自然, 則治亂成敗, 遇與不遇, 非人爲也, 皆自然耳.

나의 삶에 끝이 있는 것은 하늘이고, 마음으로 더 보태려고 하는 것은
사람이다. 그런데 이 사람이 말한 것은 어떤 것도 하늘 아닌 것이 없다는

것이다. 하늘은 저절로 그렇게 되는 것인데, 사람들도 모두 저절로 그렇게
되는 것이라면, 치란治亂과 성패成敗·때를 만남과 만나지 못함은 사람이
한 것이 아니라 모두 저절로 그렇게 되는 것일 뿐이라는 것이다.

해설

저 앞에서 말했듯이 결국 사람도 하늘 속에 있다는 것이다. 곧 사람이
앎을 통해 무엇을 할지라도 그것은 하늘이 그렇게 만들어놔서 자신도
모르게 그렇게 하고 있다는 것이다. 하늘이 그렇게 만들어놔서 그렇게
하고 있다는 것을 아는 것이 통소의 울림을 벗어나 땅울림을 알고 천연
의 울림으로 통하게 되는 시작이고, 또 자신에게만 통함을 벗어나 언제
나 통함으로 들어가 크게 통하게 되는 시작이다.

且有眞人, 而後有眞知.

또 진실로 도를 터득한 사람이 있은 다음에야 참된 앎이 있다.

有眞人, 而後天下之知, 皆得其眞而不可亂也.

진실로 도를 터득한 사람이 있은 다음에 천하의 앎이 모두 그 참됨을 얻어
어지러워지지 않을 수 있다는 것이다.

해설

이제부터는 천연의 울림을 듣고 크게 통한 사람에 대해 말하려는 것이다.

何謂眞人. 古之眞人, 不逆寡,

어떤 사람을 진실로 도를 터득한 사람이라고 하는가? 옛날에 진실로
도를 터득한 사람은 하찮은 것도 거스르지 않았고,

凡寡皆不逆, 則所願者, 眾矣.

하찮은 것을 모두 거스르지 않으니, 그를 원하는 자들이 많았다는 것이다.

不雄成,

성공을 드날리지 않았으며,

不恃其成, 而處物先.

성공을 믿고 사람들에게 앞서 있지 않았다는 것이다.

不謨士.

선비들과 도모하지 않았다.

縱心直前, 而群士自合, 非謀謨以致之者也.

마음에 맡겨놓고 곧바로 나아가는데도 모든 선비들이 저절로 부합하니, 도모해서 이른 것이 아니었다는 것이다.

若然者, 過而弗悔, 當而不自得也.

그렇게 한 경우에는 잘못되어도 후회하지 않았고 합당하게 되어도 뽐내며 우쭐거리지 않았다.

直自全當而無過耳, 非以得失經心者也.

곧바로 저절로 온전하고 합당하게 되어 잘못이 없을 뿐이고, 잘잘못을 가지고 마음을 다스린 것이 아니었다는 것이다.

若然者, 登高不慄, 入水不濡, 入火不熱. 是知之能登假於道者

也, 若此.　　　　　　　　　　　登假: 어떤 경지에 도달하는 것

그렇게 한 경우에는 높은 곳에 올라가도 겁먹지 않았고 물속에 들어가도 옷이 젖지 않았으며, 불길 속에 들어가도 뜨거워하지 않았으니, 바로 앎이 도에 이를 수 있어 이와 같이 된 것이다.

言夫知之登至於道者, 若此之遠也. 理固自全, 非畏死也, 故眞人陸行而非避濡也, 遠火而非逃熱也, 無過而非措當也. 故雖不以熱爲熱而未嘗赴火, 不以濡爲濡而未嘗蹈水, 不以死爲死而未嘗喪生. 故夫生者, 豈生之而生哉. 成者, 豈成之而成哉. 故任之而無不至者, 眞人也, 豈有槩意於所遇哉.　　　濡: 젖을 유. 赴: 나아갈 부. 蹈: 밟을 도. 槩: 평미레 개

앎이 도에 이르려는 것이 이처럼 원대하다. 이치는 진실로 저절로 온전하여 죽음마저 두려워하는 것이 아니기 때문에 진실로 도를 터득한 사람이 육로로 길을 가는 것은 옷이 젖는 것을 피하는 것이 아니고, 불을 멀리하는 것은 뜨거운 것을 피하는 것이 아니며, 잘못이 없는 것은 합당하게 되기 위한 것이 아니다. 그러므로 뜨거운 것을 뜨거운 것으로 여기지 않을지라도 불길에 뛰어든 적이 없고, 옷이 젖는 것을 젖은 것으로 여기지 않을지라도 물속으로 들어간 적이 없으며, 죽는 것을 죽는 것으로 여기지 않을지라도 삶을 버린 적이 없다. 그러므로 사는 것이 어찌 살려고 해서 사는 것이겠는가! 성공하는 것이 어찌 성공하려고 해서 성공한 것이겠는가! 그러므로 맡겨놔도 이르지 않음이 없는 것이 진실로 도를 터득한 사람이니, 어찌 만나는 것에 뜻을 맞추는 것이 있겠는가?

해설

도를 터득한 사람은 세상의 모든 것이 생긴 그대로 살아가고 있음을 안다. 그러므로 거스를 것도 없고 잘났다고 뽐낼 것도 없고, 세상을 어떻게 해보자고 다른 사람들과 함께 할 필요도 없으며, 잘못되어도 후회할 필요도 없고, 어떤 상황에서도 그대로 적응하며 살아가는 것이다.

古之眞人, 其寢不夢,　　　　　　　　　　　寢: 잠잘 침

옛날에 진실로 도를 터득한 사람은 잠을 잘 때에는 꿈을 꾸지 않고

無意想也.

뜻과 생각이 없다는 것이다.

其覺無憂,

깨어있을 때에는 근심이 없으며,

當所遇而安也.

만나는 대로 합당하게 되어 편안하다는 것이다.

其食不甘,

먹을 때에는 맛있게 여기지 않고

理當食耳.

이치대로 합당하게 되어 먹을 뿐이라는 것이다.

其息深深, 眞人之息以踵,　　　　　　　　　踵: 발꿈치 종

숨 쉴 때에는 깊고 깊으니, 진실로 도를 터득한 사람은 발꿈치로 숨을 쉬고,

乃在根本中, 來者也.

바로 근본 속에서 온다는 것이다.

衆人之息以喉. 屈服者, 其嗌言若哇.

喉: 목구멍 후. 嗌: 목구멍 익. 哇: 알랑거리는 소리 왜

보통 사람들은 목구멍으로 숨을 쉰다. 굴복하는 자는 목으로 내는 소리가 알랑거리는 듯하고

氣不平暢.

기운이 평탄하게 펼쳐지지 않는다는 것이다.

其者欲深者, 其天機淺.

욕심이 많은 자는 천성이 깊지 않다.

深根寧極, 然後反一無欲也.

근본과 궁극을 깊고 편안하게 다한 다음에 하나로 돌아가 욕심이 없어진 다는 것이다.

해설

도를 터득한 사람은 모든 것을 하늘에 맡겨 잘 때나 깨어있을 때나 의식이 날뛰지 않아 꿈도 꾸지 않고 태평하다. 마음을 비움으로써 의식이 세상과 하나가 되어 그 숨은 깊고 깊어 발끝으로 세상과 연결되는 것이다.

古之眞人, 不知說生, 不知惡死,

옛날에 진실로 도를 터득한 사람은 삶을 기뻐할 줄도 몰랐고 죽음을 싫어할 줄도 몰랐으며,

與化爲體者也.

변화와 한 몸이 되었다는 것이다.

其出不訴, 其入不距,

訴: 기뻐할 흔

태어남을 기뻐하지 않고 돌아감을 거부하지 않았으며,

泰然而任之也.

태연히 맡겨놓았다는 것이다.

儵然而往, 儵然而來而已矣.

儵: 빠른 모양 소

휙 떠나가고 휙 돌아올 뿐이었다.

寄之至理, 故往來而不難也.

지극한 이치에 의지하고 있기 때문에 오고가면서 어려워하지 않는다는
것이다.

不忘其所始, 不求其所終,

그 시작을 잊지 않아 그 끝을 구하지 않았으며,

終始變化, 皆忘之矣. 豈直逆忘其生, 而猶復探求死意也.

시종의 변화를 모두 잊었다. 그런데 어찌 곧바로 거꾸로 삶을 잊어버리고
도리어 다시 죽게 되길 바라겠는가?

受而喜之,

받았으면 기뻐하였고,

不問所受者何物, 遇之而無不適也.

받은 것이 무엇인지 따지지 않고, 만나는 그대로 적응하지 않음이 없다는
것이다.

忘而復之.

마음에 두지 않았지만 되돌아갔다.

復之不由於識, 乃至也.

돌아가는 것이 앎으로 말미암지 않아야 지극하다는 것이다.

是之謂不以心捐道, 不以人助天. 是之謂眞人.

이것이 마음 때문에 도를 버리지 않고 인위로 하늘을 돕지 않음이라는 것이다. 이것이 진실로 도를 터득한 사람이라는 것이다.

人生而靜, 天之性也, 感物而動, 性之欲也. 物之感人無窮, 人之逐欲無節, 則天理滅矣. 眞人知用心則背道, 助天則傷生, 故不爲也.

사람이 태어나서 고요한 것은 하늘의 본성이고, 사물에 감응해서 움직이는 것은 본성의 욕망이다. 사물이 사람을 감응시키는 것은 끝이 없으니, 사람이 욕망을 따라 절제가 없으면 천리가 사라진다. 진실로 도를 터득한 사람은 마음을 쓰면 도에 어긋나고 하늘을 도우면 삶을 해친다는 것을 알았기 때문에 어떤 것도 하지 않는다는 것이다.

若然者, 其心志,

그런 사람은 그 마음 가는대로 하고

所居而安爲志.

어디에 있어도 편안한 것이 뜻이라는 것이다.

> **해설**
> 도를 터득한 사람은 마음을 비워 사물과 하나가 되기 때문에 마음가는대로 해도 편안하지 않음이 없다는 것이다.

其容寂,

그 모습은 고요하며

雖行而無傷於靜.

무엇을 하고 있을지라도 고요함을 깨지 않는다는 것이다.

其頯頯.

頯: 이마 상. 頯: 드러날 규

그 머리는 불룩하다.

頯, 大朴之貌.

불룩한 것은 아주 순박한 모양이다.

해설

도를 터득해 호흡이 깊어짐에 따라 기운이 임맥과 독맥 등으로 자연스럽게 순환되면 머리 꼭대기가 불룩하게 나오게 된다. 다시 말해 기운의 순환으로 머리 꼭대기가 저절로 솟아오르는 것으로 부처님의 머리도 그렇게 해서 솟아오른 것으로 보면 될 것이다.

淒然似秋,

淒: 쓸쓸할 처

썰렁한 것은 가을 같고

殺物非爲威也.

사물을 없앰을 위엄으로 함이 아니라는 것이다.

煖然似春,

煖: 따뜻할 난

따뜻한 것은 봄 같으며,

生物非爲仁也.

사물을 낳음을 어짊으로 하는 것이 아니라는 것이다.

喜怒通四時,

기쁨과 분노가 사시에 통하고

夫體道合變者, 與寒暑同其溫嚴, 而未嘗有心也. 然有溫嚴之貌, 生殺之節, 故寄名於喜怒也.

도를 체득하여 변화와 합한 자는 추위·더위와 함께 하고 온화함·냉엄함과 하나가 되지만 그것에 마음을 둔 적이 없다. 그런데 온화하고 냉엄한 모습과 살리고 죽이는 마디가 있기 때문에 기쁨과 분노를 명분에 맡겨놓는다는 것이다.

與物有宜, 而莫知其極.

사물과 마땅함을 함께 하지만 누구도 그 궁극을 알지 못한다.

無心於物, 故不奪物宜, 無物不宜, 故莫知其極.

사물에 무심하기 때문에 사물의 마땅함을 빼앗지 않고, 어떤 것에서도 마땅하지 않음이 없기 때문에 누구도 그 궁극을 알지 못한다.

해설

도를 터득한 사람에게는 사물이 각기 다르고 각기 다른 그대로 함께 하면서 끝없이 따르기 때문에 아무도 그 궁극을 알지 못하게 되는 것이다.

故聖人之用兵也, 亡國而不失人心, 利澤施乎萬世, 不爲愛人.

그러므로 거룩한 사람은 군대를 일으켜 나라를 망하게 해도 사람들의 마음을 잃지 않고, 은택이 만세에 미쳐도 사람들을 사랑한 것으로 여기지 않는다.

因人心之所欲亡而亡之, 故不失人心也. 夫白日登天, 六合俱照, 非愛人而照之也. 故聖人之在天下, 煖焉若春陽之自和, 故澤者不謝, 淒乎若秋霜之自降, 故凋落者不怨也.

煖: 따스할 난

사람들이 망하게 하고 싶은 것에 따라 망하게 했기 때문에 사람들의 마음을 잃지 않는다. 환하게 밝은 낮에 하늘에 올라 온 세상이 모두 빛나게 하는 것은 사람들을 사랑해서 비춘 것이 아니다. 그러므로 거룩한 사람은 천하에서 따스하기가 봄빛이 저절로 화사한 것과 같기 때문에 은택 입는 것을 사양하지 않고, 싸늘하기가 가을의 서리가 저절로 내리는 것과 같기 때문에 시들어 떨어지는 것을 원망하지 않는다.

故樂通物, 非聖人也,

그러므로 사물을 두루 화창하게 함을 즐기면 거룩한 사람이 아니고,

夫聖人無樂也, 直莫之塞而物自通.

거룩한 사람은 즐거워함이 없고, 곧이곧대로 어느 것도 막지 않아 사물이 저절로 통하게 한다는 것이다.

有親, 非仁也,

친함이 있으면 어짊이 아니며,

至仁無親, 任理而自存.

지극하게 어진 것은 친함이 없이 이치대로 맡겨놓아 저절로 보존되게 한다는 것이다.

天時, 非賢也,

하늘의 때에 따라 하면 현명함이 아니고,

時天者, 未若忘時而自合之賢也.

하늘을 때로 삼아 하는 것은 때를 잊어버리고 저절로 합하게 되는 현명함만 못하다는 것이다.

利害不通, 非君子也,

이로움과 해로움을 두루 통하지 못하면 군자가 아니며,

不能一是非之塗, 而就利違害, 則傷德而累當矣.

옳고 그름의 길을 하나로 하지 못해 이로움을 취하고 해로움을 피하면, 덕을 해쳐 합당함에 누를 끼친다는 것이다.

行名失己, 非士也,

이름을 추구하다가 자신을 잃어버리면 선비가 아니고,

善爲士者, 遺名而自得, 故名當其實而福應其身.

훌륭한 선비는 이름을 버려도 스스로 만족하기 때문에 이름이 실질에 맞게 되고 복이 자신에게 호응하게 된다는 것이다.

亡身不眞, 非役人也.

자신을 망쳐서 참되지 않으면, 남을 부릴 수 있는 것이 아니다.

自失其性而矯以從物, 受役多矣, 安能役人乎.　　　　矯: 바로잡을 교

스스로 본성을 잃어 사물을 따르는 것으로 바로 잡으면 부림을 당하는 것이 많으니, 어떻게 사람을 부릴 수 있겠는가?

若狐不偕務光, 伯夷叔齊, 箕子胥餘, 紀他申徒狄, 是役人之役, 適人之適, 而不自適其適者也.

호불해[1] · 무광[2] · 백이 · 숙제 · 기자서여[3] · 기타[4] · 신도적[5] 같은 사람들은 남들이 부리는 것을 부리고 남들이 가는 대로 따라갔으니, 자신이 갈 곳을 스스로 간 것은 아니다.

斯皆舍己效人, 徇彼傷我者也.

이런 사람들은 모두 자신을 버리고 남들을 본받았으니, 저들을 따라 자신을 해친 자들이다.

古之眞人, 其狀義而不朋,

옛날에 진실로 도를 터득한 사람은 그 몸가짐이 의로운데도 패거리 짓지 않았고,

與物同宜, 而非朋黨.

사람들과 마땅함을 함께 하면서도 패거리 지은 것은 아니라는 것이다.

---

1) 호불해는 요임금이 제위를 받으라고 하자 스스로 강에 빠져 죽은 자이다.
2) 무광은 하나라 탕왕이 제위를 받으라고 하자 화를 내며 물에 빠져 자살한 은 자이다.
3) 서여는 은나라 말기의 충신 기자의 이름이다..
4) 기타는 탕왕과 무광의 소식에 왕이 자신에게 천하를 물려줄까 걱정되어 멀리 도망친 은자이다.
5) 신도적은 왕이 간언을 받아들이지 않자 물에 빠져 자살한 은나라의 현인이다.

若不足而不承,

부족한 것 같은데도 받아들이지 않았으며,

沖虛無餘, 如不足也, 下之而無不上, 若不足而不承也.

남겨 놓은 것 없이 비워서 부족한 것 같은데도, 낮추면서 올라가지 않음이 없으니, 부족한 것 같은데도 받아들이지 않는다는 것이다.

與乎其觚而不堅也.   觚: 홀로 고

독립해 있는 것과 함께 하는데도 굳게 지키지 않았다.

常遊於獨而非固守.

언제나 독립해 있는 것에서 유유자적하는데도 굳게 지키는 것은 아니라는 것이다.

張乎其虛而不華也,

비어 있음을 성대하게 하는데도 화려하게 하지 않았으며,

曠然無懷, 乃至於實.

텅 비워 마음에 품은 것이 없어야 실제에 이른다는 것이다.

邴邴乎其似喜乎.   邴邴(병병): 여유있고 한가해서 즐거운 모양

느긋하게 즐거워하는 것이 기뻐하는 것 같았다.

至人無喜, 暢然和適, 故似喜也.

무아의 경지에 이른 사람은 기뻐함이 없으나 즐겁게 어울리기 때문에 기뻐하는 것 같다는 것이다.

崔乎其不得已乎.

움직이는 것이 어쩔 수 없는 듯하였고,

崔: 움직이는 모양 최

動靜行止, 常居必然之極.

움직임과 정지함, 감과 멈춤이 언제나 반드시 그렇게 되는 궁극에 있었다는 것이다.

滀乎進我色也.

자신의 낯빛이 바뀌는 것을 바로 알아차렸다.

滀: 빠를 축

不以物傷己也.

사물 때문에 자신을 해치지 않았다는 것이다.

與乎止我德也,

자신의 덕에 머물러 있는 것에서 함께 하였고,

無所趨也.

달려 나아감이 없다는 것이다.

厲乎其似世乎.

세상과 같이 하는 것에서 괴로워하였다.

至人無厲, 與世同行, 故若厲也.

무아의 경지에 이른 사람은 괴로움이 없으나 세상과 동행하기 때문에 괴로워하는 것 같다는 것이다.

謷乎其未可制也,　　　　　　　　　　謷: 높고 먼 것을 지향할 오

거리낌이 없어 제재할 수 없는 듯했고,

高放而自得.

높고 호방해서 스스로 만족한다는 것이다.

連乎其似好閉也,

계속해서 닫아놓기를 좋아하는 듯했으며,

綿邈深遠, 莫見其門.　　　　　　　　　　綿邈: 요원함

아득하고 심원해서 아무도 그 문을 알지 못한다는 것이다.

怋乎忘其言也,　　　　　　　　　　　　怋: 잊을 문

멍하게 말을 잊었다.

不識不知, 而天機自發, 故怋然也.

알지 못하는데도 선천적인 기질이 저절로 펼쳐지기 때문에 멍하게 있다는 것이다.

以刑爲體,

형벌을 몸으로 삼았고,

刑者, 治之體, 非我爲.

형벌은 다스림을 몸으로 하는 것이지만 본인이 행하는 것은 아니라는 것이다.

以禮爲翼,

예를 날개로 삼았으며,

禮者, 世之所以自行耳, 非我制.

예는 세상에서 저절로 행해지는 것이지만 본인이 제재하는 것이 아니라는 것이다.

以知爲時,

앎을 때 맞춰 움직임으로 삼았고,

知者, 時之動, 非我唱.

앎은 때에 때 맞춰 움직이는 것이지만 본인이 주창하는 것이 아니라는 것이다.

以德爲循.

덕을 따름으로 삼았다.

德者, 自彼所循, 非我作.

덕은 저들이 스스로 따르는 것이지만 본인이 만든 것이 아니라는 것이다.

以刑爲體者, 綽乎其殺也,   綽: 너그러울 작

형벌을 몸으로 삼는 것은 죽이는 것에 너그러운 것이고,

任治之自殺, 故雖殺而寬.

다스려서 스스로 죽이는 대로 맡겨놓기 때문에 죽일지라도 너그럽다는 것이다.

以禮爲翼者, 所以行於世也,

예를 날개로 삼는 것은 세상에 행해지기 때문이며,

順世之所行, 故無不行.

세상에서 행하는 대로 따르기 때문에 행해지지 않음이 없다는 것이다.

以知爲時者, 不得已於事也,

앎을 때 맞춰 움직임으로 삼는 것은 일에 어쩔 수 없는 것이고,

夫高下相受, 不可逆之流也, 小大相群, 不得已之勢也, 曠然無情, 群
知之府也. 承百流之會, 居師人之極者, 奚爲哉. 任時世之知, 委必
然之事, 付之天下而已.

높음과 낮음이 서로 받아들이는 것은 거스를 수 없는 흐름이고, 작음과
큼이 서로 무리 짓는 것은 어쩔 수 없는 추세이며, 아무 것도 없는 듯이
무정한 것은 모든 앎이 모이는 것이다. 모든 흐름이 모이는 것을 이어
스승들의 궁극에 있는 것은 어떻게 하는 것인가? 당시의 세상에서 아는
것에 맡기고 반드시 그렇게 해야 되는 일에 놔두며 천하에 의지하는 것일
뿐이다.

以德爲循者, 言其與有足者, 至於丘也.

덕을 따름으로 삼는 것은 발이 있는 사람과 함께 언덕에 가는 것을
말한다.

丘者, 所以本也, 以性言之, 則性之本也. 夫物各有足, 足於本也. 付
群德之自循, 斯與有足者, 至於本也. 本至而理盡矣.

언덕은 근본이 되는 것이니, 본성으로 말하면 본성의 근본이다. 사람들은

제각기 발이 있으니, 근본을 발로 하기 때문이다. 모든 덕이 저절로 따르는 것에 의지하니, 이것은 발이 있는 사람과 함께 근본에 가는 것이다. 근본에 가면 이치를 지극하게 한다.

而人眞以爲勤行者也.

그런데 사람들은 진실로 이렇게 하는 것들을 열심히 행하는 것으로 여긴다.

凡此皆自彼而成, 成之不在己. 則雖處萬機之極, 而常閒暇自適, 忽然不覺事之經身, 怳然不識言之在口. 而人之大迷, 眞謂至人之爲勤行者也.

이렇게 하는 것들은 모두 저들로부터 이루어진 것으로 이룸이 자신에게 있지 않은 것이다. 그렇다면 모든 기틀의 궁극에 있을지라도 언제나 한가하게 유유자적하고 있으니, 일이 자신을 흔드는 것을 어느 순간에도 알지 못하고, 입으로 말하는 것을 멍하게 느끼지 못하는 것이다. 그런데 사람들이 크게 헷갈려서 진실로 무아의 경지에 이른 사람은 부지런히 행하는 것으로 여긴다는 것이다.

故其好之也一, 其弗好之也一,

그러므로 그들이 좋아하는 것도 함께 하고, 그들이 좋아하지 않는 것도 함께 하며,

常無心而順彼, 故好與不好, 所善所惡, 與彼無二也.

언제나 무심히 저들을 따르기 때문에 좋아함과 좋아하지 않음, 선하게 여김과 악하게 여김이 저들과 다르지 않다는 것이다.

其一也一, 其不一也一.

그들이 함께 하는 것도 함께 하고, 그들이 함께 하지 않는 것도 함께
한다.

其一也, 天徒也, 其不一也, 人徒也. 夫眞人同天人, 均彼我, 不以其
一異乎不一.

그들이 함께 하는 것은 하늘의 무리이고, 그들이 함께 하지 않는 것은
사람의 무리이다. 진실로 도를 터득한 사람은 하늘과 사람을 함께 하고
저들과 자신을 균등하게 해서 그들이 함께 하는 것으로 함께 하지 않는
것을 다르게 여기지 않는다는 것이다.

其一, 與天爲徒,

그들이 함께 하는 것은 하늘과 무리가 되는 것이고,

無有而不一者, 天也.

무엇이 있든 함께 하지 않음이 없는 것은 하늘이라는 것이다.

其不一, 與人爲徒.

그들이 함께 하지 않는 것은 사람과 무리가 되는 것이다.

彼彼而我我者, 人也.

저들이 저들이고 내가 나인 것은 사람이라는 것이다.

天與人不相勝也, 是之謂眞人.

하늘과 사람을 서로 다투지 않으니, 이것을 진실로 도를 터득한 사람

이라고 한다.

夫眞人同天人, 齊萬致, 萬致不相非. 天人不相勝, 故曠然無不一, 冥然無不在, 而玄同彼我也.

진실로 도를 터득한 사람은 하늘과 사람을 하나로 여겨 모든 이룸을 가지런히 하니, 모든 이룸을 서로 비난하지 않는 것이다. 하늘과 사람을 서로 다투지 않기 때문에 모든 것을 비우고 함께 하지 않음이 없고, 아무 구분 없이 없는 곳이 없으며 저들과 자신을 현묘하게 하나로 보는 것이다.

해설

도를 터득한 사람은 자신에게만 통하는 것을 넘어 언제나 통하면서 남들까지 함께 크게 통하게 한다는 것이다. 다시 말해 통소의 울림을 넘어 땅울림과 천연의 울림을 들어 모든 것을 동일하게 본다는 것이다.

死生, 命也, 其有夜旦之常, 天也.

죽고 사는 것은 운명이고, 밤낮의 일정함이 있는 것은 하늘이다.

其有晝夜之常, 天之道也. 故知死生者, 命之極, 非妄然也, 若夜旦耳, 奚所係哉.

밤과 낮의 일정함이 있는 것은 하늘의 도이다. 그러므로 죽고 사는 것은 운명의 궁극이고 함부로 할 것이 아니어서 밤낮과 같다고 여길 뿐이라면 어찌 그것에 얽매이겠는가!

人之有所不得與, 皆物之情也.

그런데 사람들이 얻어서 함께 하지 못하는 것은 모두 사물에게서의 마음의 작용 때문이다.

夫眞人在晝得晝, 在夜得夜. 以死生爲晝夜, 豈有所不得乎. 人之有 所不得, 而憂娛在懷, 皆物情耳, 非理也.

진실로 도를 터득한 사람은 낮에는 낮을 얻고 밤에는 밤을 얻어 죽음과 삶을 밤과 낮으로 여기니, 어찌 얻지 못하는 것이 있겠는가! 사람들이 얻지 못함이 있고 가슴에 근심과 즐거움이 있는 것은 모두 사물에게서의 마음의 작용 때문일 뿐이지 이치 때문이 아니다.

해설

사람들이 하늘과 함께 하지 못하는 것은 마음을 비우지 못해 분별하는 마음의 작용이 있기 때문이지 사물의 이치가 없기 때문이 아니라는 것이다.

彼特以天爲父, 而身猶愛之, 而況其卓乎.

저들은 오직 하늘을 아버지로 여겨 몸소 그것을 여전히 사랑하는데, 하물며 그 우뚝하게 있는 것에 대해서는 말해 무엇 하겠는가!

卓者, 獨化之謂也. 夫相因之功, 莫若獨化之至也. 故人之所因者, 天也, 天之所生者, 獨化也. 人皆以天爲父. 故晝夜之變, 寒暑之節, 猶不敢惡, 隨天安之. 況乎卓爾獨化, 至於玄冥之境, 又安得而不任 之哉. 旣任之, 則死生變化, 惟命之從也.

우뚝하게 있는 것은 홀로 변화하는 것을 말한다. 서로 말미암는 공으로는 어떤 것도 홀로 변화하는 것의 지극함과 같은 것이 없다. 그러므로 사람들이 말미암는 것은 하늘 때문이고, 하늘이 나오는 것은 홀로 변화하기 때문이다. 사람들은 모두 하늘을 아버지로 여긴다. 그러므로 밤낮의 변화와 한서의 계절을 여전히 감히 싫어하지 않고 하늘에 따라 편안히 여긴다. 그런데 하물며 우뚝하게 있는 것은 홀로 변화하는 것이고 심지어 어떤 구분도 없는 경지이니, 또 어떻게 맡겨놓지 않을 수 있겠는가! 이미 맡겨났다면 죽음과 삶의 변화는 단지 명을 따르는 것일 뿐이다.

人特以有君爲愈乎己, 而身猶死之, 而況其眞乎.

사람들은 오직 임금이 있는 것을 자신에게 좋은 것이라고 여겨서 여전히 그를 위해 죽는데, 하물며 그 참된 것에 대해서야 말해 무엇하겠는가!

夫眞者, 不假於物而自然也. 夫自然之不可避, 豈直君命而已哉.

참된 것은 사물에서 빌려온 것이 아니라 저절로 그렇게 되는 것이다. 저절로 그렇게 되는 것은 피할 수 없으니, 어찌 임금의 명령 정도일 뿐이겠는가!

泉涸, 魚相與處於陸, 相呴以濕, 相濡以沫, 不如相忘於江湖.

샘이 말라 물고기들이 땅바닥에 바글바글 모여 있으면서 물기로 서로 불어주고 물방울로 서로 적셔주는 것은 강과 호수에서 서로 잊고 지내는 것만 못하다.

呴: 숨을 내쉴 구. 濕: 축축할 습

與其不足而相愛, 豈若有餘而相忘.

부족하면서 서로 아껴주는 것이 어찌 충분해서 서로 잊고 지내는 것만 하겠는가!

與其譽堯而非桀也, 不如兩忘而化其道.

그러니 요임금을 기리고 걸임금을 비난하기보다는 모두 잊고 도와 함께 변화하는 것만 못하다.

夫非譽, 皆生於不足. 故至足者, 忘善惡, 遺死生, 與變化爲一, 曠然無不適矣, 又安知堯桀之所在耶.

비방과 칭찬은 모두 부족한 것에서 생긴다. 그러므로 더없이 만족한 자는 선악도 잊고 생사도 잊어 변화와 하나가 되고, 모든 것을 비워 조화를 이루지 않는 것이 없으니, 또 어찌 요임금과 걸임금이 있었던 것을 알겠는가?

해설

임금이 있어 세상을 덕으로 다스리는 것은 가뭄으로 물이 말라 물고기들이 물기로 서로 적셔주는 것과 같다는 것이고, 도를 터득해서 편안한 것은 물이 충만한 강과 호수에서 물고기들이 서로 잊고 지내는 것과 같다는 것이다.

夫大塊載我以形, 勞我以生, 佚我以老, 息我以死.　塊: 흙덩이 괴

대지가 형체를 주는 것으로 나를 태어나게 하고, 살아가게 하는 것으로 나를 수고롭게 하며, 늙어가게 하는 것으로 나를 편안하게 하며, 죽어버리게 하는 것으로 나를 쉬게 한다.

夫形生老死, 皆我也. 故形爲我載, 生爲我勞, 老爲我佚, 死爲我息, 四者雖變, 未始非我, 我奚惜哉.

형체로 살고 늙으며 죽는 것은 모두 자신이다. 그러므로 형체를 주는 것은 나를 태어나게 하는 것이고, 살아가게 하는 것은 나를 수고롭게 하는 것이며, 늙어가게 하는 것은 나를 편안하게 하는 것이고, 죽어버리게 하는 것은 나를 쉬게 하는 것이다. 네 단계로 변하고 있을지라도 그것들이 처음부터 내가 아닌 적이 없으니, 내가 어찌 안타까워하겠는가?

故善吾生者, 乃所以善吾死也.

그러므로 나의 삶을 좋아하는 것은 바로 나의 죽음을 좋아하는 것이다.

死與生, 皆命也. 無善則已, 有善則生不獨善也. 故若以吾生爲善乎.
則吾死亦善也.

죽음과 삶은 모두 천명이다. 좋아하는 것이 없다면 그 뿐이지만, 좋아하는
것이 있다면 삶만 좋은 것은 아니다. 그러므로 나의 삶을 좋아하는 것으로
여긴다면, 나의 죽음마저도 좋아하는 것이다.

夫藏舟於壑, 藏山於澤, 謂之固矣. 壑: 골짜기 학

배를 산골짜기에 감추고 산을 못에 숨겼다면, 감추고 숨기는 것을
확고하게 했다고 한다.

方言死生變化之不可逃, 故先擧無逃之極. 然然後明之以必變之符,
將任化而無係也.

죽음과 삶의 변화에서 숨을 수 없다고 이제 막 말했기 때문에 먼저 숨을
수 있는 궁극이 없음을 거론하려는 것이다. 그러나 그런 다음에 반드시
변하는 증험으로 밝혀서 변화에 맡겨두어 걸림이 없게 하려는 것이다.

然而夜半有力者負之而走, 昧者不知也.

그러나 한 밤중에 힘센 자가 그것을 등에 지고 도망간다면, 어리석은
자들은 알지 못한다.

夫無力之力, 莫大於變化者也, 故乃揭天地以趨新, 負山嶽以舍故. 故
不暫停, 忽已涉新, 則天地萬物無時而不移也. 世皆新矣, 而自以爲故,
舟日易矣, 而視之若舊, 山日更矣, 而視之若前. 今交一臂而失之, 皆
在冥中去矣, 故向者之我, 非復今我也. 我與今俱往, 豈常守故哉. 而
世莫之覺, 橫謂今之所遇, 可係而在, 豈不昧哉. 揭: 등에 질 게. 臂: 팔 비

힘이 없는 힘으로는 변화보다 큰 것이 없기 때문에 바로 천지를 짊어지고 새로운 것으로 달려가며, 산악을 등에 지고 옛것을 버린다. 본래 잠시도 정지함이 없이 어느 사이 이미 새롭게 되었으니, 천지와 만물은 어느 때에도 변하지 않음이 없는 것이다. 세상이 모두 새롭게 되었는데도 스스로 옛날 그대로라고 여기고, 배가 날마다 바뀌고 있는데도 옛날과 같다고 보며, 산이 날마다 변하고 있는데도 전과 같다고 본다. 이제 한쪽 팔을 가지고 있다가 잃게 되는 것은 모두 어느 누구도 모르는 가운데 잃게 되는 것이기 때문에 이전의 나는 다시 지금의 내가 아니다. 나는 지금과 함께 모두 흘러가 버렸는데, 어떻게 언제나 옛것을 그대로 지키고 있어야 하겠는가! 세상에서는 아무도 알지 못해 지금 만나는 것에 얽매여 그대로 있어야 된다고 마음대로 지껄이니, 어찌 어리석은 것이 아니겠는가?

藏小大有宜, 猶有所遯.

크거나 작은 것을 적절히 감추어도 여전히 빠져나가는 것이 있다.

不知與化爲體, 而思藏之使不化, 則雖至深至固, 各得其所宜, 而無以禁其日變也. 故夫藏而有之者, 不能止其遯也, 無藏而任化者, 變不能變也.

遯: 달아날 둔

변화와 한 몸이 될 줄을 알지 못해 감춰두고 변화하지 못하게 할 것을 생각하고 있으니, 지극히 깊고 지극히 확고하게 하여 각기 적절하게 할지라도 그것들이 날마다 변화하는 것을 막을 길이 없다. 그러므로 감추어서 소유할 경우에는 그것들이 달아나는 것을 막을 수 없지만, 감춤이 없이 변화에 맡겨놓은 경우에는 변화가 변하게 할 수 없는 것이다.

若夫藏天下於天下, 而不得所遯, 是恆物之大情也.

그런데 천하에 천하를 감추어두면 달아날 수 없으니, 사물의 큰 실정을 언제나 유지하는 것이다.

無所藏而都任之, 則與物無不冥, 與化無不一. 故無外無內, 無死無生, 體天地而合變化, 索所遁而不得矣. 此乃常存之大情, 非一曲之小意.

索: 찾을 색

감추는 것이 없이 모두 맡겨놓으면 사물과 구분 없이 되지 않음이 없고 변화와 하나가 되지 않음이 없다. 그러므로 안팎도 없고 사생도 없이 천지를 몸으로 변화와 합일하였으니, 달아나는 것들을 찾아도 그렇게 할 수가 없다. 이것이야말로 언제나 있는 큰 실정으로 한쪽의 하찮은 생각이 아니다.

特犯人之形而猶喜之, 若人之形者, 萬化而未始有極也,

특히 사람의 형체로 빚어졌다고 아직도 기뻐하는데, 사람의 형체 같은 것은 갖가지로 변화하면서 처음부터 끝이 없었던 것이니,

人形乃是萬化之一遇耳, 未足獨喜也. 無極之中, 所遇者, 皆若人耳, 豈特人形可喜, 而餘物無樂耶.

사람의 형체는 온갖 변화 가운데 하나를 만난 것일 뿐이니, 유독 그렇게 기뻐할 것이 없다. 끝이 없는 가운데 만난 것이 모두 사람과 같을 뿐인데, 어찌 특히 사람의 형체만 기뻐하고 나머지 사물들을 기뻐하지 않겠는가!

其爲樂可勝計邪.

그 즐거움을 모두 헤아릴 수 있겠는가!

本非人而化爲人, 化爲人, 失於故矣. 失故而喜, 喜所遇也. 變化無窮, 何所不遇, 所遇而樂, 樂豈有極乎.

본래 사람이 아닌데 사람으로 변화되었다면, 사람으로 변화된 것은 옛것을 잃어버린 것이다. 옛것을 잃어버렸는데도 기뻐하는 것은 만난 것을 기뻐하는 것이다. 변화가 끝이 없으니, 무엇인들 만나지 않겠으며, 만나서 즐거우니, 즐거움에 어찌 끝이 있겠는가!

故聖人將遊於物之所不得遯, 而皆存,

그러므로 거룩한 사람은 사물이 빠져나갈 수 없는 경지에서 유유자적하며 모든 것에서 살아 있고,

夫聖人遊於變化之塗, 放於日新之流, 萬物萬化, 亦與之萬化. 化者無極, 亦與之無極, 誰得遯之哉. 夫於生爲亡, 而於死爲存. 於死爲存, 則何時而非存哉.

거룩한 사람은 변화하는 길에서 유유자적하며 날마다 새롭게 되는 흐름에 내맡겨 놓아 온갖 것들이 갖가지로 변화해도 그것들과 함께 똑같이 변화한다. 변화하는 것들이 끝이 없어 또한 그것들과 함께 끝이 없으니, 어느 것이 달아날 수 있겠는가! 나오는 것에서는 없어지고 죽는 것에서는 살아난다. 죽는 것에서 살아난다면 어느 때고 살아있는 것이 아니겠는가?

善妖善老, 善始善終, 人猶效之.

妖: 일찍 죽을 요

일찍 죽는 것도 좋아하고 늙어가는 것도 좋아하며 시작하는 것도 좋아하고 끝나는 것도 좋아하니, 사람들이 여전히 본받는다.

此自均於百年之內, 不善少而否老, 未能體變化, 齊死生也. 然其平粹, 猶足以師人也.

이것은 스스로 백년 안을 균일하게 해서 젊음을 좋아하고 늙음을 싫어하지 않는 것으로 아직 변화와 한 몸이 되고 죽음과 삶을 하나로 여길 수 없는 것이다. 그러나 평화롭고 순수하여 여전히 사람들의 모범이 될 수 있다.

又況萬物之所係, 而一化之所待乎.

그런데 또 하물며 온갖 것들이 걸려있고 한결같은 변화가 의지하고 있는 것임에야 말해 무엇 하겠는가!

此玄同萬物而與化爲體, 故其爲天下之所宗也, 不亦宜乎.

이것은 온갖 것들과 현묘하게 하나가 되고 변화와 한 몸이 된 것이기 때문에, 천하의 근본이 되는 것으로 또한 마땅하지 않겠는가?

夫道, 有情有信, 無爲無形,

도는 정이 있고 믿음이 있으나 행함이 없고 형태가 없어

有無情之情, 故無爲也, 有無常之信, 故無形也.

정이 없는 정이 있기 때문에 행함이 없다는 것이고, 일정함 없는 믿음이 있기 때문에 형태가 없다는 것이다.

可傳而不可受,

전해줄 수는 있어도 받을 수는 없는 것이고,

古今傳而宅之, 莫能受而有之.

예나 지금이나 전해주어 누리게 할 수는 있어도 아무도 받아서 소유할 수는 없다는 것이다.

可得而不可見,

깨달을 수는 있어도 볼 수는 없는 것이며,

咸得自容, 而莫見其狀.

모두 깨달아 자신을 의존하고는 있어도 아무도 그 형태를 볼 수 없다는 것이다.

自本自根, 未有天地, 自古以固存,

스스로 근본이 되어 하늘과 땅이 있지 않을 때에 옛날부터 진실로 있으면서

明無不待有而無也.

없음이 있음에 의지해서 없는 것이 아님을 밝혔다.

> **해설**
>
> '없음이 있음에 의지해서 없는 것이 아니다.'라는 곽상의 말은 없음이 있음에 상대적으로 있는 것이 아니라는 말이다. 곧 비우면 모든 것을 잊어버림으로써 어떻게 비우게 되었는지 그것조차도 모르게 된다는 말로 봐도 되니, 이어지는 아래의 본문과 곽상의 주가 바로 이런 방식으로 설명하는 것이다.

神鬼神帝, 生天生地,

귀신을 신령스럽게 하고 상제를 신령스럽게 하며 하늘을 낳고 땅을 낳으며,

無也, 豈能生神哉. 不神鬼帝而鬼帝自神, 斯乃不神之神也, 不生天地而天地自生, 斯乃不生之生也. 故夫神之果不足以神, 而不神則神

矣, 功何足有, 事何足恃哉.

없음이 어찌 신령스러움을 낳을 수 있겠는가? 귀신과 상제를 신령스럽게 한 것이 아니라 귀신과 상제가 저절로 신령스럽게 된 것이니, 이것이야말로 신령스럽게 하지 않는 신령스러움이고, 하늘과 땅을 낳지 않아 하늘과 땅이 저절로 나온 것이니, 이것이야말로 낳지 않는 낳음이다. 그러므로 신령스럽게 하는 것으로는 참으로 신령스럽게 하기에 부족하고, 신령스럽게 하지 않으면 신령스럽게 되니, 공이 어디에 있어야 하고 일이 어디에 의지하겠는가?

해설

> 도를 닦는 것은 마음을 비우는 것이니, 모든 것을 비워 잊어버리면 그 가운데 신령함이 저절로 나와 온갖 조화를 부릴 수 있다. 곽상의 "신령스럽게 하는 것으로는 참으로 신령스럽게 하기에 부족하고, 신령스럽게 하지 않으면 신령스럽게 된다."는 말은 바로 신령스럽게 되려고 마음을 채우면 신령스럽게 되지 못하고, 마음을 비워 신령스럽게 되는 것을 잊어버리면 신령스럽게 된다는 것이다.

在太極之先而不爲高, 在六極之下而不爲深, 先天地生而不爲久, 長於上古而不爲老.

태극의 앞에 있어도 높지 않고 상하와 사방의 아래에 있어도 깊지 않으며, 천지보다 앞서 있어도 오래되지 않았고 태고보다 나이가 많아도 늙지 않는 것이다.

言道之無所不在也, 故在高爲無高, 在深爲無深, 在久爲無久, 在老爲無老, 無所不在, 而所在皆無也. 且上下無不格者, 不得以高卑稱也, 外內無不至者, 不得以表裏名也, 與化俱移者, 不得言久也, 終始常無者, 不可謂老也.

도는 어디에도 있지 않음이 없다는 말이다. 그러므로 높은 데 있어도 높지 않고 깊은 데 있어도 깊지 않으며, 오래 되었어도 오래되지 않았고 늙었어도 늙지 않았으며, 어디에도 없지 않은 곳이 없으나 있는 곳에는 모두 없다. 게다가 또 위아래로 이르지 않음이 없는 것은 높고 낮음으로 칭할 수 없고, 안팎으로 이르지 않음이 없는 것은 표리로 이름붙일 수 없으며, 변화와 함께 움직이는 것은 오래되었다고 할 수 없고, 끝과 시작이 없는 것은 늙었다고 할 수 없다.

狶韋氏得之, 以挈天地, 伏戲氏得之, 以襲氣母, 維斗得之, 終古不忒, 日月得之, 終古不息, 堪坏得之, 以襲崑崙, 馮夷得之, 以遊大川, 肩吾得之, 以處大山, 黃帝得之, 以登雲天, 顓頊得之, 以處玄宮, 禺强得之, 立乎北極. 西王母得之, 坐乎少廣, 莫知其始, 莫知其終, 彭祖得之, 上及有虞, 下及五伯, 傅說得之, 以相武丁, 奄有天下, 乘東維, 騎箕尾, 而比於列星.

挈: 거느릴 설. 襲: 받을 습. 이을 습. 奄: 모두 엄

희위씨는 이것을 얻어 하늘과 땅을 거느렸고, 복희씨는 이것을 얻어 기운의 근원을 이어받았으며, 유두[6]는 이것을 얻어 영원히 어긋나지 않았고, 해와 달은 이것을 얻어 영원히 그침이 없었으며, 감배[7]는 이것을 얻어 곤륜산으로 들어갔고, 풍이[8]는 이것을 얻어 큰 강에서 유유자적했으며, 견오[9]는 이것을 얻어 태산에서 살았고, 황제는 이것을 얻어 구름을 타고 하늘로 올라갔으며, 전욱은 이것을 얻어 신묘한

---

6) 유두는 북극성을 말한다.
7) 감배는 곤륜산의 산신을 말한다.
8) 풍이는 전설의 수신을 말한다.
9) 견오는 태산의 산신을 말한다.

궁전에서 살았고, 우강10)은 이것을 얻어 북극에서 확고히 서 있게 되었다. 서왕모11)는 이것을 얻어 소광산에 앉아 있으면서 그 시작도 그 끝도 몰랐고, 팽조는 이것을 얻어 위로는 순임금 때부터 아래로는 춘추시대까지 살았으며, 부열12)은 이것을 얻어 무정13)의 재상이 되어 천하를 모두 가졌고 동쪽 하늘로 올라가 기성과 미성을 타고 달리며 늘어서 있는 별들과 나란히 있게 되었다.

道, 無能也, 此言得之於道, 乃所以明其自得耳. 自得耳, 道不能使之得也, 我之未得, 又不能爲得也. 然則凡得之者, 外不資於道, 內不由於己, 掘然自得而獨化也. 夫生之難也, 猶獨化而自得之矣. 旣得其生, 又何患於生之不得而爲之哉. 故夫爲生果不足以全生, 以其生之不由於己爲也. 而爲之則傷其眞生也.

掘: 뚫을 굴

도는 할 수 있는 것이 없으니, 여기에서 도를 얻었다고 말한 것이야말로 바로 스스로 얻을 수 있을 뿐임을 밝히기 위한 것이다. 스스로 얻을 수 있을 뿐이라면 도는 얻게 할 수 있는 것이 아니고, 내가 아직 얻지 못한 것은 또 얻게 할 수 있는 것이 아니다. 그렇다면 얻게 된 것은 밖으로 도에 의지하지 않았고, 안으로 자신에게서 말미암지 않았으며, 확 비워버림으로 스스로 얻게 되어 홀로 변화하는 것이다. 나오게 하는 것이 어렵기 때문에 오히려 그 홀로 변화하다가 스스로 얻게 되는 것이다. 이미 도가 나오게 함을 얻었다면, 또 어찌 나오게 함을 얻지 못했다고 근심하면서 무엇을 하겠는가? 그러므로 나오게 함이 진실로 나오게 함을 그다지 온전하게 할 수 없는 것은 도가 나오게 함을 자신에게서 어떻게 할 수 있는 것이 아니기 때문이다. 그런데도 어떻게 하는 것은 참된 삶을 해치는 것이다.

---

10) 우강은 북쪽 바다의 신을 말한다.
11) 서왕모는 서쪽 끝에 있는 소광산의 아름다운 여신을 말한다.
12) 부열은 은나라 고종 때의 명재상으로 은나라를 중흥시켰다.
13) 무정은 은나라 왕 고종을 말한다.

도를 깨닫기 어려운 것은 곧 마음을 비우기가 어려운 것은 뭔가 하고자
하는 마음의 작용을 멈춰야 하기 때문이다. 곧 마음을 비우려고 생각하
는 순간 마음을 비우겠다는 마음의 작용이 일어나 도리어 마음을 채우
게 된다는 말이다. 곽상이 "도가 나오게 함을 자신에게서 어떻게 할 수
있는 것이 아니다."라고 말하는 것은 도를 깨닫기 위해서 그 자신이 무
엇을 어떻게 하는 것이 아니라 도리어 아무 것도 하지 않는 것이기 때문
이다. 사람들은 대부분 태어나면서부터 늘 언제나 마음의 작용에 의지
해서 살아오느라 그 작용을 멈추게 하는 방법을 배운 적이 거의 없다.
그런데 고난을 당하면 그 고통을 잊기 위해 애쓰다가 어쩌다가 생각을
멈추는 방법을 저절로 터득할 수 있으니, 어쩌면 생각하기도 싫을 정도
로 인생의 큰 불행은 도를 닦는 관점으로 봤을 때 오히려 행복이라고
볼 수도 있다.

南伯子葵問乎女偊曰, 子之年長矣, 而色若孺子, 何也, 曰, 吾聞
道矣.

남백자규가 여우에게 "선생님께서는 연세가 많은데도 기색이 어린 아
이와 같으니 무엇 때문인지요?"라고 물으니, "도를 깨달았기 때문이
지요."라고 하였다.

聞道, 則任其自生, 故氣色全也.

도를 깨달으면 저절로 나오는 것에 맡겨놓기 때문에 기색이 온전하다.

南伯子葵曰, 道可得學邪. 曰, 惡, 惡可. 子非其人也. 夫卜梁倚
有聖人之才, 而無聖人之道, 我有聖人之道, 而無聖人之才, 吾
欲以敎之, 庶幾其果爲聖人乎. 不然. 以聖人之道告聖人之才,

亦易矣, 吾猶守而告之, 參日而後能外天下.

남백자규가 "도를 배울 수 있겠는지요!"라고 하니, 다음처럼 답했다. "그거 참! 어떻게 그렇게 할 수 있겠습니까? 그대는 그럴 수 있는 사람이 아닙니다. 복량의[14]는 거룩한 사람의 자질이 있지만 거룩한 사람의 도가 없고, 저는 거룩한 사람의 도가 있지만 거룩한 사람의 자질이 없으니, 제가 그를 가르치고 싶다고 그가 진실로 거룩한 사람이 되겠는지요? 그렇게 할 수 없습니다. 거룩한 사람의 도를 가지고 거룩한 사람의 자질을 가진 사람에게 말하는 것은 그래도 쉬우니, 제가 계속 지켜보면서 고하기를 삼일이 지난 다음에 천하를 도외시할 수 있었습니다.

外, 猶遺也.

도외시한다는 것은 잊어버린다는 것과 같다.

해설

본문에서 도에 대해 말하면서 '도외시한다'는 말을 하고, 곽상이 이것에 대해 잊어버리는 것이라고 주석한 것에 주목해야 한다.

己外天下矣, 吾又守之, 七日而後能外物,

천하를 도외시하고 나서 제가 또 지켜보면서 칠일이 지난 다음에 사물을 도외시할 수 있었고,

物者, 朝夕所須, 切己難忘.

사물은 아침저녁으로 필요한 것이니, 자신에게 절실한 것은 잊기 어렵다는 것이다.

---

14) 복량의는 옛날의 현인이다.

已外物矣, 吾又守之, 九日而後能外生.

사물을 도외시하고 나서 내가 또 지켜보면서 구일이 지난 다음에 삶을 도외시할 수 있었습니다.

都遺也.

모두 잊어버린다는 것이다.

已外生矣, 而後能朝徹,

徹: 환할 철

삶을 도외시하고 난 다음에 아침에 해가 밝아오듯이 환히 깨달았고,

遺生則不惡死. 不惡死, 故所遇卽安, 豁然無滯, 見機而作, 斯朝徹也.

삶을 잊어버리면 죽음을 싫어하지 않는다. 죽음을 싫어하지 않기 때문에 상황에 따라 그대로 편안해지고, 확 터여 막힘이 없어지며 기미를 보고 일어나니, 이것이 아침에 해가 밝아오듯이 환히 깨닫는다는 것이다.

朝徹, 而後能見獨.

아침에 해가 밝아오듯이 환히 깨달은 다음에 홀로 있는 것을 알 수 있었습니다.

當所遇而安之, 忘先後之所接, 斯見獨者也.

상황에 따라 그대로 편안해져 앞뒤로 만나는 것을 잊어버리니, 이것이 홀로 있는 것을 아는 것이다.

해설

아침에 해가 밝아오듯이 환히 깨닫는다는 것은 마음의 작용을 비워 본성이 온전하게 드러나는 것에 대한 표현이다. 수련을 깊이 하신 분들은 이것에 대해 진아 곧 참된 나라고 하는 경우도 있으니, 마음의 작용에

의해 어지럽혀지지 않은 본성 그 자체라고 보면 될 것이다. 그런데 분별이 사라져서 드러나는 것으로 본성 그 자체만 있는 것이니, 또한 홀로 있는 것이라고 할 수 있는 것이다.

見獨, 而後能無古今,
홀로 있는 것을 안 다음에 옛날과 지금을 잊을 수 있었고,

與獨俱往.
홀로 있는 것과 함께 흘러간다는 것이다.

無古今, 而後能入於不死不生.
옛날과 지금을 잊은 다음에 죽어 있지도 않고 살아 있지도 않은 경지로 들어갈 수 있었습니다.

夫係生故有死, 惡死故有生. 是以無係無惡, 然後能無死無生.
삶에 매달리기 때문에 죽음이 있고, 죽음을 싫어하기 때문에 삶이 있는 것이다. 이 때문에 매달리는 것도 없고 싫어하는 것도 없어진 다음에 죽음도 없고 삶도 없을 수 있는 것이다.

殺生者, 不死, 生生者, 不生. 其爲物, 無不將也,
삶에 개의하지 않는 자는 죽지 않고, 살려고 발버둥치는 자는 살지 못합니다. 사물은 나아가지 않음이 없고

任其自將, 故無不將.
저절로 나아가는 그대로 맡겨놓기 때문에 나아가지 않음이 없는 것이다.

無不迎也,

맞이하지 않음이 없으며,

任其自迎, 故無不迎.

저절로 맞이하는 그대로 맡겨놓기 때문에 맞이하지 않음이 없는 것이다.

無不毁也,

해치지 않음이 없고

任其自毁, 故無不毁.

저절로 해치는 그대로 맡겨놓기 때문에 해치지 않음이 없는 것이다.

無不成也,

이루지 않음이 없으니,

任其自成, 故無不成.

저절로 이루는 그대로 맡겨놓기 때문에 이루지 않음이 없는 것이다.

其名爲攖寧.

攖: 묶일 영

그 이름이 묶여 있는 그대로 편안하게 된 것입니다.

夫與物冥者, 物縈亦縈, 而未始不寧也.

사물과 구분이 없는 자는 사물이 묶어버리면 또한 묶이지만 편안하지 않음이 없는 것이다.

攖寧也者, 攖而後成者也.

묶여 있는 그대로 편안하게 된 것은 묶인 다음에 이루는 것입니다."

物攖而獨不攖, 則敗矣, 故攖而任之, 則莫不曲成也.

사물은 묶여 있는데 홀로 묶여 있지 않다면 잘못된 것이기 때문에 묶여 있는 그대로 맡겨 놓으면 자세히 이루지 않음이 없게 된다는 것이다.

南伯子葵曰, 子獨惡乎聞之, 曰, 聞諸副墨之子, 副墨之子聞諸
洛誦之孫. 洛誦之孫聞之瞻明, 瞻明聞之聶許, 聶許聞之需役,
需役聞之於謳, 於謳聞之玄冥,

副墨: 문자

남백자규가 "그대만 홀로 어떻게 그것을 들었는지요?"라고 물으니, 다음처럼 답했다. 문자라는 자식에게서 들었고, 문자라는 자식은 그것을 읽는 손자에서 들었습니다. 그것을 읽는 손자는 보고 환히 아는 것에서 들었고, 보고 환히 아는 것은 입으로 속삭여주어 마음으로 깨닫는 것에서 들었으며, 입으로 속삭여주어 마음으로 깨닫는 것은 체득하는 것에서 들었고, 체득하는 것은 사물의 이치에 감탄하는 것에서 들었으며, 사물의 이치에 감탄하는 것은 아무 구분도 없는 것에서 들었고,

玄冥者, 所以名無而非無也.

아무 구분도 없는 것은 이름이 없지만 없는 것이 아니라는 것이다.

해설

남백자규의 질문에 대한 여우의 대답은 책을 통해 도를 깨닫게 되는 과정 하나하나를 단계별로 설명한 것이다. 그리고 위의 끝 구절에서 "아무 구분도 없는 것에서 들었다."는 것은 세상을 눈앞에 펼쳐진 그대로 볼 때, 이런 상태는 아무 구분도 없고 어떤 이름도 없는 것이니, 이런 상태에서 들었다

는 것이다. 그런데 이렇게 구분이 없는 것은 마음이 조용하고 고요한 것이기 때문에 아래와 같이 바로 이어서 말하는 것이다.

玄冥聞之參寥,

參: 참여할 참. 寥: 텅 빌 요

아무 구분도 없는 것은 조용하고 고요한 것에서 들었으며,

夫階名以至無者, 必得無於名表. 故雖玄冥猶未極, 而又推寄於參寥, 亦是玄之又玄也.

이름을 단계로 하여 아무 것도 없음에 도달한 것은 이름이라는 바깥에서 아무 것도 없음을 반드시 깨닫기 위한 것이다. 그러므로 아무 구분도 없는 것은 아직 지극하지 않아 또 조용하고 고요한 것에 미루어 의탁했으니, 또한 아무 구분이 없는 가운데에 또 아무 구분도 없는 것이다.

參寥聞之疑始.

조용하고 고요한 것은 처음인지 긴가민가한 것에서 들었습니다."

夫自然之理, 有積習而成者. 蓋階近以至遠, 硏粗以至精, 故乃七重而後及無之名, 九重而後疑無是始也.

저절로 그렇게 되는 이치에는 학습을 거듭해서 이루는 것이 있다. 가까운 것을 거쳐 멀리가고 거친 것을 갈아 정교하게 되기 때문에 일곱 번을 거듭한 다음에 아무 것도 없음이라는 명칭에 이르렀고, 아홉 번을 거듭한 다음에 아무 것도 없음이 처음인지 긴가민가하다는 것이다.

해설

마음을 비우도록 하기 위해 분별 작용이 어떻게 멈추게 되는지 그 과정에 대해 단계별로 자세히 설명하고 있는 것이다.

子祀子輿子犂子來四人相與語曰, 孰能以無爲首, 以生爲脊, 以死爲尻, 孰知死生存亡之一體者, 吾與之友矣. 四人相視而笑, 莫逆於心, 遂相與爲友.

<small>脊: 등뼈 척. 尻: 꽁무니 고</small>

자사·자여·자려·자래 네 사람이 서로 함께 말하면서 "누가 아무 것도 없음을 머리로 하고 삶을 등뼈로 하며 죽음을 엉덩이로 할 수 있겠는가? 누가 죽음과 삶, 있음과 없음이 하나의 몸이라는 것을 안다면, 내가 그와 친구가 되겠네."라고 하였다. 네 사람이 서로 바라보고 웃으며 마음에 서로 거슬리는 것이 없어 마침내 서로 친구가 되었다.

俄而子輿有病, 子祀往問之, 曰, 偉哉夫造物者, 將以予爲此拘拘也. 曲僂發背, 上有五管, 頤隱於齊, 肩高於頂, 句贅指天. 陰陽之氣有沴.

<small>僂: 구부릴 루. 句贅: 솟아오른 등 뼈. 沴: 흐드러질 전</small>

갑자기 자여가 병이 나서 자사가 문병을 가니, "위대하네! 조물주는, 나를 이렇게 쪼그라들게 하고 있잖아. 등이 앞으로 꼬부라져 위에 오장이 있고, 턱이 배꼽에 닿았으며, 어깨가 정수리보다 위로 올라가 있고, 등뼈가 솟아오르며 휘어 하늘을 가리키고 있으니, 음양의 기운이 흐트러졌기 때문이네."라고 하였다.

沴, 陵亂也.

흐트러진 것은 쇠퇴해서 어지러운 것이다.

其心閒而無事,
그의 마음은 한가로워 아무 일도 없었으나

不以爲患.

근심으로 여기지 않았다는 것이다.

跰𨇭而鑑於井, 曰, 嗟乎, 夫造物者, 又將以予爲此拘拘也.

跰: 똑바로 걷지 못할 변. 𨇭: 비틀거릴 선

똑바로 걷지도 못해 비틀거리며 우물로 가서 자신의 모습을 비춰보
고는 "참내! 조물주가 또 나를 이렇게 쪼그라들게 하고 있네."라고
하였다.

夫任自然之變者, 無嗟也, 與物嗟耳.

자연의 변화에 맡겨놓은 자는 탄식하지 않고 사물과 함께 탄식할 뿐이다.

子祀曰, 女惡之乎. 曰, 亡, 予何惡. 浸假而化予之左臂以爲雞,
予因以求時夜, 浸假而化予之右臂以爲彈, 予因以求鴞炙, 浸假
而化予之尻以爲輪, 以神爲馬, 予因以乘之, 豈更駕哉.

浸: 담글 침. 臂: 팔비. 彈: 탄알 탄. 尻: 꽁무니 고. 駕: 탈 가

자사가 "자네는 그것이 싫은가?"라고 물으니 다음처럼 답하였다.
"내가 어떻게 싫어하겠는가! 차츰차츰 바뀌어 나의 왼팔을 닭으로
만들어버리면 나는 그대로 새벽을 알릴 것이고, 나의 오른팔을 변화
시켜 탄알로 만들어버리면 나는 그대로 새고기 구이를 구할 것이며,
나의 엉덩이를 변화시켜 바퀴로 만들어버리고 정신을 말로 만들어
버리면 나는 그대로 올라타고 다닐 것이니, 어찌 다시 무엇을 타고
다니겠는가?

浸, 漸也. 夫體化合變, 則無往而不因, 無因而不可也.

차츰차츰은 점차로이다. 변화와 한 몸이 되어 합하면, 어디를 간들 그대로 하지 않음이 없고, 그대로 해서 옳지 않음이 없다는 것이다.

且夫得者, 時也,

또 얻는 것이 때이고,

當所遇之時, 世謂之得.

만날 때를 만나니, 세상에서는 그것을 얻는 것이라고 한다.

失者, 順也,

잃어버리는 것은 순응함이지.

時不暫停, 順往而去, 世謂之失.

때가 잠시도 머물러있지 않아 가는 대로 순응해서 떠나니, 세상에서는 그것을 잃어버리는 것이라고 한다.

安時而處順, 哀樂不能入也, 此古之所謂縣解也. 而不能自解者, 物有結之.

縣: 잡아맬 현

때를 편안히 여기고 순응함을 지키면 슬픔과 즐거움이 끼어들지 못하니, 이것이 옛날에 잡아맨 것을 풀어버린 것이라고 하였던 것이네. 그런데 이것을 스스로 풀어버릴 수 없는 것은 사물이 묶어놓았기 때문이네.

一不能自解, 則衆物共結之矣. 故能解, 則無所不解, 則無所而解也.

하나라도 스스로 풀어버릴 수 없으면, 여러 사물들이 함께 묶어버린다.

그러므로 풀어버릴 수 있으면 어디에서든 풀어버리지 않음이 없으니, 어디에서든 풀 것이 없다.

且夫物不勝天久矣, 吾又何惡焉.

또 사물은 하늘을 이기지 못한지 오래 되었으니, 내가 또 어떻게 싫어하겠는가?"

天不能無晝夜, 我安能無死生而惡之哉.

하늘에는 낮과 밤이 없을 수 없는데, 내가 어떻게 죽음과 삶을 없애버리고 싫어할 수 있겠는가?

俄而子來有病, 喘喘然將死, 其妻子環而泣之. 子犁往問之, 曰, 叱, 避, 無怛化,

喘: 헐떡거릴 천. 叱: 꾸짖을 질. 怛: 슬플 달

갑자기 자래가 병이 나서 헐떡거리며 죽으려고 하니, 그 처와 자식이 둘러앉아 울고 있었다. 자려가 가서 병문안하며 "왜들 이러시는지요! 비키십시오. 죽음을 슬퍼할 것은 없습니다."라고 하고는

夫死生猶寤寐耳, 於理當寐, 不願人驚之, 將化而死, 亦宜無爲怛之也.

죽고 사는 것은 깨어 있고 자는 것과 같을 뿐이어서 이치로 볼 때 사람들이 겁낼 필요가 없으니, 곧 죽게 될지라도 슬퍼하지 말아야 한다는 것이다.

倚其戶與之語曰, 偉哉造化, 又將奚以汝爲, 將奚以汝適. 以汝爲鼠肝乎. 以汝爲蟲臂乎. 子來曰, 父母於子, 東西南北, 唯命之從. 陰陽於人, 不翅於父母,

翅: 다만 ~만이 아닐 시

문에 기대어 자래에게 "대단하구나! 조화는, 또 자네를 무엇으로 만들어 어디로 데려가려 하는 것일까! 자네를 쥐의 간으로 만들려는가? 자네를 벌레의 팔로 만들려는가?"라고 말하니, 자래가 다음처럼 말하였다. "부모가 자식에게 동서남북으로 가라고 하면, 공손하게 대답하고 명을 따르는데, 음양은 사람에게 부모의 정도가 아니지.

古或有能違父母之命者矣, 未有能違陰陽之變, 而距晝夜之節者也.
옛날에 혹 부모의 명을 어길 수 있는 자는 있었어도 음양의 변화를 어기고 주야의 시기를 벗어날 수 있는 자는 없었다는 것이다.

彼近吾死而我不聽, 我則悍矣. 彼何罪焉.
저것이 나를 죽게 하는데 내가 받아들이지 않는다면, 내가 이치를 거스르는 것이네. 저것에게 무슨 죄가 있겠는가!

禁: 꺼릴 금

死生猶晝夜耳, 未足爲遠也. 時當死, 亦非所禁, 而橫有不聽之心, 適足悍逆於理以速其死. 其死之速由於我悍, 非死之罪也. 彼謂死耳. 在生, 故以死爲彼.

생사는 주야와 같아 멀리 할 수 없다. 죽어야 할 시기가 되어도 꺼려야 할 것이 아닌데, 거스르고 받아들이지 않는 마음이 있다면, 이치를 거슬러 죽음을 재촉하는 것일 뿐이다. 그 죽음이 내가 이치를 거스르는 것 때문에 빨라지는 것은 죽음의 죄가 아니다. 저것은 죽음을 말한다. 삶이 있기 때문에 죽음을 저것으로 여기는 것이다.

夫大塊載我以形, 勞我以生, 佚我以老, 息我以死. 故善吾生者, 乃所以善吾死也.

載: 실을 재, 시작할 재, 佚: 편안할 일

대지가 형체를 주는 것으로 나를 태어나게 하고, 살게 하는 것으로 나를 수고롭게 하며, 늙게 하는 것으로 나를 편안하게 하며, 죽게 하는 것으로 나를 쉬게 하네. 그러므로 자신의 삶을 좋아하는 것은 바로 자신의 죽음을 좋아하는 것이지.

理常俱也.

이치에 언제나 함께 있는 것이다.

今之大冶鑄金, 金踊躍曰, 我且必爲鏌鋣, 大冶必以爲不祥之金. 今一犯人之形, 而曰, 人耳人耳, 夫造化者, 必以爲不祥之人.

冶: 대장장이 야, 鑄: 쇠 부어 만들 주, 踊: 뛸 용, 躍: 뛸 약

이제 뛰어난 대장장이가 쇳물을 부어 무엇을 만들고 있는데, 쇳물이 뛰어오르며 '나는 반드시 막야鏌鋣[15] 같은 명검이 될 것이야'라고 한다면 그 대장장이가 이상한 쇠라고 여길 것이네. 이제 한 번 사람의 모습이 되었다고 '사람이 되어야 할 뿐이야, 사람이 되어야 할 뿐이야.'라고 한다면 조화는 반드시 이상한 사람으로 여길 것이네.

人耳人耳, 唯願爲人也. 亦猶金之踊躍, 世皆知金之不祥, 而不能任其自化. 夫變化之道, 靡所不遇, 今一遇人形, 豈故爲哉. 生非故爲, 時自生耳. 務而有之, 不亦妄乎.

'사람이 되어야 할 뿐이야 사람이 되어야 할 뿐이야.'라는 것은 사람이 되기만 원하는 것이다. 이것도 또한 쇳물이 뛰어오르는 것에 대해 세상에서 모두 쇳물이 이상하게 되었다고 아는 것처럼 저절로 변화하는 대로 맡겨놓으려고 하지 않는다는 것이다. 변화의 길에서는 만나지 않는 것이 없으니,

---

15) 옛날 오나라에서 만든 명검을 말한다.

지금 사람의 모습을 한 번 만난 것이 어찌 의도해서 그렇게 된 것이겠는가? 삶이 의도해서 된 것이 아니라 때에 따라 저절로 태어난 것일 뿐인데, 힘써서 그것을 갖고자 하면 또한 마음대로 하려는 것이 아니겠는가!

今一以天地爲大鑪, 以造化爲大冶, 惡乎往而不可哉. 鑪: 화로 로
이제 한결같이 천지를 큰 용광로로 여기고 조화를 뛰어난 대장장이로 여긴다면 어디로 간들 안된다고 하겠는가!

人皆知金之有係爲不祥. 故明己之無異於金, 則所係之情可解. 可解則無不可也.
사람들은 모두 쇠가 어떤 것에 집착하고 있는 것에 대해 이상하게 된 것임을 안다. 그러므로 자신이 쇠와 다름이 없다는 것을 분명하게 안다면 어떤 것에 집착하는 마음을 풀 수 있다. 그렇게 할 수 있다면 안된다고 할 것이 없다.

成然寐, 蘧然覺. 寐: 잠잘 매. 覺: 잠깰 교
어느 틈에 잠들어 버리고 놀라 기뻐하며 깨어난다네."

寤寐自若, 不以死生累心.
깨어 있거나 잠들어 있거나 태연자약해서 죽고 사는 것으로 마음을 구속하지 않는다는 것이다.

해설

마음을 비움으로써 죽음마저도 편안하게 받아들이고 있는 사람들에 대해 계속 말하고 있는 것이다.

子桑戶孟子反子琴張三人相與友, 曰, 孰能相與於無相與, 相爲

於無相爲.

자상호·맹자반·자금장 세 사람이 서로 함께 친구가 되려고 말했다. "누가 서로 함께 하지 않는 가운데 서로 함께 할 수 있고 서로 위해 주지 않는 가운데 서로 위해 줄 수 있겠는가!

夫體天地, 冥變化者, 雖手足異任, 五藏殊官, 未嘗相與, 而百節同和, 斯相與於無相與也, 未嘗相爲, 而表裏俱濟, 斯相爲於無相爲也. 若乃役其心志以呴手足, 運其股肱以營五藏, 則相營愈篤而外內愈困矣. 故以天下爲一體者, 無愛爲於其間也.　　股: 넓적다리 고. 肱: 팔뚝 굉. 篤: 도타울 독

천지와 한 몸이 되어 변화와 어떤 구분도 없게 된 경우에는 수족이 맡은 것을 달리하고 오장이 맡은 기능을 달리하여 서로 함께 한 적이 없을지라도 모든 뼈마디들이 하나로 화합하니, 바로 서로 함께 하지 않는 가운데 서로 함께 하는 것이고, 서로 위해 주지 않을지라도 안팎으로 모두 구제되니, 바로 서로 위해 주지 않는 가운데 서로 위해 주는 것이다. 그 마음을 써서 수족을 돌보고 다리와 팔을 놀려 오장을 경영하면, 서로 경영함이 돈독하게 될수록 내외가 더욱 곤궁하게 된다. 그러므로 천하를 하나의 몸으로 여기는 경우에는 그 사이에 사랑하고 위해 줌이 없다.

孰能登天遊霧, 撓挑無極,　　　　　　　　　　　撓挑: 전전하다

누가 하늘에 올라 구름 속에서 유유자적하면서 끝이 없는 곳으로 돌아다니고,

無所不任.

내맡겨놓지 않음이 없다는 것이다.

相忘以生, 無所終窮.

삶을 서로 잊어 끝이 없게 할 수 있겠는가?"

忘其生, 則無不忘矣, 故能隨變任化, 俱無所窮竟.

삶을 잊으면 잊지 못할 것이 없기 때문에 변화에 따라 그대로 맡겨놓고 모두 다함이 없다는 것이다.

三人相視而笑, 莫逆於心, 遂相與爲友.

세 사람이 서로 쳐다보고 웃으며 마음에 거슬리는 것이 없어 마침내 서로 함께 친구가 되었다.

若然者, 豈友哉. 蓋寄明至親, 而無愛念之近情也.

그런 자들이 어째서 친구가 되었는가? 지극히 가까운 것에 의탁해서 밝혔으니, 아끼고 생각하며 가까이 하는 마음을 없앴다는 것이다.

莫然有閒而子桑戶死. 未葬, 孔子聞之, 使子貢往待事焉. 或編曲, 或鼓琴, 相和而歌, 曰, 嗟來桑戶乎, 嗟來桑戶乎, 而已反其眞, 而我猶爲人猗.

잠잠하게 한동안 있다가 자상호가 죽었다. 장례식을 치르기 전에 공자가 그 소식을 듣고 자공을 보내 일을 돕게 하였다. 그런데 친구 중의 한 사람은 곡을 짓고 다른 한 사람은 거문고를 타며 서로 맞추어 노래를 부르면서 "아! 상호는 아! 상호는 벌써 참된 곳으로 돌아갔는데, 우리는 여전히 사람으로 남아 있구나!"라고 하였다.

人哭亦哭, 俗內之跡也. 齊死生, 忘哀樂, 臨尸能歌, 方外之至也.

사람들이 곡을 하면 또한 곡을 하는 것은 세속의 일이다. 죽음과 삶을 하나로 하여 슬픔과 즐거움을 잊고 시신 앞에서도 노래를 부를 수 있으니 세상을 벗어난 지극함이다.

子貢趨而進曰, 敢問臨尸而歌, 禮乎. 二人相視而笑曰, 是惡知禮意.

자공이 얼른 앞으로 가서 "시신을 앞에 두고도 노래를 하는 것이 감히 예인지 묻겠습니다."라고 하였다. 두 사람이 서로 쳐다보고는 웃으며 "이 사람이 어떻게 예의 의미를 알겠는가!"라고 하였다.

夫知禮意者, 必遊外以經內, 守母以存子, 稱情而直往也. 若乃矜乎名聲, 牽乎形制, 則孝不任誠, 慈不任實, 父子兄弟, 懷情相欺, 豈禮之大意哉.

예의 의미를 아는 자는 반드시 밖으로 유유자적하면서 안으로 다스리고, 어미를 지켜서 자식을 보존하며, 실정에 맞추어 곧바로 간다. 명성에 힘쓰고 형체에 얽매이면, 효도를 참된 마음에 맡겨놓지 못하고 사랑을 본질에 맡겨놓지 못해서 아비와 자식, 형과 동생 사이에 사랑하는 마음이 있으면서 서로 속이니, 어찌 예의의 큰 의미이겠는가?

孔子曰, 彼遊方之外者也, 而丘, 遊方之內者也.

공자가 다음처럼 말하였다. "저들은 세상 바깥에 노니는 자들이고, 나는 세상 안에서 노니는 자이다.

夫理有至極, 外內相冥, 未有極遊外之致而不冥於內者也, 未有能冥於內而不遊於外者也. 故聖人常遊外以弘內, 無心以順有, 故雖終日揮形而神氣無變, 俯仰萬機而淡然自若. 夫見形而不及神者, 天下之常累也. 是故睹其與群物並行, 則莫能謂之遺物而離人矣, 睹其體化而應務, 則莫能謂之坐忘而自得矣.

이치에는 지극함이 있어 내외를 서로 구분 없이 하나로 여기니, 세상 바깥에서 노니는 것을 지극하게 하면서 세상 안을 구분 없이 하나로 하지 못하는 경우는 없고, 세상 안을 구분 없이 하나로 하면서 세상 바깥에 노니지 못하는 경우는 없다. 그러므로 거룩한 사람은 언제나 세상 바깥에 노닐면서 세상 안을 널리 하고 마음을 비우고 사물을 따르기 때문에, 하루 종일 형체를 움직일지라도 신묘한 기운에는 변화가 없고, 모든 기틀을 움직일지라도 담담하고 태연자약하다. 형체를 보면서도 신묘함에 미치지 못하는 것은 천하가 언제나 얽매여 있기 때문이다. 이 때문에 거룩한 사람이 모든 사물과 함께 있는 것을 보면, 누구도 사물을 버리고 사람을 떠나 있다고 말할 수 없고, 거룩한 사람이 변화와 한 몸이 되어 일에 대응하는 것을 보면, 누구도 앉아 있으면서 모든 것을 잊고 스스로 만족하고 있다고 말할 수 없다.

豈直謂聖人不然哉, 乃必謂至理之無此. 是故莊子將明流統之所宗, 以釋天下之可悟. 若直就稱仲尼之如此, 或者將據所見以排之, 故超聖人之內跡, 而寄方外於數子, 宜忘其所寄, 以尋述作之大意. 則夫遊外弘內之道坦然自明, 而莊子之書, 故是超俗蓋世之談矣.

그러니 어찌 곧바로 거룩한 사람은 그렇지 않다고 말하고, 이에 지극한 이치에는 그런 것이 없다고 하겠는가? 이 때문에 장자는 흐름의 큰 줄기가 근본으로 하고 있는 것을 밝혀 천하가 깨달을 수 있는 대로 놔두려고 했다. 단지 공자가 이와 같이 한 것에 맞추어 어떤 자는 소견에 따라 배척하기 때문에 세상 속에서 거룩한 사람의 자취를 넘어 세상 밖의 몇 사람에게 의지했으니, 그 의탁한 것을 잊고 책을 지은 큰 의미를 찾아봐야 한다. 그렇게 하면 세상 밖을 노닐며 세상 안을 널리 하는 도가 편안히 저절로 밝아지니, 『장자』라는 책은 본래 세상을 초월하여 세상을 뒤덮어버리는 이야기이기 때문이다.

外內不相及, 而丘使女往弔之, 丘則陋矣.

세상의 밖과 안은 서로 미칠 수 없는데, 내가 너를 시켜 조문하게
했으니, 내가 잘못했다.

夫弔者, 方內之近事也, 施之於方外則陋矣.

조문하는 것은 세상 안에서의 평범한 일들인데, 세상 바깥에서 그것을 시
행한 것은 잘못이라는 것이다.

彼方且與造物者爲人, 而遊乎天地之一氣,

저들은 조물주와 함께 사람이 되어 천지의 하나로 된 기운에서 노닐
고 있으니,

皆冥之, 故無二也.

모든 것을 구분 없이 하나로 보기 때문에 다르게 여김이 없는 것이다.

彼以生爲附贅縣疣,   贅: 혹 췌. 疣: 사마귀 우

저들은 삶을 매달려 있는 혹이나 붙어 있는 사마귀쯤으로 여기고,

若疣之自縣, 贅之自附, 此氣之時聚, 非所樂也.

사마귀가 저절로 붙어 있고 혹이 저절로 매달려 있는 것은 기운이 때에
맞추어 모인 것이니, 즐거워할 것이 아니다.

以死爲決㿔潰癰,   㿔: 악창 환 癰: 악창옹

죽음을 곪아터진 악창이나 종기쯤으로 여긴단다.

若㿔之自決, 癰之自潰, 此氣之自散, 非所惜也.

악창이나 종기가 곪아터졌다면, 이것은 기운이 저절로 흩어진 것이니 안타깝게 여길 것이 아니다.

夫若然者, 又惡知死生先後之所在.
저런 사람들이 또 어떻게 죽음과 삶에 앞과 뒤가 있다는 것을 알겠느냐!

死生代謝, 未始有極, 與之俱往, 則無往不可, 故不知勝負之所在也.
죽음과 삶이 번갈아드는 것은 애초에 끝이 있는 것이 아니니, 그것들과 함께 흘러가면 어디에 간들 가하지 않음이 없기 때문에 높고 낮음이 어디에 있는지 모른다는 것이다.

假於異物, 託於同體,
다르게 된 것들을 빌려와 한 몸에 의탁하고는

假, 因也. 今死生聚散, 變化無方, 皆異物也. 無異而不假, 故所假雖異而共成一體也.
빌려왔다는 것은 말미암았다는 것이다. 이제 죽음과 삶이 모이고 흩어지며 변화에 일정함이 없는 것이 다르게 된 것이다. 다르게 되어도 빌려오지 않는 것이 없기 때문에 빌려온 것이 다를지라도 함께 하나의 몸체를 이루는 것이다.

忘其肝膽, 遺其耳目,
그 간담과 이목을 잊어버리고,

任之於理而冥往也.

이치에 맡겨놓고 구분 없이 흘러가는 것이다.

反覆終始, 不知端倪,

끝과 시작을 반복하면서 그 처음과 끝을 알지 못하며

五藏猶忘, 何物足識哉. 未始有識, 故能放任於變化之塗, 玄同於反覆之波, 而不知終始之所及也.

오장마저도 잊어버렸는데 어떤 것을 분별하겠는가! 애당초 분별이 없기 때문에 변화의 길에 내맡겨놓고 반복되는 물결과 구분 없이 하나로 되어 끝과 시작이 어디로 가는지 모른다.

芒然彷徨乎塵垢之外, 逍遙乎無爲之業,　　　塵: 티끌 진, 垢: 때 구

걸림 없이 세속 밖으로 어슬렁거리며 하는 일 없이 유유자적하니,

所謂無爲之業, 非拱黙而已, 所謂塵垢之外, 非伏於山林也.

이른바 하는 일이 없다는 것은 팔짱을 끼고 말없이 있는 것이 아니고, 이른바 세속 밖은 산속에 숨어 있는 것이 아니다.

彼又惡能憒憒然爲世俗之禮, 以觀衆人之耳目哉.　　　憒: 심란할 궤

저들이 또 어떻게 심란하게 세속의 예를 행해 사람들의 이목에 뜨이겠느냐?”

其所以觀示於衆人者, 皆其塵垢耳, 非方外之冥物也.

사람들에게 뜨이는 것은 모두 세속의 일일 뿐이고, 세속 밖에서 사물과 구분 없이 된 것이 아니다.

子貢曰, 然則夫子何方之依.

자공이 "그렇다면 선생님께서는 어느 쪽에 계시는 것인지요?"라고 하였다.

子貢不聞性與天道, 故見其所依而不見其所以依也. 夫所以依者, 不依也, 世豈覺之哉.

자공은 본성과 천도에 대해 듣지 못했기 때문에 의지하고 있는 것만 보고 의지하고 있는 근원을 보지 못하였다. 의지하고 있는 근원은 의지하지 않는 것이니, 세상에서 어찌 그것을 알겠는가?

孔子曰, 丘, 天之戮民也.　　　　　　　　戮 : 벌 륙

공자가 말했다. "나는 하늘이 벌을 내린 백성이네.

以方內爲桎梏, 明所貴在方外也. 夫遊外者依內, 離人者合俗, 故有天下者無以天下爲也. 是以遺物而後能入群, 坐忘而後能應務, 愈遺之, 愈得之. 苟居斯極, 則雖欲釋之, 而理固自來, 斯乃天人之所不赦者也.　　　　　　桎 : 족쇄 질, 梏 : 쇠고랑 곡

세속 안에 있는 것을 구속으로 여기는 것은 귀하게 여기는 것이 세속 밖에 있음을 밝히는 것이다. 세상 밖으로 노닐 경우에는 세상 안에 의탁하고, 사람을 떠나버릴 경우에는 세속과 합하므로, 천하를 소유한 자들은 천하를 가지고 무엇인가 함이 없다. 이 때문에 사람들을 버린 다음에 사람들의 무리 속으로 들어갈 수 있고, 앉아서 모든 것을 잊은 다음에 일을 처리할 수 있으니, 버릴수록 더욱 얻는 것이다. 이런 극단에 있다면 모든 것을 벗어버릴지라도 이치가 저절로 오니, 이것이야말로 하늘과 사람이 용서하지 않는 것이다.

雖然, 吾與汝共之.

그럴지라도 나는 너와 함께 하고 있구나."

雖爲世所桎梏, 但爲與汝共之耳, 明己恆自在外也.

세상에 묶여 있을지라도 오직 너와 함께 하고 있을 뿐이라는 것은 이미 언제나 본래 세속 밖에 있음을 밝히는 것이다.

子貢曰, 敢問其方.

자공이 "그 방법에 대해 감히 여쭙겠습니다."라고 하였다.

問所以遊外而共內之意.

세상 밖으로 노닐면서 세상 안과 함께 하는 의미에 대해 물었다.

孔子曰, 魚相造乎水, 人相造乎道. 相造乎水者, 穿池而養給, 相造乎道者, 無事而生定.

공자가 말하였다. "물고기들은 물에서 서로 무엇인가를 하고 사람들은 도에서 서로 무엇인가를 하지. 물에서 서로 무엇인가를 하는 것들은 못 속을 헤집고 다니면서 필요한 것들을 얻고, 도에서 서로 무엇인가를 하는 것들은 일을 없애서 삶을 편안하게 하는 거네.

所造雖異, 其於由無事以得事, 自方外以共內. 然後養給而生定, 則莫不皆然也. 俱不自知耳, 故成無爲也.

나아가는 것이 다를지라도 그것들은 일이 없는 것으로 일을 얻고 세상을 벗어난 것으로 세상의 안과 함께 한다. 그렇게 한 다음에 필요한 것들을 얻고 삶을 편안하게 하니, 어느 것들도 그렇게 하지 않는 것이 없다. 그런데 모두 그렇게 하고 있는 것을 모르기 때문에 함이 없음을 이루는 것이다.

故曰, 魚相忘乎江湖, 人相忘乎道術.

그래서 '물고기들은 강과 호수에서 서로 잊어버리고 사람들은 도술에서 서로 잊어버린다.'라고 하는 것이지."

各自足而相忘者, 天下莫不然也. 至人常足, 故常忘也.

각기 스스로 만족해서 서로 잊어버리는 것은 천하에서 어느 것도 그렇지 않은 것이 없다. 무아의 경지에 있는 사람은 항상 만족하기 때문에 언제나 잊어버리는 것이다.

子貢曰, 敢問畸人.

畸: 기이할 기

자공이 "기이한 사람에 대해 감히 묻습니다."라고 하였다.

問向之所謂方外而不耦於俗者, 又安在也.

耦: 짝 우

앞에서 말한 세상 밖에 살면서 세속과 함께 하지 않는 자들이 또 어디에 있는지에 대해 질문한 것이다.

曰, 畸人者, 畸於人而侔於天.

侔: 가지런할 모

말하였다. "기이한 사람은 사람들 중에서 기이해서 하늘과 짝하는 것이네.

夫與內冥者, 遊於外也. 獨能遊外以冥內, 任萬物之自然, 使天性各足而帝王道成, 斯乃畸於人, 而侔於天也.

세상 속에서 구분 없이 있는 자들은 세상 밖에서 유유자적하고 있다. 홀로 세상 밖에서 유유자적하면서 세상 속에서 구분 없이 있고, 온갖 것들이 저절로 그렇게 되는대로 맡겨놓으면서 천성에 각기 만족하게 해서 제왕의 도를 이루니, 이것이야말로 사람들 중에서 기이해서 하늘과 짝하는 것이다.

故曰, 天之小人, 人之君子, 人之君子, 天之小人也.

그래서 '하늘에서 소인은 사람 중에서 군자이고 사람 중에서 군자는 하늘의 소인이다'라고 하는 것이라네."

以自然言之, 則人無小大. 以人理言之, 則侔於天者, 可謂君子矣.

저절로 그렇게 되는 것으로 말하면 사람들에게는 대소가 없다. 그런데 사람의 이치로 말하면 하늘과 짝하는 사람을 군자라고 할 수 있는 것이다.

顔回問仲尼曰, 孟孫才, 其母死, 哭泣無涕, 中心不戚, 居喪不哀. 無是三者, 以善喪蓋魯國. 固有無其實而得其名者乎. 回一怪之.

泣: 울 읍, 涕: 눈물 체, 戚: 슬퍼할 척, 蓋: 덮을 개

안회가 중니에게 물었다. "맹손재는 그 어머니가 돌아가셨을 때 곡을 하면서 눈물을 흘리지도 않았고 속으로 슬퍼하지도 않았으며 상을 지내는 동안에 애달파하지도 않았습니다. 이 세 가지를 하지 않은 자인데 상을 잘 지냈다는 소문이 노나라를 떠들썩하게 하고 있습니다. 정말 그런 실질이 없는데도 그런 명성을 얻는 경우가 있는지요? 저는 이상하다는 생각이 마음에서 떠나지 않습니다."

魯國觀其禮, 而顔回察其心.

노나라에서는 그의 예를 보았던 것이고, 안회는 그의 마음을 살폈던 것이다.

仲尼曰, 夫孟孫氏盡之矣, 進於知矣.

중니가 말하였다. "맹손씨가 극진하게 한 것은 앎 이상으로 나아간 것이라네.

盡死生之理, 應內外之宜者, 動而以天行, 非知之匹也.

죽음과 삶의 이치를 다하여 안팎으로 마땅하게 호응하는 경우에는 움직임을 하늘로 하니 앎이 짝할 수 있는 것이 아니다.

唯簡之而不得,

簡: 가릴 간

단지 무엇을 선택할 뿐이고 그 차이를 알지 못하니,

簡擇死生而不得其異, 若春秋冬夏四時行耳.

죽음과 삶을 선택해도 그 차이를 알지 못하니, 봄·가을·겨울·여름 사철이 흘러가는 것과 같을 뿐이다.

夫已有所簡矣. 孟孫氏不知所以生, 不知所以死,

선택한 것이 있을 뿐이지. 맹손씨는 살아 있는 것도 모르고 죽어 있는 것도 모르며,

已簡而不得, 故無不安. 無不安, 故不以生死概意, 而付之自化也.

선택했을 뿐이고 그 차이를 모르기 때문에 편안하지 않음이 없다. 편안하지 않음이 없기 때문에 삶과 죽음에 대해 개의치 않고 저절로 변화하는 그대로 내맡겨 놓는다.

不知就先, 不知就後,

앞으로 나아갈 줄도 모르고 뒤로 물러날 줄도 모르며,

所遇而安.

만나서 편안한 것이다.

若化爲物,

若: 같을 약, 따를 약

변화에 따라 사물이 되고

不違化也.

변화를 어기지 않는 것이다.

以待其所不知之化已乎.

어떻게 될지 모르는 변화를 맞이할 뿐이라네.

死生宛轉, 與化爲一, 猶乃忘其所知於當今, 豈待所未知而豫憂者哉.

살면 살고 죽으면 죽는 대로 따라 돌아가며 변화와 하나가 되어 지금에 알고 있는 것을 잊고 있는 것과 같으니, 어찌 아직 알지 못하는 것을 맞이한다고 미리 걱정하겠는가?

宛: 따를 완

且方將化, 惡知不化哉, 方將不化, 惡知已化哉.

또 한창 변화하고 있는 것이 어찌 변화하지 않은 것에 대해 알겠으며, 아직 변화하지 않은 것이 어찌 이미 변한 것에 대해 알겠는가?

已化而生, 焉知未生之時哉, 未化而死, 焉知已死之後哉. 故無所避就, 而與化俱往也.

이미 변화되어 태어났으면, 어찌 아직 태어나지 않았을 때에 대해 알겠으며, 아직 변화하지 않아 죽어 있으면, 어찌 이미 죽은 다음에 대해 알겠는가? 그러므로 피하고 쫓아가는 것 없이 변화와 함께 흘러가는 것이다.

吾特與汝, 其夢未始覺者邪.

나는 단지 자네와 꿈을 꾸면서 처음부터 깨어나지 못하고 있는 것일 거야.

夫死生猶覺夢耳. 今夢自以爲覺, 則無以明覺之非夢也. 苟無以明 覺之非夢, 則亦無以明生之非死矣. 死生覺夢, 未知所在, 當其所遇, 無不自得, 何爲在此而憂彼哉.

죽음과 삶은 깨어 있음과 꿈꾸고 있음과 같을 뿐이다. 지금 꿈에서 스스로 깨어 있다고 여기면, 깨어 있는 것이 꿈이 아님을 밝힐 길이 없다. 깨어 있는 것이 꿈이 아님을 밝힐 길이 없다면, 또한 살아 있음이 죽음이 아님 을 밝힐 길이 없다. 죽음과 삶, 깨어 있음과 꿈꾸고 있음이 어디에 있는지 몰라 만나는 그대로 저절로 만족하지 않음이 없으니, 어찌 여기에 있으면 서 저것을 걱정하겠는가?

且彼有駭形而無損心,

駭: 놀랄 해

그런데 또 그는 육체를 놀라게 할지라도 마음을 손상시키지 않으며,

以變化爲形之駭動耳, 故不以死生損累其心.

변화를 육체가 어지럽게 움직이는 것으로 여길 뿐이기 때문에 죽음과 삶 으로 그 마음을 손상시키고 얽어매지 않는 것이다.

有旦宅而無情死.

旦: 아침 단

아침 햇살 아래의 집은 있을지라도 마음이 죽는 것은 없네.

以形骸之變爲旦宅之日新耳, 其情不以爲死.

육체의 변화를 아침햇살 아래 집이 날로 새롭게 되는 것으로 여길 뿐이고, 마음이 죽는 것으로 여기지 않는 것이다.

孟孫氏特覺, 人哭亦哭, 是自其所以乃,

맹손씨는 단지 깨어 있어 사람들이 곡을 하면 그도 곡을 했으니, 그래야 되는 것이기 때문이고,

夫常覺者, 無往而有逆也, 故人哭亦哭, 正自是其所宜也.

언제나 깨어 있는 자는 어디를 갈지라도 어기는 것이 없기 때문에 사람들이 곡을 하면 그도 곡을 하니, 바로 본래 그것이 마땅한 것이기 때문이다.

且也相與吾之耳矣.

또 서로 함께 하는 것이 자기 자신이기 때문이라네.

夫死生變化, 吾皆吾之. 旣皆是吾, 吾何失哉. 未始失吾, 吾何憂哉.
無逆, 故人哭亦哭, 無憂, 故哭而不哀.

죽음과 삶의 변화는 자신이 모두 자신으로 되는 것이다. 이미 그 모든 것이 자기 자신이라면, 자신이 무엇을 잃었겠는가? 애초에 자기 자신을 잃지 않았다면, 자신이 무엇을 근심하겠는가? 어기는 것이 없기 때문에 사람들이 곡을 하면 그도 곡을 했던 것이고, 근심하지 않기 때문에 곡을 해도 슬퍼하지 않았던 것이다.

庸詎知吾所謂吾之乎.

그런데 자신이 이른바 자기 자신이라는 것을 어찌 알고 있는 것이겠는가!

靡所不吾也, 故玄同外內, 彌貫古今, 與化日新, 豈知吾之所在也.

자신이 아닌 것이 없기 때문에 안과 밖을 구분 없이 하나로 여기고, 옛날과 지금을 널리 꿰뚫어 변화와 날마다 새롭게 되니, 내가 어디에 있는지를

어찌 알 수 있겠는가!

且汝夢爲鳥而厲乎天, 夢爲魚而沒於淵, 厲:떨치고 일어날 려. 沒:잠길 몰
또 자네가 꿈에 새가 되어 하늘로 치솟으며 날아오르고, 꿈에 물고기
가 되어 못 속을 돌아다니고 있다면,

言無往而不自得也.
어디로 갈지라도 스스로 만족하지 않음이 없다는 말이다.

不識今之言者, 其覺者乎, 其夢者乎.
지금 말하고 있는 것이 깨어 있는 것인지 꿈을 꾸고 있는 것인지 모를
것이네.

夢之時自以爲覺, 則焉知今者之非夢耶, 亦焉知其非覺耶. 覺夢之
化, 無往而不可, 則死生之變, 無時而足惜也.
꿈을 꾸고 있을 때 스스로 깨어 있다고 여긴다면, 어찌 지금이 꿈이 아닌
줄 알겠으며, 또한 어찌 그것이 깨어 있는 것이 아닌 줄 알겠는가? 깨어
있거나 꿈꾸고 있거나 변화하는 것이 어디로 갈지라도 가하지 않음이 없
으니, 죽고 사는 변화가 어느 때에 있을지라도 안타깝게 여길 필요가 없는
것이다.

造適不及笑, 獻笑不及排, 獻:나아갈 헌. 排:밀칠 배
나아가 도달하게 되는 것은 웃음 지을 필요가 없고, 시간이 지나 웃게
되는 것은 밀치고 나갈 필요가 없네.

所造皆適, 則忘適矣, 故不及笑也. 排者, 推移之謂也. 夫禮哭必哀,
獻笑必樂. 哀樂存懷, 則不能與適推移矣. 今孟孫常適, 故哭而不哀,
與化俱往也.

나아가는 것이 모두 도달하게 되는 것이라면, 도달하게 될 것을 잊어버리기 때문에 웃을 필요가 없다. 밀치고 나간다는 것은 옮겨가는 것을 말한다. 예에 따라 곡할 때에는 반드시 슬퍼해야 되는 것이고, 시간이 지나 웃게 될 때에는 반드시 즐거워해야 되는 것이다. 그런데 슬픔과 즐거움이 마음에 있다면, 나아가는 그대로 함께 옮겨 갈 수가 없다. 이제 맹손씨는 늘 나아가기 때문에 곡을 하면서 슬퍼하지 않았으니, 변화와 함께 가고 있는 것이다.

安排而去化, 乃入於寥天一.

寥: 하늘 료, 텅빌 료

밀치고 나가 변화하는 것을 편안히 여기고, 바로 고요함으로 들어가 하늘과 하나가 되는 것이네.

安於推移, 而與化俱去, 故乃入於寂寥, 而與天爲一也. 自此以上, 至
於子祀, 其致一也, 所執之喪異, 故歌哭不同.

옮겨가는 것을 편안히 여기고 변화와 함께 가기 때문에, 고요히 아무 것도 없는 것으로 들어가 하늘과 하나가 된다. 여기서부터 위로 자사의 일화까지는 그 궁구하는 것이 같으나 지킨 상례가 다르기 때문에 노래 부르고 곡하는 것이 다른 것이다.

해설

여기까지는 마음을 비움으로써 죽음을 삶과 구분 없이 받아들이는 것에 대해 이야기하는 것이다. 그런데 바로 이어지는 의이자와 허유에 대한 말은 공자가 계속 안회에게 마음 비우는 방법에 대해 설명하는 말이다.

意而子見許由. 許由曰, 堯何以資汝.

의이자가 허유를 만났더니 허유가 '요가 자네를 어떻게 도와주던가?'라고 하였네.

資者, 給濟之謂也.

도와준다는 것은 무엇을 주어 구제한다는 것을 말한다.

意而子曰, 堯謂我汝必躬服仁義, 而明言是非, 許由曰, 而奚來爲軹, 夫堯旣已黥汝以仁義, 而劓汝以是非矣, 汝將何以遊夫遙蕩恣睢轉徙之塗乎. <small>軹: 어조사 지. 黥: 묵형할 경. 劓: 코 벨 의. 遙: 거닐 요. 蕩: 쓸어버릴 탕. 恣: 마음대로 할 자. 睢: 우러러볼 휴. 徙: 옮길 사</small>

의이자가 「요는 저에게 너는 반드시 몸소 인의를 실천하고 시비를 분명하게 말하라.」고 하였습니다.'라고 했고, 허유가 '너는 무엇 때문에 온 것이냐? 요가 이미 너에게 인의로 얼굴에 묵형을 내렸고 시비로 코를 베어버렸는데, 네가 어떻게 마음대로 거리낌 없이 돌아다니는 길에서 유유자적할 수 있겠느냐?'라고 하였네.

言其將以形敎自虧殘, 而不能復遊夫自得之場, 無係之塗也.

교화를 드러냄으로써 스스로 망쳐버려 다시 스스로 만족하는 영역과 걸림이 없는 길에서 유유자적할 수 없다는 말이다.

意而子曰, 雖然, 吾願遊於其藩,

의이자가 '그렇지만 내가 그 울타리에서라도 노닐어보고 싶습니다.'라고 하였고,

不敢復求涉中道也, 且願遊其藩傍而已.

감히 다시 중도에 들어가기를 구할 수 없으니, 또 그 울타리 옆에서라도 노닐어보고 싶을 뿐이라는 것이다.

許由曰, 不然. 夫盲者無以與乎眉目顔色之好, 瞽者無以與乎靑黃黼黻之觀, 意而子曰, 夫無莊之失其美, 據梁之失其力, 黃帝之亡其知, 皆在鑪捶之間耳. 黼: 수 보, 黻: 수 불, 鑪: 화로 로, 捶: 종아리 칠 추, 망치 추

허유가 '그렇게 할 수 없다. 소경은 용모의 아름다움을 볼 길이 없고, 청색과 황색으로 아름답게 수놓은 모양을 구경할 길이 없다.'라고 하자 의이자가 말하였네. '무장無莊16)이 자신의 아름다움을 내동댕이치고, 거량據梁17)이 자신의 힘을 놓아버리며, 황제가 자신의 지혜를 생각하지 않게 된 것은 모두 단련을 받는 사이에 일어났던 일입니다.

言天下之物, 未必皆自成也. 自然之理, 亦有須治鍛而爲器者耳, 故此之三人, 亦皆聞道, 而後忘其所務也. 此皆寄言, 以遣云爲之累耳.

천하의 사물이 반드시 모두 저절로 이루어지는 것은 아니라는 말이다. 저절로 그렇게 되는 이치에는 또한 기어코 단련해서 그릇으로 되는 것이 있기 때문에, 여기의 세 사람도 모두 도에 대해 듣고 나서 자신이 힘쓰는 것을 잊게 되었던 것이다. 이런 이야기는 모두 전해지는 말로 말과 행동에 얽매임을 버린다는 것일 뿐이다.

庸詎知夫造物者之不息我黥而補我劓, 使我乘成以隨先生邪.

---

16) 옛날의 미인임.
17) 옛날의 힘센 사람임.

조물주가 나의 묵형을 그치고 나의 베인 코를 붙여주어 내가 이룰 수 있는 것에 올라타고 선생님을 따를 수 있게 하지 않을지 어떻게 아시는지요?'

夫率性直往者, 自然也. 往而傷性, 性傷而能改者, 亦自然也. 庸詎知我之自然當不息黥補劓, 而乘可成之道以隨夫子耶. 而欲棄而勿告, 恐非造物之至也.

본성대로 바로 가는 것은 저절로 그렇게 됨이다. 가면서 본성을 다치게 하고, 본성이 다쳤어도 고칠 수 있는 것도 역시 저절로 그렇게 됨이다. 나의 저절로 그렇게 됨이 묵형을 그치게 하고 베인 코를 붙여주어 이룰 수 있는 도에 올라타고 선생님을 따를 수 있지 않을지 어떻게 알 수 있겠는가? 그러니 버려두고 알려주지 않는 것은 조물주의 지극함이 아닌 것 같다.

許由曰, 噫, 未可知也, 我爲汝言其大略. 吾師乎, 吾師乎, 鰲萬物, 而不爲義, 澤及萬世, 而不爲仁,

鰲: 뒤섞을 제

허유가 말하였네. '음! 아직 알 수 없으니, 내가 너를 위해 그 대략을 말해 주겠네. 내 스승님께서는 내 스승님께서는 만물을 조화롭게 하면서도 의롭게 여기지 않았고, 은택을 만세에 미치면서도 어질게 여기지 않았으며,

皆自爾耳, 亦無愛爲於其間也, 安所寄其仁義.

모두 저절로 그렇게 된 것일 뿐이니, 또한 그 사이에 사랑으로 하고 그 어짊과 의로움에 의탁함을 편안히 여김이 없다는 것이다.

長於上古而不爲老,

오랜 옛날보다 더 오래 살았으면서도 늙었다고 여기지 않았고,

日新也.

날마다 새롭게 되는 것이다.

覆載天地, 刻彫衆形, 而不爲巧.　　　刻: 새길 각, 彫: 새길 조

하늘과 땅을 덮어주고 실어주며 모든 형상을 만들어주면서도 뛰어난 솜씨라고 여기지 않았네.

自然, 故非巧也.

저절로 그렇게 된 것이기 때문에 뛰어난 솜씨가 아니라는 것이다.

此所遊已.

이것이 유유자적하는 것이라네.

游於不爲, 而師於無師也.

아무 것도 함이 없는 상태에서 유유자적하면서 스승으로 함이 없는 것을 스승으로 한 것이다.

顔回曰, 回益矣,

안회가 "제가 나아졌습니다."라고 하니,

以損之爲益也.

덜어내는 것으로 나아진 것이다.

仲尼曰, 何謂也. 曰, 回忘仁義矣, 曰, 可矣, 猶未也.

중니가 "무슨 말이냐!"라고 하였다. "저는 어짊과 의로움에 대해 잊어 버렸습니다."라고 하니, "괜찮지만 아직은 아니다."라고 하였다.

仁者, 兼愛之迹, 義者, 成物之功. 愛之非仁, 仁迹行焉, 成之非義, 義功見焉. 存夫仁義, 不足以知愛利之由無心, 故忘之可也. 但忘功迹, 故猶未玄達也.

어짊은 똑같이 사랑하는 흔적이고 의로움은 사물을 이루는 공이다. 사랑하는 것은 어짊이 아니고 어진 흔적을 행하는 것이고, 이루어주는 것은 의로움이 아니고 의로운 공을 드러내는 것이다. 어짊과 의로움을 보존하는 것으로는 사랑과 이로움이 마음을 비우는 것에서 말미암음을 알기에 부족하기 때문에, 잊어도 괜찮은 것이다. 단지 공과 흔적을 잊었을 뿐이기 때문에, 여전히 현묘하게 통달하지는 못했다는 것이다.

他日, 復見, 曰, 回益矣, 曰, 何謂也. 曰, 回忘禮樂矣, 曰, 可矣, 猶未也.

다른 날 다시 만나자 "제가 나아졌습니다."라고 하니, "무슨 말이냐!" 라고 하였다. "저는 예와 악에 대해 잊어버렸습니다."라고 하니, "괜찮지만 아직은 아니다."라고 하였다.

禮者, 形體之用, 樂者, 樂生之具. 忘其具, 未若忘其所以具也.

예는 신체를 쓰는 것이고 악은 즐겁게 하는 도구이다. 그 도구를 잊는 것은 도구가 도구이게 하는 것을 잊는 것만 못한 것이다.

他日, 復見, 曰, 回益矣, 曰, 何謂也. 曰, 回坐忘矣, 仲尼蹴然曰, 何謂坐忘. 顏回曰, 墮肢體, 黜聰明, 離形去知, 同於大通, 此謂坐忘.

蹴: 공경하는 모양 발. 墮: 부술 타. 黜: 물리칠 출

다른 날 다시 만나자 "제가 나아졌습니다."라고 하니, "무슨 말이냐!"라고 하였다. "제가 앉아 있으면서 모든 것을 잊었습니다."라고 하니, 중니가 조심스럽게 "무엇에 대해 앉아 있으면서 모든 것을 잊는다고 하는 것이냐?"라고 하였다. 안회가 "사지와 몸체를 부수어버리고 총명을 물리치며 형체와 지혜를 버려 크게 통하는 것과 하나가 되니, 이것에 대해 앉아 있으면서 모든 것을 잊는 것이라고 합니다."라고 하였다.

夫坐忘者, 奚所不忘哉. 旣忘其迹, 又忘其所以迹者, 內不覺其一身,
外不識有天地. 然後曠然與變化爲體, 而無不通也.

앉아 있으면서 모든 것을 잊는 자라면 어느 것인들 잊지 못하겠는가? 그 흔적을 잊어버리고 나면 또 그 흔적이 있게 하는 것까지 잊어버리니, 안으로는 그 한 몸을 느끼지 못하고 밖으로 하늘과 땅이 있는지 알지 못한다. 그런 다음에 모든 것을 비우고 변화와 일체가 되니, 통하지 않음이 없는 것이다.

仲尼曰, 同則無好也,

중니가 말하였다. "하나가 되면 좋아하는 것이 없고

無物不同, 則未嘗不適. 未嘗不適, 何好何惡哉.

어느 것이고 하나가 되지 않음이 없으니, 이르지 않는 것이 없다. 이르지 않는 것이 없으니, 무엇을 좋아하고 무엇을 싫어하겠는가!

化則無常也.

변화하면 일정함이 없다.

同於化者, 唯化所適, 故無常也.

변화와 하나가 되면 흘러가는 그대로 변화할 뿐이기 때문에 일정함이 없다는 것이다.

而果其賢乎. 丘也請從而後也.

네가 정말 나아졌구나! 나도 너의 뒤를 따라가야 하겠다."

해설

마음을 제대로 비워 모든 것을 잊었다는 것은 무엇을 잊었는지 그것까지도 몰라야 하는 경지인 것이다.

子輿與子桑友, 而霖雨十日, 子輿曰, 子桑殆病矣, 裹飯而往食之.

裹: 쌀 과. 飯: 밥 반

자여가 자상과 친구가 되었는데, 장맛비가 열흘이나 내리니, 자여가 "자상이 거의 병이 날 지경이겠지"라고 하고는 밥을 싸갖고 가서 먹이려고 하였다.

此二人相爲於無相爲者也. 今裹飯而相食者, 乃任之天理而自爾耳, 非相爲而後往者也.

여기의 두 사람은 서로 위해 주지 않는 가운데 서로 위해 주는 자들이다. 이제 밥을 싸갖고 가서 서로 먹이려는 것은 바로 천리에 맡겨놓아 저절로 그러는 것일 뿐이니, 서로 위해 주려고 한 다음에 가는 것이 아니다.

至子桑之門, 則若歌若哭. 鼓琴曰, 父邪母邪, 天乎人乎. 有不任其聲, 而趨擧其詩焉.

자상의 문 앞에 도착하니, 노래를 부르고 있는 듯하고, 곡을 하고 있는 듯하였다. 거문고를 뜯으면서 "아버지 때문이겠는가! 어머니 때문이겠는

가! 하늘 때문이겠는가! 사람 때문이겠는가!"라고 하는데, 거문고 곡조에
맞추지도 못해 그 가사를 빨리 부르고 있었다.

子輿入, 曰, 子之歌詩, 何故若是.
자여가 들어가서는 "자네 노래 부르는 것이 어째 이 모양인가?"라고
하였다.

嫌其有情, 所以趨出遠理也.
그에게 정이 있기 때문에 빨리 불러 이치를 벗어났다고 불만이었다.

**曰, 吾思夫使我至此極者而弗得也. 父母豈欲吾貧哉. 天無私覆,
地無私載, 天地豈私貧我哉. 求其爲之者而不得也. 然而至此極
者, 命也夫.**
"나는 나를 이 지경이 되도록 한 것에 대해 생각해 봤으나 알 수 없었
어. 부모가 어찌 나를 가난하게 되도록 했겠는가! 하늘은 사사롭게
덮어주는 것이 없고, 땅은 사사롭게 실어주는 것이 없으니, 하늘과
땅이 어찌 사사롭게 나를 가난하게 되도록 했겠는가! 이 지경이 되도
록 한 것에 대해 생각해 봐도 알 수 없었네. 그렇다면 이 지경이 되도
록 한 것은 운명이겠지!"라고 하였다.

言物皆自然, 無爲之者也.
사물은 모두 저절로 그렇게 되니, 아무 것도 한 것이 없다는 말이다.

「응제왕應帝王」

夫無心而任乎自化者, 應爲帝王也.

마음을 비우고 저절로 변화하는 대로 맡겨놓는 자가 제왕이 되어야 한다.

齧缺問於王倪, 四問而四不知. 齧缺因躍而大喜, 行以告蒲衣子.
蒲衣子曰, 而乃今知之乎. 有虞氏不及泰氏.

설결이 왕예에게 물었을 때, 네 번을 물었는데도 네 번을 알지 못한다는 것이었다. 설결이 그 때문에 껑충껑충 뛰며 아주 기뻐서 포의자蒲衣子[1]에게 가서 말하니, 그가 "네가 이제야 그것을 알았구나! 유우씨有虞氏[2]는 태씨泰氏[3]에게 미치지 못하였네.

夫有虞氏之與泰氏, 皆世事之迹耳, 非所以迹者也. 所以迹者, 無迹也, 世孰名之哉. 未之嘗名, 何勝負之有耶. 然無迹者, 乘群變, 履萬世. 世有夷險, 故迹有不及也.

유우씨와 태씨는 모두 세상사의 흔적이었을 뿐이었고, 흔적이 흔적으로 있게 하는 것은 아니었다. 흔적이 흔적으로 있게 하는 것에는 흔적이 없으니, 세상에서 무엇으로 이름붙이겠는가? 이름붙인 적이 없으니 어떻게 승부가 있겠는가! 그러나 흔적이 없는 것은 모든 변화에 올라타고 모든 세대

---

1) 왕예(王倪)의 스승으로 추측된다.

2) 순임금을 말한다.

3) 신묘한 사람을 말하는 것으로 보인다.

로 흘러간다. 그런데 세상에는 험하고 평탄함이 있기 때문에 흔적으로는 미치지 못함이 있다.

해설

설결이 왕예에게 물었다는 것은 「제물론」에 나오는 것으로 마음을 제대로 비워 사물과 하나가 되었기 때문에 '알지 못한다.'고 답한 것이다.

有虞氏, 其猶藏仁以要人, 亦得人矣, 而未始出於非人. 要: 모을 요

유우씨는 여전히 가슴에 어짊을 품고 사람들을 모아 또한 사람들을 얻었지만 애당초 사람들을 옳지 않게 여기는 경계에서 벗어나지 못하였네.

夫以所好爲是人, 所惡爲非人者, 唯以是非爲域者也. 夫能出於非人之域者, 必入於無非人之境矣, 故無得無失, 無可無不可, 豈直藏仁而要人也. 境: 지경 경

좋아하는 것으로 사람들을 옳다고 여기고 싫어하는 것으로 사람들을 옳지 않다고 여기는 것은 오직 옳음과 그름으로 경계를 삼는 것이다. 사람들을 옳지 않다고 여기는 경계에서 벗어날 수 있는 자는 반드시 사람들을 옳지 않게 여김도 없는 경계로 들어가기 때문에, 얻는 것도 없고 잃는 것도 없으며 가한 것도 없고 불가한 것도 없으니, 어찌 곧바로 어짊을 가슴에 품고 사람들을 모으겠는가?

泰氏, 其臥徐徐, 其覺于于, 一以己爲馬, 一以己爲牛.

徐: 평온할 서, 于于(우우): 만족한 모양

태씨는 누워 있을 때는 평안했고, 깨어 있을 때는 만족하여 자신을 말로 여기는 것과 하나가 되고 자신을 소로 여기는 것과 하나가 되었다네.

夫如是, 又奚是人非人之有哉. 斯可謂出於非人之域.

이와 같은데 또 어떻게 사람들을 옳다고 여기고 옳지 않다고 여기는 것이 있겠는가! 그러니 바로 사람들을 옳지 않게 여기는 경계에서 벗어났다고 할 수 있다.

其知情信,

그의 얇은 마음으로 믿는 것이고

任其自知, 故情信.

저절로 아는 대로 맡겨 놓기 때문에 마음으로 믿는다는 것이다.

其德甚眞,

그의 덕은 아주 진실하여

任其自得, 故無僞.

저절로 터득하는 대로 맡겨 놓기 때문에 작위가 없다는 것이다.

而未始入於非人.

애당초 사람들을 옳지 않다고 여기는 곳으로 들어간 적이 없다네."

不入乎是非之域, 所以絶於有虞之世.

옳음과 그름의 경계로 들어가지 않았기 때문에, 유우씨의 세상보다 뛰어났던 것이다.

肩吾見狂接輿. 狂接輿曰, 日中始何以語女. 肩吾曰,「告我君人者, 以己出經式義度, 人孰敢不聽而化諸. 接輿曰, 是欺德也.

견오가 미치광이 접여를 찾아가니, 접여가 "일중시가 너에게 뭐라고 하더냐?"라고 하였다. 견오가 "'저에게 임금이 자신에게서 법도를 내놓는다면 사람들 중에서 누가 듣고 교화되지 않을 자가 있겠느냐!'고 하였습니다."라고 하였다. 접여가 말하였다. "사람의 본성을 잘못되게 하는 덕이다.

以己制物, 則物失其眞.

자신으로 사람들을 제재하면 사람들은 그 참됨을 잃는다는 것이다.

해설

일중시가 마음을 비우지 못해 법도로 교화해야 한다고 하기 때문에 접여가 견오에게 본성을 잘못되게 하는 덕이라고 나무라며 아래처럼 심하게 말하는 것이다.

其於治天下也, 猶涉海鑿河而使蚊負山也.　　涉: 건널 섭, 鑿: 뚫을 착

그가 천하를 다스리는 것은 바다를 건너가고 강의 물길을 트면서 모기더러 산을 짊어지라고 하는 것과 같구나.

夫寄當於萬物, 則無事而自成, 以一身制天下, 則功莫就而任不勝也.

사물에게 합당함을 맡겨놓으면 일 없이 저절로 이루어지는데, 한 몸으로 천하를 다스리면 일은 어느 것도 되지 않고 책임은 감당할 수 없다는 것이다.

夫聖人之治也, 治外乎.

거룩한 사람의 다스림이 밖을 다스리는 것이겠느냐?

全其性分之內而已.

성명과 분수의 안에 있는 것을 온전히 할 뿐이라는 것이다.

正而後行,

바르게 한 다음에 행하면서

各正性命之分也.

각기 성명의 분수를 바르게 한다는 것이다.

確乎能其事者而已矣.

할 수 있는 일을 확실하게 할 뿐이네.

不爲其所不能.

할 수 없는 것을 하지 않는다는 것이다.

且鳥高飛以避矰弋之害, 鼮鼠深穴乎神丘之下以避熏鑿之患.

矰: 주살 증. 弋: 주살 익

또 새가 높이 날아오름으로써 화살에 맞아죽는 해침을 피하고, 쥐가 신단의 언덕 아래로 깊이 굴을 뚫어놓음으로써 굴속으로 연기를 불어 넣어 잡히는 재난을 피한다.   鼮: 생쥐 혜. 鼠: 쥐 서. 熏: 연기길 훈. 鑿: 뚫을 착

禽獸猶各有以自存. 故帝王任之而不爲, 則自成也.

짐승들도 오히려 제각기 스스로 살아간다. 그러므로 제왕은 그대로 놔두고 아무 것도 하지 않으니, 저절로 이루어지기 때문이다.

而曾二蟲之無知.

그런데 너는 아직도 이 두 마리 짐승에 대해 모르고 있었구나.

言汝曾不知此二蟲之各存而不待敎乎.

이 두 짐승이 각기 살아남는 데 교화에 의지하지 않았던 것을 네가 아직 모르고 있었다는 말이다.

해설

마음을 비우고 하고 싶은 대로 하는 것이 바로 성명과 분수의 안에 있는 것을 온전히 하는 것임을 알아야 한다. 여기서 "바르게 한 다음에 행하면서 할 수 있는 일을 확실하게 할뿐이네."라는 말은 마음을 비우고 천지와 함께 흘러가는 것을 말하니, 의도적으로 무엇을 행하는 것으로 오해하지 않아야 한다. 새와 쥐에 대해 말하는 것은 저 하찮은 짐승들도 스스로 살아갈 줄 아는데, 하물며 사람들이야 그렇게 할 줄 모르겠냐는 것이다.

天根遊於殷陽, 至蓼水之上, 適遭無名人而問焉, 曰, 請問爲天下. 無名人曰, 去, 汝鄙人也, 何問之不豫也. 鄙: 천할 비. 豫: 즐길 예.

천근이 은양에서 유유자적하다가 요수에 이르러 마침 무명인을 만나 "천하를 다스리는 것에 대해 여쭙겠습니다."라고 하니, 그가 "돌아가세요, 당신은 속물이군요. 무엇 때문에 그런 유쾌하지 못한 것을 묻습니까!

問爲天下, 則非起於太初, 止於玄冥也.

천하를 다스리는 것에 대해 묻는다면 태초에서 일으킬 것이 아니라 아무 구분이 없는 것에서 멈추어야 한다.

予方將與造物者爲人,

내가 조물주와 함께 한창 사람들을 위하다가

任人之自爲.

사람들이 스스로 무엇인가 하는 대로 맡겨 놓았다는 것이다.

해설

'조물주와 함께 한창 사람들을 위한다.'는 것은 마음을 비우고 천지와 함께 한다는 말이다. 이어지는 설명은 바로 그렇게 하는 것에 대한 설명이다.

厭, 則又乘夫莽眇之鳥, 以出六極之外, 而遊無何有之鄉, 以處壙垠之野.

莽眇(망묘): 높고 멀리. 壙: 빌 광. 垠: 끝없이 넓은 모양

싫증나면, 또 높고 멀리 나는 새를 타고 육극의 밖으로 나가 아무 것도 없는 곳에서 노닐다가 더없이 넓은 들에 머뭅니다.

莽眇, 群碎之謂耳. 乘群碎, 馳萬物, 故能出處常通, 而無狹滯之地.

높고 멀리 나는 것은 무더기로 깨부수어버리는 것을 말한다. 무더기로 깨부수어버리는 것을 타고 만물로 달려가기 때문에 언제나 통하는 것으로 나가 머물고 좁아 막히는 것을 없애 버린다는 것이다.

汝又何帠以治天下, 感予之心爲.

帠: 법 예

그런데 그대는 또 어떻게 법으로 천하를 다스리면서 나의 마음을 움직이려고 하다니요!"

言皆放之自得之場, 則不治而自治也.

모두 스스로 만족하는 대로 놔두면 다스리지 않아도 저절로 다스려진다는 말이다.

又復問, 無名人曰, 汝遊心於淡,

또 다시 물으니, 무명인이 말하였다. "그대가 마음을 담담하게 노닐게 하고

其任性, 而無所飾焉, 則淡矣.　　　　　　　　飾: 꾸밀 식

본성대로 놔두어 꾸미는 것이 없으면 담담해진다.

合氣於漠,　　　　　　　　　　　　　　　漠: 조용할 막

기운을 조용히 합하여

漠然靜於性而止.

본성을 조용히 고요하게 해서 머문다.

順物自然, 而無容私焉, 而天下治矣.

사물이 저절로 그렇게 되는 대로 따르고 사사롭게 하는 것을 받아들이지 않으면 천하가 다스려집니다."

任性自生, 公也, 心欲益之, 私也. 容私果不足以生生, 而順公乃全也.

본성이 하는 대로 맡겨놓는 것은 공평하게 하는 것이고, 마음으로 보태려고 하는 것이 사사롭게 하는 것이다. 사사롭게 하는 것을 받아들이면 진실로 낳고 낳기에 부족하니, 공평하게 하는 것을 따라야 온전해진다.

차분히 마음을 가라앉혀 생각을 없애라는 말이다.

陽子居見老聃, 曰, 有人於此, 嚮疾强梁, 物徹疏明, 學道不勧. 如是者, 可比明王乎.　　嚮: 메아리 향. 徹: 통할 철. 疏: 트일 소. 勧: 게으를 권

양자거가 노담을 찾아와서 말하였다. "여기에 어떤 사람이 있는데, 반응이 빠르고 굳셈이 들보 같으며, 사물에 통하는 것이 막힘없이 밝고, 도를 배우는 것에 게으르지 않습니다. 이렇게 하는 자는 현명한 왕에 견줄 수 있겠는지요?"

老聃曰, 是於聖人也, 胥易技係, 勞形怵心者也.　　胥: 서로 서. 技: 장인 기. 怵: 분주할 출

노담이 말하였다. "이렇게 하는 것은 거룩한 사람에게서는 하급 관리가 직책을 서로 바꿔 육체를 피곤하게 하고 마음을 바쁘게 하는 것입니다.

言此功夫, 容身不得, 不足以比聖王.

이렇게 하는 공부는 자신을 받아들일 수 없어 성스러운 왕에 견주기에는 부족하다는 말이다.

且也虎豹之文來田, 猿狙之便執斄之狗來藉. 如是者, 可比明王乎.　　便: 날쌜 편. 斄: 털긴 소리

또 호랑이와 표범의 무늬는 사냥꾼을 불러들이고, 원숭이의 날쌤과 소를 지키는 개는 목사리를 끼게 하지요. 이렇게 하는 것들을 현명한

왕에 견줄 수 있겠는지요?"

此皆以其文章技能係累其身, 非涉虚以御乎無方也.

이런 것들은 모두 그 무늬와 재주로 그 자신을 옭아매었으니, 비어 있음으로 들어가 어떤 방향도 없음을 받아들이는 것이 아니다.

해설

마음을 비우지 못하고 무엇인가 하는 것은 현명한 왕에 비교할 수 없을 뿐만 아니라 도리어 자신을 옭아매는 것이라는 말이다. 이어지는 이야기는 현명한 왕이 자신을 비우고 천하를 다스리는 것에 대한 설명인데, 아무 것도 하지 않고 있기 때문에 마치 공이 없는 것처럼 보인다는 것이다.

陽子居蹴然曰, 敢問明王之治. 老聃曰, 明王之治, 功蓋天下, 而似不自己,　　蹴然(축연) 삼가거나 조심하는 듯한 모양

양자거가 조심스럽게 "현명한 왕의 다스림에 대해 감히 묻습니다."라고 하니, 노담이 말하였다. "현명한 왕의 다스림은 공이 천하를 뒤덮어도 자신이 하지 않은 것처럼 하고,

天下若無明王, 則莫能自得, 令之自得, 實明王之功也. 然功在無為而還任天下, 天下皆得自任, 故似非明王之功.

천하에 현명한 왕이 없다면 누구도 만족하게 될 수 없으니, 그렇게 만족하게 한 것은 실로 현명한 왕의 공이다. 그러나 공은 아무 것도 하지 않고 도리어 천하에 맡겨두는 것에 있고, 천하가 모두 스스로 맡겨두는 것을 얻을 수 있기 때문에, 현명한 왕의 공이 아닌 것 같은 것이다.

化貸萬物, 而民弗恃,　　貸: 빌릴 대, 베풀 대

교화가 만물에 베풀어져도 백성들이 믿지 않으며,

夫明王皆就足物性, 故人人皆云我自爾, 而莫知恃賴於明王.

현명한 왕은 모두 사물의 본성에 따라 만족시키기 때문에, 사람마다 모두 자신이 스스로 그렇게 되었다고 하고, 현명한 왕에 의지하고 있음을 알아차리지 못하는 것이다.

해설

왕이 아무 것도 하지 않아 천하가 제대로 다스려지니, 농부가 농사를 지어 배부르게 먹고는 편안히 누워서 '내가 농사지어 먹고, 샘을 파서 물을 마시니 왕의 공이 어디 있냐!'고 노래 부르는 것이다.

有莫擧名, 使物自喜,

이름을 거론하지 않아 사람들이 스스로 기뻐하게 하며,

雖有蓋天下之功, 而不擧以爲己名, 故物皆自以爲得而喜.

천하를 뒤덮는 공이 있을지라도 그것을 가지고 자신의 명예로 여기지 않기 때문에 사람들이 모두 스스로 그것을 얻어 기뻐하게 된다는 것이다.

立乎不測,

예측할 수 없는 곳에 있으면서

居變化之塗, 日新而無方者也.

변화의 길에 있어 날마다 새롭게 되면서 일정한 방향이 없는 것이다.

而遊於無有者也.

아무 것도 없는 곳에서 유유자적하고 있습니다."

與萬物爲體, 則所遊者虛也. 不能冥物, 則迕物不暇, 何暇遊虛哉.

만물과 한 몸이 되어 유유자적하는 것이 비어 있는 것이다. 사물과 구분이 없게 되지 않으면, 만물과 부딪혀 틈이 없으니, 어느 겨를에 아무 것도 없는 것에서 유유자적하겠는가?

鄭有神巫, 曰季咸. 知人之死生存亡, 禍福壽夭, 期以歲月旬日, 若神, 鄭人見之, 皆棄而走.

정나라에 귀신처럼 맞추는 무당이 있는데, 계함이라고 하였다. 사람들의 생사와 존망 화복과 요수를 알아 연월일까지 알아맞히는 것이 귀신과 같으니, 그 나라 사람들은 그를 만나면 하던 일을 놔두고 달아났다.

不熹自聞死日也.

죽는 날을 스스로 듣게 될 것을 반기지 않은 것이다.

列子見之而心醉, 歸, 以告壺子, 曰, 始吾以夫子之道爲至矣, 則又有至焉者矣.

열자가 그를 만나보고 푹 빠져 돌아와서는 호자壺子⁴⁾에게 말했다. "처음에 저는 선생님의 도가 지극하다고 여겼는데, 또 지극한 자가 있네요."

謂季咸之至, 又過於夫子.

계함의 지극함이 또 선생님보다 낫다고 말한 것이다.

---

4) 열자의 스승임.

壺子曰, 吾與汝旣其文, 未旣其實. 而固得道與. 衆雌而無雄, 而
又奚卵焉.

호자가 말하였다. "내가 너와 함께 그 겉모양은 다했으나 아직 그
내용은 다하지 않았다. 그런데 네가 진실로 도를 터득했겠느냐? 암컷
이 떼로 몰려 있어도 수컷이 없는데 어떻게 알을 까겠느냐?

言列子之未懷道也.　　　　　　　　　　　　　　　　懷: 따를 회

열자가 도를 아직 품지 못했다는 말이다.

而以道與世亢, 必信夫. 故使人得而相汝.　　　亢: 겨룰 항. 相: 힘쓸 상

도를 가지고 세상과 겨루면 반드시 믿는다. 그러므로 사람들이 너를
힘쓰게 하고 있는 것이다.

未懷道則有心. 有心而亢其一方, 以必信於世, 故可得而相之.

아직 도를 따르지 못하였으니 마음에 두는 것이다. 마음에 두고 그 한쪽을
겨루면, 반드시 세상에서 믿기 때문에 힘쓰게 할 수 있는 것이다.

嘗試與來, 以予示之.

시험 삼아 함께 와서 나를 그에게 보여줘 봐라."

해설

사람들은 마음을 비울 줄 몰라 드러나는 것을 믿고 따르게 되어 있
다. 더구나 신기한 것이 드러나면 더욱 따르게 되고, 남들에게 알려
모두 믿게 하려고 한다. 마침내 열자마저도 홀딱 빠져서 그 스승 호
자에게 정말 대단한 사람이 있다고 하니, 그 스승이 모셔와 보라고
하는 것이다.

明日, 列子與之, 見壺子出而謂列子曰, 嘻. 子之先生死矣. 弗活
矣. 不以旬數矣. 吾見怪焉, 見濕灰焉.

다음날 열자가 그와 함께 와서는 호자를 보고 나와 열자에게 "허! 그대의
선생께서는 돌아가실 겁니다. 살지 못합니다. 열흘도 못삽니다. 내가 그
분에게서 괴상한 것을 보았어요. 젖은 재를 보았어요."라고 하였다.

列子入, 泣涕沾襟以告壺子, 壺子曰, 鄕吾示之以地文, 萌乎不
震不正.　　　　　　　　　泣: 울 읍, 涕: 눈물 체, 沾: 더할 첨, 襟: 옷깃 금

열자가 들어가서 흐르는 눈물로 옷깃을 적시며 호자에게 그대로 말씀
드리니, 그가 말하였다. "아까 내가 그에게 땅의 형체를 보여 주면서
싹터 나오는 듯이 움직이지 않고 바르게 하지 않았으니,

萌然不動, 亦不自正, 與枯木同其不華, 濕灰均於寂魄. 此乃至人無
感之時也. 夫至人, 其動也天, 其靜也地, 其行也水流, 其止也淵黙.
淵黙之與水流, 天行之與地止, 其於不爲而自爾, 一也. 今季咸見其
尸居而坐忘, 卽謂之將死, 睹其神動而天隨, 因謂之有生. 誠應不以
心而理自玄符, 與變化升降而以世爲量. 然後足爲物主而順時無極,
故非相者所測耳. 此應帝王之大意也.

싹터 나오는 듯이 움직이지 않고, 또한 스스로 바르게 하지 않으면서 더불
어 고목이 꽃을 피우지 못하는 것처럼 하고, 젖은 재가 혼백이 조용한
것처럼 한 것이다. 이것은 바로 무아의 경지에 이른 사람이 아무 것도
느끼지 않는 때인 것이다. 무아의 경지에 이른 사람은 움직일 때는 하늘과
같고 가만히 있을 때는 땅과 같으며, 돌아다닐 때는 물이 흐르는 것과
같고 멈추어 있을 때는 연못이 고요한 것과 같다. 연못의 고요함과 물의
흐름, 하늘처럼 돌아다님과 땅처럼 멈춤은 어떻게 하지 않고 저절로 그렇
게 되는 것에서 동일한 것이다. 이제 계함이 시체처럼 앉아서 모든 것을

잊어버린 호자를 보고는 바로 죽을 것이라고 했는데, 그 신명이 움직여 하늘이 따르는 것을 봤다면 그 때문에 산다고 했을 것이다. 진실로 응함에 마음으로 하지 않아 이치가 저절로 현묘하게 부합하니, 변화와 함께 오르내리며 세상으로 헤아림을 삼은 것이다. 그렇게 한 다음에 사물의 중심이 되어 때에 따라 끝이 없기 때문에, 점치는 자가 예측할 수 있는 것이 아니다. 이것이 「응제왕」편의 큰 뜻이다.

해설

이상은 마음을 비운 사람 곧 제왕이 되어야 하는 사람이 어떻게 마음을 비우고 있는지 더 설명할 필요가 없을 정도로 곽상이 자세히 설명하고 있는 부분이다.

是殆見吾杜德機也.　　　　　　　　　　　　　　　　　杜: 막을 두

바로 나에게 덕의 기틀이 막힌 것을 살짝 내비쳤던 것이다.

德機不發曰杜.

덕의 기틀이 드러나지 않은 것을 막힌 것이라고 한다.

嘗又與來. 明日, 又與之見壺子, 出而謂列子曰, 幸矣, 子之先生遇我也, 有瘳矣. 全然有生矣. 吾見其杜權矣. 瘳: 나을 추, 權: 시초 권

시험 삼아 또 함께 와 보거라." 다음날 또 그와 함께 호자를 보고는 나가서 열자에게 말하였다. "다행스럽게도 그대의 선생이 나를 만나 병이 나았군요. 완전히 살았습니다. 나는 그에게 시초가 막혔던 것을 보았습니다."

權, 機也. 今乃自覺昨日之所見, 見其杜權, 故謂之將死也.

시초는 기틀이다. 이제야 어제 보았던 것이 시초가 막혀 있었기 때문에 죽을 것이라고 했던 것임을 스스로 알아차렸던 것이다.

列子入, 以告壺子, 壺子曰, 鄕吾示之以天壤,

열자가 들어가서 호자에게 말씀드리니 그가 말하였다. "조금 전에 나는 그에게 하늘과 땅을 보여주어

天壤之中, 覆載之功見矣, 比之地文, 不猶卵乎. 此應感之容也.

하늘과 땅 속에서 덮어주고 실어주는 공이 드러나니, 땅의 형체에 비교하면 알을 까는 것만 못하다. 이것은 호응하여 움직이는 모습이다.

名實不入,

실질을 명명하는 것이 끼어들지 못하였으나,

任自然而覆載, 則天機玄應, 而名利之飾, 皆爲棄物也.

저절로 그렇게 됨에 맡겨놓고 덮어주고 실어주면 하늘의 기틀이 현묘하게 호응하니, 이름과 이로움으로 꾸미는 것들은 모두 버려지는 것들이 된다.

而機發於踵,

기틀이 발꿈치에서 나오니,

常在極上起.

언제나 끝에서 일어나는 것이다.

是殆見吾善者機也.

바로 내가 좋게 한 것이 기틀임을 살짝 내비쳤던 것이다.

機發而善於彼, 彼乃見之.

기틀이 움직여 그에게 좋게 하니, 그가 바로 그것을 봤던 것이다.

嘗又與來. 明日, 又與之見壺子, 出而謂列子曰, 子之先生不齊, 吾無得而相焉. 試齊, 且復相之.

시험 삼아 또 함께 오거라." 다음날 또 함께 호자를 만나고는 나와서 열자에게 말하였다. "그대의 선생은 일정하지 않아 나는 점칠 수 없습니다. 시험해 보고 일정해 지거든 다시 점치겠습니다."

列子入, 以告壺子, 壺子曰, 吾鄉示之以太沖莫勝,

열자가 들어가서 호자에게 말씀드리니, 그가 말하였다. "내가 아까 극도로 비어 있어 어느 것도 이길 수 없는 것을 그에게 보여주었으니,

居太沖之極, 浩然泊心而玄同萬方, 故勝負莫得厝其間也. 厝: 둘 조

극도로 비어 있는 궁극에 있어 크게 마음이 비워지고 모든 곳과 현묘하게 하나로 되었기 때문에, 승부가 그 사이 어디에도 끼어들지 못하였던 것이다.

是殆見吾衡氣機也.

바로 내 평평한 기운의 기틀을 처음으로 내비쳤던 것이다.

無往不平, 混然一之. 以管闚天者, 莫見其涯, 故似不齊.

어디를 가든 편안하지 않음이 없어 뒤섞여 하나가 된 것이다. 그런데 대롱

으로 하늘을 보는 자는 누구도 그 끝을 살피지 못하기 때문에 가지런하지 않은 것 같은 것이다.

鯢桓之審爲淵, 止水之審爲淵, 流水之審爲淵. 淵有九名, 此處三焉,

鯢: 암코래 예. 桓: 머뭇거릴 환. 審: 돌 심

고래가 머물러 있어 물이 도는 곳도 못이고, 멈춰 있는 물이 도는 곳도 못이며, 흐르는 물이 도는 곳도 못이다. 못에는 아홉 가지 이름이 있는데 여기에서 든 것은 세 곳이니,

淵者, 靜黙之謂耳. 夫水常無心, 順外物. 故雖流之與止, 鯢桓之與龍躍, 常淵然自若, 未始失其靜黙也. 夫至人用之則行, 捨之則止, 行止雖異而玄黙一焉. 故略擧三異以明之. 雖波流九變, 治亂紛如, 居其極者, 常淡然自得, 泊乎忘爲也.

못은 고요함을 말할 뿐이다. 물은 언제나 마음을 비우고 바깥의 사물을 따른다. 그러므로 흘러가거나 멈춰있거나 고래가 머무는 곳이거나 용이 뛰는 곳이거나 언제나 못은 그렇게 태연자약하여 애당초 고요함을 잃은 적이 없다. 무아의 경지에 이른 사람은 등용되면 행하고 벼슬을 그만두면 멈춰 있어, 행함과 멈춰 있음이 다를지라도 현묘하게 조용히 있는 것은 같다. 그러므로 대략 세 가지 다른 것을 들어 밝혔던 것이다. 물결과 흐름이 아홉 가지로 변하고 다스림과 혼란이 어지러울지라도, 그 궁극에 있을 경우에는 언제나 담담하게 있으면서 스스로 만족하고, 조용히 있으면서 하고 있는 것들을 잊어버린다.

> **해설**
>
> 연못의 본성은 본래 고요한 것으로 환경에 그대로 호응해서 움직이는 것이니, 그 움직이는 모습만 봐서는 절대로 그 실질을 알 수 없음을 알아야 한다는 것이다.

嘗又與來. 明日, 又與之見壺子, 立未定, 自失而走. 壺子曰, 追之, 列子追之不及, 反以報壺子曰, 已滅矣, 已失矣, 吾弗及已.
시험 삼아 또 함께 오거라." 다음날 또 그와 함께 호자를 만나고는 서서 꼼짝도 하지 못하다가 정신이 없어 달아났다. 호자가 "쫓아가라."라고 해서 열자가 쫓아갔으나 잡지 못하고 돌아와 호자에게 말했다. "달아나 버렸습니다. 이미 사라져서 제가 잡지 못하였습니다."라고 하였다.

壺子曰, 鄕吾示之以未始出吾宗.
호자가 말하였다. "아까 나는 애당초 내놓은 적이 없는 나의 근본을 보여 주었다.

雖變化無常, 而常深根寧極也.
변화는 일정함이 없을지라도 언제나 근본을 깊이 하고 궁극을 편안히 한 것이다.

吾與之虛而委蛇,
委蛇(위사): 「달생(達生)」편에 있는 전설속의 뱀
나는 그것과 함께 비워서 뱀이 되면서도

無心而隨物化.
무심히 사물을 따라 변화한 것이다.

不知其誰何,
그것이 무엇인지도 모르고,

汎然無所係也.
범범하게 해서 얽매임이 없었다는 것이다.

因以爲弟靡, 因以爲波流, 故逃也.　　　弟: 공손할 제, 靡: 쓰러질 미

그대로 부드럽게 휩쓸렸고 그대로 물결이 되었기 때문에 그가 달아난 것이다."

變化頹靡, 世事波流, 無往而不因也. 夫至人一耳, 然應世變而時動, 故相者無所措其目, 自失而走. 此明應帝王者無方也.　　頹: 무너질 퇴

변화는 모든 것이 사라지게 하면서 흘러가고 세상일은 파도치며 흘러가니, 어디를 가든지 그것을 따르지 않음이 없다. 무아의 경지에 이른 사람은 한결같을 뿐이지만 세상의 변화에 응하여 때에 맞추어 움직이기 때문에, 점치는 자가 자신의 눈을 둘 곳이 없어 정신을 잃고 달아났던 것이다. 여기에서는 제왕이 되어야 하는 자는 한쪽 방향에 얽매임이 없다는 것에 대해 밝혔다.

然後列子自以爲未始學而歸, 三年不出, 爲其妻爨, 食豕如食人.

爨: 밥 지을 찬, 豕: 돼지 시

그런 다음에 열자는 스스로 처음부터 아예 배운 적이 없다고 여기고 돌아와서는, 삼년동안 나가지 않으면서 아내를 위해 요리를 하고 사람 기르듯이 돼지를 키웠다.

忘貴賤也.

귀하고 천함을 잊어버린 것이다.

於事無與親,

일에서는 함께 해서 친함이 없었고

唯所遇耳.

그냥 합치할 뿐이라는 것이다.

雕琢復朴,

다듬어 꾸미는 것을 소박한 것으로 되돌렸으며,

雕: 새길 조. 琢: 꾸밀 탁

去華取實.

화려함을 버리고 실질을 취하는 것이다.

塊然獨以其形立,

홀로 독립해서 그 형체를 세웠고

外飾去也.

밖으로 꾸밈을 버린 것이다.

紛而封哉,

어지럽게 하면서도 북돋우며,

封: 북돋을 봉

雖動而眞不散也.

움직일지라도 진실로 흩어지게 하지 않은 것이다.

해설

세상과 하나가 되는 것은 사물에 따라 여러 가지로 어지럽게 되는 것이지만 그것 때문에 자신의 정신이 분산되게 하지 않았다는 것이다.

一以是終.

한결같이 이것으로 인생을 마쳤다.

使物各自終.

사물들이 각기 스스로 인생을 마치게 한 것이다.

無爲名尸,

명분의 주검이 되지 않고

因物則物各自當其名也.

사물을 따르면 사물이 각기 저절로 그 이름에 합당하게 되는 것이다.

無爲謀府,

謀: 꾀할 모, 府: 곳집 부

계책의 창고가 되지 않으며,

使物各自謀也.

사물이 각기 스스로 도모하게 되는 것이다.

無爲事任,

일의 책임을 지지 않고

付物使各自任.

사물에 맡겨 각기 스스로 책임지게 하는 것이다.

無爲知主.

지혜의 근본이 되지 않았다.

無心, 則物各自主其知也.

마음을 비우면 사물이 각기 스스로 자신의 지혜를 근본으로 하게 되는
것이다.

體盡無窮,

끝없음을 체득하여 다하면서도

因天下之自爲, 故馳萬物而無窮也.　　　　　　　　馳: 달릴 치

천하가 스스로 하는 대로 따르기 때문에 만물에게로 달려가도 끝이 없는
것이다.

而遊無朕,

조짐이 없는 상태에서 유유자적하였고,

任物, 故無迹.

사물에 맡겨놓기 때문에 흔적이 없는 것이다.

盡其所受乎天,

하늘에서 받은 것을 다하면서도

足則止也.

만족하면 멈추는 것이다.

而無見得,

분별하는 것이 없이

見得則不知止.

분별하면 멈출 줄 모르게 되는 것이다.

亦虛而已.

비우고 있을 뿐이었다.

不虛, 則不能任群實.

비우지 않으면 모든 실질에 맡겨놓을 수 없는 것이다.

至人之用心若鏡,   鏡: 거울 경

무아의 경지에 이른 사람의 마음씀씀이는 거울과 같아

鑒物而無情.   鑒: 거울 감. 비출 감

사물을 비춰주면서도 감정을 담지 않는 것이다.

不將不迎, 應而不藏.   將: 보낼 장

보내지도 않고 맞이하지도 않으며, 호응하면서도 담아놓지 않는다.

來卽應, 去卽止.

오면 호응하고 떠나면 그치는 것이다.

故能勝物而不傷.

그러므로 사물을 이겨도 해치는 것이 없다.

物來卽鑒, 鑒不以心, 故雖天下之廣, 而無勞神之累.

사물이 오면 바로 비춰주고, 비춰줄지라도 마음으로 하지 않기 때문에, 천하처럼 넓게 할지라도 신명을 수고롭게 하는 얽매임이 없는 것이다.

南海之帝爲儵, 北海之帝爲忽, 中央之帝爲渾沌. 儵與忽時相與遇於渾沌之地, 渾沌待之甚善. 儵與忽謀報渾沌之德, 曰, 人皆有七竅以視聽食息, 此獨無有, 嘗試鑿之. 日鑿一竅, 七日而渾沌死.

鑿: 뚫을 착

남해의 임금은 숙이고 북해의 임금은 홀이며 중앙의 임금은 혼돈이다. 숙과 홀이 어느 날 서로 혼돈의 땅에서 함께 만나니, 혼돈이 그들을 맞이하여 잘 대우하였다. 숙과 홀이 혼돈의 덕에 보답하려고 "사람들은 모두 일곱 구멍이 있어 보고 들으며 먹고 숨 쉬는데, 혼돈만 혼자서 없으니, 시험 삼아 뚫어주자."라고 상의하였다. 하루에 한 구멍씩 뚫었는데, 칠일이 지나자 혼돈이 죽어버렸다.

爲者敗之.

무엇인가를 할 경우에는 잘못된다.

해설

사람들이 마음을 비우지 못하는 가장 큰 이유는 바로 분별지 때문이다. 숙과 홀이 혼돈의 극진한 대우에 보답하기 위해 분별의 시작인 이목구비를 뚫어주자 도리어 혼돈이 죽었다는 이야기는 『성경』「창세기」의 이야기와 내용이 서로 아주 비슷하다. 하느님이 천지창조 후에 그것을 다스릴 사람 곧 아담과 하와를 만드시고는 '이 모든 것을 너희 마음대로 다스려도 좋지만 동산 가운데 있는 지혜의 열매 곧 선악과만은 너희가 죽게 되니 절대로 먹지 말라.'고 신신당부하신다. 두 사람은 결국 뱀에 꼬임에 빠져 지혜의 열매를 먹고 눈이 밝아졌지만, 하느님이 크게 노해

에덴동산에서 그들을 추방하고는 다시 돌아오지 못하게 불칼로 막아놓는다. 어쩌면 인류는 지혜가 밝아지면서 하느님의 말씀처럼 죽어버린 것인지도 모른다. 노력하지 않아도 모든 것이 해결되는 낙원에서 추방되어 욕망의 불꽃에 휩쓸려 평생 애를 태우며 노력해도 그 욕망을 채우지 못한 채 한을 품고 죽는다.

낙원으로 다시 돌아가지 못하는 근본적인 이유는 분별로 말미암아 욕망의 불꽃이 일어나 그 욕심에 휩싸여 마음을 비우지 못하기 때문이다. 처음에는 단순히 분별로 말미암아 좋은 것은 가지고 나쁜 것은 배척하려고 한다. 그런데 시간이 흐를수록 좋은 것은 어떻게 하든지 가지려는 욕망으로 갖은 머리를 교묘하게 짜내기 시작하면서부터 욕망과 분별의 불길 곧 불칼은 더더욱 커진다. 이렇게 되면 마음을 비워 내면의 순수한 본성을 찾아가는 것과는 더욱 멀어지면서 바깥 사물을 추구하는 삶을 살게 되는 것이니, 대부분 감각적인 욕구를 만족시키고, 마음의 욕심을 채우기 위한 것이다. 이렇게 사는 것을 삶으로 여기고 살면 그 욕심은 끝없이 커져 영원히 만족스러운 삶이 없게 된다. 이런 점에서 『장자』는 물론 『노자』라는 책은 바로 욕망의 불꽃을 다시 가라앉혀 낙원으로 돌아가게 하는 지침서이다.[5]

---

5) 『도덕경』의 시각으로 본 『성서』 창세기 신화. 『노자 도덕경과 왕필의 주』, 428-465쪽.

부록

老子의 無爲自然과 莊子의 逍遙
-王弼의 「老子注」와 郭象의 「莊子注」를 中心으로-

1 서문

왕필의 『노자주』로 볼 때, 노자의 목표인 무위자연은 사람들이 의식의 대상화 작용을 없앰으로써 '소박한 본성(樸)'을 따르도록 하는 것이다. 그 시작은 먼저 통치자가 의식의 대상화 작용을 없앰으로써 지적으로 체계화된 어떤 주의나 주장도 백성들에게 내세우지 않고 소박하게 행위하는 것이다. 통치자가 이렇게 함으로써 이어서 백성들도 이것을 본받아 소박하게 되도록 하는 것이 무위자연의 완성이다. 소박한 본성에 따라 행위하는 것은 의식의 대상화 작용에 의지해서 의도적으로 어떻게 하고자 하는 것이 아니라 저절로 그렇게 되는 것이니, 이것이 바로 無爲이고 自然이다. 『도덕경』의 얼개는 주로 무위자연을 이루기 위한 것으로 짜여져 있다.

무위자연을 이룩하기 위한 선결 조건은 의식의 대상화 작용을 없애는 것인데, 그것이 『도덕경』에서 無知·無欲·損·虛 등으로 나타난다. 사람들이 의식의 대상화 작용을 없앨 때 소박한 본성을 회복하기 때문에 노자의 이상인 무위자연은 저절로 이루어진다. 제자백가들이 知欲의 작용 곧 의식의 대상화 작용을 수단으로 天道를 파악할 수 있다고 하는데 대해 노자는 부정적이다. 의식의 대상화 작용을 통해서는 사물의 존재 방식은 물론 천도를 파악할 수 없기 때문이다. 노자가 2장에서 '美와 善은 惡과 不善을 전제로 드러난다'고 했는데, 이것은 사람들이 의식의 대상화 작용을 통하여 사물을 상대적으로 인식하는 것에 대한 비판이다. 곧 의식의 대상화 작용을 통해서는 사람들이 '대상화되는 부분(有: 美·善)'만을 인식함으로써 '그 상대적 이면(無: 惡·不善)'을 간과하게 된다는 것이다.

제자백가들이 대상화된 무엇을 가지고 체계화시켜서 道라고 주장할 때, 그것은 사물의 존재 방식을 드러내는 道가 아니라 단지 상대적으로 대상화된 것을 가지고 체계적으로 날조한 僞에 지나지 않는다. 1장의 "이름을 이름으로 명명할 수 있으면 상명이 아니다(名可名 非常名)"라는 말은 단지 상대적으로 대상화된 것을 무엇이라고 명명한 것이 이름이라는 의미이다. "도를 도라고 할 수 있으면 상도가 아니다(道可道 非常道)"라는 말도 상대적으로 대상화된 것을 인위적으로 체계화시킨 것이 도라는 의미이다. 노자가 3장에서 "항상 백성들로 하여금 무지무욕하게 하고 지자로 하여금 감히 아무 것도 하지 못하게 하라(常使民無知無欲 使夫智者不敢爲也)"고 한 것은 상대적인 인식만 가능한 의식의 대상화 작용을 긍정할 수 없기 때문이다.

노자의 이런 관점은 지욕의 작용을 무화시킴으로써 사람들이 소박한 본성(樸)에 따라 행위하도록 하기 위함이다. 곧 대상화된 것이 절대적인 것이 아니라 단지 상대적인 것에 지나지 않음을 사람들이 깨닫게 될 때 지욕의 작용과 그 소산물을 스스로 부정하게 되니, 무위자연은 저절로 시행된다. 그런데 노자의 무위자연에는 다소 모순이 있다. 지욕의 작용을 부정하는 것은 선천적인 분별력을 부정하는 것이 되기 때문이다. 비록 지욕의 작용에 의해 인위적인 것이 만들어질지라도 지욕의 작용은 근본적으로 선천적인 특성이기 때문이다. 따라서 智者로 하여금 감히 아무 것도 하지 못하게 하는 것은 선천적인 특성을 억압하는 것이 된다. 知欲의 작용을 외부에서 인위적으로 강화시키는 것은 자연을 벗어나는 것이기 때문에 막을 필요가 있다. 그러나 내재적인 힘에 의해서 스스로 발현

되는 지욕의 작용을 막는 것은 소박한 본성만을 인정함으로써 僞의 출발점인 지욕의 작용을 억압하는 모순이 있다.

필자가 보기에 장자는 노자에 나타나는 이와 같은 모순을 止揚하고 있다. 이것을 알아보기 위하여 「소요유」에서 필요한 부분을 몇 구절 요약해 보자. 北冥에 사는 몇 천리나 되는 아주 큰 물고기 鯤이 鵬으로 변화해 태풍을 타고 9만 리를 올라가 南冥으로 날아가고 있는데, 숲 속의 평범한 새들이 붕의 이런 모습을 보고 자신들의 입장에서 왜 저래야 되냐고 숙덕인다. 장자는 이어서 양자의 모습을 小知나 大知로 차별화하면서 小로서는 大를 알 수 없다고 한다.[1] 여기서 주목해야 할 점은 일단 장자가 大知를 小知보다 우월하게 봄으로써 노자가 부정한 知를 긍정한다는 것이다. 장자는 이어서 열자가 바람을 타고 다니는 것에 대해 언급하면서 "… 여전히 의지하는 바가 있는 것이다. 만약 천지의 바른 기운을 타고 六氣의 변화를 제어하면서 무궁에 노니는 자라면 또 어디에 의지하겠는가?(…, 猶有所待者也 若夫乘天地之正 御六氣之辯 以遊無窮者 彼且惡乎待哉)"라고 하는데, 이는 知의 긍정으로 나타나는 문제를 '有所待'로 한정함으로써 '惡乎待哉'를 통하여 다시 지양하기 위함이다.

『장자』에서 노자의 사상이 지양되는 것은 그 양자의 대표적 주석서 곧 왕필의 『노자주』와 곽상의 『장자주』에서도 동일하게 나타난다. 이들 양

---

[1] 『莊子』, 「逍遙遊」, "北冥有魚, 其名爲鯤. 鯤之大, 不知其幾千里也. 化而爲鳥, 其名爲鵬. ……. 諧之言曰, 鵬之徙於南冥也, 水擊三千里, 摶扶搖而上者九萬里. 去以六月息者也.. ……. 風之積也不厚, 則其負大翼也無力. 故九萬里, 則風斯在下矣, 而後乃今培風, 背負青天而莫之夭閼者, 而後乃今將圖南. 蜩與學鳩笑之曰, 我決起而飛, 搶楡枋而止, 時則不至而控於地而已矣, 奚以之九萬里而南爲. 適莽蒼者, 三飡而反, 腹猶果然, 適百里者, 宿舂糧, 適千里者, 三月聚糧. 之二蟲又何知. 小知不及大知, …. 奚以知其然也. 朝菌不知晦朔, …, 此小年也. 楚之南有冥靈者, 以五百歲爲春, 五百歲爲秋. …, 此大年也, 而彭祖乃今以久特聞, 衆人匹之, 不亦悲乎."

자는 노장의 사상을 더욱 세련되게 체계화시키고 있다. 왕필은 노자의 '無知·無欲'을 '無(마음 비움)'로 개념화하면서 마음 비움의 궁극 목적이 물아일체의 상태 곧 천인합일의 경지에 있음을 기술한다. 마음을 비우면 물아일체의 상태로 들어가 천지의 흐름과 하나가 되기 때문이다. 천지의 흐름과 하나가 되면 사람들이 '소박한 본성(樸)' 곧 '참됨(眞)'에 따라 행위할 수 있으니[2] 무위자연은 저절로 시행된다. 그런데 곽상은 장자의 '有所待者'를 '有待'로 '惡乎待哉'를 '無待'로 개념화하는데, 이는 왕필의 마음 비움을 지양하기 위함이다. 곧 곽상은 왕필의 마음 비움을 지양하기 위하여 사람들이 지욕의 작용에 따라서 행위하는 것을 한편으로 무위자연으로 긍정하면서 다른 한편으로 有待로 제한하는데, 이는 왕필의 무위자연에서 나타나는 모순을 無待로 지양하기 위함이다. 그러면 노자와 왕필의 사상에서 나타나는 모순이 장자와 곽상에게서 어떻게 지양되는지 살펴보자.

② 老子의 無爲自然

1) 대상화 작용의 부정

이미 서문에서 잠시 언급했듯이 노자가 대상화 작용을 부정하는 것은 사람들이 대상화 작용을 통해서는 사물을 있는 그대로 파악하지 못하고

---

2) 『道德經』 28章 王弼注, "본문의 박박자는 참됨眞이란 의미이다. 참됨이 흩어지면, 온갖 행위가 나오고 별의별 종류가 생겨남이 (가지각색의) 용기와 같다. 성인은 참됨이 분산되는 것 때문에 사람들을 위해 장관을 세워서 선을 사표로 삼고 선하지 못함을 취할 바로 삼아 풍속을 변화시켜 다시 사람들이 물아일체의 상태로 되돌아가게 한다.(樸眞也. 眞散則百行出, 殊類生若器也. 聖人因其分散, 故爲之立長官, 以善爲師, 不善爲資, 移風易俗, 復使歸於一也.)"

대상화되는 부분만을 인식하기 때문이다. 『도덕경』 2장의 전반부3)나 11장의 내용4)은 이것에 관한 설명이다. 곧 2장에서 '사람들은 선이나 악과 같은 것이 상대적으로 성립함을 모른다'고 하고, 11장에서 '유가 무에 의지한다'고 한 것은 바로 지욕의 인식 한계를 드러냄으로써 대상화 작용을 무화시키기 위한 비유이다. 다시 말해서 2장이나 11장의 내용은 대상화된 것(有: 美·善·長)이 그 상대적 이면(無: 惡·不善·短) 때문에 성립됨을 알 때, 사람들이 대상화 작용의 한계를 알고 대상화된 것을 절대화시키지 않게 된다는 것이다.

이런 점은 40장 "有生於無" 구절의 왕필주에 압축되어 나타난다. 왕필주로 볼 때, '有生於無'의 의미는 무엇이 有로 대상화되기 위해서는 '그 상대적 이면(無)'이 전제되어야 하는데, 사람들은 이것을 모른다는 것이다.5) 이 구절을 2장의 美惡의 관계로 설명하면, 美는 상대적으로 惡을 전제할 때 성립하니, 이것을 깨달으라는 것이다.6) 이런 관계는 이어서 '有無相生'으로도 표현된다.7) 요약하자면 대상화된 것이 모두 그 이면을 전제로 성립한다는 것에 대해, 40장에서는 논리적인 순서에 따라 '有生

---

3) 『道德經』, 2章, "天下皆知美之爲美, 斯惡已. 皆知善之爲善, 斯不善已. 故有無相生, 難易相成, 長短相較, 高下相傾, 音聲相和, 前後相隨."

4) 『道德經』, 11章, "三十輻共一轂, 當其無, 有車之用. 埏埴以爲器, 當其無, 有器之用. 鑿戶牖以爲室, 當其無, 有室之用. 故有之以爲利, 無之以爲用."

5) 40장의 무는 종종 본체론적인 관점에서 다루어지는데, 왕필의 주로 볼 때 여기서의 무는 2장이나 11장과 동일한 무이다. 왕필주의 無조차도 本體無로 오해되는 경우가 있는데, 이에 대해서는 『哲學』 제 62집에 실려 있는 졸고 「王弼의 思想에 대한 오해」를 참고하기 바란다.

6) 王弼은 2章에서 "美惡猶喜怒也, 善不善猶是非也. 喜怒同根是非同門."이라고 하면서, 18章에서 "甚美之名, 生於大惡, 所謂美惡同門."이라고 하고 있음을 볼 때, '美生於惡'이 가능하다. 더 자세한 것은 『道敎學 硏究』 15집에 실려 있는 졸고 「『道德經』에서 道의 體得에 관한 考察」을 참고하기 바란다.

7) 『道德經』, 2章, "天下皆知美之爲美, 斯惡已. …. 故有無相生, …, 前後相隨."

於無'로, 2장에서는 시간적인 순서에 따라 곧 유무가 동시에 성립한다는 의미에서 '有無相生'으로 설명했던 것이다.

노자나 왕필이 대상화 작용을 부정하는 것은 사람들이 대상화 작용을 통해서는 사물의 존재 방식을 밝히지 못할 뿐만 아니라 도리어 왜곡시키기 때문이다. 노자나 왕필에게 누군가가 대상화 작용을 수단으로 난세를 구할 진리(道)를 외치는 것은 한편으로 대상화 작용에 의해 체계적으로 날조된 僞을 진리라고 외치는 오류를 범하는 동시에, 다른 한편으로 사람들에게 대상화 작용을 긍정하도록 인도하는 잘못을 행하는 것이다. 사람들이 대상화 작용의 특성 곧 그 인식 한계에 대해 반성하지 않는 한 세상은 혼란스럽게 될 수밖에 없다. 제자백가의 논쟁도 이 때문이다. 사람들이 사물에 이름붙이는 것 이상으로 대상화 작용을 사용하면, 무엇을 대상화시켜서 어떻게 체계화시키는가에 따라서 수많은 다른 주장들이 나올 수밖에 없기 때문이다.[8] 노자나 왕필이 樸을 강조했던 것은 대상화 작용을 제거함으로써 소박한 본성에 따라 행위하면 인위적인 혼란은 최소한 피할 수 있다고 보았기 때문일 것이다.

2) 樸으로 제한된 無爲自然

노자의 무위자연은 지욕의 작용을 제거함으로써 우리의 소박한 본성 곧 樸에 따라 행위하는 것이다. 그런데 여기서 나타나는 문제는 지욕의 작용이 본성을 벗어난 것인가 하는 점이다. 『도덕경』 36장의 왕필주로 볼 때 지욕의 작용도 본성에 속한다. 경문에서 '빼앗고자 할 경우 도리어 먼저 주는 것이 보이지 않는 밝음(微明)이다'[9]고 하는데, 왕필은 이것에

---

8) 『道德經』, 32章 王弼注, "故始制有名也. 過此以往, 將爭錐刀之末. 故曰名亦旣有, 夫將知止也."

대해 사물을 그 본성에 따라 저절로 죽게 하는 것이라고 한다.

　　강포와 혼란을 제거하고자 하면, 본문의 네 가지 방법을 사용해야 하니, '사물의 본성(物之性)'으로 말미암아 저절로 죽게 한다. 형벌을 빌리지 않는 것이 위대함이 되니, 그것으로 사물을 제거하고 없앤다. 그러므로 "보이지 않는 밝음(微明)"이라고 했다.10)

　　강포와 혼란이 생기는 까닭은 樸을 벗어나는 데 있다. 그런데 왕필이 지욕의 작용을 부정하는 것은 무엇보다 이것을 믿고 따를 경우 이로 인해 생기는 혼란이 크기 때문이지,11) 이것을 본성으로 보지 않기 때문이 아니다. 사실 장자가 대상화 작용을 成心과 연결하고12) 곽상이 그것을 性으로 보는 것도13) 왕필이 지욕의 대상화 작용을 性으로 보는 것에 대

---

9) 『道德經』, 36章, "將欲歙之, 必固張之, 將欲弱之, 必固强之, 將欲廢之, 必固興之, 將欲奪之, 必固與之. 是謂微明."

10) 『道德經』, 36章 王弼注, "將欲除强梁, 去暴亂, 當以此四者, 因物之性, 令其自戮. 不假刑爲大, 以除將物也. 故曰微明也."

11) 『道德經』, 32章 王弼注, "故始制有名也. 過此以往, 將爭錐刀之末. 故曰名亦旣有, 夫將知止也."

12) 『莊子』, 「齊物論」, "[사람들이] 자신의 成心을 따르면서 스승으로 하니, 어느 누가 홀로 스승이 없겠는가?(夫隨其成心而師之, 誰獨且無師乎.)" 郭象은 이 구절에 대해 "마음이 일신의 쓰임을 제어할 수 있는 것을 성심이라고 한다. 사람들이 저절로 자신의 성심을 스승으로 하니 사람마다 스승이 있다. 사람마다 저절로 스승이 있으므로 각자에게 맡겨 놓으면 저절로 합당하게 된다.(夫心之足以制一身之用者, 謂之成心. 人自師其成心, 則人各自有師矣. 人各自有師, 故付之而自當.)"라고 주했는데, 여기서 성심은 선천적인 분별력을 의미한다. Ⅲ장 1절을 참고할 것.

13) 『莊子』, 「齊物論」, "一受其成形, 不忘以待盡." 구절의 郭象注, "言性各有分, 故知者守知以待終, 而愚者抱愚以至死, 豈有能中易其性者也.";"與物相刃相靡, …, 不亦悲乎." 구절의 郭象注, "群品云云, 逆順相交, 各信其偏見, 而恣其所行, 莫能自反. 此比衆人之所悲者, 亦可悲矣. 而衆人未嘗以此爲悲者, 性然故也. 物

한 간접적인 근거가 될 수 있다.

노자나 왕필이 대상화 작용을 부정하는 까닭은 그것이 본성에 기초하지 않기 때문이 아니라 사물의 존재 방식을 왜곡시키기 때문이다. 대상화 작용에 의해서 드러난 모든 존재는 이미 그 이면에 의해 상대적으로 드러난 것이다. 그런데 이를 절대적으로 보는 것은 사물의 존재 방식을 왜곡하는 것이다. 사물이 상대적으로 드러나는 것은 자연이다.[14] 그런데 상대적으로 대상화된 것을 가지고 절대적으로 보고 계속 체계화시켜서 어떤 주의나 주장을 내세우면 바로 여기에서 혼란이 발생한다. 노자는 '어떤 것을 대상화시킬지라도 이름 붙이는 정도에서 멈춰야 위험하지 않다'[15]고 한다. 왕필은 이에 대해 다투게 되기 때문이라고 분명하게 설명한다.

　　그러므로 처음으로 제정한 때에 이름(名)을 둔다. 이다음 단계부터는 송곳 끝이나 칼날 같이 작은 일에도 다툴 것이므로 "이름까지 있게 되었다면 그칠 줄도 알아야 될 것이다."고 하였다. 그런데 마침내 이름을 믿고서 사물을 부른다면 다스림의 모체(母)를 상실한다. 그러므로 그칠 줄 아는 것이 위태롭게 되지 않는 까닭이다.[16]

노자나 왕필이 지욕의 작용을 부정하는 것은 다름이 아니다. 지욕의 작용를 부정하지 않으면 사람들이 제각기 상대적으로 대상화된 것을 절

各性然, 又何物足悲哉."

14) 『道德經』, 2章 王弼注, "此六者皆陳自然, 不可偏擧之明數也." 여기서 '六者'는 본문의 "有無相生, 難易相成, 長短相較, 高下相傾, 音聲相和, 前後相隨."을 말함.

15) 『道德經』, 32章, "始制有名. 名亦旣有, 夫亦將知止. 知止, 可以不殆."

16) 『道德經』, 32章 王弼注, "故始制有名也. 過此以往, 將爭錐刀之末. 故曰名亦旣有, 夫將知止也. 遂任名以號物, 則失治之母也. 故知止所以不殆也."

대적인 것으로 보고 계속 체계화시켜서 그것을 도라고 주장하기 때문이다. 지욕의 작용을 사물에 이름붙이는 것 이상으로 사용하면 그 끝은 다툼으로 인한 혼란뿐이다. 노자나 왕필이 지욕의 작용을 부정하는 것은 바로 이 때문이다. 지욕의 작용을 제거함으로써 소박한 본성에 따라 행위하면 그것이 바로 무위이고 자연이다. 이런 점에서 노자나 왕필의 무위자연은 우리의 본성 중에서 제한적으로 '樸'을 '참됨(眞)'으로 선택해서[17] '지욕의 작용과 그 소산물'을 '僞의 출발점과 僞'로 부정한 것[18]이된다.

3 莊子의 逍遙

1) 대상화 작용의 止揚

서문에서 이미 살펴봤듯이 장자는 知에 대해 노자처럼 부정적으로 보지 않는다. 그렇다고 장자가 노자의 사상을 부정하는 것은 아니다. 그는 노자의 사상을 지양하고 있기 때문이다. 먼저 장자는 사물마다 知에는 大小의 층차가 있다고 하면서 제각기 자신도 모르는 사이에 그의 知를 사용한다고 한다.

…. 그러므로 9만 리 정도는 바람이 아래에 있은 다음에 …. 쓰르라미와 비둘기는 [이렇게 하는 붕을 보고] 비웃으면서 "나는 힘차게 뛰어올라 날아 봤자 이 나무에서 저 나무로 가는 정도이고 때로는 그것도 미치지

---

17) 『道德經』 28章 王弼注, "樸眞也. 眞散則百行出, 殊類生若器也. 聖人因其分散, 故爲之立長官, 以善爲師, 不善爲資, 移風易俗, 復使歸於一也."

18) 『道德經』, 38章 王弼注, "夫仁義發於內, 爲之猶僞. 況務外飾而可久乎."

못해서 땅에 내려앉는데, 어찌 9만 리나 올라가서 남쪽으로 가는가?'라
고 했다. 근교에 소풍을 나가는 자는 3번 정도만 먹고 와도 배고프지
않고, …, 천리를 가는 자는 3개월 정도 양식을 준비해야 한다. '적 붕과
쓰르라미(二蟲)'가 또 어떻게 이런 것에 대해 알겠는가? 小知는 大知에
미치지 못하고, …. 어떻게 그렇다는 것을 아는가? '아침에 나와 저녁에
사라지는 버섯(朝菌)'은 그믐과 초하루에 대해 알지 못하고 …. 상고에
大椿은 8천년을 봄과 가을로 삼았다. 그런데 팽조가 이제 오래 산 것으
로 유난히 소문이 나서 일반인들이 짝하려고 하니 또한 가없은 일이 아
닌가?19)

붕이 9만 리나 올라가서 남쪽을 향해 날아가고 쓰르라미나 비둘기가
이것을 보고 비웃는 것에 대해, 장자는 이것들이 이렇게 하면서도 스스
로 왜 그렇게 하는지를 모른다고 하는데, 이는 노자의 자연을 계승한 것
이다.20) 인용문에서 밑줄 친 부분이 이것에 대한 언급이다. 곧 사람이
여행하는 거리에 따라 준비할 양식이 다르듯이 종류가 다른 사물들도 제
각기 하는 짓이 다를 수밖에 없는데, 붕이나 쓰르라미는 자신들이 왜 그
러고 있는지를 모른다는 것이다.21) 곽상은 붕이나 쓰르라미가 자신들이

---

19) 『莊子』, 「逍遙遊」, "…. 故九萬里則風斯在下矣, 而後乃今…. 蜩與學鳩笑之曰, 我
決起而飛, 槍楡枋, 時則不至而控於地而已矣, 奚以之九萬里而南爲. 適莽蒼者
三湌而反, 腹猶果然, …, 適千里者三月聚糧. 之二蟲又何知. 小知不及大知, ….
奚以知其然也. 朝菌不知晦朔, …. 上古有大椿者, 以八千歲爲春, 八千歲爲秋.
而彭祖乃今以久特聞, 衆人匹之, 不亦悲乎."

20) 『道德經』, 17章 "悠兮其貴言, 功成事遂, 百姓皆謂我自然."

21) 俞樾이나 王先謙은 '二蟲'을 '쓰르라미와 비둘기'로 보았다. 이 경우에 밑줄 친
구절은 바로 다음에 이어지는 구절 "소지는 대지에 미치지 못한다"와 문맥이 연결
되어야 한다. 평범한 새들은 붕의 비상에 대해 알 수 없다는 의미가 되기 때문이다.
그런데 여기서 문제는 바로 위의 구절 곧 "근교에 소풍을 나가는 자는 …."구절에
있다. 문맥이 이렇게 연결될 경우 그 의미는 '가는 거리에 따라 양식이 필요하듯이

왜 그렇게 하는지를 모르고 하는 것을 자연이라고 하는데, 이는 왕필의 자연을 계승한 것이다.[22] 곽상은 노자나 왕필에게서 부정되던 의식의 대상화 작용을 무위자연으로 긍정하고 있다.

'다른 두 종류(二蟲)'는 붕과 쓰르라미이다. 작은 것에 대해 큰 것을 대비시킨 것은 [붕과 쓰르라미의 각기] 다른 뜻을 균일하게 하기 위함이다. 뜻이 다르다고 해서 어찌 다르게 할 것을 알고 달리한 것이겠는가? 모두 왜 그렇게 하는지를 알지 못하고 '저절로 그럴 뿐이다(自然)'. 저절로 그럴 뿐이라면 무위(不爲)이다. 이것이 소요의 큰 뜻이다.[23]

大知가 붕처럼 비상하고 小知가 숲속의 새처럼 일상에 만족하는 것에 대해 장자가 그들 스스로 모두 왜 그렇게 하고 있는지 모른다고 한 것은 노자와 달리 知를 긍정하기 위함이다. 최소한 노자에게 범인의 모습인 쓰르라미의 비아냥거림은 소박한 것으로서 긍정될 수 있을지라도 영웅의 모습인 붕의 비상은 지자의 행위로서 부정되어야 하기 때문이다. 그런데 장자는 도리어 소지를 대지에 미치지 못하는 것으로 봄으로써 대지를 더 긍정하는 듯한 인상을 주면서 그것들 모두 스스로 왜 그렇

각기 사물의 종류에 따라 하는 짓이 다른데, 쓰르라미와 비둘기가 어떻게 이런 것을 알겠는가' 하는 것이 되기 때문이다. 곧 붕은 자신이 그렇게 날고 있는 까닭을 알고 쓰르라미와 비둘기는 자신들이 빈정거리는 까닭을 모른다는 의미로 오해될 수도 있기 때문이다. 붕이 자신이 그러고 있는 까닭을 안다고 할 경우 사물의 이치에 관통한 것 곧 유대를 벗어나 무대로 들어간 것이 되기 때문이다. 이런 점 때문에 필자는 '二蟲'을 곽상의 견해에 따라 '붕과 쓰르라미'로 보았다.

22) 『道德經』, 17章 "悠兮其貴言, …, 百姓皆謂我自然." 구절에 대한 王弼注, "自然其端兆不可得而見也, 意趣不可得而覩也."

23) 『莊子』, 「逍遙遊」, 郭象注, "二蟲, 謂鵬蜩也. 對大於小, 所以均異趣也. 夫趣之所以異, 豈知異而異哉. 皆不知所以然而自然耳. 自然耳不爲也. 此逍遙之大意."

게 하고 있는지를 모른다고 한다. 곽상은 이것을 근거로 한발 더 나아가 小大가 제각기 이렇게 하는 것을 無爲(不爲)自然이라고 하면서 '유유자적(逍遙)'과 연결시키는데, 이것은 왕필과 달리 대상화 작용을 긍정하기 위함이다.

곽상은 사물들이 제각기 타고난 역량에 따라서 하는 행위를 무위자연으로 본다. 그런데 이것은 노자에게 그 단초가 있는 것을 장자가 계승한 것이다. 곽상의 이런 관점에서는 지욕의 대상화 작용도 당연히 무위자연으로 긍정할 수밖에 없다. 곽상은 본성과 능력에 따른 행위를 분수에 맞게 살며 유유자적(逍遙)하는 것이라고 한다.

크고 작은 것이 비록 다를지라도 저절로 얻은 것에서 펼치는 것이라면, 사물이 본성과 능력에 맞추어서 제각기 그 분수에 합당하게 하는 것이고 동일하게 소요하는 것이다. 그러니 어찌 그 사이에 승부를 허용하겠는가?[24]

진실로 자신의 본성에 만족한다면, 비록 큰 붕일지라도 작은 새보다 귀할 것이 없고 작은 새라도 천지를 선망할 것이 없어서 원하는 것에 모자람이 없다. 그러므로 크고 작다는 것에서는 비록 다를지라도 소요하는 것에서는 동일하다.[25]

정리하자면 장자나 곽상에게서 사물이 제각기 무슨 일을 하든지 그것은 본성에서 나온 것이기 때문에 무위자연 곧 유유자적에 속한다. 곧 노

---

24) 『莊子』, 「逍遙遊」, "內篇 逍遙遊 第一"에 대한 郭象注, "夫小大雖殊, 而放於自得之場, 則物任其性, 事稱其能, 各當其分, 逍遙一也. 豈容勝負於其間哉."
25) 『莊子』, 「逍遙遊」, "蜩與學鳩笑之曰, …. 奚以之九萬里而南爲." 구절에 대한 郭象注, "苟足於其性, 則雖大鵬無以自貴於小鳥, 小鳥無羨於天池, 而榮願有餘矣. 故小大雖殊, 逍遙一也."

자나 왕필이 부정한 대상화 작용까지 장자나 곽상은 무위자연으로 보았다.[26] 그러나 이것은 노자나 왕필의 마음 비움을 부정하는 것이 아니다. 장자나 곽상은 노자나 왕필의 사상을 지양하고 있기 때문이다.

2) 無待(常通)로 有待(自通)를 극복

노자의 사상이 지욕의 작용을 부정함으로써 소박한 본성에 따라 무위자연을 이룩하고자 하는 것이라면, 장자의 사상은 지욕의 작용마저도 무위자연으로 긍정하는 것이다. 장자의 입장에서 모든 사물의 행동은 모두 자신의 본성에 따라서 유유자적(逍遙)하는 것이다. 그러나 장자가 보기에 사물이 모두 본성에 따라 소요한다고 해서 모두 완전한 자유를 얻은 것은 아니다. 바람을 타고 다니는 열자마저도 바람에 의지함으로써 한정된 자유를 누리고 있다. 아무 것에도 의지하지 않고 무궁에 노닐 수 있어야 비로소 진정으로 무한한 자유를 얻은 것이다.[27] 이 구절에 대한 주석에서 곽상은 먼저 사물들의 모든 행동을 무위자연으로 본다.

    ……. 만물은 반드시 '저절로 그렇게 됨(自然)'으로 바름을 삼는다. 저

---

26) 『莊子』,「齊物論」 "人之生也, 固若是芒乎. 其我獨芒, 而人亦有不芒者乎." 구절에 대한 郭象注, "凡此上事, 皆不知其所以然而然, 故曰芒也. 今夫知者皆不知所以知而自知矣."

27) 『莊子』,「逍遙遊」, "열자는 바람을 타고 다니는데 [그 모습이] 아주 경쾌하고 좋았다. 한번 나가면 15일이 지나서야 돌아왔다. 저가 복을 구하는 데 급급해서 그렇게 한 것이 아니다. 바람을 타고 다님이 비록 걸어 다님은 면했을지라도 여전히 의지하는 바가 있는 것이다. 만약 천지의 바른 기운을 타고 六氣의 변화를 제어하면서 무궁에 노니는 자라면 또 어디에 의지하겠는가?(夫列子御風而行, 泠然善也. 旬有五日而後反. 彼於致福者, 未數數然也. 此雖免乎行, 猶有所待者也. 若夫乘天地之正, 而御六氣之辯, 以遊無窮者, 彼且惡乎待哉.)"

절로 그렇게 됨이란 어떻게 하지 않고 저절로 그런 것이다. 그러므로 대붕이 높이 날고, …, 아침에 나와 저녁에 사라지는 버섯이 단명 하는 것은 모두 저절로 그렇게 할 수 있는 것이지 어떻게 해서 그렇게 할 수 있는 것이 아니다. …. 그러므로 천지의 바름을 탄 것이란 바로 만물의 성품을 따르는 것이고, 육기의 변화를 제어하는 것이란 바로 변화의 길에 노니는 것이다. 이와 같이 하면 어디를 간들 곤궁함이 있겠는가? 만나는 바를 바로 그대로 따르니 또 어디에 의지하겠는가?[28]

곽상은 바로 이어서 다음에 열자처럼 '무엇에 의지하고 있는 것'을 '有待'로 '아무 것에도 의지하지 않는 것'을 '無待'로 개념화하고는 '無待'에 대하여 바로 '피아를 구분하지 않고 하나로 여기는(玄同彼我者)' 逍遙라고 한다. 그러면서 그는 또한 無待를 常通과 有待를 自通과 연결시키고 있다.

이것이 바로 지극한 덕을 소유한 자가 피아를 현묘하게 하나로 여기는 소요이다. 만약 有待라면 비록 열자의 경쾌함과 신묘함일지라도 오히려 바람 없이는 다닐 수 없다. 그러므로 반드시 의지하는 것이 있게 된 다음에 소요할 뿐이다. 하물며 대붕에 대해서는 말해 무엇 하겠는가? 오직 사물과 아무 구분도 없게 되어서 큰 변화를 따르는 자만이 無待로 常通하니, 어찌 自通할 뿐이겠는가? 또 有待者를 따라서 그 의지하는 바를 잃지 않게 한다. 의지하는 바를 잃지 않으면 大通과 하나가 된다. 그러므로 有待와 無待를 내가 동일하게 볼 수 없다. 그런데 제각기 자신의 본성에 만족하게 됨에 天機가 저절로 펼쳐지고 받아들이면서도 모르

---

28) 『莊子』,「逍遙遊」, 郭象注, "…, 而萬物必以自然爲正. 自然者, 不爲而自然者也. 故大鵬之能高, …, 朝菌之能短, 凡此皆自然之所能, 非爲之所能也. …. 故乘天地之正者, 卽是順萬物之性也, 御六氣之辯者, 卽是遊變化之塗也. 如斯以往, 則何往而有窮哉. 所遇斯乘, 又將惡乎待哉."

는 것이라면 내가 다르게 여길 수 없는 바이다. 무대가 오히려 유대를 다르게 여길 수 없는데, 하물며 有待하는 것들의 크고 작은 차이에 대해서는 말해 무엇 하겠는가?[29]

곽상이 玄同彼我者之逍遙를 無待 곧 常通과 연결하고 有待를 自通과 연결한 것은 왕필의 마음 비움을 지양하기 위함이다. 곧 곽상이 왕필에게 억압되는 知를 自然으로 해방시키면서 동시에 自通으로 한정한 것은 왕필의 마음 비움을 無待 곧 常通으로 지양하기 위함이다. 왕필이 지욕의 작용을 부정하는 것은 결국 본성을 억압하는 것이기 때문에 완전한 무위자연이라고 보기 어렵다. 따라서 곽상은 지욕의 작용을 자연으로 긍정하는 동시에 自通으로 한정했으니, 이는 왕필의 마음 비움을 '玄同彼我者之逍遙'로 지양하기 위함이다.

노자는 대상화 작용을 부정하기 위하여 "有無相生"이나 "有生於無"라고 함으로써 대상화된 것이 그 상대적인 이면에 의해 성립한다고 하고, 마음을 비움으로써 有·無의 경계가 사라진 것을 玄으로 표현했다.[30] 따라서 노자에게 무위자연은 '소박한 본성(樸)'을 따르는 행위로 표현할 수도 있지만, 또한 有·無의 경계가 사라진 玄의 경지에서 나오는 행위로 표현할 수도 있다. 곽상의 玄同은 바로 『도덕경』에서 유무의 상대적인 경계가 사라진 玄을 계승한 것이다. 사실 玄同은 『도덕경』이나 왕필에게서 이미 언급된 용어이다.[31] 그러나 玄同은 그들에게 다른 의미로

---

29) 『莊子』, 「逍遙遊」, 郭象注, "此乃至德之人玄同彼我者之逍遙也. 苟有待焉, 則雖列子之輕妙, 猶不能以無風而行. 故必得其所待, 然後逍遙耳. 而況大鵬乎. 夫唯與物冥而循大變者, 爲能無待而常通, 豈自通而已哉. 又順有待者, 使不失其所待. 所待不失, 則同於大通矣. 故有待無待, 吾所不能齊也. 至於各安其性, 天機自張, 受而不知, 則吾所不能殊也. 夫無待猶不足以殊有待, 況有待者之巨細乎."

30) 졸고, 「『道德經』 1章에 대한 考察」, 『哲學』 제 60집, 1999년 가을.

사용된다. 노자나 왕필에게는 유무의 경계가 사라진 것으로 곽상에게는 피아의 경계가 사라진 것으로 사용되었다. 곧 노자나 왕필의 유무는 대상화 작용의 상대적 인식을 부정하기 위한 것이고, 곽상의 彼我나 彼是는 有待의 自通을 부정하기 위한 것이기 때문에, 그들에게서 玄同의 의미 내용은 다를 수밖에 없다.

> 사물은 저것 아닌 것이 없고 사물은 이것 아닌 것이 없다. 그런데 저것을 기준으로 해서는 알 수 없고 [자신이] 아는 것을 기준으로 해서 안다. 그러므로 "저것은 이것에서 나오고 이것도 저것으로 말미암는다."고 한다.32)

모든 사물은 모두 그 자신의 입장에서는 이것이고 상대방의 입장에서는 모두 저것이니, 사물은 이것 아닌 것이 없고 저것 아닌 것이 없다. 그러나 사물은 이런 단순한 사실을 모르고 모두 자신만을 기준으로 하기 때문에 서로 통할 수 없게 된다. 그러므로 이것과 저것의 구분이 생기게 되는 것이다. 곽상은 원래 이것과 저것의 구분이 없는 것에 대해 玄同이라고 한다.

> 사물은 모두 자신의 입장에서는 이것이므로 이것 아닌 것이 없고, 사물은 모두 상대의 입장에서는 저것이므로 저것 아닌 것이 없다. 저것 아닌 것이 없다면 천하에는 이것이 있을 수 없고, 이것 아닌 것이 없다면 천하에는 저것이 있을 수 없다. 저것도 없고 이것도 없으니 현묘하게

---

31) 『道德經』, 56章, "…, 和其光, 同其塵, 是謂玄同."; 10章, 王弼注, "玄物之極也. 言能滌除邪飾, 至於極覽, 能不以物介其明, 疵之其神乎, 則終與玄同也."
32) 『莊子』, 「齊物論」, "物無非彼, 物無非是. 自彼則不見, 自知則知之. 故曰彼出於是, 是亦因彼."

같은 까닭이다.[33]

    "저것이 이것에서 나오고 이것도 저것으로 말미암는다."는 장자의 말은 노자의 유무관 곧 "有無相生"이나 "有生於無"를 지양한 것이고, 곽상의 玄同은 바로 노자의 玄 왕필에게는 '물아일체의 상태(無, 一)'를 지양한 것이다. 그런데 玄同이 왕필과 곽상에게 각기 다르게 사용될지라도 결국 모든 경계가 사라진 경지를 의미한다는 점에서는 동일하다고 볼 수도 있다.

    自通은 자신의 능력을 무위자연에 따라 드러내는 것이지만 자신의 기준으로 다른 것을 바라보는 것이기 때문에 常通은 아니다. 붕의 비상은 평범한 새들에게 비아냥거림의 대상이라는 점과 열자의 御風은 바람에 의지한다는 점에서 모두 自通이다. 그러나 常通은 피아의 구분이 없기 때문에 모든 상황에 적응할 수 있을 뿐만 아니라 또한 自通하는 모든 것들을 그대로 받아들여서 서로 걸림이 없게 되니, 이것이 大通이다. 그런데 常通이 이렇게 할 수 있는 것은 피아를 현묘하게 하나로 봄으로써 가능한 것이기 때문에 결국 노자의 無知無欲이나 왕필의 '마음 비움(無)'을 지양한 것이 된다.

4 결론

    노자나 왕필에게서 무위자연은 지욕의 작용을 제거함으로써 소박한 본성에 따라 행위하는 것이다. 그런데 여기서 문제는 지욕의 작용을 본

---

33) 『莊子』, 「齊物論」, 郭象注, "物皆自是, 故無非是, 物皆相彼, 故無非彼. 無非彼, 則天下無是矣, 無非是, 則天下無彼矣. 無彼無是, 所以玄同也."

성에 근거하지 않은 것으로 볼 수 없다는 점이다. 곧 지욕의 작용이 선천적인 능력에 속하기 때문에, 지욕의 작용을 부정하는 것은 역설적으로 바로 무위자연을 부정하는 것이 된다. 장자가 小知가 大知에 미치지 못한다고 하면서 일단 知를 긍정하는 것은 이렇듯 노자에게 나타나는 모순을 지양하기 위함이다. 그리고 장자가 열자의 御風처럼 인간 능력의 극한에서나 나타날 수 있는 것까지 '有所待者'[34]로 보면서 무궁에 노니는 자를 '惡乎待哉'로 표현한 것은 노자의 '無知無欲'을 '無待'로 지양하기 위함이다. 곽상이 장자의 사상을 충실히 계승함으로써 知의 대소에 관계없이 지를 사용하는 것을 '有待'로 개념화하면서 다시 '玄同彼我者의 逍遙'를 '無待'로 설정한 것은 노자의 '玄'이나 왕필의 '물아일체의 상태'를 계승하기 위함이다.

곽상이 장자의 사상을 有待와 無待로 정리해서 개념화한 것은 노자나 왕필의 마음 비움을 지양함으로써 절대 자유를 획득하려는 것이다. 노자나 왕필이 樸을 기준으로 무위자연을 주장한 것은 원칙론적인 입장에 충실한 것이라고 할 수 있다. 이런 점에서 노자나 왕필의 무위자연은 樸을 기준으로 지욕의 작용을 제한한 것이다. 그러나 노자나 왕필의 무위자연은 한편으로 본성을 억압하는 모순이 있기 때문에 장자나 곽상이 소요를 통해 이런 모순을 지양함으로써 본성에 대한 완전한 자유를 획득하고자 했다. 노자가 무지무욕으로서의 마음 비움을 주장할 때, 마음 비움은 대상화되는 것을 제거하는 것이기 때문에 마음 비움이 언설을 통해서 설명되거나 체계화될 수 있는 것이 아니다. 그러나 樸을 통해 소박한 사회를 이룩하려고 했기 때문에 지시하는 이상의 세계가 분명히 있다. 따

---

34) 『莊子』, 「逍遙遊」, "夫列子御風而行, 泠然善也. 旬有五日而後反. 彼於致福者, 未數數然也. 此雖免乎行, 猶有所待者也. 若夫乘天地之正, 而御六氣之辯, 以遊無窮者, 彼且惡乎待哉."

라서 노자는 현실적으로 小國寡民을 이상 세계로 내세울 수 있다. 노자는 또한 자신의 이상 세계를 이루기 위하여 대상화된 것(有)이 '그 상대적이면(無)'을 전제로 성립함을 설파함으로써 정치적으로 사람들이 소박한 본성을 되찾도록 노력할 수 있고 樸을 벗어나는 것을 막기 위한 방법도 강구할 수 있다.

그런데 장자에게서 無待는 노자처럼 명확히 구체적으로 지향하는 세계를 그리기 어렵다. 장자의 無待는 현실에서 구체화시킬 수 있는 이상 세계라기보다는 오직 관념 속에서 정신의 자유를 획득하는 것으로 보이기 때문이다. 따라서 사람들이 언제 어디서나 정신의 완전한 자유를 획득하는 것이 바로 장자의 최고 이상을 이루는 것이 된다. 장자의 이상이 이렇게 밖에 실현될 수 없는 것은 아마도 그 사상이 지욕의 대상화 작용마저 긍정하면서 동시에 초월하는 것이기 때문일 것이다. 사람들이 오직 관념 속에서 상대성을 탈피함으로써 절대성을 회복할 때, 장자의 이상은 시공의 제한 없이 실현된다. 장자의 소요는 분명히 노자의 모순을 극복함으로써 한 발 더 나아간 것이라고 할 수 있다. 그럼에도 불구하고 우리에게 주는 현실적인 의미는 찾기 어렵다. 이를테면 노자의 사상은 오늘날처럼 지성을 수단으로 문명이 발달한 세계에 대해서 소박함을 기준으로 그 위험성을 경고할 수 있다. 그러나 장자의 소요는 인위적인 것마저도 다시 자연 속에서 긍정한 것이기 때문에 인위적인 문명이 발달해서 위험하면 위험한대로 그 속에서 적응해야 하는 것이 된다. 따라서 굳이 그 의미를 찾자면 장자의 사상은 無待를 통해서 有待에 머물고 있는 우리의 모습을 들여다보는 거울일 것이다. 곧 장자의 사상은 有待에 머물고 있으면서 그것이 전부인 줄 아는 자들의 위대한 착각을 일깨우는 깨침의 소리일 것이다.

참고문헌

Ⅰ. 原典
　　王弼, 『老子注』
　　郭象, 『莊子注』
Ⅱ. 硏究論文
　　金學睦, 「『道德經』에서 道의 體得에 관한 考察」, 『道教學 硏究』제 15집,
　　　　　1999.
　　金學睦, 「『道德經』1章에 대한 考察」, 『哲學』제 60집, 1999년 가을.

| 옮긴이 소개 |

김학목

경북 상주 출생으로 건국대학교 철학과를 졸업했고, 동 대학원에서 「박세당의 신주도덕경 연구」로 박사학위를 취득했으며, 현재 고려대학교에 연구교수로 재직 중이다. 역서로는 『노자 도덕경과 왕필의 주』, 『기 수련으로 본 도덕경』, 『율곡 이이의 노자』, 『박세당의 노자』, 『홍석주의 노자』, 『초원 이충익의 담노 역주』, 『주역절중』, 『원유』 등 다수가 있고, 저서로는 『강화학파의 노자 주석에 관한 연구』, 『엄마의 명리 공부』, 『명리명강』 등 다수가 있으며, 논문으로는 「장자 소요유의 상징구조와 마음비움」, 「음양오행과 간지의 상징」, 「도덕경의 시각으로 본 창세기 신화」, 「왕필의 사상에 대한 오해」, 「배위의 숭유론에 대한 고찰」 등 수십 편이 있다.

『장자』 곽상주 해제

초판 인쇄 2020년 11월 17일
초판 발행 2020년 11월 30일

옮 긴 이 | 김학목
펴 낸 이 | 하운근
펴 낸 곳 | 學古房

주   소 | 경기도 고양시 덕양구 통일로 140 삼송테크노밸리 A동 B224
전   화 | (02)353-9908 편집부(02)356-9903
팩   스 | (02)6959-8234
홈페이지 | www.hakgobang.co.kr
전자우편 | hakgobang@naver.com, hakgobang@chol.com
등록번호 | 제311-1994-000001호

ISBN 979-11-6586-116-2 93150

값: 25,000원